다시 촛불이 묻는다

다시 촛불이 묻는다
포스트코로나 시대의 사회경제개혁
ⓒ이병천·김태동·조돈문·전강수 외

초판 1쇄 펴낸날 2021년 3월 15일

지은이 이병천·김태동·조돈문·전강수 외
펴낸이 이건복
펴낸곳 도서출판 동녘

주간 곽종구
편집 구형민 정경윤 강혜란 박소연 김혜윤
마케팅 권지원
관리 서숙희 이주원

등록 제311-1980-01호 1980년 3월 25일
주소 (10881) 경기도 파주시 회동길 77-26
전화 영업 031-955-3000 편집 031-955-3005 **전송** 031-955-3009
블로그 www.dongnyok.com **전자우편** editor@dongnyok.com
인쇄·제본 새한문화사 **라미네이팅** 북웨어 **종이** 한서지엽사

ISBN 978-89-7297-986-9 03300

다시

촛불이

묻는다

포스트코로나 시대의 사회경제개혁

사회경제개혁을 위한 지식인선언네트워크 기획

이병천 · 김태동 · 조돈문 · 전강수 편저

동녘

| 일러두기 |

1. 맞춤법과 띄어쓰기는 '한글 맞춤법'에 따랐다.

2. 외국 인명이나 지명, 작품명 등은 국립국어원의 〈외래어 표기법〉에 따라 표기함을 원칙으로 하되, 표기법과 다르지만 굳어져 많이 사용하는 단어는 관행을 따라 표기했다.

3. 본문에 사용한 기호의 쓰임새는 다음과 같다.
   《 》: 단행본, 신문, 잡지 등
   〈 〉: 논문

차례

거대한 위기와 전환의 정치: 생태복지국가의 길과 한국의 전환고개[1]

이병천(강원대학교 명예교수, 지식인선언네트워크 공동대표)

1. 복합위기와 발전 궁지, 전환을 둘러싼 쟁투

우리는 어떤 시대를 살고 있는가? 인류역사상 수많은 전환기가 있었다. 하지만 지금이야말로 정녕 불안하고 위태로운 시대인 동시에 새로운 각성과 발본적 전환의 기회도 주어진 시대다. 즉 우리에게는 아슬아슬한 기회의 창이 열려 있다. 긴 지구문명의 시간대로 보는 사람들은 산업혁명 이래 우리 시대가 이례적인 '홀로세'의 안정 상태를 벗어나 인류 생존이 위태롭게 된 새로운 '인류세' 또는 '자본세'로 접어들었다고 말한다. 하지만 자본지배의 인류세도 시공간적으로 제도적으로 달리 구획된다. 오늘의 유례없는 자본지배와 인류세의 도전은 인류 공

---

[1] 이 글의 축약본이 《공공사회연구》, 제11권 1호(2021. 2)에 게재되었다.

동의 대응을 절박하게 요구하고 있다. 하지만 이와 함께 해당 사회에서 자기 맥락에 맞게 위기를 진단하고 사회생태적으로 지속가능한 복지를 향해 새 돌파구를 열어야 한다.

코로나19 팬데믹이 지속되면서 생명을 보전하는 일도 먹고사는 일도 고통스럽기만 하다. 시간이 지나면 포스트코로나의 시간이 오리라 기대한 때도 있었지만 쉽지 않아 보인다. 백신이 보급되면 상황이 나아질 수 있겠지만 우리가 코로나19 또는 그 온갖 변종과 함께 동거하며 살아가야 한다('위드 코로나')는 사실은 분명하다. 코로나19의 재난은 위험한 감염병을 급속도로 전파해 보건위기를 초래할뿐더러 경제침체와 일자리 및 삶의 불안, 불평등 심화를 함께 몰고 왔다. 모든 나라가 방역과 경제회복, 불평등의 위기를 극복해야 하는 과제 앞에 정신이 없다. 연결하고 연대해야 함께 살아갈 수 있음에도 감염병은 우리에게 거리두기를 강제하고 그 거리를 필수노동자들의 대면 위험노동(배달, 돌봄, 의료, 청소, 물류 등)이 이어주고 있다.

하지만 현재의 코로나 위기와 고통조차 약과일 수 있으며 상상을 넘는 더 거대한 재앙이 전지구적 기후위기로 닥쳐올 수 있다. 코로나19 팬데믹은 기후위기 팬데믹의 예고편이라 할 만하지만, 기후위기에는 코로나 위기와 달리 돌이킬 수 없는 임계점(티핑 포인트)이 있다(김현우, 2021, p.71). 파국적 기후재앙의 조짐은 감염병의 위기와 함께 이미 우리 삶 속에 깊이 들어와 있다. 코로나19도 기후변화가 낳은 팬데믹의 성격을 갖고 있다. 인간은 자연의 일부다. 그런데도 지구생태계의 이 본원적 진실을 몰각한 채[2] 자연을 '저렴한 것'(무어, 2020; 파텔·무어,

---

2 이 지점과 관련해 라투르(2021) 같은 이는 '자연'에서 '대문자 지구 Earth'로 관심을 바꾸자고

2020)으로 전유한 현대 인간 그리고 자본의 도구적 지배와 탐욕적 개발의 결과 야생동물 서식지가 교란·파괴되고 인간과 접촉이 빈번해진 것이 기후위기 및 감염병 창궐의 원인이 되었다. '저렴함'은 물론 저비용을 포함한다. 하지만 그 이상이다. 지배체제의 재생산체제에 폭력적으로 포섭됨으로써 결코 수치로 셈해질 수 없는 소중한 존재의 자율성, 상생적 생명성이 박탈되고 부정된다는 것이 문제의 핵심이다. 두 위기의 원인이 동근원(同根源)적이라는 견해가 설득력을 얻고 있으며 '에코데믹(ecodemic)'이라는 말이 나온 것도 이 때문이다.

기후위기 관련 지표는 1950년대 이후 가파르게 상승해 '거대한 가속'기에 들어갔다. 이 시기 속 이른바 '자본주의 황금기'는 화석연료 기반 위에 성장엔진을 굴려온 자본주의 산업문명사에서 보기 드문 고성장, 불평등 완화, 대량 소비의 시기이기도 했다. 자본주의 황금기 이산화탄소 배출의 주된 부분이 선진국의 화석연료체제에서 나왔다는 사실에 주목해야 한다.[3] 하지만 고성장과 대량 소비, 불평등 완화 경향도 이미 과거지사다. 1980년대 초 이래 규제 완화, 공공부문 축소 및 감세, 노동시장의 유연화 및 불안정노동화(노동의 '저렴화')가 가속화되었고, 투기거품(부동산, 금융)의 축적을 밀고 간 신자유주의적 무책임 자본주의 체제 30년에 이어 2008년 글로벌 금융위기를 거친 후 세계사회는 심각한 불평등, 특히 부의 불평등과 저성장이 맞물려 돌아가는 뉴노멀의 악순환에 빠졌다. 예상과 달리 글로벌 금융위기 이후에도 끈

제안한다.
3 OECD 국가군이 전체 이산화탄소 배출량의 65.8%, 구소련을 합하면 80.2%를 차지했다 (1973년 시점)(Koch, 2012, pp.83~84). 구미 선진국의 발전이 글로벌 남반구로의 비용 전가에 의존했음을 말해준다.

질기게 신자유주의는 사망하지 않았다(크라우치, 2012). 오히려 한편으로 약화된 부분이 있는가 하면 다른 한편으로 새롭게 변신·부활했다.

첫째, 거대기업과 금융자본의 힘이 다시 강화됐다. 이들과 공생하는 정부가 위기 해법으로 공기업을 민영화하고 공공서비스 조달을 외주화하며 공공지출을 지속적으로 삭감하는 조치(공공의료지출 삭감 포함)를 취했다. 둘째, 대자본과 자산 부자들을 구제하기 위한 양적 완화 조치로 막대한 과잉유동성이 풀려나갔다. 하지만 실물경제 침체도, 높은 실업율과 불안정노동 문제도 극복되지 못한 채 다시 주식, 부동산 등 자산시장의 거품이 쌓여갔다. 셋째, 부동산, 금융, 자연자원, 지재권, 데이터 사유화, 민영화 등에서 막대한 지대(불로소득)가 창출·전유되는 현상이 일어났다. 지대추구 자본주의(rentier capitalism)가 자산 불평등을 심화시켰다(Christophers, 2020; 마추카토, 2020). 넷째, 노동시장이 새롭게 변신했다. 디지털 전환에 기반해 비정형 플랫폼 노동이 대거 확산되었다. 플랫폼 자본주의가 지대를 전유하면서 사용자의 책임을 사라지게 만들었다. 다섯째, 이같이 불평등하고 불공정하며 불안한 사회경제는 미국이 전형적으로 보여주듯이 정당의 무책임과 맞물리면서 우익 포퓰리즘 출현의 온상이 되었다.

이처럼 오늘의 위기 시대는 그 이전 신자유주의에 감염된 사회경제적 체질을 기저질환으로 물려받았고 이 적폐로 인해 위기 대응력도 약화되었다. 따라서 코로나와 기후위기는 앞선 시기의 기저질환이 중첩된 복합위기의 성격을 갖고 있다. 그 중층 위기 속에서 취약계층과 취약 지역사회가 가장 심각하게 타격받고 배제되는 가운데, 'K자형'으로 전개되는 재난 불평등 및 양극화 그리고 자산시장 거품축적이 사회 전체의 대응력과 회복력을 크게 저하시키는 형국이다.

부단한 성장을 지상명령으로 여기며 굴러온 시스템, 무엇보다 지구촌 북반구 및 고성장 중진국권에서 생태적 한계 및 사회적 한계를 모두 무시한 채 달려온 자본주의 및 산업주의 발전양식이 오늘의 유례없는 감염병의 위기와 기후위기, 불평등의 위기를 초래했다.[4] 역설적으로 이 사회생태적 이중 위기, 소수를 살찌우기 위해 다수가 불안하고 위태로운 삶을 강요받고 희생당하는 체제로 인해 더 이상 성장 자체가 지속 불가능하게 된 상황이 오늘 우리가 내몰린 발전양식의 궁지 또는 '성장 딜레마'이다[잭슨, 2013(2009), p.91]. 지배체제의 재생산 비용을 자연에 그리고 사회적 약자들에게 떠넘기고 '저렴한 것'으로 만들면서 생태적 지속가능성, 사회적 정의 그리고 경제성장 간의 균형을 무시해온 대가, 총체적 불균형 발전의 업보가 실로 엄청나다(이병천, 2020).

이제 코로나 위기와 기후위기의 극복 없이는 성장은 물론 복지 증진도 어렵다. 공멸하지 않으려면 기존의 경로의존적 관성을 벗어나 전례 없이 새로운 '생태적 성찰성'(Dryzek and Pickering, 2019, pp.34~57)[5]과 성찰적 시민정치가 요구되고 있다. 이제 인류는 코로나 팬데믹뿐만 아니라 기후위기의 극복 없이는 파멸할 수도 있는 위태로운 인류세시대로 진입했다. 하지만 지배적 권력, 제도, 가치규범이 재생산되고 있는 상황에서 생태적 전환 자체가 갈등에 차있을뿐더러('생태적 분배갈등')(Martinez-Alier, 2002), 기후위기와 사회적 불평등, 환경불평등과 사회

---

4 샹셸과 피케티(Chancel and Piketty, 2015)는 글로벌 1인당 온실가스 배출 불평등을 추계했는데 이에 따르면 글로벌 상위 10% 배출 계층이 글로벌 배출량의 45%, 하위 50% 배출 계층이 전체의 13%를 차지한다(2013년). 글로벌 상위 10% 배출 계층의 경우 미국, EU, 중국이 각각 배출량의 40%, 20%, 10%를 차지한다.

5 드라이젝과 피커링(Dryzek and Pickering)은 생태적 성찰성을 인류세 정치의 핵심개념으로 제기하고 정의(正義)도 지속가능성도 민주주의도 성찰적으로 재개념화해야 한다고 말한다.

경제적 불평등이 맞물리며 상호 강화되는 악순환에 주목해야 한다(조효제, 2020, pp.244~248; Chancel, 2020).

생태적 전환 자체가 쟁투적이거니와 그것이 달성된다 해도 심각한 사회경제적 불평등 위기가 극복되지는 않는다. 기후위기 극복을 위한 생태적 전환이 전인류적 과제로, 현세대는 물론 미래세대의 지속가능한 삶을 위해 절박한 과제로 떠올랐음에도 사회경제적 불평등 위기의 극복 없이, 구성원의 삶의 기본적 필요 충족 없이 생태적 전환에 대한 폭넓은 사회적 합의가, 집단행동이 일어날 수 있을까. 이 대목에서 인간과 자연 간의 불화문제란 결국 인간과 인간 간의 불화, 이 불화를 재생산하는 부정의하고 불평등한 사회시스템에서 비롯된 것이라는 명제가 힘을 얻는다. 인간-자연-인간, 인간-자원-인간의 삼각관계와 그 지배 및 착취관계에 주목하는 사회생태적 진보주의에서 자연의 저렴화에 따른 기후위기는 노동자, 여성 등 사회적 약자의 저렴화에 따른 불평등위기와 동전의 양면처럼 꽉 맞물려 있다. 이 통합적, 성찰적 전환정치의 견지에 설 때 다면적 불평등 위기의 극복 없는, 정의로운 사회로의 전환문제를 풀지 않고는 기후위기의 극복은 없다. 거꾸로 기후위기, 생태위기의 극복 없는 불평등 위기의 극복도, 정의로운 사회도 기약할 수가 없다.

사회적 전환과 생태적 전환은 통합적으로 접근되어야 하며 사회적 정의와 기후정의는 같이 가야 한다. 두 개의 전환 모두가 갈등으로 가득 차 있고 서로 맞물려 있는 데서 다음과 같은 세 가지 명제가 나온다. 첫째, 사회생태 체계의 전환 과정은 불가피하게 쟁투적(contested)이다. 둘째, 구성원의 기본적 필요 충족은 그 필요를 정치화하고 이를 제도와 정책으로 구체화하는 '해석투쟁'과 인정투쟁을 통과한다(프레이저, 2017; 이병천, 2014). 셋째, 사회생태체계의 쟁투적 전환 경로와 양식은 해당 사회마다 다양한 맥락과 조건에 따라 다양하게 나타날 수밖에 없다(Brand et al., 2019).

코로나 위기 팬데믹과 기후위기, 그리고 생태적 전환, 생태적 성찰성이 전인류적 도전으로 다가왔다. 보건대책을 포함해 삶의 기본적 필요 충족과 다면적인 사회경제적 불평등 위기의 극복 없이는 생태적 전환에 대한 넓은 사회적 지지를 얻기 어렵다. 생태적 전환 과정 또한 정의로운 전환이 되어야 한다. 요컨대 사회적 정의와 생태·사회·경제의 전환은 공진해야만 한다. 전례 없는 거대한 복합위기와 마주해 우리는 다중스케일(지구, 국가, 지역)에서 어떤 새로운 생태·사회·경제의 정의로운 전환과 대안적 조절양식의 길을 열게 될까?

2. 사회생태적 전환의 난관들에 대해

당면한 과제는 코로나19 감염병과 경제침체, 취약계층의 배제에 대한 대응이 문제가 되고 있다. 보다 근본적으로는 기후위기와 사회경제적 불평등, 성장중독 경제를 넘어서야 한다. 하지만 이 같은 우리 시대 과제의 절박성에도 불구하고 사회생태적 패러다임 전환의 정치 앞에는 난관들이 많다. 이 난관들을 어떻게 넘어설지가 문제다.

첫째, 생태·사회·경제적 전환의 최대 장애물은 화석연료에 기반을 둔 이윤주도 성장체제와 거기에 뿌리 깊게 이해관계가 걸려 있는 기득권 정치세력 및 사회세력, 제도적 틀, 이데올로기 그리고 그들이 대중을 포섭하는 지배력이다. 전환과정에서 가장 타격을 받게 될 지배적 탄소기업체와 금융자본, 자산 부자들, 이에 기반을 둔 정치권력은 기존의 탄소기반 불평등체제 유지에 온갖 노력을 다하게 마련이다. 오랫동안 낙수효과 경제체제를 떠벌려왔던 주류경제학(자)들도 마찬가지다. 이들은 불평등은 자연스러운 현상이라거나 기후변화는 호들갑 떨일이 아니라고 주장했다가[6] 살짝 말을 바꾸어, 급격한 전환에는 비용이 너무 많이 들고 대중이 일자리를 잃을 것이라든가 민간 영리기업이 주도해야 비용도 최소화하면서 순조로운 전환이 가능하다고 목소리를 높인다(이영한 외, 2020; 이근·류덕현 외, 2020; 닐, 2019, p.20). 하지만 문제는 지배적 권력과 이데올로기에만 있는 것이 아니라 대중이 느끼는 무력감과 좌절감이다. 거대한 사회경제적·정치적 불평등은 민주주의를 오작동하게 만들고 대중은 서로 신뢰하고 연대하기보다 각자도생, 심지어 한탕주의를 도모하는 경향을 보인다.

둘째, 여러 지점에서 이른바 전환 딜레마의 문제가 존재한다.

① 전환 딜레마는 코로나 방역과 경제회복 간의 딜레마에서 잘 나타난다. 세계 여러 나라의 상황이 이를 잘 보여주지만 2020년 미국 대선에서 다시 확인됐다. 코로나19 대응의 실패가 인종차별 문제와 함께 트럼프의 중요한 패인이었으나 투표 선택의 1순위는 '경제'였고, 3명 중 1명이 경제가 가장 중요하다고 대답했다. 트럼프는 패배했지만 그

---

6 예컨대 노벨경제학상 수상자 윌리엄 노드하우스(W. Nordhaus)는 지구온난화에 관한 로마회의(1990)에 참가해 지구온난화는 큰 문제가 아니며 경제학자에게는 "No problem"이라고 말한 바 있다(우자와 히로후미, 1997, p.138). 이 생각은 노드하우스와 보이어(Nordhaus and Boyer, 2000)가 피력한 바 있다. 노드하우스의 경우, 기후정책의 결정은 엄격히 현재 세대의 선호에 기반해 이루어져야 한다는 '현재주의'의 입장을 취하면서 대량 온실가스 감축은 먼 미래로 미루어야 한다고 주장한다. 당연히 탄소의 사회적 비용측정에서 사용되는 사회적 할인율은 매우 높다. 그는 《기후카지노》, 《균형의 문제》 등의 저서를 출간했다. 기후변화에 대한 이같은 노드하우스의 미약하고 느린 대응론은 '스턴 보고서'(Stern, 2006)의 강력하고 시급한 대응론과 대비된다.

를 지지한 미국인이 여전히 7000여만 명이나 되고, 경제를 가장 중시한 유권자 중에는 82%가 트럼프를 찍었다.[7] 이번 미국 선거에서만 그런 것은 아니다. 2008년 글로벌 금융위기 때도 경제회복이 주요 의제로 부상하자 기후변화 문제는 후 순위로 밀려났다[닐, 2019(2008), pp.11~12].

② 보다 심각하게는 생태-사회-경제적 전환과정에서 경제성장을 어느 정도 완화해야 할지 또는 그 성격을 어떻게 변화시켜야 할지의 문제가 존재한다. 이와 관련해서는 녹색성장론(또는 '생태적 현대화'론) 대 탈성장론(또는 포스트성장론) 간에 치열한 논쟁이 진행되고 있는데, 추구하는 미래사회의 목표와도 직결되어 있어서 이 둘은 쉽사리 화해하기 어렵다(Mol et al., 2014; 피츠패트릭, 2013, pp.406~410; 안드레우치·맥도너우, 2018, p.122).[8] 그리고 전환과정에서 경제성장의 위상과 성격, 형태의 변화 문제는 생태적 전환과 복지체제 전환 간에, 환경정책과 사회정책 간에 선순환을 달성해야 하는 과제에서도 마찬가지로 중대한 화두로 제기된다.

③ 전환 딜레마의 문제는 또 있다. 화석연료 의존경제에서 탈탄소경제로 전환하는 과정은 화석연료 의존자산의 좌초를 수반하는데, 이때 직접적으로 관련된 산업과 기업, 노동자와 지역사회가 큰 고통을 받게

---

7 "코로나에도 경제가 더 중요…… 트럼프 심판론 위력반감", 《한겨레》, 2020.11.6.
8 크리스토프(Christoff, 1996)는 개념적 혼란에 대해 지적하고 담론의 규범적 차원을 명확히 해야 한다면서 생태적 현대화의 약한, 기술관료적 버전과 강한, 성찰적 버전을 구분한 바 있다. 고프(Gough, 2017)는 북반구 선진국에 대해, 생태적 효율성 증대를 추구하는 녹색성장 단계, 소비의 재구성을 도모하는 성찰적 자본주의 단계, 그리고 포스트 성장 단계로 구성되는 3단계 전환전략을 제시한다. 파리기후협약은 녹색성장 전략에 기반을 둔 것으로 파악된다(70, 195).

된다(김현우, 2014, 2020). 전환은 새로운 이익과 욕구를 창조하지만 전환계곡에서 불가피하게 전환비용을 수반한다. 녹색 일자리가 만들어진다 해도 느리게 발생할 수도 있고 좋은 일자리가 아닐 수도 있다. 사회집단 간 이익과 비용은 결코 일치하지 않으며 '정의로운 전환'과 기본적 필요의 충족 문제를 둘러싸고 집단 간의 갈등이 불가피하다. 해당 사회는 이 전환갈등에 대해 어떤 조정능력을 보일까?

전환과정의 갈등과 이에 따른 난점, 해결능력은 해당 사회가 처한 구체적 맥락과 조건에 따라 다르다. 특히 사회경제적 불평등이 심하고 사회권(노동권 및 복지권)의 발전 수준이 낮으며 노사정 사이에 신뢰가 약한 나라(여기에 한국도 포함된다)에서 심각할 것이며 조직 노동운동과 환경운동, 기후위기대응 시민운동 간의 갈등이 클 것이다. 이 딜레마와 마주해 생태·사회·경제적 전환을 위한 국가능력, 사회능력, 그리고 시민사회운동 간 수평적 연대를 어떻게 창출하고 지속할지는 전환의 정치가 풀어야 할 중대한 도전적 과제다.

셋째, 글로벌 수준의 공조 및 기후정의 규범의 취약함, 그에 따른 국가 간 강한 경쟁 압력이 생태사회경제의 복합위기를 극복함에 있어 중대한 난관이다. 종래의 초세계화 체제가 무너진 가운데 미·중 두 강대국 간 위기극복을 위한 협조는커녕 신냉전적 기술패권 갈등과 디지털 전환경쟁이 치열하다.[9] 바이든 시대가 시작됐지만 그렇다고 미국의 중국 때리기 기조가 변하지는 않을 것이다. 다른 나라들도 경쟁력 증강 노력을 피하기 어려운 상황이다. 코로나19 위기 이후 오히려 각국의 녹

---

9 자세한 것은 연원호 외(2020). 미국과 중국 모델의 차이도 알아둘 필요가 있는데 최근 연구로는 밀라노비치(2020) 참고. 하지만 밀라노비치의 비교연구에는 화폐금융체제의 결정적 차이 문제가 빠져 있다.

색경제 및 에너지 전환정책은 약화되었는데(김현우, 2021, pp.75~77), 이는 분명히 미·중 간 무책임한 패권경쟁에 영향받은 바 크다.

기후위기와 관련해서는 다행히 파리기후변화협약이 체결되어 2050년까지 지구 기온 상승 마지노선을 1.5도로 설정하고 탄소중립을 이뤄내야 한다는 목표가 수립됐지만,[10] 코로나19의 경우 그만한 협약은 찾아볼 길이 없고 각자도생으로 가고 있다. 백신 확보에도 소수 국가들이 대부분의 몫을 차지하고 다수 국가들은 배제되고 있다. 생태·사회·경제적 전환은 절박한 전지구적 의제이고 글로벌 공공재로 다루어져야만 한다. 하지만 부자 나라들이 지구온난화에 가장 큰 책임('생태부채')을 지고 있는데도, 각국이 국경을 봉쇄하고 각자도생으로 나아가는 것은 해법에서 근본적 한계를 갖는다. 더욱이 문제는 코로나 위기에서 각자도생 경향이 심화되면 세계시민의식을 약화시켜 기후위기에 대한 글로벌한 대응에도 큰 손상을 줄 수 있다는 것이다(Pisani-Ferry, 2020).

3. K방역, 생태복지 지형과 전환의 정치

1) 코로나 위기, K방역과 K의료

한국에서 촛불항쟁에 힘입어 문재인정부가 집권했고 이에 따라 코로나19 팬데믹 시대에 한국이 전세계가 인정하는 방역모범국이 된 것은 무척 다행한 일이다. 박근혜정부 또는 그 유사 정부가 집권하고 있었

---

10 파리협약도 중대한 한계가 있다. 첫째, '당사국 온실가스 감축목표(NDCs)'가 중심 아이디어이며, 각국의 자발적 의사에 의존해 협약을 강제할 공식적 기제가 없다. 둘째, 선진국과 개도국 간 의무의 차별화 규범이 미약하다. 자세한 것은 머피(Murphy, 2019), 드라이젝과 피커링(Dryzek and Pickering, 2019, pp.39~43) 참고.

다면 과연 무슨 일이 일어났을까? 메르스 사태 및 세월호 참사가 보여주듯이 박근혜정부는 희대의 불통, 무능, 무책임으로 국민의 생명과 안전을 지키는 데 거의 완벽하게 실패했다. 이 부분에서 박근혜는 진작 '한국판 트럼프'가 아니었나? 문재인정부는 박근혜정부의 대실패에서 쓰라린 교훈을 얻었다. 그리고 노무현정부 시기 사스 대처의 성공 경험과 정비된 재난관리시스템의 유산을 이어받아 발 빠른 관민 협력 체제로 대응함으로써 코로나19 방역에 성공했다. 또한 강력하고 효과적인 검사와 확진자 및 접촉자 추적(Testing, Tracking, Tracing: TTT)을 핵심으로 하는 문재인정부 K방역의 성공적 작동은 김대중정부 때 체계적으로 정비된 전국민건강보험체계의 뒷받침 위에서 비로소 가능했다. 그뿐만 아니라 한국의 강한 제조업 기반 또한 방역 성공에 큰 역할을 했다. 그렇다면 코로나 시대 K방역의 성공에는 그간 한국이 힘겹게 쌓아 올린 민주주의와 복지 확대, 경제성장이라는 성과, 그리고 그 성과를 학습하고 활용하는 능력이 모두 녹아들어 있다는 말이 가능할 것이다.

코로나19 팬데믹과 마주해 지난날 신자유주의를 글로벌 표준으로 둔갑시켰던 패권국 미국이 최악의 재난국가로 추락했다. 이는 자유 자본주의의 허망한 실패와 동시에 극우 포퓰리즘의 무능과 무책임을 폭로한다. 그뿐만 아니라 다수의 유럽 국가들도 코로나 방역에 무력했다. 공공의료를 삭감하거나 자만에 빠진 자국중심 우월주의, 개인주의 문화 등이 큰 이유였다. 특히 스웨덴과 영국이 어처구니없게 집단면역 실험으로 방역에 실패한 것은 매우 충격적인 일이다. 한국, 중국, 대만, 싱가포르, 베트남 등 동아시아 국가들이 '강한 국가'의 권위와 공공적 역할을 통해 코로나 방역에 성공했고 그로 인해 경제적 타격도 비교적 덜했다. 그중에서도 한국은 국경을 닫지 않고 시민들의 자발적 동참에 의존하는 개방적 민주주의 방식으로 방역에 성공했다는 점이 크게 평가받는다.

하지만 한 가지를 잘한다고 다른 것들도 잘하는 것은 전혀 아니다. 오늘의 복합위기 시대에 한국의 생태·사회·경제적 전환의 정치는 갈 길이 한참 멀다. 방역과 의료는 긴밀하게 연결되어 있지만 엄연히 다른 영역이다. K방역은 성공했다 해도 한 꺼풀 벗겨보면 K의료는 실패했다는 지적과 부실한 공공의료를 대폭 확충해 병상 부족과 의료인력 부족 문제를 해결해야 한다는 경고가 지속적으로 있어왔다. 한국은 OECD국가 중 법정병가와 상병수당제도 둘다가 없는 유일한 나라이며, 코로나19로 인한 유급병가의 소득대체면에서 최악국가로 나타났다(남궁준, 2020; OECD, 2020). 그럼에도 이 문제를 짚는 목소리를 정부는 귀담아듣지 않았다. 오히려 민간의료를 강화하는 쪽으로 방향을 틀었다. 한국판 뉴딜에 공공의료 확충계획은 보이지 않고 원격의료와 의료영리화가 등장한 것이 이를 잘 보여준다(전진한, 2021).

문제는 여기에 그치지 않는다. 트럼프의 미국이 코로나 방역에 실패했을뿐더러 기후위기 및 불평등 문제대응에도 모두 대 실패한 경우라면, 유럽 국가들은 코로나 방역에는 밀렸지만 기후위기 및 불평등 문제 대응에는 선두에 선 나라가 많다. 이들 나라와 비교할 때 한국은 기후위기에 대응하는 생태사회 전환 및 불평등 문제에 대응하는 사회경제적 전환에 크게 뒤처져 있다. 이 같은 전환의 불균형 또는 비대칭성이 복합위기 시대 한국이 서 있는 자리, 그 두 얼굴을 잘 짚어준다.

2) 생태＋복지 지형도 분석

생태복지국가 또는 사회생태국가의 발전 수준을 나타내는 대표적 지표로 친환경지표와 불평등도를 생각할 수 있다. 〈그림 0-1〉은 두 지표에서 OECD 국가들의 위치를 보여준다. 불평등지표는 지니계수(가처분소득)를, 친환경지표는 예일대학교에서 개발한 환경성과지수(EPI)를 사용했다.[11] 여기서 우리는 우 하단에 덴마크, 노르웨이, 핀란드, 스웨덴 등의 북구 국가들과 스위스, 프랑스, 독일, 네덜란드 등의 대륙 유럽 국가들이 '생태＋복지' 국가의 통합적 지향에서 가장 선두에 서 있는 국가군(A그룹)임을 알 수 있다. 한국은 최선두그룹보다 한참 뒤처져 있는데(지니계수 0.354, EPI 66.5), 미국(0.39, 69.3), 이스라엘. 루마니아 등과 유사한 위치의 국가군(B그룹)에 속해 있다. 일본(지니계수 0.339, EPI 75.1)의 실적은 이들 국가보다는 낮다. 그리고 좌 상단 구석에 브라질, 멕시코, 칠레, 코스타리카 등의 최하위 국가군(C그룹)이 있다. 중국의 경우는 워낙 실적이 나빠서(지니계수 0.51, EPI 37.3) 그림 바깥으로 튕겨 나갔다.

지니계수 개선율(시장소득 지니계수에 대한 가처분소득 지니계수 증가율, 2017년)에서는 핀란드가 1위(48.0%)이고 벨기에, 슬로베니아, 아일랜드, 프랑스, 오스트리아, 체코, 독일, 슬로바키아, 덴마크가 그 뒤를 이어 40% 이상의 국가군에 속한다(〈그림 0-2〉). 노르웨이, 네덜란드, 스

---

11 선행 연구로는 두이트(Duit, 2014, 2016), 짐머먼과 그라치아(Zimmermann and Graziano, 2020), 히로이 요시노리[2017(2015), pp.231~237] 등이 있다. 히로이는 2011년 지니계수 수치를 사용했는데(EPI는 연도 불명), 우리는 지니계수는 2017년, EPI는 2020년 기준으로 업데이트했다. 결과에는 다소 차이가 있다. EPI는 유엔의 새천년개발목표를 보조하기 위해 개발된 것인데 선진국의 기여를 과도하게 평가하는 등 편향도 있다(스티글리츠·센·피투시, 2011, pp.173~174).

그림 0-1 생태복지 지향도

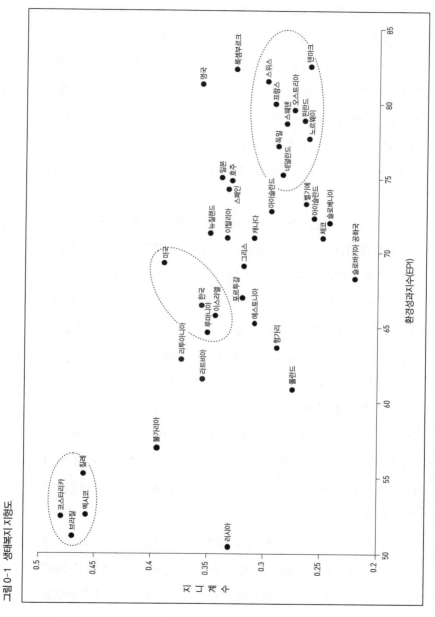

주: 지니계수는 2017년 기준, 없으면 그 이전 가능한 최근 연도, 환경성과지수는 2020년 기준.
자료 : https://stats.oecd.org/, https://epi.yale.edu/

웨덴의 개선율은 35~40% 사이에 있다. 이 분포는 가처분소득 지니계수의 분포와는 다소 차이를 보인다. 다음은 OECD 평균(32.9%) 이하의 나라들인데 미국(22.8%), 뉴질랜드, 스위스, 이스라엘, 브라질 등이 25% 이하의 하위권이며, 한국(12.6%)은 코스타리카, 칠레, 터키, 멕시코(3.2%) 등과 함께 최하위권에 속한다. 일본(32.7%)의 개선율은 거의 OECD 평균 수준이다. 한국의 국내총생산 대비 공공사회지출의 비중은 11.1%(2018년 기준)로 OECD 회원국 평균(20.1%)의 거의 절반 수준이다.

가처분소득 5분위 배율(2017년)은 지니계수 분포와 별반 다르지 않다. 역시 덴마크, 노르웨이, 핀란드, 스웨덴 등 북구 국가들의 평등성이 가장 양호했고 대륙 유럽 국가들이 그 뒤를 잇는다. 한국(7.0)은 미국(8.4), 터키, 영국, 이스라엘, 루마니아와 유사한 국가군으로 간주할 수 있는데 이들 나라의 5분위 배율은 OECD 평균(5.4)보다 훨씬 높다. 5분위 배율에서 불평등도가 가장 심한 나라는 멕시코(10.3), 칠레(10.3), 코스타리카(12.7), 그리고 중국(28.3)이다. 상위 10% 소득 비중의 장기 추세를 보면 한국은 1976년 25.7%, 1996년 35%였던 것이 2016년 43.4%로 높아져 민주화와 세계화 시대에 한층 더 악화되었다. 43.4%라는 수치는 칠레(54.9%), 터키(53.9%), 미국(47.0%)에 이어 OECD 회원국 중 네 번째로 높은 것이며 유럽 국가들이 30%대 초중반에 머문 것과 대비된다(https://wid.world/data/).

OECD 비교통계에서 2018년도 소득분배 수치는 부분적으로만 나와 있다. 2018년 지니계수(가처분소득)를 보면(〈그림 0-3〉) 한국은 2017년에 비해서는 약간 개선되었다(0.345). 그럼에도 OECD 국가 불평등 지형도상의 위치에는 별다른 변함이 없다. 벨기에, 노르웨이, 핀란드,

그림 0-2 지니계수 개선율 국제 비교

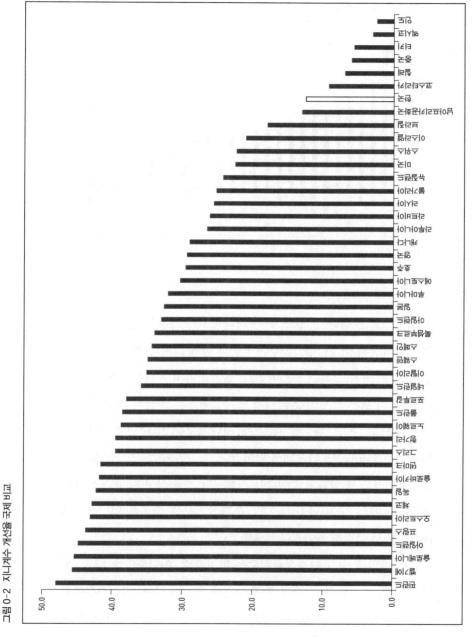

주: 지니계수는 2017년 기준, 없으면 그 이전 가능한 최근 연도.
자료: https://stats.oecd.org/

그림 0-3 지니계수 국제 비교(2018)

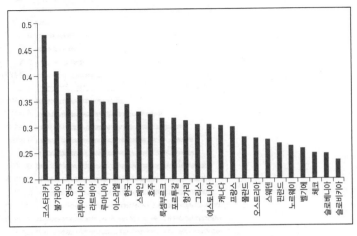

자료: https://stats.oecd.org/

스웨덴, 오스트리아, 프랑스 등이 지니계수가 가장 낮은 국가군이며 한국은 여전히 이스라엘, 루마니아 등과 함께 그보다 훨씬 나쁜 국가 군에 속해 있다. 그리고 코스타리카, 불가리아의 지니계수가 가장 높 다. 한국의 경우 문재인정부 시기 소득불평등은 조금씩 개선 조짐을 보인 것으로 나타난다. 가처분소득 지니계수는 2017년 0.354에서 2019년 0.339로 2년 연속해서 떨어졌다. 하지만 주목해야 할 것은 자 산불평등이 크게 심화되고 있다는 사실이다. 순자산 지니계수는 2017 년 0.584에서 2020년 0.602로, 순자산 5분위 배율은 99.65에서 166.64배로 급격히 높아졌다(통계청).

한편 예일대 종합 환경성과지수는 환경오염, 이산화탄소 배출, 생 태계 보전, 기후변화 등 환경 관련 성과를 모두 포함하는데, 기후변화 관련 지수만으로 보면 덴마크, 영국, 루마니아, 프랑스, 스위스, 노르웨이, 룩셈부르크, 스웨덴, 핀란드, 체코슬로바키아가 가장 양호한 10개국이다. 한국의 위치는 종합지수보다 훨씬 더 나쁘며(세계 180개국 중 28위에서 50위로 하락) 멕시코(41위), 타이완(46위)보다 못하다.[12]

3) 전환의 정치에 주는 함의, 사회생태적 대안과 한국의 전환고개

이상과 같은 생태복지 지형도의 검토를 통해 한 가지 중요한 사실을 확인할 수 있다. 그것은 복지성과와 환경성과 간에 상당한 정도의 밀접한 상관관계가 보인다는 점이다. 물론 두 지표가 동행하지 않는 나라들도 있으며 그들 간에 자동적 연계가 존재한다고 보기는 어렵다. 하지만 국가군의 유형에서 그 같은 상관성이 분명히 나타나는데, A그룹에 속하는 북구와 독일을 비롯한 선진 복지국가들은 생태국가 지향성도 높다. 이 문제와 관련해서는 학자들 간에 친복지 경향과 친환경 경향 간의 이른바 "시너지 가정"을 둘러싸고 흥미로운 논쟁이 일어났다. 시너지 가정의 옹호자에 따르면 자유시장경제보다 사민주의 복지국가 및 조정시장경제가 사회정책과 환경정책의 선조합에 더 우월하다. 오랫동안 평등과 공정, 연대를 중심가치로 키워온 저력과 사회적 합의의 정치문화가 전환과정에서 필수적인 생태적 공정성과 성찰성의 도전도 잘 감당해낼 수 있다. 또한 국가의 강력한 시장조정능력이 존재할 경우 생태가치와 경제가치가 동행해 환경정책이 기업에도 좋을 수 있음을 보였다는 것이다(생태적 현대화 담론)(Dryzek, 2008; Dryzek et al., 2003; Zimmermann and Graziano, 2020). 좀 더 구체적으로 고프(2017,

---

12 세계경제포럼이 발표한 에너지전환지수(ETI, 2020)에서는 스웨덴, 스위스, 핀란드가 최고 순위였고 한국은 조사 대상 115개국 중 48위였다.

p.203)는 조정시장경제에서 능동적 사회정책이 기후정책의 성공에 기여할 수 있다면서 다음과 같은 이유를 든다.

첫째, 기후변화의 위험을 사회화함으로써 기후안전망을 제공할 수 있으며 불평등을 악화시키지 않거나 새로운 불평등을 낳지 않는다. 둘째, 교육 및 공동체 역량증진을 위한 사회투자를 확대함으로써 기후위기에 대응하는 사회적 자원의 동원을 원활히 할 수 있다. 셋째, 집단적 복지는 시민들이 급작스런 변화에 창의적으로 대처할 수 있는 든든한 기반을 제공한다. 넷째, 공공투자와 공공은행 및 산업정책을 통한 국가의 능동적 역할이 경제, 사회, 생태 가치 간의 선순환을 낳게 할 수 있다.

하지만 시너지 가정 옹호자들도 두 가치가 엄연히 다른 만큼 복지정책과 환경정책 간에 얼마든지 경쟁, 충돌, 갈등이 존재할 수 있음을 인정한다. 반면에 주로 탈성장론에 서 있는 시너지 가정의 비판자들은 복지국가가 강력한 생태 발자국을 남기고 있으며, 그 생태적 전환도 지속적 경제성장에 기반을 두고 있어 시너지 가정이 성립되기 어렵다고 꼬집는다. 이들은 생태적 효율성의 제고가 제본스 역설(리바운드 효과) 때문에 쉽게 무효화될 수 있다고 지적하면서 생태적 현대화론을 비판한다(Koch and Fritz, 2014).

시너지 가정을 둘러싼 논자들 간의 긴장과 대립은 계속될 것이며 탈탄소 생태복지국가로 나아가는 전환의 정치에서 그 논점은 매우 중요하고 미래로 열려 있다. 그리고 잘 알려져 있듯이 유럽의 선진 복지국가조차 1980년 이래 특히 자산불평등이 심화됐고 조세정책에서 중대한 퇴행이 일어났다. 그들의 선도적인 기후변화 대응도 파리협약 이전까지는 저탄소전략에 머물렀으며 파리협약 이후에야 탈탄소전략으로 바뀌었다.[13] 그럼에도 여러 유형의 복지체제와 자본주의체제에서 권력양식, 제도적 조정능력, 정치문화 등의 다양성이 생태적 전환능력의 차이를, 전환경로와 양식의 다양성을 초래한다는 생각은 한국을 포함해 세계 다른 나라의 전환정치에 매우 큰 함의를 던져준다. 우리가 주목하고 싶은 것은 다름 아닌 바로 이 지점이다. 시너지 가정을 둘러싼 유럽학자들 간의 논쟁은 일본에도 영향을 미친 듯하다. 일본의 탈성장 계열 학자 히로이 요시노리[広井良典, 2017(2015), pp.234~235]는 사민주의 및 조합주의 복지국가를 아울러 이들 국가군이 복지지향과 생태지향 간 밀접한 상관성을 보이는 이유에 대해 '일정 이상의 평등'이 실현된 사회에서는 재분배에 대한 사회적 합의가 존재하며 이에 따라 경제성장 압력도 약해지기 때문이라고 설명한다. 또 앞으로 어떤 사회를 만들지의 비전도 공유하고 있다고 한다.

히로이의 설명은 앞서 드라이젝, 고프 등이 제시한바, 평등과 공정 가치가 사회적 합의로 제도적·문화적으로 깔려 있는 선진 복지국가가 생태적으로 정의로운 전환에도 유능하다는 생각과도 통한다. 역으로 그의 설명은 불평등이 심한 나라일수록 경쟁과 성장에 대한 압력이 높고 재분배에 대한 사회적 합의가 낮다는 말이며, 그 때문에 경제성장으로 문제를 해결하려는 지향이 강하고 생태적 지속가능성의 정책 순위는 밀려난다는 말이 된다. 불평등과 양극화로 갈라지고 불공정으로 불신하며, 불안정노동으로 고통받고 주거, 보육, 교육, 의료, 노후 등에서 삶의 불안에 허덕이는 상황에서 공통의 가치기반, 공동의 미래에

---

13 유럽연합은 2019년 12월 유럽 그린딜을 발표해 2050년까지 탄소중립을 이룬다는 목표를 내걸었다. 그 이전 스웨덴은 2017년 6월에 2045년까지 탄소중립 달성을 법제화했다.

대한 전망, 요컨대 '같은 배를 타고 간다'는 연대성과 사회적 합의, 집단적 행동이 만들어질 리 만무하다. 사람들은 정치적 환멸감에 빠진다. 사회경제적 양극화는 미국이 생생하게 보여주듯이 정치적 민주주의를 위협하며 정치적 극단주의와 극우 포퓰리즘 또는 신권위주의 강성국가 준동의 온상이 된다(스티글리츠, 2013, pp.33~268; Chancel, 2020, pp.11~35).

그런데 히로이의 설명을 들으며 우리는 일찍이 군나르 미르달이 말한 '평등화의 동학'을 상기하고 싶어진다. 미르달에 따르면 정치경제에는 주류경제학의 균형논리가 아니라 순환적·누적적 인과관계가 작동한다. 이에 따라 빈국에서는 역류효과가 파급효과를 압도해 불평등이 심화되고 가난이 가난을 낳지만, 부국에서는 파급효과가 역류효과를 압도해 평등화의 동학이 작동하면서 경제발전과 사회경제적 진보로 향하는 경향이 누적적으로 강화된다. 또한 두 개의 상반되는 동학은 정치적 민주주의에도 지대한 영향을 미치는데 앞의 동학은 정치적 민주주의 발전을 저지하지만, 뒤의 경향은 그 발전에 확고한 기초를 부여한다[미르달, 2005(1957), pp.64~65]. 그러면서 미르달은 이렇게 말한다.

진보적 사회, 즉 순환적 인과관계에 의해 서로를 보완하는 사회변화의 두 가지 형태로서 재분배개혁과 경제성장에 의해 특징지어지는 사회에서는 빈자의 지위 향상이란 흔히 부자의 실질적인 희생 없이도 실현될 수 있으며 때로는 고소득계층을 포함하는 전 계층의 생활수준 향상의 실현과 양립할 뿐만 아니라 이를 위한 조건도 된다[미르달, 2005(1957), pp.162~163].

미르달의 견해는 히로이와 논지를 같이하면서도 확고히 제도주의 정치경제학에 서 있다. 그는 평등화와 사회경제적 진보의 누적적 동학이 작동하면 사회 공기가 달라져 구성원들에 '합리적 관용'의 감각이 생겨나고 공동부담 비용을 받아들이는 사고방식이 만들어진다는 말도 한다. 복합위기 시대 오늘의 우리는 앞서 본 생태복지 지형도가 주는 함의를 적극적으로 수용하고 미르달의 상생적 평등주의 통찰을 이어받되 전환대안을 아래와 같이 세 가지 방향에서 새롭게 재창조해야 한다.

첫째, 전환적 개혁의 중심가치에 인간답고 시민다운 삶, 젠더평등한 삶을 영위할 수 있는 기본적 필요(needs)—이는 욕망(wants)과 구분된다—충족과 적극적 역량증진을 두어야 한다. 사회보장은 삶의 위험에 대처하는 안전망을 제공함은 물론, 구성원의 자아실현 역량을 증진하는 도약대를 제공하는 것이어야 한다. 건강, 노동, 주거, 교육, 돌봄, 소득과 자산, 자유시간, 정치적 참여와 사회적 연계, 환경적 조건 등에서 삶의 기본적 필요조건 충족과 역량증진이 평등하게 보장되도록 사회적 전환이 실현되어야 한다.[14] 둘째, 인간답고 시민다우며 성적으로

---

14 스티글리츠·센·피투시(2011)의 복지(well-beimg)에 대한 보고서에 기반을 둔 것이다. 김도균(2020, pp.70~91), Max-Neef(1989)를 함께 참고할 것. 복지보고서는 GDP를 넘어 복지 측정 방법을 개선하려는 목적에 따른 빈틈도 갖고 있다. 이와 관련해 권력과 정치, 제도 문제를 부차화하는 센의 역량접근에 대한 비판적 보완이 필요하다(이병천, 2020, p.326, 주석 14). 여기서는 관계적 평등주의를 대표하는 앤더슨(Anderson, 1999)의 연구를 언급해둔다. 그녀는 억압과 착취의 사회관계 극복을 지향하는 '민주적 평등' 개념과 관계적 평등론을 제기하고, 세 가지 역량 즉 인간으로서 역량, 정치적 참여 시민으로서 역량, 협력적 생산체제의 평등한 참여자로서 역량을 특정화했다. 그리고 또 한 가지, 보편적인 기본적 필요리스트를 제시하는 것도 의미가 있으나 기본적 필요 및 역량은 해당 사회의 구체적, 역사적 맥락 속에서 해석 및 인정 투쟁을 통해 정치화되고 제도화될 수밖에 없다(프레이저, 2017, pp.79~118; Hamilton, 2003, 2019; Deneulin, 2006; 이병천, 2014). 코흐와 부흐-한센(Koch and

평등한 삶의 기본적 필요충족과 역량증진에 대한 보장은 기후회복력을 가질 수 있는 정의로운 생태사회로의 전환 속에서 생태적 안전과 지속가능성을 추구하는 탈탄소 사회경제로의 전환이라는 근본적 제약('행성적 한계') 안에서 이루어져야 한다. 그리고 재난불평등의 극복과 생태사회로의 전환에서 기본적인 필요원칙은 최약자의 필요를 우선하는 방향으로 설정되어야 한다.[15]

셋째, 어떤 구체적 제도개혁을 통해 이 사회생태적 전환이 가능할지, 전환고개를 넘어설 수 있을지를 고민해야 한다. 기본적 필요의 충족과 생태적 지속가능성 달성을 위해 불평등의 대폭적 축소는 필수적 조건이다(Gough, 2017, pp.60~61). 이를 비롯해 전환적 제도개혁에는 다음과 같은 대안들이 포함되어야 한다. 기후회복력을 가짐과 동시에 구성원의 기본적 필요를 충족시키는 공공서비스의 기조적 강화(에너지, 물, 교통 등)와 생태사회 전환과정이 가져올 분배적 역진성에 대처하는 보완정책,[16] 디지털 전환과 비정형 노동의 폭증 시대에 디지털공공성의 확보와 필요기반 복지체제의 새로운 혁신(소득중심의 전국민고용보

Buch-Hansen, 2016)은 탈성장론자들의 경우 기본적 필요와 사회복지 문제에 대한 관심이 부족했다고 지적한다. 예컨대 허먼 데일리는 정상상태경제(steady-state economy)의 유지를 위해 세 가지 제도적 기둥을 제시하고 그 속에 분배제도(소득 및 부에서 최대 및 최저 수준 설정과 집중 억제)를 포함하고 있지만, 자신의 분배제도가 시행되면 파업은 불법화될 것이고 노조도 불필요하게 될 것이라고 안이하게 말한다(Daly, 1991, pp.55~56).

15 정확히 말해 절대적 우선이라기보다 완화된 우선원칙이다(김도균, 2020, pp.86~87). 인류세 시대에 현재 세대 및 미래 세대의 기본적 필요충족이 사회정의의 우선순위라고 할 때, 거기에 부합하지 않는 현재의 여러 활동들은 정의롭지 못하다는 중대한 결론이 도출될 수 있다(울프, 2009).

16 그루브 외(Grubb et al., 2014, pp.284~305), 고프(Gough, 2017, pp.126~145), 샹셀(Chancel, 2019, pp.125~130) 참고. 그루브 등은 기후변화 저감정책의 세 가지 영역을 제시하고 있다(공적 기준설정과 시민적 참여, 시장가격의 최적화, 그리고 전환적 투자).

험 및 사회보험 등), 재분배개혁과 병행해야 할 선(先)분배제도의 개혁, 새로운 사회계약으로서의 정부가 최종 고용주 역할을 수행하는 고용보장제[17]의 시행, 사회생태적 전환을 위한 혁신적 투자에 사명을 갖는 공공기업가형 국가능력의 재창조,[18] 투기적 지대추구를 근절하고 땀과 가치창조가 보상받는 공정한 혁신경제로의 개혁, 취약한 노동자 및 사회계층의 협상력 강화 그리고 이를 통해 견제와 균형이 있고 공정한 협력과 이익공유가 이루어지는 이해당사자 참여경제로의 전환, 토지공개념을 구현하기 위한 토지 국유자산의 대폭적 확충과 이에 기반을 둔 세수의존도 축소 및 괜찮은 공공임대주택의 다량 공급, 재정건전성의 함정을 벗어나 정부가 선도적으로 전환비용을 감당할 수 있는 화폐금융 및 조세재정 체계의 개혁,[19] 국가–시장–사회적 연대경제의 세 축이 시너지를 낼 수 있는 다중심적 사회경제로의 전환 등이다.

이상 모든 개혁전선을 둘러싸고 관성적 지배의 정치와 대항적 전환의 정치가 충돌하고 경합할 것이다. 기본적 필요를 정의하고 그 우선

---

17 체르네바(Tcherneva, 2020), 김병권(2020)을 볼 것. 체르네바는 환경돌봄, 사람돌봄, 지역사회돌봄을 고용보장제 시행의 주요 영역으로 제시하고 이를 기후위기에 대응하는 그린뉴딜과 연계시켜야 한다고 말한다.

18 대표적 연구로는 마추카토(Mazzucato, 2021) 참고.

19 코로나19 피해 노동자의 소득보장 및 자영업자의 손실보상을 위해서는 '사회연대세'를 신설하는 방안을 적극적으로 검토할 필요가 있다. 그린뉴딜의 주창자이며 주빌리2000운동을 이끌었던 앤 페티포가 동시에 화폐금융체제 개혁안을 제시하는 것에 주목해야 한다(Pettifor, 2017, 2019). 페티포는 기본소득제와는 거리를 두면서 공공서비스 확충의 필요성에 방점을 찍는다(2019, pp.101~102). 화폐제도 개혁대안의 여러 갈래에 대해서는 전용복(2020, pp.97~113) 참고. 개혁대안의 이론적 바탕으로 흔히 현대화폐이론(MMT)이 거론되는데 이 이론의 기여와 함께 문제점도 들여다보아야 한다. 이에 대해서는 엡스타인(Epstein, 2019)이 유용하다. 그에 따르면 현대화폐이론은 화폐적 재정조달을 시행할 조건을 갖춘 기축통화국과 그렇지 못한 여타 국가 간의 차이를 무시하고 있다. 또 거시경제정책이 초래할 금융 불안정성의 위험에 대한 관심이 부족하다. 요컨대 거시경제정책 성공의 제도적 맥락과 조건에 대한 분석이 결여돼 있다는 것이다.

순위 및 시민적 최저선을 설정하는 것부터 정치적 쟁투의 대상이다. 개혁전선의 돌파를 위한 조건으로서 지속가능한 기본적 필요 충족 및 역량증진 보장에 대해 사회적 공감대와 합의기반을 넓히는 작업, 그 담론을 형성·발전시키고 정책네트워크를 확장하는 성찰적 시민정치와 성찰적 시민사회 운동의 능력제고가 필수적이다. 이 바탕 위에서 국가능력과 사회능력의 시너지가 일어나야 한다.

위에서 말한 전환적 개혁의 세 가지 요목은 한국의 사회생태적 전환정치가 자신의 구체적 맥락을 고려하는 가운데 감당해야 할 핵심사안이기도 하다. 그런데 한국은 역사적으로 압축적 전환과 불균형의 복합발전 관성이 매우 강한 사회이다. 안타깝게도 촛불항쟁에 힘입어 탄생한 문재인정부도 여전히 이 관성을 타고 있고 더욱이 재벌과 자산부자 계층에 대해 규율력이 약하고 그들의 요구에 끌려가는 연정 민주정부 성격을 벗어나지 못하고 있다(이병천, 2020). 이 때문에 사회경제적 불평등과 생태적·환경적 불평등이 맞물려 진행되는 악순환 상황을 반전시키기란 결코 쉬운 일이 아니다.

오늘의 한국은 일정 수준의 평등고개 또는 평등 더하기 공정고개에 도달하기 이전의 전환계곡에서 불평등위기와 코로나위기, 기후위기가 겹친 복합위기 함정에 빠져 있는 상태다. 세계 수위의 화석연료체제가 빚어낸 부끄러운 기후 악당국가, 노동·토지주택·화폐금융의 고삐 풀린 상품화와 불안 불평등의 고착화, 대량실업·불안정노동·하청 노동자의 희생과 병행 발전하며 노동소득을 비웃고 계층상승 사다리를 걷어차는 다방면의 지대추구 행태 그리고 거대 재벌과 자산 부자계층의 기득권 수호와 사회적 무책임의 역류효과에 짓눌린 채 상생의 평등 더하기 공정고개, 거대한 사회생태적 전환고개를 올려다보고 있는 모양새다. 어떻게 위와 같은 복합위기 함정 속으로 다중적 역류효과를 떨쳐내고 시대요구에 응답해 생태복지국가로 가는 사회생태적 전환고개를 넘을 것인가가 문제다.[20]

4. 뉴딜의 소환, 엇갈리는 미국의 길과 한국의 길

유럽에서 크게 배워야 한다. 하지만 생태사회경제의 정의로운 전환과 공진(시너지 추구)의 유럽식 경로를 금과옥조로 여길 필요는 없다. 유럽조차 하나의 길이 아니다. 역사적·제도적 맥락에 따라가는 길이 다를 수 있고 달라야 한다. 후발 전환국의 경우 유럽적 길을 중요한 참조점으로 삼되 이른바 '맥락에 맞춘 벤치마킹'이 필요하다. 예컨대 기본소득 논의만 하더라도 공공 사회서비스가 대폭 확충되어 기본적 필요 충족수준이 높은 북구와 사회서비스 발전의 초기 단계에 불과하고 취약계층의 배제문제가 매우 심각한 한국에서 그 의미는 크게 다를 수밖에 없다. 기본소득과 달리, 공공 사회서비스는 다수 대중의 기본적 필요에 부응하는 복지확충 효과뿐만 아니라 고용유발 효과도 높고 젠더평등에도 기여한다(양난주, 2021).

우리는 미국이 연 조 바이든 시대에서 전환적 뉴딜의 새로운 가능성을 엿볼 수 있다. 미국 민주당은 진작 고학력자의 기득권 정당(이른바 '브라만 좌파')으로 변질되었고 월가와의 유착 및 초세계화 정책으로 참담하게 극우 포퓰리스트 트럼프에게 대통령의 자리를 내어준 바 있다

---

20 외환위기 이후 본격화된 불평등 심화, 삶의 불안과 경쟁적 시장사회구조에서 한국인들, 특히 젊은 세대들은 조건의 평등에 대한 관심보다 시장공정에 훨씬 민감하다. 이 같은 독특한 상황은 사회생태적 전환과 정의로운 생태복지국가로 가는 길에 큰 어려움을 안겨준다.

(피케티, 2020, pp.865~874, p.894; 벨로, 2017). 기득권 민주당의 실패와 트럼프의 실패를 모두 겪은 후 열린 바이든의 시대가 루스벨트를 소환하는 뉴딜의 재창조를 예고하고 있다.

바이든이 내걸었던 대선공약에는 코로나19에 대한 능동적 방역, 파리기후협약 재가입과 2050년 탄소제로 추진 및 기후위기에 대응하는 대대적인 그린뉴딜, 이를 통해 기후 회복력과 경제 경쟁력 및 일자리 창출이라는 세 마리 토끼 잡기, 법인세 인상과 부자 증세 및 해외 이전 기업에 대한 징벌 과세, 기업지배구조 개편과 거대 IT 기업(GAFA) 견제 및 글래스스티걸법 복원 등 경제력 집중억제와 공정경제 추구, 필수노동자의 처우개선, 최저임금 인상, 노동자성 인정의 확대, 노동자 조직화 지원 등을 포함한 노동권의 전반적 강화, 의료·교육·보육·주거 분야에 걸친 사회복지의 대폭 확대 등이 있다. 이 모든 개혁 정책은 크고 강한 정부가 주도하는 대대적 재정지출 확대를 수반한다.[21]

바이든은 온건한 개혁을 지향한다고 알려져 있다. 집권 후 그의 공약이 어떻게 현실화될지는 더 두고 볼 일이다. 하지만 바이든이 새로 시작한 길에 코로나19 위기와 기후위기, 불평등의 위기가 중첩된 오늘의 글로벌 복합위기 상황에서 그리고 미국적 맥락에서 정의로운 전환적 뉴딜 또는 "같은 배를 타고 가는 생태복지국가 만들기"라는 시대정신의 요구가 나름대로 담겨 있음은 분명해 보인다.

흥미롭게도 복합위기와 마주해 미국뿐만 아니라 한국도 뉴딜을 소환했다. 미국이 바이든식 미국판 전환적 뉴딜의 시대를 열었다면, 한

---

21 전체적 내용은 매일경제신문사 국제부(2020), 노동정책에 대해 자세한 것은 홍성훈(2020) 참고.

국에서는 집권 문재인정부 아래 한국판 뉴딜 기획이 만들어졌다. 문재인정부는 디지털뉴딜, 그린뉴딜, 고용·사회안전망 확충의 세 축으로 구성된 한국판 뉴딜을 선도국가로 도약하는 대전환전략으로 제시했다. 이후 지역뉴딜이 추가됐지만 안타깝게도 이 대전환전략의 실체란 복합위기에 정면 대응하는 생태복지국가로의 패러다임 전환이라기보다 디지털 전환을 통한 경쟁력 증강을 전면에 앞세운 신성장기획, 첨단기술 숭배주의의 성격을 짙게 드러냈다. 그것은 다양성 및 잉여의 원리를 내장한 전환적 회복의 경로 대신에 기존의 대기업 지배하 혁신성장 및 IT산업 발전전략 기조를 충실히 계승하고 있다(정준호, 2021). 불평등의 위기와 불안정노동, 삶의 불안을 극복하기 위한 노동복지체제 및 경제체제의 절박한 구조개혁 과제는 뒤쪽으로 밀려났다(이병천, 2020, pp.413~455).[22]

소득주도성장 등 사람중심 경제를 내세웠던 문재인정부의 초기 네 바퀴 정책 패러다임은 일정한 성과를 거두긴 했지만 이미 코로나 위기 이전부터 뒷걸음질을 쳤다. 시장소득의 불평등 확대를 반전시키며 약탈적 산업생태계를 상생의 숲으로 전환시킬 구조개혁 정책은 희미했다(황선웅, 2021). 사회경제적 약자들인 을과 을 간의 다툼이 크게 부각된 것도 이 때문이었다. 한국판 뉴딜 기획은 더 확연히 과거의 낙수효과 패러다임으로 되돌아갔다. 우리는 실업, 불안정노동 증폭과 노동시장의 양극화 심화, 사회보호로부터 다면적인 취약계층의 배제, 그리하여 삶의 불안이 엄습하는 고위험사회와 마주하게 됐다(조돈문, 2021 ; 김

---

22 자세한 것은 다음을 참고. 이병천·김태동·조돈문·전강수(2021, 1부), 코로나19시민사회대책위(2020), 참여연대사회복지위원회(2020).

형용, 2021).[23] 또한 코로나 위기상황에서 소상공인 및 자영업자에 대한 지원은 미국(트럼프 시기)이나 영국보다도 훨씬 못하다.[24] 재정상태가 매우 양호하고 위기극복을 위한 획기적 재정확장 정책이 필요함에도 완고한 재정보수주의에 갇혀 있다(강병구, 2021; 나원준, 2021).[25] 기후변화와 관련해서는 부끄럽게도 중국, 일본보다 더 늦게 2050탄소중립선언이 나오긴 했지만, 오랜 '기후 악당국가'이자 사회적 공감대가 미약한 상황에서 과연 어떻게 정의로운 생태적 전환이 실현될지, 그 전환 경로가 어떤 모양이 될지는 여전히 안개 속이다. 게다가 탄소중립 목표에 어떻게 도달할지는 백지상태에 가깝다(이유진, 2021). 무늬만 뉴딜이라는 따가운 비판이 나오는 이유다.

4년 전 미국에서 오바마가 물러나고 트럼프 시대가 열렸을 때 한국에는 촛불항쟁의 동력으로 박근혜가 물러나고 촛불정부의 문패를 올린 문재인정부가 출범했다. 문재인정부는 정상국가를 지향했을뿐더러 사람이 먼저이고 노동이 존중받는 나라, "기회는 평등하고 과정은 공정하며 결과는 정의로운 나라"[26]를 만들겠다고 약속했다. 문재인정

---

23 '노동존중'과 생명안전 문제를 대하는 집권여당과 정부의 실질적 태도는 중대재해기업처벌법을 누더기로 만들어 통과시킨 사태에서 여실히 드러났다. 이는 공정경제3법의 뒤틀린 경과(전성인, 2021)와 함께 앞으로 한국의 사회생태적 전환이 어떤 경로를 보여줄지 시금석이 될 듯하다.
24 "미(美), 고용유지 땐 대출금 탕감······영(英), 1년치 이자 정부가 내줘", 《한겨레》, 2021년 1월 28일.
25 한국의 국내총생산 대비 재정지출은 3.4%(2020년)에 불과한데 이는 주요 20개국 중 열다섯 번째이며, 선진 11개국 가운데는 최하위다. 특히 미국은 16.7%가 되는데(IMF 세계재정상황보고서) 막 출범한 바이든 정부는 크게 움직이는(act big) 정부를 내걸고 국내총생산 대비 9% 규모의 대대적인 재정확장 정책을 발표했다(스티글리츠, 2021). 한국에서는 기획재정부의 뿌리깊은 재정보수주의가 중대한 걸림돌이다.
26 이는 분명 근사한 약속이었지만 '조건의 평등'을 빠뜨린 중대한 한계도 갖고 있다(이병천, 2019; 샌델, 2020, pp.348~351). 샌델은 능력주의를 비판하면서 시민적(공화주의적) 평등

부 시기 한국은 적지 않은 부분에서 정상국가의 모습을 되찾았으며 코로나 팬데믹 시대 한국은 국제사회에 방역모범국이라고 크게 칭찬받았다.

하지만 오늘의 한국은 또 다른 매우 우울한 얼굴을 보여준다. 다이내믹하다는 한국은 권력구도, 제도적 틀, 정치문화, 대중의 가치지향 등 모든 면에서 좀처럼 관성이 변하지 않는 '기울어진 운동장의 나라'임이 확인되고 있다. 촛불정부로서 사람이 먼저이고 노동이 존중받는 나라, 정의로운 대한민국을 만들겠다고 다짐한 문재인정부의 약속은 거의 깨진 듯하며 촛불의 기운은 희미하다. 코로나 방역모범국 한국은 한 꺼풀을 벗기면 생태사회경제 전반의 정의로운 전환에서 한참 지체된 국가이며, 대전환의 시대에도 여전히 압축성장주의와 사회생태적 전환 간의 불균형발전 방식을 태연히 밀고 간다. "민주와 법치체제가 스스로 영속하는 상류층을 창출하고, 엘리트와 여타 사람들을 갈라놓는 사회 양극화를 심화시키는 쪽으로 작용한다는 것이다. 이런 움직임은 자유자본주의의 장기적 생존력을 위협하는 가장 중대한 요인으로 부상하고 있다"[밀라노비치, 2020(2019), p.37]. 이는 다름 아니라 한국에 잘 들어맞는 말이다.

우리는 묻는다. 거대한 위기와 전환의 기회가 함께 도래한 지금 한국인은 같은 배를 타고 있는가? 압축전환에 능한 한국은 어떻게 압축적으로 시대전환의 새 경로를 창조할 수 있을까? 한국에서 생태, 사회, 경제의 삼중 전환과 공진은 갈 길이 멀다. 무엇보다 '일정 수준의 평등고개'를 넘는, 한국적 맥락에 뿌리내린 정의로운 사회생태적 전환

주의를 주창한다. 그가 일의 존엄성을 되살리자고 들고나온 것에 주목하자.

의 정치가 요구된다. 기후회복력을 가지면서 평등하고 공정한 생태복
지국가로 나아가는 새로운 대항적 활력과 제도, 정책적 창안이 절실하
다. 일찍이 탈규제 시장자본주의 및 파시즘이라는 이중의 도전과 마주
하여 쇄신한 민주적 대안만이 우리를 구제할 것이라고 일러주었던 칼
폴라니의 충고가 귓전을 때린다.

*　*　*

촛불항쟁의 열망에 부응해 정의로운 대한민국을 세우겠다고 약속
했던 문재인정부가 빠르게 촛불정부로서의 빛을 잃고 갈지자 행보를
보인 것은 우리의 예상을 훨씬 뛰어넘는 일이었고 다수 국민에게 큰
실망감을 안겨주었다. 문재인정부 출범 1년 즈음에 지식인 323명의
이름으로 담대한 사회경제 개혁을 촉구하는 성명서를 발표하고
(2018.7.18) 사회경제개혁을 위한 지식인선언네트워크(공동대표: 김태동,
이병천, 조돈문; 운영위원장: 전강수)(이하 지식인선언네트워크)를 결성한 것은
이 때문이었다. 개혁촉구 성명서를 발표한 이래 그동안 지식인선언네
트워크는 문재인정부가 촛불정부로서 소임을 다하지 못한 데 대해 아
픈 비판의 목소리를 내고 건설적 대안을 제시하기 위해 꾸준히 노력해
왔다. 《다시 촛불이 묻는다: 포스트코로나 시대의 사회경제개혁》이라
는 이 책의 기획과 발간작업도 그 같은 노력의 연장선상에 있다.

바쁜 시간을 쪼개어 헌신적으로 원고를 내어주신 집필자분들이야
말로 이번 공동연구의 명실상부한 주인공들이다. 또한 지식인선언네
트워크가 진행한 여러 토론회에서 공동주최 또는 후원방식으로 함께
해주신 코로나19시민사회대책위원회, 민주화운동기념사업회, 민주노

총부설 민주노동연구원, 한국비정규노동센터, 참여연대 부설 참여사회연구소 등 동료 시민단체들의 따뜻한 연대 그리고 발표자와 토론자로 참여주셨던 분들의 동행이 없었더라면 여기까지 오기는 어려웠을 것이다. 필자가 많은 공동연구서는 가급적 피하는 것이 작금의 출판 풍조다. 도서출판 동녘은 전혀 그렇지 않았고 흔쾌히 이 책의 출판을 맡아 주었다. 이 기회를 빌려 모든 이에게 깊은 감사의 뜻을 표한다.

지식인선언네트워크의 이번 공동연구에서는 문재인정부가 오늘의 생태사회경제의 복합위기가 제기한 대전환의 과제에 제대로 응답하고 있지 못하다는 공통의 문제의식 위에서 새 전환의 경로를 둘러싸고 열여섯 명의 책임 있는 시민지식인들이 묻고 대답한다. 이 책, 《다시 촛불이 묻는다》는 복합위기의 세계와 비교시각에서 본 한국의 전환고개를 진단하고 사회생태적 전환의 가능조건을 타진한 서장의 도입글에 이어 모두 3부, 16장으로 구성되어 있다. 1부는 한국판 뉴딜을 비롯해 코로나 위기시대에 집중적으로 부상한 개혁과제를 다룬다. 여기에는 디지털뉴딜, 그린뉴딜, 전국민고용보험제, 공공의료, 부동산 그리고 기본소득 등 여섯 개의 주제에 대한 글이 담겨 있다. 이어 2부는 경제분야의 구조개혁 정책을 다루는데, 소득주도성장과 산업생태계 혁신, 공정경제와 재벌개혁, 재정개혁, 금융개혁 그리고 자영업 등 다섯 개의 주제글이 있다. 3부에서는 사회분야(노동, 복지, 성평등)의 구조개혁 정책을 다루며 비정규직, 최저임금, 성평등, 사회서비스 그리고 포용국가 등 다섯 개의 주제글이 포함된다.

3부로 구성된 각 부의 편집책임은 이병천, 전강수, 조돈문이 맡았다. 이 책은 지식인선언네트워크에서 기획했다. 하지만 각 주제글의 내용에 대한 책임은 필자 개인에게 있으며 지식인선언네트워크 조직의 입장을 대변하는 것은 아님을 밝힌다. 독자들은 수록된 글들 간에 견해가 상당히 다양하고 여러 논쟁점들도 담겨져 있음을 느끼게 될 것이다. 이 같은 견해의 다양성 및 개방성은 네트워크 조직이 수행하는 작업의 약점이자 강점이라 하겠다. 우리는 이번 공동연구가 전례없는 복합위기 시대 한국 사회경제의 진보적 개혁논의를 활성화하고 전환적 개혁의 발걸음을 앞당기는 데 중요한 지적 자원이 될 것이라고 믿고 있다. 물론 이 책에 대한 최종적 평가는 깨어있는 독자들의 몫이다.

1부

코로나 위기 시대 개혁과제

경제 패러다임 전환과
디지털뉴딜

정준호(강원대학교 부동산학과 교수)

1. 패러다임 전환의 길목에서

2020년은 코로나19 팬데믹으로 보건위기가 강타하고 그로 인한 고용과 경제위기가 세계적으로 엄습한 해이다. 2020년 초반부터 시작된 코로나19의 전세계적 확산은 여전히 진행 중이다. 각국 정부는 확산 초기에 전면 또는 일부 봉쇄조치(lock-down)를 단행했으나, 그에 따른 경제·사회적 손실이 눈덩이처럼 커지고 엄격한 방역조치에 대한 시민들의 피로감이 겹치면서 이를 완화해 방역과 사회·경제활동 간의 접점을 찾으려고 무진 애를 쓰고 있다. 그러나 이러한 방역조치 완화는 2차 또는 3차 전염병 확산 위험을 초래할 수 있다는 전망이 나오거나 실제로 그런 현상이 나타나고 있다. 다른 한편에서는 방역조치의 성과에 대한 갑론을박이 벌어지고 있다.[1]

이러한 전염병의 글로벌 확산으로 물자와 사람 간 이동성은 현저히 줄어들었다. 이에 따라 각국의 경제성장률이 마이너스로 떨어지고 엄청난 실업자들이 양산되어 취약계층이 더욱더 심한 한계상황에 내몰리고 있다. 각국 정부는 이에 대응하기 위해 미증유의 재정 및 통화정책을 단행해왔다.

이러한 갑작스러운 전염병의 급습과 별도로 한국경제는 2010년대 이후 구조적 위기의 징후를 보여주고 있다. 예를 들면 2012년 이후 경제성장에서 정부부문의 기여도가 높아진 것에서 보듯이 민간경제의 활력이 떨어지고 노동시장 이중구조는 더욱더 굳어지면서 저성장과 불평등이 한국경제를 깊숙이 관통하고 있다. 이러한 국면에서 벗어나기 위해 박근혜정부는 건설투자 중심의 경기부양을 시도한 바 있다. 그리고 2017년 촛불혁명으로 집권한 문재인정부는 집권 초기에 이러한 경기부양의 효과에 편승해 있었다. 따라서 2021년 현재의 사회·경제적 상황은 구조적 위기 징후와 보건위기가 맞물린 복합적인 국면이다. 누구도 예상치 못한 보건위기로 한국경제가 위기 국면에 진입한 것이 아니라 그 이전부터 누적된 구조적 위기와 미증유의 보건위기가 서로 맞물리면서 현 상황이 연출되고 있다.

구조적 위기 징후와 보건위기가 맞물려 있는 현 상황에서 경제사회의 화두는 회복이다. 회복은 크게 기존 성장경로로 되돌아가느냐 아니면 기존 성장경로를 넘어서느냐로 나누어볼 수가 있다. 현 정부는 이러한 복합적 국면에서 사회·경제 패러다임 변화를 염두에 두고, 즉 기

---

1   특히 논란이 많은 스웨덴의 코로나19 확산 초기에 암암리에 시행됐다고 알려진 집단면역 조치에 대한 《사이언스(Science)》의 보고는 그러한 사례 중 하나이다(Vogel, 2020).

존 성장경로를 넘어서려는 의도를 담고서 한국판 뉴딜정책을 발표했다. 이는 디지털뉴딜, 그린뉴딜, 고용안전망 강화 등으로 이루어져 있으며, 나중에 지역뉴딜이 여기에 부가됐다. 그렇다면 현 정부가 제시한 한국판 뉴딜은 기존 성장경로의 전환을 담고 있는가?

주지하는 바와 같이, 미국 뉴딜은 3R(Recovery, Relief, Reform)로 구성되어 있다. 우리가 만약 이를 실질적으로 벤치마킹한다면 한국판 뉴딜도 회복력(Resilience), 사회보호(Social Protection), 구조개혁(Structural Reform)으로 구성될 수가 있다. 미국 뉴딜이 미국경제가 확장되는 시점에서 나타난 애로사항을 타개하기 위한 당면한 경제사회구조의 제도적 창안이라고 한다면, 한국판 뉴딜은 저성장기에 경제사회구조의 제도적 개혁을 추구하기 위한 전략으로 볼 수가 있다. 그러한 의미에서 경제회복을 도모하고 취약계층의 사회적 보호장치를 구축하고 한국경제와 사회의 구조적 개혁방안을 제시하거나 사회적 비전을 공유하는 것이 한국판 뉴딜의 ABC가 되어야 마땅하다. 이처럼 한국판 뉴딜은 보건위기와 2010년대 이후의 구조적 위기 징후가 결합한 현 상황에서는 단순한 양적 지표의 회복 이상을 지향하는 전향적 의미(bounce forward)의 회복, 즉 구조적 전환(transformation)을 지향해야 한다. 전향적 회복을 추구한다는 것은 다양성과 중복을 통해 다양한 위험을 관리하겠다는 것이고 이는 광범위한 사회보호(예를 들어 사회복지 안전망) 장치의 구축을 요구한다. 그리고 지속가능한 생산적이고 사회적인 경제를 구축하기 위해서는 노동시장의 이중구조 및 불평등에 대한 구조적 개혁이 필요하다.

이 글은 현 정부가 제기한 디지털뉴딜이 이와 부합하는 회복력, 사회보호, 구조개혁을 담고 있는 뉴딜다운 뉴딜을 지향하고 있는지를 성찰해보려 한다. 이를 위해 먼저 오늘의 위기에는 코로나19에 따른 보건위기와 이전부터 누적된 구조적 위기가 중첩되어 있음을 보일 것이다. 이어 현 정부가 제출한 디지털뉴딜의 내용과 현 단계에서 경제의 디지털화가 의미하는 바가 무엇인지를 검토할 것이다. 마지막으로 이러한 논의 기반 위에서 디지털뉴딜의 가능성을 비판적으로 타진해볼 것이다.

2. 패러다임 전환의 두 계기

〈그림 1-1〉에서 보듯이 미국과 유럽 등에서 코로나19 확산은 2020년 3~4월경 1차 정점에 도달하고 그 이후 다소 줄어들다가 8월 이후 다시 늘어났다. 한국은 8월경에 2차 정점을 경험하고 그 이후에 진정됐지만 10월 이후 횡보하는 듯하면서 늘어나고 있다. 이처럼 코로나19 팬데믹은 여전히 진행 중이고 2020년은 세계가 심대한 보건위기를 경험한 해로 기록될 것이다. 이러한 보건위기로 인해 심각한 고용 충격이 전세계적으로 발생했다. 우리나라 취업자의 순환변동치가 최근 급전직하했으며, 이는 거의 1997년 외환위기 당시와 비견할 만하다.

이러한 보건위기와 고용 충격에 각국 정부는 다각도의 종합적 대책으로 대응해왔다. 코로나19 확산의 1차 정점이던 2020년 4월경까지는 전세계적으로 보건위기에 대응해 여러 가지 강력한 조치를 단행했으나, 그 이후에는 코로나19의 확산 여부와 무관하게 방역조치에 대한 피로감과 심각한 경제적 타격으로 글로벌 수준으로 보면 점차 정부의 대응조치가 완화되는 한편 경제지원을 강화하고 있다. 그러나 코로나19 사태가 장기화하면서 정부의 경제지원도 최근 줄어들고 있다(〈그

그림 1-1 코로나19 팬데믹으로 인한 보건위기와 고용위기

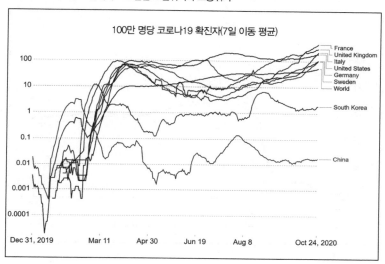

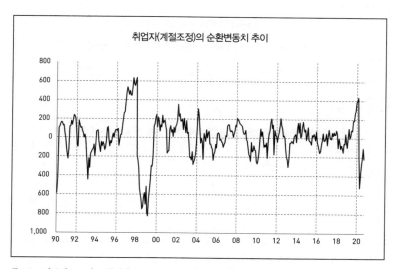

주: 로그 기준의 코로나19 확진자는 2020.10.24. 현재 취업자는 1990.1~2020.9 기준임.
자료: https://ourworldindata.org/coronavirus; 통계청(http://kosis.kr).

그림 1-2 보건위기에 대한 각국 정부의 대응

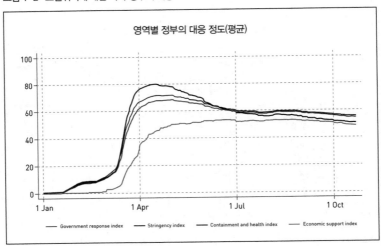

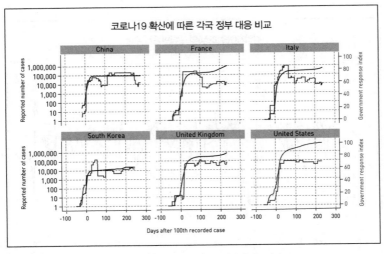

주: 2020.10.22. 기준. 영역별 정부의 대응 정도는 180개국 이상의 평균치임.
자료: https://github.com/OxCGRT/covid-policy-tracker.

림 1-2〉). 이에 따라 취약계층의 사회경제적 타격은 더욱 악화할 수밖에 없는 처지다.

한국은 1차 정점 시기에도 다른 유럽이나 미국과 달리 전면적인 봉쇄 조치 없이 재정과 금융(통화)정책 지원으로 지금까지는 선방하고 있다. 또한 한국과 중국은 코로나19의 확산 여부에 따라 정부 대응조치가 신축적으로 이루어지고 있지만, 영국, 미국, 프랑스 등의 경우는 그렇지 않다(〈그림 1-2〉 참조). 이러한 대응으로 한국은 다른 국가들과 달리 경제성장률의 저하가 매우 낮은 편이다.

이처럼 한국은 보건위기에 이제까지는 선방한 것으로 볼 수 있다. 그런데 보건위기가 급습하기 전에 한국경제는 구조적 위기의 징후를 보여주고 있었다. 현 정부가 소득주도성장 정책을 추진해왔음에도 상위 5%의 근로소득 점유율은 2016년에 이후 그 이전과는 달리 증가하고 있어 소득불평등 정도는 완화되지 않고 있다(정준호, 2019). 〈그림 1-3〉에서 보듯이 연간 경제성장에 대한 민간부문과 정부부문의 기여도 추세에서 2010년대 이후는 그 이전과 판이하다. 2010년대 이후 정부부문의 성장기여도가 민간부문을 능가하기 시작하더니 2019년 2% 경제성장에서 정부부문이 1.5% 민간부문이 0.5%를 차지해 2019년은 사실상 정부부문이 주도한 성장이었다. 2010년대 이전에는 정부부문은 경제가 침체에 빠졌을 경우 이를 완화하는 역할을 했으나 2010년대에 접어들어 아예 정부부문이 경제성장을 주도하고 있다. 또한 한국경제를 떠받치는 제조업의 평균가동률이 2011년 이후 지속적으로 하락하는 추세인데, 2018년 이후 다소 주춤했지만 최근 코로나19로 다시 급락해 거의 1997년 외환위기와 2008년 금융위기의 수준에 근접해 있다(〈그림 1-3〉 참조). 이처럼 한국경제는 2010년대 이후 구조적으

그림 1-3 한국경제의 구조적 위기 징후

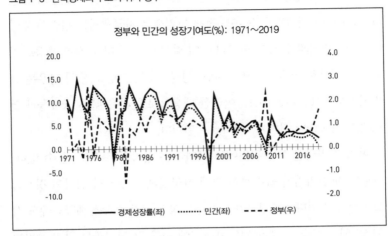

정부와 민간의 성장기여도(%): 1971~2019

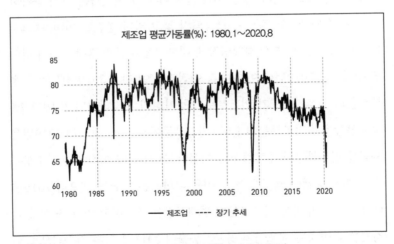

제조업 평균가동률(%): 1980.1~2020.8

자료: 한국은행(http://ecos.bok.or.kr/), 통계청(http://kosis.kr)에서 재구성.

로 이전과는 다른 국면으로 진입한 것으로 보인다. 즉 2010년대 이후 구조적 위기 징후가 누적되고 있는 상황으로 민간부문의 활력이 얼어붙고 있다.

3. 회복력의 문제설정

이처럼 보건위기와 구조적 위기 징후가 맞물리는 상황에서 사회경제의 화두는 회복이다. 그런데 문제는 어떤 회복이 요구되는가이다. 전술한 바대로 회복에는 기존 경로로 되돌아가는 것과 이를 넘어선 구조적 전환이 있다. 회복력(resilience)의 개념은 이러한 두 가지 유형의 회복의 길을 논의하는 데 유용한 길잡이가 된다. 그래서 회복력에 대한 짤막한 소개로부터 논의를 시작하겠다.

1) 회복력의 두 개념

위기는 저성장, 불평등, 이중구조 등과 같은 부정적 현상들(slow burn)이 누적되거나 갑작스러운 외부 충격(shock)이 발생하거나 아니면 양자의 결합으로 나타난다(OECD, 2014). 위기에 잘 대처하기 위해서는 양자의 요인들을 구별하는 것이 필요하다(Pendall et al., 2010). 충격에는 금융, 기술, 상품가격, 수요, 규제, 지정학, 환경(기후, 재난, 전염병 등) 등이 있다. 이러한 충격의 파급효과를 발현하고 가중하는 요인으로는 실업, 불완전시장, 취약한 제도·인프라, 고령화, 저신뢰, 사회적 고립, 기후변화 등을 거론할 수 있다. 글자 그대로 보면 회복은 위기 이전 상태로 돌아가는 것이다. 충격이 단발성이면 소위 V자형 반등이나 약간의 조정 후 U자형으로 회복이 쉽다. 하지만 부정적 현상의 누적이

외부 충격과 맞물리면 회복은 L자형을 그리거나 또는 예전 수준으로 아예 되돌아갈 수 없거나 집단별로 차별화되어 K자형을 보일 수도 있다.

회복력은 일반적으로 외부 충격 또는 위험에 마주할 때 하나의 시스템이 기존 발전경로로 되돌아갈 수 있는 능력을 말한다. 이는 라틴어 'root resilire'에서 나온 것으로, '뒤로 도약하거나 반등'한다는 의미가 있다. 자연과학 및 공학 연구에서 회복력은 일반적으로 기존 균형으로의 회귀를 의미한다. 생태학 관련 연구는 시스템이 충격을 흡수할 수 있는 규모를 측정하는 데 관심을 두며, 공학 관련 연구는 충격에 대한 저항과 이전 상태로의 복귀 속도에 방점을 두고 있다. 이들 연구의 주요 관심사는 시스템의 안정성이나 내구성의 유지이다(Martin, 2012; OECD, 2014).

반면에 사회과학 연구는 기존 경로로의 회복(bounce back)과 전향적 회복(bounce forward)을 구분한다. 여기서 회복력은 시스템 내구성의 유지뿐만 아니라 새로운 발전경로의 탐색을 추구하는 경제적·사회적·제도적 특성들의 집합을 의미한다. 이에 따라 전향적인 회복이 강조되며 이는 관련 주체들 간 정치·경제·사회적 긴장과 갈등을 수반한다(Martin, 2012; Hu and Hassink, 2016; Martin and Sunley, 2015).

OECD(2014)는 세 가지 차원의 회복역량을 제시한다. 이는 시스템의 안정성을 지속할 수 있는 '흡수적 역량', 외부적 충격에 유연하게 적응하고 이에 점진적으로 조정할 수 있는 '적응적 역량', 그리고 기존 시스템을 근본적으로 변화시키는 '전환적 역량' 등을 말한다. 기존 경로로의 회복은 일차적으로 흡수적 역량을 요구한다. 반면에 전향적 회복에는 적응적 역량과 전환적 역량이 필요하다. 이러한 다양한 회복역량을 구축하기 위한 원리로 OECD(2014)는 준비성, 학습·혁신, 임계, 신속한 대응, 다양성과 잉여(redundancy), 연계, 자기조직(self-organization), 사회적 통합과 포용 등을 내세우고 있다.

그런데 회복력이 기본적으로 충격에 대한 완충(buffer) 능력을 높이는 것이라면, 무엇보다도 다각화와 잉여의 원리가 가장 중요하다(Giacometti and Teräs, 2019). 노벨경제학상 수상자인 조지프 스티글리츠는 "코로나 이후 경제학 교과서, 리스크 중심으로 다시 써야"한다고 주장한다(한예경, 2020). 이는 경제적 의사결정에서 다양성과 잉여의 관점을 도입해야 한다는 것을 시사한다. 두 원리를 강조하는 회복력의 문제설정은 비교우위론에 기반을 둔 경제적 효율성의 기존 논리와 부합하지 않으며 그 이상을 넘어서려 한다. 복합적인 현 상황에서 전향적인 회복을 지향한다는 것은 다양성과 잉여의 원리를 수용해야 함을 함의한다.

2) 두 가지 회복경로

주지하는 바와 같이, 미국 뉴딜은 3R을 지향했다. 한국판 뉴딜에도 이러한 시스템 개혁적 요소들이 결합해야 한다. 예를 들면 시스템 개혁에는 새로운 성장과 분배 엔진의 형성, 대·중소기업, 정규직·비정규직, 수도권·비수도권 등 소위 3대 이중구조의 개선, 전환적인 그린뉴딜의 제안, 롱테일을 이루는 저소득층의 소득증진과 복지 사각지대 해소 등을 포함한다. 이러한 개혁과정에서 비생산적이고 지대 추구적인 부문은 떨어져 나가야 하므로 기존 부문에 대한 일정한 구조조정이 수반될 수밖에 없다. 따라서 사회·경제적 갈등과 긴장을 완충하는 잉여 영역 또는 통로가 필요하다. 그렇다고 잉여의 공간이 경제적 비효율성을 수용하는 것을 의미하는 것은 아니다. 이는 개혁정책의 효과성 측면에서 위험 분산과 충격 흡수를 위한 의도적 완충장치를 마련하는 것이다. 다시 말해 경제성장 축(부문)의 다극화, 대·중소기업 격차(이중구조) 완화, 분권(산)화, 잉여인력의 흡수, 사회안전망 확충, 인프라에 대한 접근성 강화(중복) 등을 수반한다. 이러한 변화는 고비용 경제를 함의하는 것이기 때문에 이를 감당하기 위한 생산과 복지체제의 새로운 제도적 결합이 중요하다.

현재의 위기는 당면한 코로나19의 보건위기와 구조적 위기가 결합한 복합위기 성격을 띠고 있으므로 이를 타개하기 위한 회복이 절실히 요구된다. 전술한 바대로 이러한 회복에는 크게 기존 한국경제의 성장경로와 연관하여 두 가지 경로를 제시할 수 있다(정준호·이일영, 2020). 1유형은 기존 시스템에서 충격이나 위험을 흡수하는 기존 경로로의 회복을 추구한다. 이는 한국판 뉴딜에서 제시한 디지털뉴딜과 연관을 지어본다면 ICT 대기업 중심의 회복을 추구하며 이 과정에서 잉여인력이 배출될 수 있으므로 이를 보완하기 위한 복지제도의 확충을 결합하는 것이다. 즉 핵심 대기업 산업기반과 조직을 유지해 충격을 최대한 흡수해 V자형 또는 U자형 반등을 추구하는 것이다. 반면에 광범위한 사회보호와 구조개혁, 그리고 상대적으로 취약한 경제주체의 권력 또는 교섭력 강화 의제는 사실상 빠져 있다. 이와 같은 회복 유형에서는 해외 수요가 반등하지 않으면 대기업 수출주도 경제가 위기 확대로 이어질 가능성이 크다. 1997년 외환위기 때 경험한 '손실의 사회화와 이익의 사유화'가 재현될 수도 있다.

2유형은 ICT와 기존 산업의 융·복합을 통해 다양한 길로 나아갈 수 있는 전향적 회복을 지향한다. 이는 대기업과 중소기업의 협력 및 지역의 재발견을 통해 잉여인력을 흡수하려 한다. 특히 취약한 부문과 지역의 권력 또는 교섭력 강화에 역점을 두어, 성장부문(지역)과 비성장부문(지역) 간의 과도한 격차를 좁혀서 시스템 전체적으로 외부 충격에 대한 회복력을 높이려고 한다. 이는 폴라니적 의미의 사회보호와 구조개혁을 수반한 전환적 회복을 지향하는 길이기도 하다.

4. 투자주도 경제와 한국판 디지털뉴딜

1) 투자주도 경제

한국경제의 성장을 좌지우지하는 것은 건설투자와 설비투자를 포함한 총고정자본형성, 즉 투자이다. 한국은 다른 OECD 국가보다 GDP에서 차지하는 총고정자본형성 비중이 매우 높다(〈그림 1-4〉 참조). 이를 극명하게 보여주는 것이 반도체이다. 반도체산업은 주로 메모리에서 세계적인 경쟁력을 유지하고 있는데 뛰어난 R&D 역량도 한몫하지만, 시장변동에 따라 타이밍이 맞는 주기적인 막대한 설비투자와 생산·공정기술 확보가 경쟁력 유지에 관건임을 부정할 수 없다. 〈그림 1-4〉에서 보듯이 글로벌 금융위기 이후 국내 경기순환과 세계 반도체 경기변동 간 동조화 현상은 심화되고 있다. 특히 2010년 이후 국내 경기변동은 반도체 경기변동과 매우 긴밀히 연계되어 있는데, 2014~2015년 시기에만 건설 경기부양으로 탈동조화 현상이 나타났을 뿐이다.

OECD 자본심화지수와 제조업 취업자 1만 명당 산업용 로봇대수를 의미하는 로봇밀도를 보면 한국은 2010년대에 다른 OECD 국가를 능가한다. 또한 2010년대 자본심화지수의 증가는 상대적으로 자본 절약적인 기술진보에서 노동 절약적인 기술진보로 진행하고 있다는 것, 즉 특정 대기업 부문의 높은 임금상승이 자본을 기계로 대체하는

그림 1-4 총고정자본형성 비중 및 반도체 경기의 영향

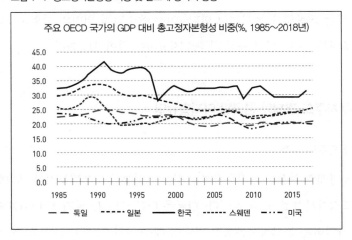

주요 OECD 국가의 GDP 대비 총고정자본형성 비중(%, 1985~2018년)

독일 — 일본 …… 한국 —— 스웨덴 ……… 미국 —·—·

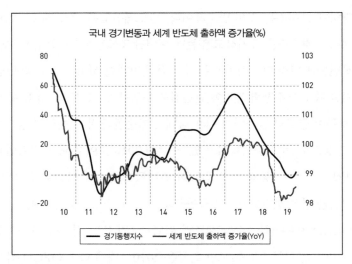

국내 경기변동과 세계 반도체 출하액 증가율(%)

경기동행지수 —— 세계 반도체 출하액 증가율(YoY) ——

자료: 통계청(http://kosis.kr), WSTS(https://www.wsts.org/),
OECD Stat(https://stats.oecd.org/).

그림 1-5 투자주도 경제의 단면

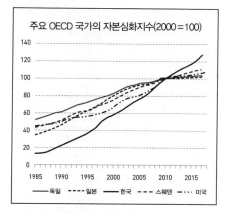

주요 OECD 국가의 자본심화지수(2000=100)

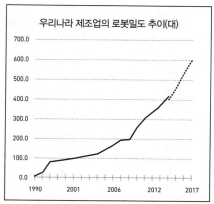

우리나라 제조업의 로봇밀도 추이(대)

자료: 정준호·전병유(2019).

자동화를 초래하고 있음을 시사한다. 우리나라 산업구조가 전자와 자동차산업 중심이어서 로봇 사용의 수요가 많다고 하더라도 우리나라의 소득수준에 비해 로봇 사용이 과도한 것은 사실이다. 이는 근로자의 숙련형성이 아니라 자동화·설비투자가 경제를 이끌어가고 있음을 바로 보여준다(〈그림 1-5〉 참조).

2) 한국판 디지털뉴딜

한국판 뉴딜은 보건위기에 대처하고 기존 한국경제를 전환하기 위해 정부가 내건 종합계획이다. 〈표 1-1〉에서 보는 바와 같이, 이는 크게 디지털뉴딜, 그린뉴딜 그리고 고용안전망 강화 등으로 구성되어 있다. 최근에 여기에 지역뉴딜이 부가됐다. 문재인 대통령은 한국판 뉴딜을 "추격에서 선도국가 도약을 위한 새로운 국가발전 전략"이라고 명명하고 있다. '한국판 뉴딜 종합계획'에 따르면 2025년까지 총 160조 원(국

표 1-1 **한국판 뉴딜의 내용**

구분	추진과제	3년간 재원 (일자리 목표)
디지털 뉴딜	빅데이터 플랫폼 구축 등 데이터·네트워크·인공지능 생태계 강화	6.4조(22.2만)
	공공시설 와이파이 구축 등 디지털 포용 및 안전망 구축	0.8조(1.5만)
	초중고에 디지털 교육 인프라 구축 등 비대면 산업 육성	1.4조(2.8만)
	원격 수문제어 시스템 구축 등 SOC 디지털화	4.8조(6.5만)
그린 뉴딜	공공시설 제로 에너지화 등 인프라 녹색 전환	5.8조(8.9만)
	그린뉴딜 선도기업 육성 및 녹색산업 생태계 구축	1.7조(1.1만)
	태양광 등 재생에너지 확산 기반 구축 등 저탄소·분산형 에너지 확산	5.4조(3.3만)
고용 안전망 강화	전국민 대상 고용안전망 구축	0.9조
	고용보험 사각지대 생활·고용 안전 지원	2.7조
	미래적응형 직업훈련체계 개편	0.5조
	산업 안전 및 근무환경 혁신	0.4조
	고용시장 신규 진입 및 정책 지원	0.5조(9.2만)

자료: 기획재정부, "하반기 경제정책 방향"(2020.6.1).

비 114.1조 원)을 투자해 190.1만 개의 일자리 창출을 기대하고 있다(기획재정부, 2020).

김상조 정책실장은 라디오 프로그램 〈김경래의 최강시사〉(2020. 7.17)에 출연하여 "한국판 뉴딜은 혁신적 포용국가 시즌 투"라고 명명하면서 "한국판 뉴딜이 안전망 강화라고 하는 토대 위에 디지털뉴딜과 그린뉴딜의 두 축"에 서 있다고 언급한 바 있다. 또한 그는 디지털뉴딜, 예를 들면 데이터 라벨링 청년 일자리 10만 개 창출 등이 데이터 댐으로 이어져 "AI 국가발전전략의 생태계 형성을 위한 마중물"이 될 수 있다고 말했다. 이는 새로운 사회계약이라고 표방하고는 있지만 실체가 불분명해 전향적인 회복 대신에 기존 성장경로의 회복을 도모하고 있다고 볼 수 있다. 그리고 이러한 회복을 보완하기 위해 전국민 고용보험·실업부조가 확충된다.

〈표 1-1〉에서 보듯이 디지털뉴딜의 경우 빅데이터 플랫폼 구축, 공공 데이터 개방, 국가망 5G 전환, 5G·AI 융합, AI·소프트웨어 인재 양성, 디지털 기반 교육 인프라, 비대면 디지털 건강관리시스템 등이 주요한 정책이다. 그린뉴딜은 그린 리모델링, 스마트 전력망 구축 등을 포함한다. 그리고 고용안전망 확충에는 한국형 실업부조제도(국민취업지원제도) 도입, 특고종사자의 고용보험 가입 추진 등이 포함되고 순수 자영업자의 경우 로드맵이 제시될 예정이다.

〈표 1-2〉에서 보듯이, 한국판 뉴딜은 "하반기 경제정책 방향"(2020.6.1)에서 개요를 공개하고 "종합계획"(2020.7.14)으로 확대했으며, 시간 지평도 문재인정부 임기 내 계획을 넘어 5개년계획으로 변경됐다. 이는 정부의 기존 혁신성장 계획을 종합적으로 담고 있으며 이러한 경제사회의 구조적 전환에 대응하기 위한 고용안전망 강화가 포함돼 있다. 한국판 뉴딜의 점진적 확대과정에 그린뉴딜이 들어가고 최근에는 지역뉴딜이 부가됐다. 종합계획이지만 주로 디지털뉴딜을 강

표 1-2 **한국판 뉴딜의 점진적 확대**

	하반기 경제정책 방향(6.1) (2020~2022)	종합계획(7.14) (2020~2022)	종합계획 (2020~2025)
디지털뉴딜	재정투자 13.4조(33만 개)	18.6조	44.8조(90.3만 개)
그린뉴딜	재정투자 12.9조(13.3만 개)	19.6조	42.7조(65.9만 개)
고용안전망	재정투자 5.0조(9.2만 개)	10.8조	26.6조(33.9만 개)
합계	31.3조(55만 개) (2023~2025, 45조)	49.0조	114.1조(190.1만 개)

자료: 기획재정부(2020).

조하고 있다는 점에서 문재인정부의 혁신성장과 IT 산업비전 전략을 충실히 계승하고 있다.

5. 패러다임 전환을 향해: 디지털뉴딜의 가능성과 한계

1) 디지털화의 의미와 갈등 지점

자동화와 디지털화 간에는 미묘한 차이가 있다(Krzywdzinski, 2020). 자동화는 인간의 개입 없이 일정 작업을 수행할 수 있는 기술혁신을 의미한다. 이 기술은 기계장치, 전자통제 기계, 로봇, 소프트웨어 등에 적용된다. 반면에 디지털화는 일반적으로 아날로그 정보를 디지털 형식으로 변환하는 것을 일컫는다. 이는 업무 프로세스의 감시, 제어, 최적화를 위한 소프트웨어 시스템 및 디지털 데이터베이스 사용뿐만 아니라 기계 간 네트워크 구축을 의미한다. 따라서 디지털화는 자동화와 일부 중첩되기도 하지만 과거에 이용할 수 없었던 새로운 가능성을 열어놓는다. 가상공간에서의 자동차 설계와 디자인 등이 그러한 사례이다. 그런데 지식노동이 복잡하므로 양자 간의 관계는 생각만큼 단순하지가 않다.

　디지털화 경향에 독일 산업계가 집합적으로 대응하고자 한 '산업 4.0'은 일관성 있는 하나의 생산모델이 아니라 상이한 기술개발의 묶음을 의미한다(Krzywdzinski, 2020). 여기서 생산장비의 네트워킹, 작업 및 생산공정을 모니터링하고 최적화하기 위한 공정 데이터 수집, 분석 및 사용 강화가 핵심이다. 생산공정 모니터링 및 유지보수 활동, 기획, 최적화, 개발활동에 초점을 두는 '산업 4.0'은 지식노동의 재배치와 연관된 것이다. '산업 4.0'에서 지식노동은 객관화된 절차, 경험 그리고 창의적 활동 사이에 놓여 있다. 그런데 최근에는 객관화할 수 없는 경험과 상호작용이 지식활동에서 더욱더 중시되고 있다. 이러한 추세를 냉정히 바라보면 현행 디지털화는 알고리즘적으로 재현 가능한 지식노동 일부를 자동화하고 창조적 활동에 대해서는 일부 기술적 지원을 하는 정도이다. 전술한 바와 같이 '산업 4.0'에서 디지털화는 하나의 기술이나 생산모형이 아니라 상이한 기술의 묶음이다. 이는 우리나라에서 디지털 팩토리를 구축한다고 여러 가지 여건을 고려하지 않고 사실상 하나의 표준모델을 급속히 도입하는 것과는 사뭇 대조적이다.

물론 독일 '산업 4.0'에 대한 비판적 견해가 없는 것은 아니다. 기계화(1차), 전기화(2차), 컴퓨터화(3차), 디지털화(4차)로 이어지는 4차 산업혁명의 담론을 제기하면서 부가가치 창출에서 새로운 혁명수단으로 디지털화와 네트워킹을 자리매김하는 '산업 4.0'은 기술지향적인 사고를 내장하고 있다는 것이다(Urban, 2020). 기본적으로 기술은 사회적인 것과 결합하여 사회에 적용되는 모순과 갈등 덩어리라는 것이다. 우르반(Urban, 2020)은 디지털화를 둘러싼 몇 가지의 주요한 사회·경제적 갈등을 짚고 있다.

〈그림 1-6〉에서 보듯이 불안정한(precarious) 작업자와 보호된(protected) 지식 작업자 간에 사회적 지위를 둘러싼 대립이 있다. 특히 불안정노동을 기존 보호제도로 통합하는 문제를 둘러싸고 지금도 격렬히 대립하고 있다. 이는 노동자이면서 사업자이기도 한 불안정노동의 이중적 지위가 기존 노동자 지위와 양립 가능한가와 연관된 것이다. 클라우드 작업(Cloud-working)에 따른 불안정노동, 즉 긱(gig) 노동의 양산은 노동시간의 유연화를 극대화하고 작업장과 업무처리 간의 공간적 분리를 수반한다. 이에 따라 시공간 관념이 바뀌면서 여가와

그림 1-6　디지털화를 둘러싼 주요 사회경제적 갈등 지점

자료: 우르반(Urban, 2020)에서 수정·보완.

노동이 분리되지 않고 노동이 언제 어디서나 무차별적으로 일어나고 있다. 또한 이러한 긱 노동은 업무의 단조로움과 심리적 스트레스 등과 같은 숙련과 건강 문제를 제기한다. 즉 업무가 단조로울 뿐만 아니라 정해진 시간 내에 작업이 이루어져야 한다는 압박이 동시에 수반되어 건강 문제가 불거진다. 숙련 문제는 기존 기술이나 자격이 쓸모가 없으면서 새로운 자격이나 기술을 지속해서 습득해야 하므로 평생 교육체계 구축과 같은 이슈를 제기한다.

2) 디지털뉴딜의 가능성과 한계

전술한 바대로 디지털화는 하나의 표준모델이 있는 것도 아니고 다양한 사회·경제적 갈등을 수반한다. 그렇다면 문재인정부의 디지털뉴딜은 디지털화의 사회경제적 효과와 갈등 요인을 충분히 성찰하고 내놓은 한국경제의 새로운 전환전략인가? 이는 다양성과 잉여의 원리를 내장하는 전환적 회복의 길을 지향하고 있는가? 이에 대해 몇 가지 지점을 비판적으로 짚고자 한다.

첫째, 디지털화가 지속가능한 성장전략인가 하는 점이다. 정부가 내놓은 디지털뉴딜에서 언급되는 AI와 빅데이터는 지식생산에서 인간의 예측(prediction)과 판단(judgment)의 역할과 비중을 줄이는 신기술이다(Abis and Veldkamp, 2020). AI-빅데이터 기반경제가 지속가능한 성장모델인가에 대해서는 경제학계 내에서도 논쟁 중이다. AI는 범용기술과 '혁신 방법의 혁신(invention of a method of invention)'의 성격을 가지며, 지식 예측능력의 확대로 지속적 경제성장을 담보한다는 주장(Cockburn et al., 2018; Lecun et al., 2015; Varian, 2014)이 있다. 이러한 주장은 데이터 축적과 기술성장을 동일시한다.

반면에 파르부디와 휠트캄프(Farboodi and Veldkamp, 2020)는 데이터 축적이 기술혁신보다 자본 축적과 유사하다고 지적한다. 경제활동의 부산물로서 생성되는 데이터는 수집과 처리 비용을 수반하며 유출되거나 복제되기 쉽고 예측 오류가 있다고 언급한다. 이처럼 데이터는 완전한 자본도 완전한 기술도 아닌 양가적이다. 이렇게 보면 데이터 축적은 단기적으로는 생산성을 높이기는 하지만 장기적으로는 물리적 자본 축적과 마찬가지로 결국 수확 체감한다는 것이다. 따라서 숙련인력의 투입을 수반하는 기술혁신이 전제되지 않으면 데이터 주도 성장은 장기적으로 지속가능하지 않다는 것이다.

둘째, 정부가 주도하는 데이터 축적 프로젝트가 산업 전반의 외부효과를 창출할 수가 있는가 하는 문제다. 한국판 뉴딜에서 디지털뉴딜은 현 정부 혁신성장의 확대버전이다. 이는 "하반기 경제정책 방향"(2020.6.1)에서 "종합계획"(2020.7.14)으로 확대됐으며, 시간 지평도 5개년계획(2020~2025)으로 변경됐다. 여기서 핵심은 'D.N.A 생태계 강화'이다. 이 프로젝트가 AI-빅데이터 경제의 '마중물'로서 역할을 할

표 1-3 디지털뉴딜의 세부 계획과 예산

디지털뉴딜	경제정책 방향 (2020~2022)	종합계획 (2020~2022)	종합계획 (2020~2025)
1. D.N.A. 생태계 강화	6.4조(22.2만 개)	12.5조	31.9조(56.7만 개)
1) 데이터 구축 개방 활용	-	3.1조	6.4조
2) 전산업 5G, AI 융합, 확산	-	6.5조	14.8조
3) 5G, AI 기반 지능형 정부	-	2.5조	9.7조
4) K사이버 방역체계 구축	-	0.4조	1.0조
2. 디지털 포용 및 안전망	0.8조(1.5만 개)	0.6조	0.8조(0.9만 개)
3. 비대면 산업 육성	1.4조(2.8만 개)	1.1조	2.1조(13.4만 개)
4. SOC 디지털화	4.8조(6.5만 개)	4.4조	10.0조(19.3만 개)
합계	13.4조	18.6조	44.8조(90.3만 개)

자료: 관계부처 합동(2020).

수 있다는 것이다(〈표 1-3〉 참조).

예를 들면 디지털 공공취로사업과 다를 바 없는 디지털 라벨링 일자리 창출을 통해 막대한 데이터를 축적하는 것이다. 데이터는 전술한 바와 같이 시장거래에서 대량으로 생겨난다. 그렇다면 이러한 작업을 공공부문에 한정하는 것이 얼마나 의미 있는지를 떠나 투입요소인 데이터 축적비용을 공공부문이 부담하는 것이 바람직하냐는 문제가 제기될 수 있다. 이것이 경제 전반에 위험 공유의 외부효과를 창출한다면 용인될 수 있다고 치자. 그렇다면 이는 누구에게 가장 큰 이득이 되느냐는 문제가 제기된다. 즉 기존 대기업의 이해와 연관되어 이러한 사업이 진행되면 '이익의 사유화' 문제가 제기될 수 있다. 그리고 이에 따른 경제적 이득은 어떻게 배당할 것인가, 즉 공유자산(commons)으로서의 데이터 축적과 이용에 대한 수익배당 문제가 남는다. 또한 어떤 데이터가 이러한 작업에 활용되는가, 즉 개인정보 이슈가 여전히 문제가 된다. 정부 주도의 데이터 축적이 이와 같은 다양한 문제를 숙지하고 잘 대처하지 못한다면 정부는 데이터의 실제적 응용을 위한 숙련인력 양성 및 기술혁신 문제에 더 집중하는 것이 바람직할 수 있을 것이다.

셋째, 디지털뉴딜에는 AI와 빅데이터를 연결하는 고리로서 공적 지배하의 디지털 플랫폼 구상이 부재하다. 전술한 바와 같이 데이터는 생산과 판매의 경제활동에서 생성되는 부산물이다. 디지털 플랫폼은 데이터를 창출하고 응용하고 예측하는 디지털 생태계를 구축하는 핵심수단이다. 그런데 주요 디지털 플랫폼은 대부분 미국과 중국 기업이 지배하고 있다. 가령 10억 달러 이상의 187개 플랫폼 중 3분의 2가 사적 소유이고, 이들은 미국(46%), 아시아·중국(35%), EU(18%), 남미(1%)에 분포해 있다(Fijnemanet et al., 2018).

슈퍼 플랫폼의 국내 시장지배는 국부 유출 및 국내 수요와 공공 영역에 대한 통제력 상실을 초래할 수 있다(전병유·정준호, 2019). 네덜란드는 이러한 문제에 대처하기 위해 소규모 개방경제에 적합한 플랫폼 전략을 제시한 바 있다(Fijnemanet et al., 2018). 이는 물류, 대체에너지, 수자원 관리, 농업 등 네덜란드가 경쟁 우위를 점하고 있는 부문에서 중소기업이나 수출업체를 중심으로 컨소시엄 기반 B2B 플랫폼(consortium-driven B2B platform)을 구축하려는 것이다. 한국판 디지털뉴딜에서 디지털 생태계의 핵심구실을 할 공적 지배하의 한국형 플랫폼 전략은 분명히 드러나지 않고 있다. 그 대신 데이터 구축전략이 더 강조되고 있다. 이는 본말이 전도된 것이라 볼 수 있다.

넷째, 디지털 전략이 기본적으로 기존 산업의 융·복합을 추진하기보다는 기존 성장경로에서 완전히 벗어나려 한다는 문제가 있다. 독일

'산업 4.0' 및 유럽의 스마트 전문화(smart specialization) 전략은 IT와 같은 범용기술과 기존 산업 간 지식의 융·복합을 통해 기존 산업의 구조적 업그레이드 전략을 추진한다. 이는 산업 간 융·복합과 네트워크를 강조하는 생태계 기반의 개방형 혁신을 강조한다(〈그림 1-7〉 참조). 여기서 혁신은 기술과 연구 중심의 혁신뿐만 아니라 사회적 혁신을 포함하는 모든 유형의 혁신을 지칭한다. 스마트 전문화에서 신규 경제활동과 기존 경제활동 간 새로운 시너지 효과를 낳는 다각화 전략이 구조변화의 중요한 초점이다(Kristensen et al., 2018).

한·일 간 무역 갈등으로 소재·부품·장비(이하 소부장) 산업에 관한 관심이 높아지고 있다. 스마트 공장의 확산, 일부 전략적 소부장 품목의 국산화, 거래선 다변화 추구 등이 이루어지고 있다. 하지만 소부장 산업의 기술혁신 제고를 위한 IT 등 범용기술 간의 융·복합 및 생태계 조성은 요원하다. 이 부문에 대한 성장전략은 현 정부가 제시한 바 있

그림 1-7 EU의 스마트 전문화 전략: 예시

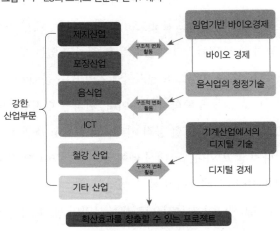

자료: Kristensen et al., 2018.

다. 그런데 소부장 산업을 제대로 육성한다는 것은 기존 아웃소싱 기반의 비용 압착을 선호하는 대기업 전략과 결별하는 전략이다.

디지털화·자동화가 모든 생산공정에 무차별 적용이 되는 것이 아니다(Krzywdzinski, 2020). 자동차산업의 경우 주로 차체 공정의 자동화 수준이 매우 높고 조립공정은 15~20% 내외이다. 독일 '산업 4.0'에서 강조되는 디지털화는 제품개발, 계획, 생산관리, 품질보증 등의 영역이다. 그 화룡점정으로서 디지털 팩토리는 제품개발과 생산계획에 초점을 두고 개발 기간을 단축하고 품질을 보증하기 위한 시스템 통합체이다. 즉 '산업 4.0'의 디지털화는 지식노동의 재배치와 연관되어 있다. 이런 전략을 추구하면서 자동화로 인해 고용이 감소하기도 하지만 제품개발과 계획의 복잡성으로 지식노동의 고용이 증가하고 있다. 이처럼 공정이 복잡한 산업의 경우 쉽게 자동화와 디지털화로 고용 감소가 일어나지 않을 수도 있으며, 기업전략과 조직형태(숙련 활용)에 따라 상이한 결과가 나타날 수 있다. 따라서 디지털화 또는 자동화가 반드시 경쟁력 제고와 고용 감소로 이어지는 것은 아니므로 단선적인 사고는 지양해야 한다.

다섯째, 디지털뉴딜은 기존 산업부문 내 대량의 잉여인력 배출을 유도한다. 단기적으로는 디지털 라벨링과 같은 불안정하고 임시적인 일자리를 제시한다. 그리고 중·장기적으로 전국민고용보험 등과 같은 고용안전망을 제안한다. 전술한 바와 같이 디지털화에 기반을 둔 플랫폼 경제는 불안정한 긱 근로자를 양산할 가능성이 크다. 한국경제에서 규모와 고용형태에 따른 노동시장의 이중구조 문제는 고질적이고 심각한 상황이다. 전국민고용보험은 이에 대한 직접적인 대처수단으로 기능하기에는 한계가 있다. 이중구조 문제에 적극적으로 대처하기 위해서는 동일노동 동일임금 원칙에 부합하는 전향적인 법·제도의 개편이 필요하다.

양호한 일자리(Good Job) 전략을 가져가기 위해서는 작업장 숙련, 지속적인 교육훈련, 기업·산업생태계를 구축하는 집합적 혁신을 무시할 수 없다(Rodrik and Sable, 2019). 특정 기업이나 기술·산업을 겨냥한 지원이 아니라 여러 기업과 근로자들이 쉽게 접근할 수 있는 산업 공유자산(industrial commons) 구축이 필요하다. 이에 따라 일터 혁신, 지속적 교육·훈련 등을 통한 숙련 향상은 여전히 유효한 전략이다.

마지막으로 현 정부의 경제정책 기조는 수요 측면을 강조하는 소득주도성장에서 포용적 혁신성장, 그리고 한국형 뉴딜(디지털뉴딜)로 진화했으며 이는 수요 주도에서 공급 주도로 사실상 선회한 것이다. 소득주도성장론에 대한 별다른 평가 없이 포용적 혁신성장론으로 선회하고 다시 종합적인 한국형 뉴딜 전략을 제시한 것이다. 이는 포용성을 강조하고는 있지만 공급 주도 첨단기술 편향의 기존 성장전략을 계승하고 있다. 코로나19의 글로벌 보건위기가 장기간 지속되면 수출의존도가 높은 한국경제는 구조조정의 위기에 직면할 가능성이 클 수도 있다. 이에 따라 현재 취약한 계층과 기업에 대한 구제·회복 정책이 중요하고, 향후 발생할 가능성에 대비하여 구조개혁의 사회적 비용을 최소화할 수 있는 사회적 비전 제시와 공유가 필요한 상황이다. 급격한 기술변화가 초래할 사회·경제적 효과를 고려해 이해관계자들의 의견을 광범위하게 청취하고 반영할 필요가 있다. 이 점에서 현재의 한국판 뉴딜은 보다 더 광범위한 사회적 합의가 필요하다.

1.5도 탈탄소 경제사회 대전환, 그린뉴딜

이유진(녹색전환연구소 연구원)

1. 탄소중립이 우리에게 던지는 질문들

한국사회는 기후위기를 심각한 문제로 받아들이고 있는 것일까? 전세계 곳곳에서 일어나는 불볕더위와 한파, 슈퍼태풍, 해수면 상승, 인간의 힘으로 끌 수 없을 정도로 확산되는 산불, 영구 동토층의 메탄가스 분출과 같은 재난의 실체가 무엇인지 파악하고 있을까? 이 위기 속에서 생존하기 위해 사회를 급진적으로 바꿔야 한다는 데 대한 인식을 공유하고 있을까? 기후위기는 인류에 코로나19, 경제위기와는 비교할 수 없을 정도의 충격을 가하고 있고 또 가하게 될 것이다. '이것이 모든 것을 바꾼다'는 나오미 클라인의 메시지는 과장이 아니다.

인류가 경제활동을 하면서 대기 중에 배출한 온실가스로 지구 평균 기온이 산업화 이후 섭씨 1도가 상승했다. 이 속도대로라면 2040년

(2030~2052년)을 전후해 섭씨 1.5도가 상승하게 된다. 과학자들은 인류 생존을 위한 지구 평균기온 상승의 마지노선을 1.5도로 경고하고 있다. 기후변화에관한정부간협의체(IPCC)는 1.5도 이내에서 안정화하려면 온실가스 배출량을 2030년까지 2010년 대비 45% 줄이고 2050년경에는 탄소중립(Net Zero)을 해야 한다고 발표했다. 이제 인간이 대기 중에 온실가스를 뿜어내는 것을 멈춰야 하는 시점이 다가왔다.

2020년 10월 28일, 문재인 대통령은 국회 시정연설에서 2050년 탄소중립을 선언했다. 탄소중립은 대기 중에 온실가스 배출을 더는 추가하지 않는 상태, 즉 순배출량이 '0'인 상태를 말한다. 그렇게 하려면 석유, 석탄, 가스와 같은 화석에너지를 거의 사용하지 않아야 한다. 현재 우리나라는 1차 에너지의 80%를 화석에너지를 태워 쓰고 있다. 게다가 전세계적으로 이산화탄소 배출량 최상위권에 속한다. 2017년 기준 이산화탄소 배출량 세계 7위, 석탄 소비 세계 4위, 석탄 해외 투자 3위, OECD 온실가스 배출 증가율 1위를 기록하고 있다. 이런 나라가 30년 이내에 화석에너지 사용을 중단한다는 발표를 한 것이다.

화석에너지로부터 벗어난다는 엄청난 선언에도 불구하고 한국사회는 너무나 차분하다. 왜 그럴까? 유추해보건대 탄소중립을 아직 잘 모르거나 개념으로는 이해하지만 탄소중립사회가 구체적으로 어떤 모습일지에 대한 그림이 그려지지 않기 때문일 수 있다. 또한 30년 이후의 일이기 때문에 당장 무엇을 해야 하는 시급한 일로 여기지 않을 수도 있다. 이렇게 공감대가 약하고 사회의 관심과 논쟁이 없는 상황이 지속된다면 2050탄소중립 목표달성은 요원하다.

우리는 2050년 탄소중립선언을 어떻게 해석하고 실행해나가야 할까? 지구 평균기온 상승이 1.5도 이내로 안정화되기 위해서는 2050년 탄소중립사회를 달성해야 한다는 목표가 정해져 있다. 문제는 그 길을 어떻게, 누구와 함께 갈 것인가이다. 무엇보다 먼저 해야 할 일은 모두가 그 길을 가기로 마음먹고 받아들이는 일이다. 기후위기만큼 우리 사회에 그리고 시민 각자에게 많은 질문을 던지는 과제는 없는 것 같다. 우리는 앞으로 기후위기가 심각해지는 사회에서 살아갈 것이고 어떻게든 생존의 방법을 찾아야 한다.

2. 유럽연합, 중국, 일본, 한국의 탄소중립선언

2019년 12월, 유럽연합(EU)은 탄소중립 목표달성을 위한 그린딜(Green Deal)을 발표하고, 탄소국경조정을 포함한 법과 제도 수립에 돌입했다. 2020년 세계 최대 온실가스 배출국가인 중국이 9월 22일 유엔총회에서 2060년까지 탄소중립을 발표했고 2035년 내연기관 차량 생산 판매 금지를 발표했다. 2020년 10월 26일 스가 요시히데 일본 총리는 국회 연설에서 2050년까지 탄소배출 제로를 달성하겠다고 밝혔다. 이전까지 일본 정부는 '2050년까지 80% 감축' 입장이었다.

미국 조 바이든 대통령은 취임하는 날 파리협정 재가입과 캐나다에서 미국을 송유관으로 연결해 원유를 수송하는 키스톤 XL 파이프라인 건설을 취소했다. 파이프라인 건설 취소와 화석에너지에 대한 보조금 철폐 방침은 향후 미국이 기후위기 대응책을 강도 높게 추진할 것임을 시사한다. 바이든 대통령은 2050년 탄소중립, 2035년 전력부문 탄소 제로 목표를 공약으로 약속했다.

기후 문제가 경제·통상 문제로 급부상했다. 유럽연합, 한국, 중국,

일본, 미국과 같은 경제대국들이 2050년을 전후로 탄소중립을 달성하 겠다고 선언했다. 목표를 달성하려면 경제와 사회 시스템에 일대 대전 환이 일어날 수밖에 없다. 특히 중국과 미국이라는 양대 경제대국의 적극적인 행보는 주목할 수밖에 없다. 중국은 이미 전세계 재생가능에 너지 용량 보급 1위, 전기차 보급 1위에 인공지능을 포함한 디지털경 제를 선도하고 있다. 오바마 대통령 때부터 재생가능에너지 보급 확산 에 힘을 쏟아온 미국이 트럼프 체제를 지나 재생가능에너지로의 전환 속도를 높여 2035년 전력생산에서 탈탄소화를 달성하겠다는 것은 전 세계 에너지 전환속도가 빨라진다는 것을 의미한다.

EU는 2030년 온실가스 감축목표를 1990년 대비 40%에서 55%으 로 상향하면서 탄소국경 조정제도 도입을 추진하고 있다. 탄소국경조 정은 EU가 역내로 수입되는 상품에 대해 그 상품을 생산하면서 배출 한 탄소에 대해 비용을 부과하는 것이다. 온실가스 감축 부담을 감당 하면서 상품을 생산하는 EU 산업체를 보호하고 경쟁력을 유지하기 위 해 만들고 있는 제도다. EU 집행위는 탄소세, 탄소관세, EU탄소배출 권거래제 확대 등의 방식을 고려하고 있다. 2021년 상반기에 법제화 를 마치고 2023년부터 적용할 예정이다. 제조과정이 단순해서 탄소함 유량을 쉽게 측정할 수 있는 시멘트, 비료, 철강, 비철금속, 화학, 펄 프·제지, 유리제품에 대해 우선 시행할 것으로 알려졌다.

바이든 대통령도 2025년 탄소국경세 또는 탄소국경요금제 도입을 추진할 것으로 보인다. 탄소집약적 상품에 대해 탄소관세, 부과금, 쿼 터 등을 시행하고 파리협정 목표달성을 교역국과의 무역협정 조건으 로 설정한다는 것이다. 2020년 한국의 수출액 2위 국가는 미국으로 미 국의 기후규제가 강해지면 수출 기업들의 부담은 커질 것이다.

지금까지 상품을 생산할 때 가격과 질, 디자인을 중요시했다면, 탄소중립시대에서는 상품의 탄소발자국과 상품을 생산할 때 어떤 에너지를 사용했는지를 따지게 된다. 각국의 통상·산업 정책과 에너지 정책의 연계성은 높아질 수밖에 없다. 어떤 에너지를 사용해 산업활동을 하는가가 탄소배출량과 연결되기 때문이다. 에너지 전환 없이는 무역과 경제를 지탱하기 어렵다는 말이다. 한국과 같이 전력생산에서 석탄발전 비중(40%)이 높은 국가는 탄소국경조정의 대상이 될 수 있다. 값싼 에너지의 풍부한 공급에 집중해온 한국의 전력과 에너지 정책이 오히려 독이 될 수 있는 상황에 봉착한 것이다. 이러한 변화에 발맞추지 않으면 산업과 일자리 충격은 엄청날 것이다. 1992년 국제사회가 기후변화협약을 논의한 지 30여 년 만에 기후위기 대응이 국제사회의 우선 과제로 자리잡기 시작했다.

3. 2050년 탄소중립을 향한 백캐스팅

2015년 파리협정에서 한국이 온실가스 감축목표를 설정한 방식은 배출전망치(BAU)를 설정하고 전망치 대비 37%를 감축하는 것이었다.[1] 그런데 2020년에는 2050년 탄소중립이 목표가 되어버렸다. 탄소중립 사회를 설정해놓고 부문별로 어떤 노력과 수단을 동원해야 가능한지를 백캐스팅 방식으로 수립해야 한다. 에너지와 모든 자원의 총소비량

---

[1] 2015년 파리협정 당시 한국은 '2030년까지 배출전망치 대비 37% 감축' 목표를 제시했으나 2019년 12월 31일 저탄소 녹색성장기본법 시행령 제25조를 개정해 '2030년까지 2017년 대비 24.4% 감축'으로 수정했다. 이마저도 2050년 탄소중립 목표달성을 위해 2030년의 감축목표를 상향 조정해야 하는 상황이다.

을 줄이면서 재생가능에너지와 순환경제를 기반으로 탈탄소전략을 마련하고 실행에 옮겨야 하는 상황이다.

2050년 탄소중립사회를 상상해보자. 석탄발전소는 애초에 퇴출했고 내연기관 차량과 주유소는 존재하지 않는다. 사회를 움직이는 에너지는 태양광, 풍력, 바이오에너지와 같은 재생가능에너지가 80~90%를 차지하고 가스발전은 탄소포집 저장을 할 수 있는 한도에서만 가동할 수 있다. 이마저도 탄소포집 저장기술의 불확실성에 따라 기술을 적용할 수 없으면 가스발전소도 퇴출이다.

수출을 떠받치고 있는 철강, 조선, 자동차, 석유화학·정유 산업은 일대 전환을 이뤄야 한다. 화석에너지 관련 산업 퇴출에 따른 노동과 지역사회의 변화도 감수해야 하고 그 과정은 상당히 고통스러울 것이다. 이뿐만 아니라 석유에 기반한 세금이 '0'으로 수렴함에 따라 세수에도 영향을 미치며 시민들의 삶도 기존 화석연료를 기반으로 유지하던 생산-소비-폐기 방식을 완전히 바꿔야 한다.

탄소중립사회는 재생가능에너지와 전기차산업의 일자리가 늘어나고 산업이 흥하는 장밋빛 미래만 있는 것이 아니다. 화석에너지에 기반을 둔 산업은 구조조정과 더불어 문을 닫아야 하는 상황으로 내몰릴 수 있다. 유럽연합과 미국이 기후규제를 강화하고, 그리드 패리티[2]에 도달한 재생가능에너지가 빠르게 늘어나 기존의 화석에너지를 대체하기 시작하면 한국경제는 생각보다 큰 타격을 입을 수밖에 없다. 이 분야에 관해서는 정부, 기업, 노동조합, 시민 모두가 준비를 하지 않았

---

2 전기를 생산하는 데 있어 태양광이나 풍력과 같은 신재생에너지로 전기를 생산하는 비용과 화력발전 비용이 같아지는 균형점.

다. 게다가 경제성장만을 향해 달려온 사회에서 '질서 있는 후퇴'와 '사회적 합의'의 경험을 제대로 쌓지 못했다. 2020년 한국의 탄소중립선언도 이런 고통을 감수하겠다는 각오와 합의에 따른 것이기보다는 수출국가인 한국이 새로운 세계질서에 편입하지 않으면 안 된다는 대통령의 결정에 가깝다. 이 결정마저도 사회구성원들 사이에 필요성과 시급성에 대한 공감대가 형성되지 않고 있다.

한국사회가 30년 뒤의 사회를 확정해놓고 온실가스 순배출 제로라는 계량할 수 있는 목표를 향해 사회경제 체제를 전환하는 것은 처음 해보는 일이다. 하나뿐인 지구에서 인간의 무한한 욕망 실현이 불가능하다는 것을 인식하는 일이기도 하다. 우리 사회를 떠받치는 주요 지표는 국민총생산(GDP)과 경제성장률인데, 그 지표를 대신해 탄소중립을 위한 온실가스 감축지표가 본격적으로 등장한 것이다. 온실가스도 줄이는 동시에 고용과 경제 충격을 대비하고 먹고사는 문제도 해결해야 한다. 숙제가 만만치 않다.

4. 대전환을 위한 우산정책으로서의 그린뉴딜

자본주의 경제가 만든 대량 생산-소비-폐기 사회와 극심한 빈부의 차이로 불평등이 고착된 시스템 안에서 탄소중립을 달성하려면 온실가스 감축량에만 집중한다고 될 일이 아니다. 기후위기에 대응하면서도 살 만한 사회, 좋은 사회로의 전환을 함께 모색하지 않으면 대중의 지지와 참여를 이끌어내기 어렵다. 그린뉴딜은 기후위기 대응과 불평등 해소, 일자리 창출을 목표로 하는 탈탄소 경제사회 대전환을 의미한다. 탄소중립사회를 만들기 위한 정책이자 사회참여 방식이 될 수 있다.

미국에서 1930년대 뉴딜을 2019년에 다시 불러낸 이들은 청년기후행동그룹 썬라이즈무브먼트였다. 청년들은 10년 내 미국사회를 100% 청정에너지로 전환하면서 생활을 위한 일자리를 보장하고, 전환 과정에서 배제되는 노동자와 지역이 없도록 정의로운 전환을 실현하는 방식으로 그린뉴딜을 주장했다. 이들은 화석에너지 기업으로부터 정치 후원금을 받는 정치인은 낙선운동을, 그린뉴딜을 지지하는 정치인은 당선운동을 벌였다. 그렇게 시민의 힘으로 그린뉴딜을 2020년 미국 대선 의제로 끌어올리는 데 성공했고, 마침내 바이든 정부가 들어섰다.

선거가 끝나자 썬라이즈무브먼트는 "조 바이든 대통령 당선자는 역대 가장 높은 청년 투표율로 도널드 트럼프를 물리쳤다. 이제 조 바이든은 기후위기를 막고 수백만 개의 좋은 일자리를 만들고, 인종차별을 해결하고 코로나19를 통제하기 위한 강력한 내각을 구성해야 한다"라는 입장을 발표하고 강력한 기후내각의 명단을 발표해 청원운동을 벌였다. 기후내각 구성의 원칙은 화석에너지 기업과 관련이 없으며 미국을 대표할 수 있어야 하고 기후위기의 시급성에 싸울 수 있어야 한다는 세 가지를 조건으로 걸고 있다.

내무부 장관으로 최초의 원주민 의원이며 하원 천연자원위원회 부의장이자 국립공원, 산림 및 공공토지에 관한 소위원회 위원장인 뎁 하랜드 뉴멕시코주 하원의원을 추천했다. 재무부 장관으로 엘리자베스 워렌 상원의원, 노동부 장관으로 버니 샌더스 상원의원, 환경청(EPA) 청장으로 기후정의 환경정의 활동과 연구를 주도해온 무스타파 알리 박사를 제안했다. 이처럼 강력한 대중운동세력이 그린뉴딜 정책을 밀어붙이고 있다. 바이든 대통령은 내무부 장관으로 뎁 하랜드 의원을 지명했으며 기후위기에 영향을 많이 받는 지역에 청정에너지 우선 투자를 통한 일자리를 약속하는 등 환경정의를 강조하고 있다.

한국사회에서 그린뉴딜을 당론으로 설정하고 가장 먼저 준비한 곳은 정의당이다. 그린뉴딜경제위원회를 출범하면서 21대 총선에서 대표공약으로 내세웠다. 정의당의 그린뉴딜 정책은 2030년 석탄화력발전소 폐쇄, 재생에너지 비중 40%, 2030년 전기자동차 1000만 대, 200만 호 그린 리모델링이다. 녹색당은 '기후위기를 막고 삶을 지키는 그린뉴딜'을 표방하고, 2030년 석탄화력발전소 폐쇄, 대중교통완전공영제, 불평등 잡는 3주택 소유금지, 그린 리모델링과 식량자급률 제고가 대표공약이었다. 녹색당은 그린뉴딜 공약에 자원 재사용 인프라 구축과 시민의 '수리받을 권리'를 보장하는 내용도 담고 있었다.

2020년 4월 총선에서 녹색당·미래당·정의당은 기자회견을 열고 '그린뉴딜 경제사회 대전환'을 위한 진보블록 형성을 선언했다. 세 당은 21대 총선에서 불평등 타파, 기후위기 비상행동, 정치 세대교체를 관통하는 의제로 '그린뉴딜'을 설정하고 협력을 약속했다. 당시 더불어민주당은 그린뉴딜 정책으로 석탄발전소 감축, 재생가능에너지 확대, '석탄금융' 중단, RE100 등 시장제도 활성화, 지역에너지 전환센터 설립을 약속했다. 재원마련 방안으로 정의당은 확대재정, 녹색채권, 탄소세 부과, 그린뱅크를 제안했고, 녹색당은 탄소세, 토건예산 전환, 소비세 증세, 미세먼지 징벌과세를 통한 그린뉴딜 기금을 주장했다. 더불어민주당은 중장기 탄소세 도입 검토, 녹색경제 분야 투자에 대한 세금감면, 환경개선특별회계 확충을 제시했다.

녹색당·미래당·정의당이 만든 그린뉴딜 진보블록은 의미가 컸지만, 총선 후 정부가 그린뉴딜을 발표하면서 무게중심이 정부와 더불어민주당 중심으로 이동해버렸다. 진보정당의 선거결과도 영향을 미쳤고, 그린뉴딜 법제화 과정에서 정의당이 그린뉴딜 특별법으로 그린뉴딜의 범위를 좁힌 반면 더불어민주당은 그린뉴딜 기본법으로 의제를 확장해갔다.

2020년 7월 14일, 정부는 사회안전망 강화를 기반으로 깔고 그린뉴딜과 디지털뉴딜을 두 기둥으로 하는 한국판 뉴딜을 발표했다. 그린뉴딜은 그린 리모델링, 그린 에너지, 그린 모빌리티로 구성되어 있다. 임대주택 그린 리모델링 22.5만 호, 태양광 풍력발전 42.7GW, 전기차 113만 대, 수소차 20만 대 보급, 스마트그린 도시 25개 등이 상징적인 목표이다. 정부가 발표한 그린뉴딜은 코로나 이후 녹색 경기부양 정책에 가깝다. 현재 정책으로는 기후위기 대응책으로도 턱없이 부족하고 '사회적 합의(Deal)'에 기반한 구제(Relief), 회복(Recovery), 개혁(Reform)'을 상징하는 뉴딜에 걸맞지 않다.

기존 정부 정책대로는 온실가스 배출이 늘어날 수밖에 없다. 삼척·강릉·고성 등 7기의 추가 석탄화력발전소가 건설 중이고 인도네시아 등 해외 석탄발전에도 계속 투자하고 있다. 국토부는 총사업비 7800여억 원을 투입해 새만금 신공항 건설사업을 추진한다고 밝혔다. 정부가 추진 중인 공항 건설사업은 제주 제2공항, 동남권 공항, 대구·경북 통합 공항 등 여섯 곳이 넘는다. 그린뉴딜로 전기차 113만 대를 보급하지만 현재 우리나라에 등록된 차량 대수가 2300만 대가 넘는다. 자동차에 대한 수요관리 없이 전기차 보급으로 온실가스 줄이는 것은 불가능하다. 게다가 2020년 한국에서 팔린 자동차가 190만대를 기록했다. 사상 최고치로, 수출 차량 대수 189만대보다 국내에서 더 많이 팔렸다. 코로나 이후 공공교통 기피와 개별소비세 인하정책이 영향을 미친 것으로 보인다.

환경부는 그린뉴딜로 1229만 톤의 온실가스를 감축한다고 밝혔는데, 우리나라의 2017년 국가 온실가스 배출량은 7억 1100만 톤이다. 그린뉴딜로 줄일 수 있는 배출량은 국가 연간 배출량의 0.14%에 불과하다. 이것은 정부가 에너지와 국토개발 정책의 방향을 전환하지 않은 채 그린뉴딜로 프로젝트형 사업을 추진하고 있기 때문이다. 마치 욕조에 물이 흘러넘치는데 수도꼭지 물은 틀어둔 채로 그린뉴딜로 물 한 바가지를 퍼내는 수준이다.

그린뉴딜에서 '그린'은 탄소중립을, 뉴딜은 '사회적 불평등해소를 위한 사회적 약속'을 의미한다. 그리고 정부 스스로 뉴딜을 '철학·이념·제도의 대전환'[3]이라고 평가한 것처럼 한국사회의 대전환을 담는 내용이어야 한다. 따라서 그린뉴딜은 환경정책이 아닌 경제·사회정책으로 모든 정책을 포괄하는 '우산정책'의 위상을 가져야 한다. 정부의 모든 정책은 온실가스 감축과 연동해야 하며, 온실가스 감축량 목표달성을 주요 지표로 삼아 평가할 수 있어야 한다.

기후위기 재난으로부터 회복력을 높이는 인프라 재구축, 농업부문 탈탄소 전략, 순환경제, 자연생태계 복원, 자원 재사용과 재활용 등 정책의 보완이 필요하다. 건설 중인 신규 석탄발전 설비와 공항개발종합계획에 따른 신규 공항건설, 토건사업 등 온실가스 다배출정책을 전면 재검토해야 한다. 멈춰야 할 것은 멈추고 가야 할 방향은 확실히 가야 한다. 탈탄소사회로의 전환에서 일자리를 잃거나 타격을 받게 될 공동

---

3 정부가 발표한 문서에서는 뉴딜을 이렇게 설명한다. "1930년대 루스벨트 대통령이 추진한 뉴딜은 사회적 합의(Deal)에 기반, 구제(Relief), 회복(Recovery), 개혁(Reform)에 중점을 두었다. 경기회복뿐 아니라 자유방임주의 종언, 독점자본주의 모순 시정, 미국 복지제도의 토대 형성 등 철학·이념·제도의 대전환에 기여했다"는 것이다.

체에 대한 정의로운 전환 대책도 반영해야 한다. 석탄발전소를 포함한 기존 내연기관 차량은 질서 있는 빠른 후퇴를 해야 하는 영역이다. 그래서 EU 그린딜의 경우 10년간 투자하는 1조 유로 중에서 1000억 유로는 정의로운 전환 기금으로 석탄발전산업과 노동자 대책에 투입한다. 전환의 과정에서 누구도 소외되거나 뒤처지지 않도록 하겠다는 포용을 강조하고 있다.

문재인 대통령은 2020년 10월 13일 시·도지사가 함께하는 한국판 뉴딜 연석회의를 갖고 한국판 뉴딜이 국가 균형발전을 향한 전환점이 되도록 지역주도형 뉴딜을 추진할 것이라고 밝혔다. 한국판 뉴딜 연석회의에서 송하진 전북도지사는 '중앙공모방식 등을 보완할 수 있는 포괄보조금제도 도입'을 제안했다. 그런데 정부가 발표한 안은 지자체 공모사업 선정 시 균형발전 관련 가산점을 준다는 것이다. 가산점으로 줄을 세우는 방식은 여전하다. 이렇게 할 게 아니라 그린뉴딜에 포괄예산제를 도입해 지역 특성에 맞는 사업을 발굴하고 예산의 자율성을 높일 수 있도록 해야 한다. 그린뉴딜을 제대로 하려면 한국사회의 낡은 제도를 대폭 개혁하는 과제 또한 안고 있다.

5. 한국, 2030년 감축목표도 달성 못하는 중

2020년 국립기상연구원이 발간한 〈한반도 100년의 기후변화〉 보고서를 보면 지난 106년간 우리나라의 연평균기온 변화량은 섭씨 1.8도 상승한 것으로 나타난다. 계절지속일은 여름은 98일에서 117일로 19일 길어졌으나 겨울은 109일에서 91일로 18일 짧아진 것으로 나타났다. 2020년은 따뜻한 겨울로 인해 병해충이 심했고 장마와 슈퍼태풍의 피해

그림 2-1 국가 전체 배출량 감축경로

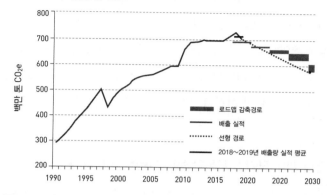

(백만 톤 CO₂e)	1990	2000	2010	2018	2019	2020	2030
실적 배출량	292.2	502.9	656.3	727.6	702.8	-	-
(2개년 평균)				(715.2)			
목표 배출량	-			690.9			574.3*

주: 국내 감축목표 배출량 574.3백만 톤CO₂e에서 산림(22.1백만 톤CO₂e) 및 국외감축분(16.2백만 톤 CO₂e)의 추가 감축량을 반영하여 536백만 톤CO₂e 목표 달성.
자료: GIR(2020) 국가 온실가스 인벤토리 보고서; 관계부처 합동(2018) 2030년 국가 온실가스 감축목표 달성을 위한 기본 로드맵 수정안; GIR 자체 분석.

도 컸다. 특히 기상관측 이래 처음으로 6월 평균기온이 7월보다 높았다.

우리나라 2018~2019년 평균온실가스 총배출량은 715.2백만 톤 CO₂e이다. 이는 1990년도 총배출량 292.2백만 톤CO₂e 대비 144.8% 증가한 것이다. 2018년 배출량 727.6백만 톤CO₂e에서 2019년 702.8 백만 톤CO₂e으로 배출량이 줄어든 것은 의미가 있다. 문제는 온실가스 감축이 정책적인 노력에 의한 것이라기보다는 경제활동 위축으로 인한 자연감소분에 가깝다는 사실이다.

파리협정에 따라 한국은 2030년까지 온실가스 배출량을 536백만 톤CO₂e으로 줄여야 한다. 목표를 달성하려면 2018~2020년 목표 평균치 690.9백만 톤CO_2e이 되어야 하는데 현재 목표를 달성하지 못하고 있다. 2030로드맵 수정안과 비교하면 단위생산량과 인구는 줄었지만 에너지집약도와 탄소집약도가 개선되지 않아 배출량이 목표 배출량을 초과한 것으로 나타났다. 우리나라 온실가스 배출량의 87%를 차지하는 에너지부문이 여전히 개선되고 있지 않음을 보여주는 것이다.

6. 코로나 시대 탈탄소 사회안전망, 그린뉴딜의 과제

그린뉴딜을 그린뉴딜답게 만들어야 한다. 그린뉴딜은 온실가스 감축을 최우선으로 일자리 창출과 사회 불평등 해소를 추구하는 개혁정책이다. 그린뉴딜 자체가 목적이 아니라 1.5도 안정화와 탈탄소 경제사회를 만들어가는 주요 정책과 실행 수단이 되어야 한다. 경제성장률을 넘어 탄소중립과 불평등해소를 위한 사회개혁을 우리 사회 최우선 과제로 만들어야 하는 것이다. 모든 정부 부처가 기후위기 대응정책 수립과 실행을 주류화하고 기업도 시민도 온실가스 감축을 염두에 두고 행동하는 것이다.

정부는 2050년 탄소중립이라는 목표만 설정했을 뿐 그 목표를 어떻게 도달할지에 대해서는 〈그림 2-2〉와 같이 백지상태이다. 2017년 기준 7억 톤이 넘는 배출량을 30년 사이에 '0'에 가깝게 수렴하도록 만들어야 한다. 그림으로만 봐도 엄청난 일이다.

2021년 정부는 2050년 탄소중립으로 가는 로드맵을 만들 계획이다. 탄소중립위원회를 구성하고 로드맵을 작성하고 법제도 체계를 구축할 예정이다. 따라서 사회기반 인프라, 에너지, 산업, 건물, 교통, 농업, 생물 다양성 등 모든 분야에서 온실가스 감축을 위한 2021~2050년까

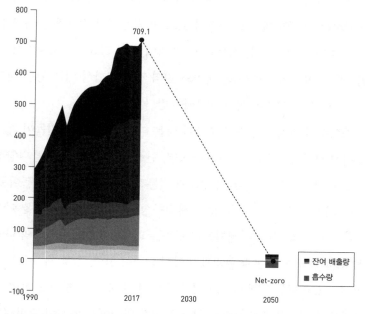

그림 2-2 2050년 한국의 탄소중립 경로

자료: 환경부(2020.11.19) 2050 장기저탄소발전전략의 주요 내용과 향후 과제(2050 장기저탄소
발전전략 공청회).

지의 경로를 작성하게 된다. 계획만이 아니라 실물경제에서도 에너지
와 자원 소비를 2020년을 정점으로 줄이는 실천이 필요하다. 수요관
리와 전환과정에서 수많은 이해관계를 조정해야 하고 전환의 충격이
특정 계층이나 지역에 집중되지 않도록 안전망도 마련해야 한다.

　EU는 기후비상선언을 발표한 후 그린딜 세부정책 수립에 2년여 동
안의 의견수렴, 토론, 보완과정을 거치고 있다. 생물 다양성, 먹을거리
와 지속가능한 농업, 청정에너지, 순환경제, 건물, 교통, 오염물질 제
거, 기후행동 등 분야별 정책안을 공개하고 의견수렴과 토론을 진행하
고 있다. 우리도 탈탄소 부문별 로드맵을 수립하면서 탄소중립사회 목

표를 실질적으로 받아들이고 이해하며 조정하는 작업을 거쳐야 한다. 쇠퇴하는 산업이 발생할 수밖에 없고 이 과정에서 질서 있는 후퇴를 위한 준비가 필요하다. 정부와 17개 광역정부, 226개 기초지방정부, 읍·면·동 마을로 이어지는 국가와 지역 간의 정합성 있는 행동 계획을 마련해야 하고 투명성을 유지해야 한다.

계획수립 과정에서 가장 중요한 것은 다양한 사회구성원들이 계획수립에 참여하도록 하는 것이다. 성별, 연령별, 직업별, 지역별 다양성이 보장되지 않은 채 정부 각 부처와 전문직, 40대 이상의 남성들이 중심이 되어 수립하는 계획으로는 사회구성원들의 동의와 협력을 이끌어내기 어려울 것이다. 계획을 수립하는 과정에서부터 구성원의 다양성 보장과 참여, 토론과 합의가 바탕이 되어야 한다. 정부 계획수립 과정에서 드러나는 병폐와 정보공개에 대한 폐쇄성, 공청회를 한번 연 것만으로 의견을 수렴했다고 하는 후진적 방식에서 완전히 탈피해야 한다. 탄소중립계획을 정부가 독점적으로 수립하고 계획을 캐비닛 안에 넣어두는 식이 되면 아무런 변화를 만들어낼 수 없을 것이다.

탄소중립계획을 수립하는 데 있어 '포괄적 계획' 즉, 각 부문별 온실가스 감축을 중심으로 한 목표설정이 필요하다. 예를 들어 수소·전기차 보급 대수를 목표로 하는 것이 아니라 수송 부문 전반의 탈탄소화를 위한 정책과 실행계획을 만들어야 한다. 집중해야 할 분야는 깨끗하고 안전한 재생가능에너지로의 전환에 속도를 내는 것이다. 2017년 기준 우리나라 온실가스 배출량의 87%는 에너지에서 나온다. 에너지 수요관리, 효율개선을 기반으로 재생가능에너지를 확대해야 하는데, 분산에너지 전략수립과 지역 역량강화가 바탕이 되어야 한다. 우리나라는 OECD 국가 중에서 가장 높은 석탄발전 비중, 가장 낮은 재생가능에너지 비중을 갖고 있다. 탈석탄, 탈내연기관, RE100, 배출권거래제, 탄소세 등 탈탄소화를 위한 제도를 빠르게 논의해야 하는데, 그 전에 전기요금과 전력시장 개편, 태양광 가짜뉴스 문제를 돌파해야 한다. 기업도 정부도 시민도 에너지 전환 비용을 지불하고 에너지 비용을 줄이기 위한 기술개발과 혁신, 소비 절감에 나서야 한다.

다음으로 탈탄소 순환경제의 기틀을 마련해야 한다. 산업부문에서 기업들이 스스로 에너지 전환과 순환경제의 일원이 되도록 노력해야 한다. 기업이 기술혁신과 경영전환을 할 수 있도록 제도를 개선해 탄소배출의 환경비용을 세금과 가격제도에 반영하고 기술혁신과 전환을 지원할 필요가 있다. 정부의 확고한 탄소중립 목표에 따라 재제조, 재사용, 재활용을 확대하는 물질순환 시스템을 만들어야 온실가스 배출량을 줄이고 자원을 가치 있게 사용할 수 있다. 2050년 탄소중립사회에서는 100% 재생가능에너지와 100% 자원순환이 핵심수단으로 작동해야 한다.

문재인정부에서는 탄소중립 목표를 달성하기 위해 '기후위기 대응을 위한 탈탄소사회 이행 기본법'이 논의되고 있다. '탈탄소사회 이행 기본법'은 저탄소 녹색성장 기본법을 폐지하고 기후위기 대응과 탈탄소사회 이행에 관한 최상위 기본법 지위를 갖고 있다. 탈탄소사회 이행 기본법은 1.5도 이내 제한을 위한 2050년 탄소중립 달성 목표를 법제화하면서 탈탄소 경제사회 구조 대전환과 정의로운 전환원칙을 표방하고 있다. 기본법에는 지방자치단체가 탄소중립지원센터, 탄소중립사회이행책임관제도, 정의로운 전환지원센터를 설치할 수 있으며, 이를 지원하기 위한 예산으로 기후위기대응기금에 대해서도 규정하고 있다. 기본법에서 다루는 내용이 상당히 광범위하고 세부제도와 관련해서 논의해야 할 것이 많아 법을 만드는 과정에 각계각층이 적극 개입해야 한다.

7. 탄소중립을 선언한 사회에서 해야 할 일

탄소중립을 선언한 우리 사회가 할 일이 있다. 첫째, 탄소중립사회에 대한 전 사회적 인식과 학습이 필요하다. 정부가 2050년 탄소중립을 선언했지만 정부도 시민들도 아직 탄소중립에 대해 알지 못하거나 구체적으로 어떤 사회를 만들어야 하는지에 대한 그림을 그리지 못하고 있다. 사회 전 구성원을 대상으로 한 기후위기와 대안으로서의 그린뉴딜에 대한 홍보와 학습이 필요하다. 정부 부처 공무원을 대상으로 한 학습과 연수 프로그램 마련, 시도지사협의회를 통한 광역지자체장과 지자체 공무원 교육, 환경부 기후환경네트워크와 지속가능발전협의회를 통한 홍보와 학습이 체계적으로 진행될 수 있도록 추진해야 한다.

둘째, 그린뉴딜의 성과 평가지표로 '온실가스 감축'과 '일자리 창출', '사회약자 보호'를 설정하고 그 지표에 따라 정부와 지자체의 정책수립, 모니터링, 평가보고 체계를 구축한다. 그린뉴딜은 온실가스 감축목표와 연동해서 계획을 수립해야 하는데, 정부나 지자체의 목적이 뚜렷하지 못하니 개발정책에 '녹색' 색깔만 입힌 정책도 '그린뉴딜'로 추진하는 것이다. 이에 모든 평가지표의 기준이 온실가스 감축과 연동하는 것이 핵심이라고 할 수 있다.

현재 온실가스종합정보센터가 국가와 광역지자체의 온실가스통계를 구축하고 국가 감축목표 이행점검을 담당하고 있다. 광역지자체의 감축목표 수립 달성과 목표 달성 여부 평가는 환경공단에서 몇 개 광역지자체를 시범으로 점검평가를 진행하고 있다. 따라서 광역지자체의 감축목표 달성은 지자체 특성에 맞게 자체 목표를 수립하고 이행점검 평가하는 체계를 구축해야 한다.[4] 동시에 광역지자체가 기초지자체의 온실가스 감축목표 이행점검 평가를 지원하는 시스템도 구축해야 한다. 온실가스종합정보센터를 포함해 광역지자체가 온실가스 통계를 조사하기 위한 인력부터 이행점검 평가인력까지 충원할 필요가 있다. 그린뉴딜에 해당하는 정책과 아닌 정책에 대한 분류체계를 명확히해 '그린워싱'이 반복되지 않도록 해야 한다.

셋째, 탄소중립선언에 부합하는 핵심제도를 도입하고 탄소중립의 방향성에 맞게 기존 제도를 개정할 필요가 있다. 2020년 국가기후환경회의가 중장기 정책대안으로 제안한 ▲자동차연료 가격조정 ▲2035~2040년 내연기관차량 퇴출 ▲탄소중립을 위한 2040년 이전 탈석탄 등 국가전원믹스 개선 ▲전기요금 합리화를 제도화하는 것이다. 상당히 민감한 제안이지만 탄소중립사회로 가는 데 있어서 반드시 결정해야만 하는 사안이다.

넷째, 해상풍력발전단지 입지 선정에 집중해 이른 시일 내에 해상풍력발전이 건설되도록 하며, 태양광발전 협동조합 확대와 설치 운동을 확산해야 한다. 해상풍력은 단기간에 일자리와 경제효과도 크면서 재생가능에너지 발전량을 늘리는 방법이다. 인천, 경남, 전북, 전남, 울산 등 해상풍력 발전을 그린뉴딜로 추진하는 지자체 간에 입지를 둘러싼 갈등을 사전에 방지하고 해결할 수 있는 전담조직을 구성하는 것도

---

4 배출권거래제를 통해 발전 산업의 감축을 유도할 수 있으므로 지자체는 건물, 수송, 폐기물 감축 목표를 설정하고 실행하도록 한다.

방법이다. 계획 과정에서 지역 일자리 창출과 경제에 이바지하며 주민들과의 충분한 소통과 동의하에 추진할 수 있도록 준비해야 한다. 해외 각국이 해상풍력발전과 관련한 갈등을 어떻게 풀었는지를 참고할 필요가 있으며 풍력산업 생태계 구축과 연동해서 추진해야 한다.

다섯째, 2050 탄소중립 로드맵을 수립하기 위한 투명하고 참여적인 방법을 마련해야 한다. 로드맵을 어떻게 수립할 것인가에 대한 계획이 필요하며 탄소중립사회를 준비하는 모든 영역에서 사회적 합의, 그야말로 뉴딜(New Deal)이 필요하다. 사회적 합의에 있어 시민사회와 노동계의 입장 정리와 강력한 개입 또한 필요하다. 현재 그린뉴딜은 정부와 더불어민주당이 주도하는 형국이다. 정의로운 전환도 '공정전환'으로 거론은 되고 있지만 어떻게 하겠다는 것인지에 대한 실체가 없다. 탈탄소사회로의 전환과정에서 '고통'과 '충격'을 감내해야 하는 노동계와 지역사회가 끌려가지 않으려면 오히려 먼저 '정의로운 전환' 위원회의 설립과 '정의로운 전환'의 원칙, 사회적 합의도출 과정에 대해 대안을 마련해 정부가 받아들이도록 압박하고 쟁취해야 한다. 현재 정부가 추진하는 그린뉴딜에는 노동자, 농민, 여성, 청소년, 장애인과 같은 사회적 약자가 목소리를 낼 수 있는 공간이 없다.

8. 가슴 뛰는 대안으로서의 그린뉴딜

그린뉴딜로 만들어갈 미래사회는 지구 평균기온 1.5도 안정화가 달성되는 사회이다. 폭염, 한파, 홍수와 같은 기후재난으로부터 시민의 생명과 건강을 보호하며 노약자, 어린이, 여성, 장애인 등 사회적 약자들도 안전하게 살아갈 수 있어야 한다. 온실가스 감축과 에너지 전환을 위한 녹색산업과 녹색 일자리 확대, 누구도 배제하지 않는 정의로운 전환, 지속가능한 에너지, 건물, 교통, 깨끗한 공기와 물, 자원순환, 어디서나 접근 가능한 공원 등 회복력이 높은 사회를 만드는 것이다. 이를 실현하려면 정부 정책의 전환과 동시에 먹을거리와 에너지, 자원 소비에 책임감을 느끼는 시민들이 성장해야 한다.

현실은 결코 희망적이지 않다. 수도권을 포함한 전국 부동산 가격이 폭등해 20~30대 청년들도 영혼까지 끌어와 집을 사고 부동산과 주식시장에 자금이 몰리고 있다. 코로나로 이후 빈부 차이는 더욱 벌어졌고, 자영업과 비정규직, 특수고용노동자, 여성들의 삶은 더욱 힘들졌다. 이러한 상황 속에서 정부는 2050 탄소중립을 선언하고 속도를 내고 있지만 사회 전반의 탄소중립에 대한 필요성 인식과 준비 정도는 바닥인 상황이다.

지금의 그린뉴딜이 가슴 뛰는 대안으로 자리 잡기엔 턱없이 부족하지만 포기해서는 안 된다. 우리에게 남은 시간이 많지 않기 때문이다. 지구 평균기온 1.5도 이하 안정화를 위한 탄소예산은 앞으로 7~8년밖에 남지 않았다. 탄소중립사회를 만들어가는 데 있어 문재인정부의 남은 임기와 다음 정부의 역할이 중요하다. 문재인정부는 '탈탄소정책의 제도화'와 '탈탄소사회 실행경로에 대한 사회적 합의도출' 과정을 거쳐 다음 정부로 연계하는 역할을 해야 한다. 2022년 대선과 지방선거에서 기후위기에 대한 대응과 그린뉴딜을 쟁점으로 만들어야 한다. 기후위기와 그린뉴딜을 머리와 가슴으로 이해하고 몸으로 행동하는 리더가 등장해야 한다.

우리가 탄소중립사회를 만드는 것은 국제사회의 압력도 있지만 우리 스스로 생존을 위해 선택해야 하는 일이다. 화석에너지에 기반을 둔 우리의 경제체제를 완전히 전환하지 않는 한 기후위기는 더 강력하게 우리 삶의 토대를 파괴하게 된다. 노동자·농민·청소년·시민사회·지자체는 이 과정에 강력하게 개입해야 한다. 기후위기 대응은 절체절명의 생존 문제이기 때문이다. 2022년을 기후선거로 만들기 위해서는 얼마나 많은 시민들이 이 문제를 심각하게 생각하고 행동하는지를 보여주는 세력화가 필요하다. 그래서 우리는 시위도 하고 대안의 삶을 사는 동시에 정치세력화도 해내야 한다.

우리는 대안경제 모델도 준비해야 한다. 2050년까지 온실가스 탄소중립을 달성하려면 지금과 같은 상품과 사람의 세계적인 이동량을 감당하기 어렵다. 지금의 경제 시스템과 규모를 유지할 수 없을 것이다. 다시 지역사회를 기반으로 하는 생산과 소비가 중요해지고 한정된 자원과 에너지를 활용해 무엇을 생산할 것인가를 결정할 때 인간의 필요를 충족시키는 방향으로 결정할 수밖에 없을 것이다. 지역을 기반으로 시민들에게 꼭 필요한 상품과 서비스를 공급하며 지역사회 일자리를 늘리는 일이 중요해진다. 앞으로 시민, 지역, 사회적 경제가 경제의 핵심단어로 부상할 수 있다.

기후위기 대응에 관한 한 누군가 할 것이라고, 정부가 알아서 할 것이라고 방관하거나 미룰 일이 아니다. 이에 대한 대응이 늦어졌을 때 우리가 특히 사회적 약자들이 감당해야 할 고통이 너무 크다. 기후위기의 시급성에 공감하고 행동하는 이들이 스스로 움직여야 한다. 방법은 개인적인 실천을 넘어 탈탄소사회로의 대전환을 요구하고 조직하는 방식이어야 한다. 온실가스는 저절로 줄어들지 않으며 사회는 조직하고 행동하지 않으면 바뀌지 않는다.

비정규직 사각지대와
전국민고용보험제

———

조돈문(노희찬재단 이사장, 지식인선언네트워크 공동대표)

1. 코로나19 사태와 전국민고용보험제 선언

필자는 한국비정규노동센터와 함께 비정규직 고용·소득안정성 강화
와 비정규직과 정규직 간 이해관계 갈등문제를 해소하기 위해 비정규
직 고용보험 적용률 확대를 포함한 고용보험제 확충이 절실하다고 주
창해왔다(조돈문, 2012a, 2012b). 고용보험제 확충문제는 정부와 보수정
당들에 의해 철저히 무시되었는데, 코로나19 사태 발발로 주요 정책
과제가 되었다.

문재인 대통령은 취임 3주년 특별연설에서 전국민고용보험제를 선
언했다(2020.5.10). 코로나19 사태로 촉발된 일자리 위기상황의 심각성
을 인지하고 긴급 생활안정·고용안정 지원금과 한국형 실업부조제[1]
도입만으로는 크게 미흡하다는 판단을 한 것이다. 대통령의 전국민고

용보험제 선언은 저임금 비정규직부터 우선 편입하는 단계적 접근법
이다.

> "모든 취업자가 고용보험 혜택을 받는 '전국민고용보험시대'의 기초를
> 놓겠습니다. 아직도 가입해 있지 않은 저임금 비정규직 노동자들의 고용
> 보험 가입을 조속히 추진하고, 특수고용노동자, 플랫폼 노동자, 프리랜
> 서, 예술인 등 고용보험 사각지대를 빠르게 해소해 나가겠습니다. 자영
> 업자들에 대한 고용보험 적용도 사회적 합의를 통해 점진적으로 확대해
> 나가겠습니다."

뒤이어 고용노동부가 특수고용 220만 명 가운데 전속성이 강하고
산업재해보험 가입이 가능한 9개 직종 77만 명(35%)부터 2021년에 우
선 적용하겠다고 발표하면서 저임금 비정규직은 나머지 특수고용 비
정규직과 함께 차기 정부의 과제로 넘겨졌다. 의무가입 대상 미등록
비정규직은 대통령의 전국민고용보험제 선언에서 우선 편입대상으로
규정했음에도, 정부의 정책설계와 전국민고용보험제 논의에서 실종
되고 있어 대통령 선언의 진정성을 의심하게 한다.[2]

전국민고용보험제 도입에 대한 찬성 의견은 63.3%로 반대 의견
20.0%의 세 배가 넘고, 단계적 추진에 대한 찬성 의견이 34.2%로서
전면적 도입 29.1%보다 좀 더 높게 나타났다(《오마이뉴스》, 2020). 또한

---

1 국민취업지원제도라는 이름으로 2021년 1월부터 시행됨.
2 2020년 12월 발표한 정부의 전국민고용보험제 로드맵도 근로복지공단의 국세청 자료를 활용
   한 고용보험 직권가입 방침을 언급하고 있을 뿐 실효성 있는 정책방안과 일정표를 제시하지
   않았다(관계부처 합동, 2020; 《한겨레》, 2020.12.23).

임금노동자 가운데 사업체의 경영상태가 악화될 경우 실업급여를 받을 수 있으면 해고를 수용하겠다는 응답이 47.5%에 달해, 일자리 위기 상황에 따른 노사갈등의 사회적 비용은 임금노동자 고용보험제 사각지대 해소로 피할 수 있음을 확인해주었다(조돈문, 2020a).

전국민고용보험제 찬성론 내에서도 아직 의견일치를 이루지 못하는 쟁점들이 남아있다(남재욱, 2020; 오건호, 2020; 윤홍식, 2020; 이병희, 2020; 장지연·홍민기, 2020; 조돈문, 2020b). 첫째 쟁점은 의무가입 여부, 보험료 산정방식, 국고지원 여부 및 수준 등 전국민고용보험제의 구체적 제도설계에서 임금노동자와 자영업자를 차별화할 것인가 아니면 동등 처우할 것인가이다. 둘째 쟁점은 고용보험에서 배제된 임금노동자와 자영업자를 동시에 고용보험제로 편입할 것인가 아니면 단계적으로 편입할 것인가이다.

이 글은 임금노동자와 자영업자의 차별성에 기초해 의무가입 대상자의 단계적 편입을 통한 소득기반 전국민고용보험제를 단계적으로 실현하는 방안을 제안한다. 현행 정규직 임금노동자 중심 고용보험제에서 명실상부한 소득기반 전국민고용보험제로 이행하기 위해서는 먼저 고용보험 의무가입 대상이면서도 배제된 미가입 비정규직 노동자들을 고용보험에 가입시키고, 그런 다음 특수고용 비정규직을 포함한 사각지대 임금노동자들을 무고용 자영업자들과 함께 고용보험으로 편입시키며, 마지막으로 유고용 자영업자를 의무가입제로 전환해 통합하는 방안이 필요하다.

2. 임금노동자 고용보험 사각지대 실태

1) 비정규직 고용보험 사각지대

경제활동 부가조사(2019.8) 결과에 따르면, 전체 취업자 2736만 명 가운데 고용보험 사각지대는 비임금노동자 679.9만 명과 임금노동자 556.2만 명으로 구성되어 있다. 비임금노동자 사각지대는 모두 임의가입 대상인 반면, 임금노동자 사각지대 556.2만 명은 고용보험 적용 제외자 178.1만 명과 의무가입 대상 미가입자 378.1만 명이다(〈표 3-1〉 참조).

전체 임금노동자 2055.9만명 가운데 고용보험 미가입자는 703.1만 명이고 가입률은 65.8%이다. 정규직은 미가입자 191.5만 명으로 가입률은 84.1%인데, 비정규직은 미가입자 511.5만 명에 가입률 40.1%로 정규직 가입률의 절반에도 못 미친다(〈표 3-2〉 참조).

정규직 노동자들 가운데 고용보험 가입대상에서 법적으로 제외된 범주는 국가·지방공무원, 사립학교 교직원, 별정우체국 직원, 군인 등[3] 특수직역연금 가입대상자 146.9만 명이다(2019.8 경제활동 부가조사

표 3-1 **고용보험 적용 및 가입 현황 2019**(단위: 천 명, %)

비임금근로자 ②	임금근로자				취업자
	고용보험 적용제외①	고용보험 미가입	특수직역 연금가입	고용보험 가입	
6,799 (24.9)	1,781 (6.5)	3,781 (13.8)	1,469 (5.4)	13,528 (49.4)	27,358 (100.0)
	법적 사각지대	실질적 사각지대			

자료: 통계청, 〈경제활동인구조사 근로형태별 부가조사〉, 2019년 8월 부가조사.
이병희(2020), 장지연·홍민기(2020), 일자리위원회(2020a: 02).

표 3-2 **고용형태별 고용보험 가입 여부**(단위: %, 2019.8 경제활동 부가조사)

	고용보험 미가입	고용보험 가입	전체	규모(만 명)
정규직	15.9%	84.1%	100.0%	1202.3
비정규직	59.9%	40.1%	100.0%	853.6
전체	34.2%	65.8%	100.0%	2055.9

기준). 이들은 전체 정규직 미가입자 191.5만 명의 77%에 달하는 규모이며 정규직 노동자들 가운데서도 고용안정성 수준이 가장 높은 직종이다. 나머지 실질적 배제 정규직 44.6만 명은 대부분 협력업체 정규직으로 오·분류된 사내 하청 비정규직과 영세사업체 노동자들로 추정된다는 점에서 임금노동자 고용보험 사각지대 문제는 비정규직 문제라고 할 수 있다.

3개월 미만의 초단시간 노동자, 소액공사 사업장 노동자, 65세 이후 신규 고용자, 4명 이하 농·림·어업 사업장 노동자, 가사서비스 노동자 등 고용보험 의무가입 대상에서 법적으로 배제된 범주[4]는 전체 비정규직 노동자들의 20.9%에 이른다(〈표 3-3〉 참조). 비정규직의 79.1%를 점하는 의무가입 대상자 가운데 실제 고용보험 가입률은 절반 수준에 불과한 40.1%에 그친다.

2) 고용보험제 관련 지식·정보 부족

고용보험 미가입자들 가운데 본인이 고용보험 의무가입 대상인지 "모

---

3 고용보험법 제10조 제1항, 고용보험법 시행령 제3조 제2항.
4 고용보험법 제2조, 제8조, 제10조, 고용보험법 시행령 제2조, 제3조.

표 3-3 **비정규직 노동자 고용보험 적용 실태**(2019.8 경제활동 부가조사)

	인원(만 명)	백분율(%)
전체 비정규직	853.6	100.0
고용보험 가입	342.1	40.1
고용보험 미가입	511.5	59.9
법적 배제	178.1	20.9
신고 누락(의무가입)	333.4	39.1

르겠다"[5]는 응답자가 32.1%로 나타났는데, 이는 고용보험 의무가입
대상자의 77.3%에 달하는 높은 수치다(〈표 3-4〉 참조).

표 3-4 **고용보험 미가입자의 고용보험 가입자격 여부**(직장갑질119 설문조사, 2020.9)

Q17	빈도	백분율(%)	
		전체	의무가입
〈제도적 배제대상〉			
1) 특수직역연금 가입대상(공무원, 사립학교 교직원, 별정우체국 직원 등)	21	9.0	
2) 고용보험 법적 배제대상(주당 15시간 미만 노동, 소액공사 사업장, 65세 이후 신규채용, 가사서비스 노동자, 특수고용·프리랜서 등)	116	49.5	
소 계	137	58.5	
〈의무가입 대상〉			
3) 고용보험 의무가입 대상(대부분의 임금노동자)	17	7.3	17.5
4) 기타	5	2.1	5.2
5) 모르겠다	75	32.1	77.3
소 계	97	41.5	100
〈전체〉			
합 계	234	100	

---

5 응답지에서 특수직역연금 가입대상과 고용보험 법적 배제대상 등 제도적 배제대상의 경우 구체적 예시가 제시되어 있어 "모르겠다"는 응답자들은 제도적 배제대상이 아니라 의무가입 대상자들인 것으로 판단된다.

고용보험 가입자격에 대해 "모르겠다"는 응답자가 이렇게 많은 데
는 정부와 사업주의 고용보험제도 교육·홍보 부족 책임이 크다. 의무
가입 대상자의 절대다수가 본인이 의무가입 대상인지조차 모르고 있
는 상황은 고용보험제 가입·혜택을 포함한 노동자 권리에 대한 안내·
교육이 필요함을 확인해준다. 임금노동자들의 고용보험제에 대한 지
식·정보 결여는 고용보험제 관련 권리의식의 형성·발전을 어렵게 하
여 광범위한 노동기본권 사각지대를 만들어낼 수 있다.

3) 고용보험 미가입자의 미가입 사유: 사업주 위법행위와 비정규직 보험료 부담

고용보험 의무가입 대상 미가입자들의 미가입 사유를 보면, 사업주의
직·간접적 위법행위가 50.5%로 미가입 사유의 절반 이상을 차지한다
(〈표 3-5〉 참조). 고용계약에 따른 사용자 책임·의무를 회피하기 위해
독립사업자의 사업소득세를 징수하는 경우 18.3%, 노동자가 요구해
도 사업주가 가입신고를 하지 않은 경우 15.7%, 입사 시 고용보험에
가입하지 않기로 서면협약 혹은 구두약속을 강요한 경우 13.9% 등 합
계 47.9%는 모두 사용자가 직접 위법행위를 한 것이다. 또한 사용자
가 알게 되면 불이익을 당할까 두려워하는 사유 2.6%도 사용자 위법
행위의 간접적 결과라는 점에서 사업주의 위법행위로 인한 미가입 사
유는 50.5%로 전체 미가입자의 절반이 넘는다. 사업주가 고용보험료
등 사회보험료를 원천징수하면서도 고용보험 가입을 신고하지 않은
사례들도 노동자는 미가입 사실을 모르고 있어 본 조사에서는 고용보
험 가입자로 분류되어 있다는 사실을 고려하면, 사용자의 위법행위에
의한 고용보험 미가입 사례는 전체 미가입자의 절반을 크게 상회한다

표 3-5 **고용보험 의무가입 대상 미가입자의 미가입 사유**(직장갑질119 설문조사, 2020.9)

고용보험 미가입 사유	빈도	백분율(%)
〈사업주 선택〉		
⑤ 사업소득세(3.3%)를 내고 있어 고용보험 가입대상이 아닌 것으로 알고 있음	21	18.3
② 사업주에게 요구했으나 사업주가 가입신고를 하지 않았음	18	15.7
① 입사할 때 고용보험에 가입하지 않기로 하고 사업주가 채용했음	16	13.9
③ 사업자등록 안된 영세사업장임	7	6.1
④ 사업주도 가입신고를 하려 했으나 목돈이 들어가서 포기했음	3	2.6
소 계	65	56.6
〈노동자 선택: 사업주 사유〉		
⑦ 가입신고를 하고 싶지만 사용자가 알게 되면 불이익을 당할까 두려움	3	2.6
⑩ 사업주가 재정 사정이 안 좋아 고용보험료 등 사회보험료의 부담을 줄까 봐	3	2.6
소 계	6	5.2
〈노동자 선택: 노동자 사유〉		
⑧ 저임금으로 고용보험료 등 사회보험료가 금전적 부담이 됨	17	14.8
⑨ 고용보험료 등 보험료 대비 실업급여 등 실익이 적음	7	6.1
⑥ 가입신고를 하고 싶지만 어떻게 하는지 절차를 모름	5	4.3
⑪ 신용불량 등 본인 명의로 가입이 어려워서	5	4.3
소 계	40	34.7
〈미분류 사유〉		
⑫ 기타	10	8.7
〈합계〉	115*	100.0

* 복수응답 허용으로 사례 수 합계가 의무가입 대상 미가입자 97명보다 많음.

고 할 수 있다.[6]

노동자들 본인의 귀책사유와 자발적 선택에 따른 미가입 사례는 전체 미가입 사유의 34.7%에 불과하다. 반면 사업주 측의 고의적 신고의

---

6 서울노동권익센터, 직장갑질119, 한국여성노동자회, 민주노총의 고용보험 미가입자 상담사례들에 대해서는 조돈문(2020b)을 참조할 것.

무 기피 사례 56.6%와 노동자 선택 사업자 사유 5.2%를 합하면 사업주에게 귀책사유가 있는 사례가 전체 미가입 사유의 61.8%에 달한다. 사업주 귀책사유의 높은 비중은 임금노동자 고용보험 사각지대 문제가 노동자의 선택이 아니라 사업주의 선택이 노동자에게 강요된 결과임을 의미한다.

저임금으로 고용보험료 등 사회보험료의 금전적 부담 때문에 가입하지 않은 사례가 전체 미가입 사유의 14.8%로 노동자 개인 사유 가운데 가장 비중이 큰 것으로 나타났다. 여기에 보험료 대비 실익이 적다는 6.1%를 추가하면 사회보험료의 금전적 부담에 따른 고용보험 미가입 비율은 20.9%에 달하여 사회보험료의 금전적 부담 사유가 노동자 비가입 선택 사례의 절반을 훨씬 상회한다.

사업주가 목돈 부담으로 신고를 포기한 경우 2.6%와 사업주의 재정사정을 고려해 사회보험료 부담을 주지 않으려는 경우 2.6%를 합하면 사업주가 악의적 신고 기피가 아니라 사회보험료의 금전적 부담으로 고용보험 신고를 못하는 사례도 5.2%나 된다. 여기에 노동자의 저임금과 보험료 부담 사유 20.9%를 합하면 노동자와 사업주의 사회보험료 금전적 부담 사유로 인한 미가입 사례가 26.1%에 달한다.

3. 전국민고용보험제와 비정규직 사각지대 해소방안

1) 전국민고용보험제의 단계적 접근과 미가입 비정규직 즉각 가입

임금노동자와 자영업자를 모두 포함하는 취업자 고용보험제로 전환하기 위해서는 피보험자의 보험료 및 실업급여 산정기준을 임금 기준에서 소득 기준으로 전환해야 한다. 피보험자의 근로소득과 사업소득의 합산소득 총액에 보험료율을 적용하되, 임금노동자와 자영업자의 보험료율은 차별화할 수 있다.

모든 취업자를 포괄하는 전국민고용보험제를 실시하기 위해서는 가입대상 간 차별성 때문에 문재인 대통령의 전국민고용보험제 선언처럼 단계적으로 추진하는 것이 바람직하다. ① 의무가입 대상이면서도 미등록된 비정규직을 즉각 가입시키고, ② 고용보험 관련 법 개정을 통해 특수고용 비정규직을 포함한 모든 임금노동자를 무고용 자영업자와 함께 편입하고, ③ 사회적 대화와 고용보험제 재설계를 통해 유고용 자영업자를 포괄하는 전국민고용보험제를 완성해야 한다.

현행 고용보험제는 임금노동자 고용보호 중심으로 설계되어 있는데, 자영업자를 포함하는 동시에 고용보호 중심에서 소득보호 중심으로 전환하는 것은 고용보험제의 전면적 재설계와 함께 상당한 시간이 소요된다. 반면 의무가입 비정규직 고용보험 가입조치는 고용보험제 재편 없이도 즉각 실시할 수 있다. 사업주의 불법·위법행위가 전체 미가입 사유의 절반 이상을 차지하고 있다는 점에서 의무가입 비정규직의 미가입 현상은 사용자의 불법행위와 정부의 직무유기 및 정책실패가 가져온 결과이다.

미가입 임금노동자는 자발적으로 가입해 고용보험료를 납입할 수 있도록 하고 보험료 납입 즉시 보험 혜택을 부여해야 한다. 임금노동자가 아닌 자영업자로 확인되면 자영업자 범주로 재분류해 자영업자 관련 규정을 적용하면 되는데, 임금노동자와 무고용 자영업자의 동등처우 원칙하에서 납입 고용보험료에는 차이가 없다.

2) 예외 없는 임금노동자 고용보험 적용

(1) 고용보험 적용대상 근로자 개념 확대

고용보험 등 사회보험을 통한 노동자 보호는 노동3권 보호처럼 근로기준법보다 보호대상 노동자 범위를 더 포괄적으로 규정하는 것이 세계적으로 보편적인 현상이다. 고용보험이 법적·실질적으로 임금노동자의 사각지대를 해소하기 위해서는 초단시간 노동자나 소액공사 사업장 노동자 등 고용보험 가입제외 조항들을 삭제하고 특수고용 비정규직 등 다양한 고용형태의 비정규직들을 포함한 모든 임금노동자가 고용보험에 의무적으로 가입하도록 해야 한다.[7]

노동자성 판단지표는 사용 종속성뿐만 아니라 경제적 종속성과 조직적 종속성 등 세 가지 유형의 종속성을 모두 적용해 어느 하나라도 해당하면 노동자로 인정하고 고용보험 의무가입 대상으로 해야 한다. 따라서 고용산재보험료징수법 제2조(정의) 제2호 "'근로자'란 근로기준법에 따른 근로자를 말한다"를 삭제하고, 고용보험법 제2조(정의)에 확대된 근로자 개념정의를 명문화해야 한다, "'근로자'라 함은 직업의 종류를 불문하고 임금·급료 기타 이에 준하는 수입에 의해 생활하는 자

---

[7] 고용노동부가 고용보험 가입대상 특수고용 비정규직을 "전속성이 강하고 산업재해보험 가입 가능한" 업종들로 제한하는 조치는 정당성을 결여한 것이다. 전속성은 경제 종속성의 한 기준에 불과하고, 사용자 숫자의 단수·복수는 노동자의 경제적 종속성을 전제로 한 것이며 계약 상대방의 숫자는 사용자 책임분담의 고려사항에 불과하기 때문이다. 따라서 자영업자로 오·분류된 특수고용 비정규직을 포함한 임금노동자의 고용보험제 편입은 사용자 전속성과 무관하게 진행해야 한다. 그렇게 하면 플랫폼 노동자 등 특수고용 비정규직 노동자들이 겪는 다양한 문제도 해결될 수 있다. 예컨대, 현재 카카오모빌리티와 CJ대한통운 사례처럼 사용업체가 노무 서비스 제공자를 고용하지 않고 노무 서비스만 사용하는 경우 현행 노동관계법과 판례 체계에서는 노동자–사용자 관계는 다툼의 과정이 지속될 수 있다.

를 말한다. 다만, 근로계약을 체결하지 않은 자라 하더라도 타인을 고용하지 않은 자로서 다른 사업주의 업무를 위해 노무를 제공하고 그 사업주 또는 노무 수령자로부터 대가를 받아 생활하는 자는 근로자로 본다."

(2) 실업급여 수급요건 폐지 및 고용보험계정제 도입 검토

고용보험 가입자격 제한조항과 함께 실업급여 수급요건 제도도 폐지하고 기준보수제 혹은 고용보험계정제 도입을 검토할 필요가 있다. 기준기간(이직일 이전 18개월) 동안 피보험 단위기간 합계 180일의 구직급여 수급요건 규정(고용보험법 제40조)을 폐지하고, 납입 보험료와 납입기간의 기여금 총액 기준으로 계정 포인트를 산정해 실업급여 수준과 수급 기간을 결정할 수 있다. 또한 멀티잡, 노무 제공대상 축소, 장기간 기여금 납입 후 고령자 신규취업, 의무가입 자영업자의 폐업 대신 소득감축 일정 기간 감내 등도 계정 포인트로 산정에 고려할 수 있다.

유고용 자영업자 의무가입을 포함한 전국민고용보험제가 전면적으로 실시되기까지 상당한 시일이 소요된다. 그런 점에서 현재의 가입자격 제한과 수급 요건하에서 고용보험 납입기간 부족 혹은 고령자 신규취업으로 발생하는 제도 시차의 피해를 최소화하기 위해서도 고용보험계정제는 유용한 대안이 될 수 있다. 물론 고용보험 계정 포인트는 피보험자들이 실업급여 수급은 물론 직업능력 개발을 위해 활용하기에도 수월하다.

3) 사업자 신고의무제의 실패: 임금노동자 자율신고제 활성화 필요성

현행 고용보험 피보험자격 신고제는 사업주 신고의무제 중심으로 설계되어 있는데, 노동자 자율신고도 허용되고 있다(고용보험법 제15조). 임금노동자 고용보험 의무가입제하에서 의무가입 대상 비정규직 노동자 절반이 고용보험에 신고되지 않았다는 사실은 현행 사업자 신고의무제의 실패를 의미한다.

사용자들이 고용보험 신고의무를 고의로 회피하는 상황에서 유명무실화된 노동자 자율신고제를 활성화하기 위해서는 비정규직 노동자들의 자율신고에 대한 제약요인(고용보험법 시행령 제8조)을 해소해야 한다. 전체 임금노동자를 고용보험 의무가입 대상으로 설정한 이상 사용자 확인절차를 근로자성 확인방식으로 대체하고, 종속성 3유형 가운데 하나라도 해당하면 근로자로 인정해야 한다. 근로복지공단 등 고용보험제 담당기구가 미국 캘리포니아의 AB5에 입각한 ABC 테스트 활용방식처럼 노동자의 근로자성 여부를 확인할 때 자영업자임을 입증할 수 없으면 임금노동자로 간주하도록 한다. 이처럼 입증 책임을 고용보험기구에 부과하고 노동자 자율신고 독려를 위해 노동조합 조직체들에 임금노동자의 근로자성을 증빙할 수 있는 권한을 부여할 필요성이 있다.

이러한 임금노동자 자율신고제 운영방식 변경을 통한 활성화 조치는 즉각 집행할 수 있다. 단 의무가입 회피 사업자에 대해서는 일정 기간 처벌을 면제하여 자발적 신고를 유도하되, 조치 실시 후 계도기간 경과 후에도 등록되어 있지 않으면 가중처벌하도록 해야 한다.

4) 소득기반 고용보험제의 고용보험료 설계

(1) 전체 취업자 대상 소득 기준 고용보험제

임금노동자와 자영업자의 보험료율과 실업급여 수준은 근로소득과 사업소득을 합산한 소득총액에 보험료율을 적용해 기여금액을 산정하고, 기여금액에 따라 실업급여 수준을 결정하되 실업급여 수준은 소득보전율 70%를 지향하고 최저임금 배율로 상한과 하한을 설정해야 한다.

임금노동자는 사용자와 고용보험료를 분담하는 반면 자영업자는 고용보험료를 전담하기 때문에 임금노동자와 자영업자의 고용보험료율은 차별화된다. 다만 무고용 자영업자는 위장 자영 특수고용 비정규직을 포함하여 사용 관계를 특정하기 어려운 노동자들을 상당 정도 포함하고 있고, 구직 실패로 인한 비자발적 자영업 창업사례가 많으며 수행하는 노동의 성격이 임금노동자와 유사하다. 이런 점에서 고용보험료의 사용자 부담분을 면제하고 고용보험료와 실업급여 수준에서 임금노동자와 동등 처우해야 한다.[8]

(2) 비정규직 노동자 고용보험료 감면

고용보험 미가입 비정규직의 60%가 최저생계비에 해당하는 월 급여 환산 최저임금 수준에 미달한다. 이런 현실을 고려하면 저임금 비정규직 노동자들에게 4.5%의 국민연금 보험료와 3.43%(2021년 기준)[9]의 건

---

8   특수고용 비정규직과 순수 자영업자를 명료하게 구분할 수 있는 단계가 되면 순수 자영업자는 동등 처우 대상에서 제외할 수 있다.
9   2020년은 3.335%.

강보험료와 함께 부담하는 0.8%의 고용보험료는 상당한 재정 부담이 된다(조돈문, 2020a). 실제 노동자가 저임금으로 고용보험료 등 사회보험료의 금전적 부담 때문에 고용보험에 가입하지 않는 경우가 14.8%에 달하고, 노동자와 사업주가 고용보험료 등 사회보험료의 금전적 부담으로 미가입을 선택한 사례가 전체 미가입 사유의 26.1%에 달하는 것으로 나타났다(〈표 3-5〉 참조).

비정규직은 노동시장 유연성의 피해자라는 점에서 사용업체가 고용안정성을 보장한 정규직 노동자의 노동자와 사용업체 동등 분담 보험료율 산정방식을 적용하는 것은 부당하다. 한국은 프랑스, 스페인과는 달리 비정규직 노동자들에게 근로계약 종료 시 고용불안정 수당을 지급하는 제도가 법제화되어 있지 않다는 점에서 사회보험료 감면방식으로 비정규직 노동자들의 고용불안정성을 보상해줘야 한다.

비정규직 고용보험료 감면 부분은 정부가 재정지원하되, 재원은 비정규직 사용으로부터 편익을 취하는 사용업체들에 추가적으로 조세·부담금을 부과해 충당할 수 있다. 문재인 대통령도 비정규직 오·남용 사업체에 고용부담금을 부과해 비정규직 사회보험료 지원제도의 재원으로 활용하겠다는 대선공약을 발표한 바 있다. "일정 규모 이상 비정규직을 사용하는 대기업에 '비정규직고용 상한비율'을 제시하게 하고, 이를 초과하는 대기업에 '비정규직고용부담금'을 부과, 이를 재원으로 비정규직의 '정규직전환지원급 및 사회보험료 지원제도'를 확대하여 사회안전망을 확충"(더불어민주당, 2017, p.77)하는 방안이다.

현재 두루누리 사회보험료 지원사업은 10인 미만 사업장의 피고용자에 한정해 사업주 지원방식으로 운영하고 있는데 매우 유용한 제도로 평가받고 있다. 하지만 사업주가 두루누리 사업으로 사회보험료 지원을 받으면서도 노동자들에게 근로자부담분을 부과시키는 사례도 보고되고 있어(이혜수, 2020) 개별 노동자들도 신청할 수 있도록 허용하되 비정규직 노동자는 사업장 규모나 고용형태와 무관하게 사회보험료 지원을 신청할 수 있도록 해야 한다.

(3) 사업주 고용보험료 부과 방식

현재 사용자 고용보험료 산정기준은 급여총액으로서 직접고용 인력에 대해 고용보험료 기여금을 산정하는데 이는 사용자의 직접고용 회피, 간접고용 비정규직 오·남용, 인력·위험의 외주화, 고용창출 없는 사용인력 최소화 등의 편익을 위한 유인으로 작용할 수 있다. 이처럼 비용은 외부화하고 이윤을 내부화하는 행태에 제동을 걸기 위해 초과이윤 대상 고용보험료 추가 부과 방식으로 사회적 제재를 가해야 한다. 따라서 급여총액 기준으로 원천징수하는 방식을 유지하되 이윤기준 조건부 추가 부과 방식으로 보완해 부담 기준을 이중 구조화할 필요가 있다.

이윤기준 추가 부과 방식은 급여총액 기준 고용보험료를 원천징수 하되, 이윤기준 보험료율을 설정해 일정 기간 단위(연도별 혹은 분기별)로 발생하는 이윤 총액에 대해 이윤기준 보험료율을 적용해 이윤기준 고용보험료를 산정한다. 이때 이윤기준 고용보험료가 급여총액 기준 고용보험료 원천징수액을 초과할 경우 초과 부분을 부과하도록 한다.

5) 자영업자 고용보험 의무가입제 쟁점

현행 실업보험제는 임금노동자 고용보호를 위해 설계되어 서유럽 국가들을 중심으로 100여 년의 경험을 축적하며 꾸준한 정책효과 평가를 반영하며 지속적인 수정·보완 과정을 거쳐 최적화된 상태에 도달했다고 할 수 있다. 하지만 제도의 미세조정 과정이 여전히 진행되고 있을 정도로 실업보험제의 제도설계는 어렵다. 반면 자영업자 실업보험 의무가입제는 2018~2019년 전후 일부 서유럽 국가들이 도입한 실험 단계로, 정책 경험이 일천하고 정책효과 평가자료가 거의 없어서 정책평가에 기초한 제도의 수정·보완을 통해 최적화되는 데 상당한 시간이 소요될 것으로 추정된다.

여기서는 현재의 자영업자 임의가입제를 의무가입제로 전환할 때 고려해야 할 쟁점들 가운데 몇 가지만 검토하기로 한다.

(1) 자영업자 의무가입제: 임금노동자와 자영업자 간 고용보험료율 차별화

자영업자 포함 전국민고용보험제에 자영업자의 66.8%가 찬성한 반면 반대자도 30.0%에 달하는 것으로 나타났다(일자리위원회, 2020b). 고소득 자영업자는 고용보험제 확대로 인한 정부의 소득적출률 제고 노력에 따른 소득 노출을 두려워하는 한편 상대적으로 고용안정성이 높고 사적 보험 활용을 선호하기 때문에 고용보험 의무가입제에 강경하게 저항할 것으로 예상된다.

자영업자를 고용보험제에 통합한 국가들은 대체로 고용보험 가입자격, 보험료율, 실업급여 수준 등 고용보험 운영에서 임금노동자와 자영업자를 차별화하면서 임금노동자에 비해 자영업자 보험료율을 더 높게 책정하고 있다(〈표 3-6〉 참조). 프랑스, 룩셈부르크, 핀란드 등 서유럽의 자영업자 의무가입 국가들은 모두 임금노동자와 자영업자를 차별화하고 있고, 임의가입 국가들 가운데 예외적으로 임금노동자와 자영업자를 동등 처우하는 덴마크에서는 체계적인 정책운영 결과 평

표 3-6 **실업급여 기여율 국제 비교 (임금 대비 %)**

	임금노동자	고용주	자영업자	정부**
오스트리아	3.0	3.0	×	-
벨기에	0.87	1.46+1.6	×	**보조금**
프랑스	2.4	4.0	×	-
독일	1.5	1.5	기준값 절반의 3%	-
네덜란드	4.2	4.2	×	-
덴마크	8.0	-	8.0	**보조금**
핀란드	0.2~0.4 & 0.5	2.2	2.7	**보조금**
노르웨이*	8.2	14.1	11.4	-
스웨덴	-	2.91	0.37	**보조금**
그리스	1.83	3.17	×	일정금액
이탈리아	-	1.61	×	행정비용
스페인	1.55	5.5	2.2	일정금액
영국*	9.05+1	11.9	×	잔여금액전체
미국	-	0.6 & 0~10.0	×	행정비용
캐나다*	1.88	1.88	2.63	-
일본	0.5	0.85	×	일정금액
한국	0.8	0.8	×	

* 노르웨이는 노령, 장애, 질병, 산재, 실업급여 포괄한 기여금액, 영국은 노령, 장애, 유족연금, 실업 포괄, 캐나다는 질병, 출산, 실업 포괄.
** 정부는 기여율이 정해져 있지 않더라도 모든 공공부조 성격의 급여액을 전액 지급하며, 보험기금의 적자를 책임진다.
자료: 민주노총(2020: 27).

가가 2021년으로 계획되어 있다(민주노총 2020: 27; Asenjo and Pignatti, 2019).

　현재 한국도 임금노동자와 자영업자를 차별화하고 있는데, 자영업자의 고용보험료율은 전액 가입자 부담 2.25%로 임금노동자 0.8%의 세 배 수준에 가깝다. 유고용 자영업자는 사용자 부담분을 면제받는 무고용 자영업자와는 달리 고용보험료를 전담하기 때문에 무고용 자영업자나 임금노동자보다 고율의 고용보험료율을 부담한다.

(2) 자영업자의 낮은 소득파악률과 상대적 공정성 문제

국세청의 봉급생활자 소득파악률은 93.4%(2014년)에 달하는 반면 자영업자 소득파악률은 72.8%(2014년)이며 이 중 고소득층 자영업자의 경우는 50% 수준에 불과한 것으로 나타났다(택스뷰가 2017.10.17). 이러한 임금노동자와 자영업자 사이의 소득파악률 격차는 임금노동자와 자영업자를 통합한 소득기반 전국민고용보험제 실행에 걸림돌이 된다.

고소득 자영업자의 소득탈루율은 2016년 국세청 조사에서 43.0%(9725억 원/2조 2626억 원)로 확인됐는데 국세청의 자영업자 소득적출률을 임금노동자 수준까지 획기적으로 높이지 않는 한 소득기반 고용보험제의 보험료 산정방식은 자영업자와 임금노동자 사이의 심각한 상대적 공정성 결여 문제에 직면하게 된다.

이처럼 고소득 자영업자의 낮은 소득파악률과 높은 소득은닉률을 고려하면 유고용 자영업자의 고용보험료율을 누진적으로 책정할 필요성이 있다. 물론 고소득 자영업자의 소득적출률이 개선되지 않는 한 저소득 무고용 자영업자의 고용보험료 사업자 부분에 대한 정부 재정지원 정책도 국민적 지지를 받기 어려울 뿐만 아니라 임금노동자와 자영업자 간 갈등 고착화 상황을 피하기 어렵다. 이 점에서 국세청의 소득신고 일원화 및 통합징수 제도개혁과 함께 자영업자 소득적출률 제고를 통한 임금노동자 자영업자 간 소득파악률 격차 해소의 실효성 있는 조치들이 요구된다.

(3) 도덕적 해이 등 부정적 정책효과 제어장치 필요성

임금노동자 실업보험제의 정책효과에 대해서는 긍정적·부정적 평가가 혼재하는 가운데, 부정적 효과의 요인으로 관대한 실업보험제에 의한 피보험자의 근로의욕 감퇴와 그에 따른 실업 장기화 효과가 지적되어왔다. 임금노동자 실업보험제는 근로의욕 감퇴 유인을 억제하기 위해 활성화(activation) 조치를 도입했는데, 관대한 실업보험제가 적극적인 노동시장 정책과 결합하면서 실업보험제의 부정적 효과를 억제하고 노동시장 정책들의 시너지 효과를 유발하고 있다.

자영업자의 경우 자신의 사업에 대한 결정권 행사 수준이 높아서 임금노동자 실업보험제에 제기된 부정적 효과가 보다 더 증폭되어 나타날 수 있다. 자영업자 피보험자에 대해서도 실업보험 의존성을 상쇄하기 위한 활성화 장치가 필요한바, 임금노동 일자리 구직활동과 함께 자영업 (재)창업준비 활동을 판단할 수 있는 엄밀한 기준이 마련되어야 한다.

자영업자 실업보험제는 근로의욕 감퇴와 실업 장기화라는 부정적인 노동시장 정책효과뿐만 아니라 심각한 도덕적 해이 문제에 노출되어 있다. 임금노동자는 자신의 실직 여부를 결정하지 못하고 사업주가 결정한 해고·폐업 조치의 피해자가 되는 반면 자영업자는 폐업과 실직을 자신의 판단하에 결정할 수 있다.

자영업자들이 불가피하지 않은 자의적·임의적 폐업과 실직 조치를 선택할 수도 있지만, 재정적 어려움 속에서 폐업을 피하고 불확실한 전망에도 적자 운영과 소득감소 감내를 선택할 수도 있다. 후자는 긍정적 제재로 보상해줘야 하지만 전자는 시장경쟁 생존 과제 실현을 스스로 포기한 도덕적 해이로 부정적 제재를 가해야 한다. 도덕적 해이 문제는 고용보호보다 소득보호 영역에서 더 심각할 수 있는데 소득감소의 경우 실직에 비해 기준 설정이 더 어렵고, 자영업자의 경우 높은 소득은닉률 속에서 고의성과 분식회계 여부를 평가·제재할 수 있는 강력한 제도적 장치들이 정교하게 설계되어야 한다.

(4) 높은 자영업자 비중과 높은 폐업률 문제

한국의 자영업자 비율은 1990년 39.5%에서 꾸준히 하락해 2019년 현재 24.6%를 기록하고 있다. 하지만 이는 독일 9.6%, 덴마크 8.3%, 프랑스 12.1%, 미국 6.1%, 스웨덴 9.8% 등 주요 선진자본주의 국가들은 물론 OECD 국가 평균 16.7%, 유럽연합 28개국 평균 15.3%를 크게 상회하는 수치이다(OECD statistics. https://stats.oecd.org/). 또한 한국 자영업자의 폐업률은 여타 선진 자본주의 국가보다 월등히 더 높아서 높은 자영업자 비중에서 비롯되는 경제구조·노동시장의 불안정성을 더욱더 증폭시키고 있다.

자영업자의 고용보험제 편입 자체가 재정부담을 크게 증대시킨다는 사실은 덴마크와 프랑스 등에서 확인됐는데(Kvist, 2017; 이시균, 2020; 장지연, 2020) 한국은 이 국가들보다 자영업자 비중이 더 크고 폐업률도 더 높다는 점에서 코로나19 사태로 악화된 고용보험 적자 문제가 자영업자 의무가입제 전환으로 더욱 가중될 수 있음은 자명하다.

고용보험제의 자영업자 보호가 자영업자 규모의 비대화를 가져오지 않고, 자영업자 실업급여 지출 부담으로 고용보험기금의 재정 건전성을 저해하지 않도록 자영업자 고용보험료율과 실업급여 수준을 합리적으로 설정해야 한다. 또한 자영업자 고용보험제는 산업·경제 정책효과를 고려하며 설계해야 하고 각종 창업준비 지원정책들과의

연관성 속에서 조율하되 정책조합의 정합성을 효율적으로 관리해야
한다.

4. 전국민고용보험제의 단계적 추진방안

고용보험 사각지대를 해소하고 모든 취업자를 포괄하는 전국민고용보
험제를 실현하기 위해서는 전국민고용보험제로의 전환을 단계적으로
추진하는 것이 합리적인 전략이다. 이 글에서 제안하는 소득기반 전국
민고용보험제의 단계적 접근법을 현행 고용보험제와 문재인정부가 추
진하는 방식과 비교하면 〈표 3-7〉과 같다.

　단계적 접근법의 전국민고용보험제 추진 과정은 세 단계로 나누어
진다. 첫째, 임금노동자 가운데 의무가입 대상이면서도 가입하지 않은
비정규직 노동자들을 즉각 고용보험에 가입시켜 보험료를 납입하도록
하고 고용보험 혜택을 부여하는 조치부터 우선적으로 실시해야 한다.

　둘째, 임금노동자 가입자격 제한 및 수급요건 제한 규정들을 삭제하
고 고용보험 가입대상인 임금노동자를 포괄적으로 규정하는 법 개정을
통해 특수고용 비정규직을 포함한 모든 임금노동자들을 고용보험에 가
입할 수 있도록 하되 무고용 자영업자는 임금노동자와 동등 처우한다.

　셋째, 유고용 자영업자를 고용보험 의무가입 대상으로 편입하되 임
금노동자와 차별 처우한다.

　첫 번째 단계는 법·제도 개혁 없이 즉각 실시할 수 있는 반면, 두 번
째 단계와 세 번째 단계는 법 개정을 수반해야 하기 때문에 첫 번째 단
계보다 시간이 더 소요된다. 물론 세 번째 단계의 자영업자 내부 의견
수렴과 국민적 합의 형성을 통한 유고용 자영업자의 고용보험 제도설

표 3-7 현행 고용보험제와 전국민고용보험제 비교

	현행 고용보험제	전국민고용보험제	
		문재인정부	단계적 접근법 대안
〈고용보험제설계〉			
가입대상	임금노동자 중심	전체 취업자 대상	전체 취업자 대상
보험료 산정기준	임금 기준		소득기준: 근로·사업소득
〈가입대상〉			
임금노동자	의무가입 / 가입자격 제한 / 수급요건 제한	의무가입	의무가입 / 가입자격 제한 폐지 / 수급요건 제한 폐지
자영업자	임의가입	의무가입	의무가입(피고용자 숫자 기준)
〈고용보험료〉			
임금노동자 — 정규직	사용자·노동자 반분 (0.8%)	사용자·노동자 반분	사용자·노동자 반분 — 감면 없음
임금노동자 — 비정규직			사용자·노동자 반분 — 사회보험료 감면(고용불안정 보상)
자영업자 — 무고용	기준보수액 2.25%		임금노동자 동등 처우(사용자 부담분 면제)
자영업자 — 유고용			보험료 전액 부담 / 보험료율 누진제 / 소득적출률 제고 노력
사회보험료 지원	두루누리사업 시행	두루누리사업 축소	두루누리사업 확대: 개별 노동자 신청허용, 비정규직 신청제한 폐지
〈사용자〉			
고용보험료율	급여총액 기준 부과	급여총액 기준 유지	급여총액 기준 & 이윤 기준 추가 부과
비정규직 오·남용 사업체	별도 규정 없음	별도 규정 없음	고용부담금 부과 & 비정규직 사회보험료 지원
〈사각지대〉			
사각지대 정책	사각지대 방치	일부 특고 구제 / 잔여 사각지대 방치	전국민고용보험제 단계적 접근 / 비정규직 사각지대 우선 해소
비정규직 사각지대 — 의무가입대상	비정규직 40% 배제	차기정부 과제	의무가입 미가입자 즉각 가입
비정규직 사각지대 — 법적 배제 대상	비정규직 20% 배제	차기정부 과제	가입자격 제한 폐지, 즉각 편입
특수고용 비정규직	고용보험 적용 대상 배제	전속성 9개 업종 한정 적용	모든 임금노동자 적용(고용보험법 개정)
사각지대 해소방안	없음(사업주 위법행위, 정부 직무유기)	없음(의무가입 비정규직 사각지대 방치)	의무가입 미가입자 즉각 가입 / 노동자 자율신고제 활성화 / 경과 기간 자진신고제 / 노동조합·노동단체 교육·홍보 사업 정부 지원

계가 신속하게 마무리될 경우 두 번째 단계와 세 번째 단계는 동시에 추진할 수 있다.

전국민고용보험제의 단계적 접근법은 임금노동자와 자영업자를 구분해 임금노동자를 우선적으로 고용보험제에 편입하되 무고용 자영업자는 임금노동자와 동등 처우한다. 유고용 자영업자의 고용보험 의무가입제와 관련해서는 해결되어야 할 쟁점들이 많은데 이 글에서 논의한 몇 가지만 정리하면 다음과 같다.

첫째, 현행 고용보험제가 임금노동자 의무가입제 중심으로 설계되었다는 점에서 고용보험제의 대대적인 법 개정이나 제도 재편 없이 임금노동자의 사각지대를 해소할 수 있는 반면, 유고용 자영업자를 임의가입제에서 의무가입제로 전환해 고용보험제로 편입하는 것은 고용보험제의 체계적인 재설계와 함께 관련 법규정 개정이 필요하다.

둘째, 고소득 자영업자의 소득적출률이 43%로 임금노동자의 절반 수준에도 못 미치고 있는데, 소득기반 고용보험제가 가입대상 소득집단들에 대한 완벽한 소득파악률을 전제로 한다는 점에서 이러한 소득적출률 격차는 상대적 공정성 시비와 함께 소득기반 고용보험제의 원만한 집행을 어렵게 한다. 고소득 자영업자의 소득 누락과 분식회계 등 적극적인 고의적 소득은닉 행위를 철저하게 추적·포착해 엄중하게 제재하는 획기적인 조치가 선행되어야 한다. 소득적출률 격차가 해소될 때까지 유고용 자영업자들의 경우 높은 소득은닉률을 고려해 임금노동자와는 달리 고용보험료율 누진제를 한시적으로라도 적용해야 한다.

셋째, 자영업자의 고용보험제 편입은 상당 규모의 추가적인 고용보험 재원을 필요로 하며 고용보험 기금의 적자 요인으로 작용할 수 있다. 현재 임금노동자 고용보험료율의 세 배 가까이 되는 자영업자의 고용보험료율을 3분의 1 수준으로 대폭 인하해 임금노동자와 동등 처우한다는 것은 가뜩이나 코로나19 사태로 인해 기금적자에 대한 우려가 커진 상황에서 유고용 자영업자의 높은 소득은닉률 문제가 해결되지 않는다면 국민적 동의를 확보하기 어렵다.

넷째, 고용보험제는 단순한 복지정책이 아니라 노동시장 정책으로서 도덕적 해이라는 부정적 정책효과에 노출되어 있는데, 자영업자의 경우 임금노동자에 비해 실직과 소득감축의 본인 결정권 수준이 높다는 점에서 도덕적 해이에 훨씬 더 취약하다. 그것은 임금노동자의 경우 실직과 소득감축 및 귀책사유 여부의 판단기준이 자명하지만 자영업자의 경우 자의적·임의적 폐업에 따른 고의적 실직을 판별할 수 있는 실직 판단기준이 모호하고 보호가 필요한 소득감축과 귀책사유 여부의 판단기준 설정은 훨씬 더 어렵기 때문이다. 이러한 부정적 노동시장 정책효과를 고려하여 임금노동자의 활성화 장치에 상응하는 정교한 제도적 장치를 수립해야 한다. 이를 위해 구직활동은 물론 (재)창업준비 활동의 판단기준과 사회적 책임분담에 관한 적절성 판단기준도 별도로 설계해야 한다.

다섯째, 임금노동자의 고용보험제는 노동시장 정책효과만 고려하면 되지만, 자영업자 고용보험제는 노동시장 정책효과뿐만 아니라 산업·경제정책 관련 정책효과도 동시에 고려해야 한다. 그것은 자영업자 고용보험 의무가입제와 임금노동자와 자영업자에 대한 동등 처우방식이 한국의 높은 자영업자 비중과 높은 폐업률 상황에서 경제·산업구조와 노동시장의 불안정성을 증폭시키는 부정적 효과를 유발할 개연성을 배제할 수 없기 때문이다.

여섯째, 현행 고용보험제하에서 의무가입 대상이면서도 가입되지 않은 비정규직 노동자들의 미가입 사유는 주로 사용자에 의한 강제 혹은 저임금으로 자영업자의 미가입 사유와는 다르다. 따라서 의무가입 대상 미가입 비정규직의 실효성 있는 고용보험제 편입을 위해서는 두루누리 사회보험료 지원사업의 확대, 비정규직 오·남용 사용자에 대한 고용부담금 부과를 통한 비정규직의 사회보험료 지원 등 자영업자와는 차별화된 제도적 설계가 요구된다. 고용부담금 부과방안은 아직 이행되지는 않았지만 민주당과 문재인 대통령이 대선공약으로 제출했을 정도로 사회적 합의가 일정 정도 이루어져 있다. 반면 자영업자 의무가입 전환과 관련해서는 의무가입 대상 자영업자의 피고용자 숫자 혹은 소득수준 기준뿐만 아니라 고용보험 가입 유인 혹은 강제방안, 가입자 고용보험율 산정방식, 정부의 적절한 재정지원 규모 등 제도설계를 위한 사회적 합의가 필요한 난제들이 많다.

이처럼 의무가입으로 전환되는 유고용 자영업자의 고용보험제는 임금노동자의 고용보험제와는 다른 제도설계 시 고려사항들이 많기에 체계적이고 정교한 제도설계를 위해서는 상당한 시간이 소요된다. 의무가입 대상 미가입 비정규직 문제는 현행 고용보험제하에서 법 집행이 제대로 되지 않아서 발생한 결과이다. 이러한 정책실패로 인한 임금노동자 고용보험 사각지대를 방치한 채 자영업자 의무가입제를 전제한 고용·소득보호 전국민고용보험제를 선언하는 것은 진정성을 의심하게 한다. 그런 점에서 문재인정부의 전국민고용보험제 추진방식은 미가입 비정규직을 '제외(除外) 국민'으로 배제하는 '두 국민 전략'으로 평가될 수 있다. 따라서 임금노동자와 자영업자에 대한 동등 처우 및 동시 편입 주장은 자영업자 고용보험제를 둘러싼 사회적 합의를 형성하고 제도설계를 완료할 때까지 의무가입 대상 미가입 비정규직의 고용보험 편입을 장기간 지체시키는 정치행위로서 정부의 실질적인 '전국민고용보험제'의 실현 기피행위에 면죄부를 주는 의도하지 않은 결과를 가져올 수도 있다.

04

팬데믹 1년이 드러낸, 신자유주의적
의료 실패와 공공의료 복원의 필요

전진한(건강권실현을 위한 보건의료단체연합 정책국장)

1. '위드 코로나' 시대의 생존조건

'코호트 격리되어 일본 유람선처럼 갇혀서 죽어가고 있는 요양병원 환자들을 구출해주세요.' 2020년 12월 28일 청와대 국민청원 게시판에 올라온 이 청원 글의 제목은 코로나19 첫해 겨울 한국을 상징적으로 요약했다. 정부가 요양병원 14곳의 확진자와 비확진자를 한데 뒤섞으며 격리한 결과, 2020년 12월에만 이곳들에서 996명이 집단감염되고 99명이 사망했다. '코호트 격리'라는 그럴듯한 이름은 병상부족을 은폐하기 위해 붙여졌다. 정부가 자랑하던 'K의료'가 겨우 하루 수백 명의 확진자로 붕괴해버린 탓이다.

팬데믹이 휩쓴 1년, 전세계적 상황도 심각하다. 2021년 1월 말 현재 확진자가 1억 명에 육박하고 사망자는 200만 명을 넘었다. 미국은 전체 인구 약 열 명 중 한 명꼴인 2500만 명이 확진됐다. 미국과 유럽의 의사들은 살릴 환자를 결정해야 하는 지경에 놓여 있다. 2021년 1월 로스앤젤레스는 생존 가능성이 희박한 환자는 병원으로 이송하지 말라고 지침을 내렸다.

사태가 언제 종료될지 알 수 없다는 게 가장 큰 문제일 것이다. 백신이 나왔지만 일상을 되찾기까지는 수년의 시간이 필요할 것으로 예상된다. 게다가 종식은 어렵고 풍토병이 될 것이라는 전망이 유력하다. 백신의 효과를 무력화하는 변이도 계속 발생하고 있다.

더 나아가 코로나19는 마지막 위기가 아니다. 사스, 신종플루, 조류독감, 에볼라, 메르스, 지카 등 감염병은 계속 나타났고 발생주기는 갈수록 짧아져왔다. 이는 우연이 아니다. 탄소자본주의가 낳은 기후변화와 환경파괴로 바이러스 매개체와 야생동물은 인간과 더욱 가까워졌고, 공장식 축산이 고병원성 변이 바이러스의 배지가 되었기 때문이다.

반복될 감염병 시대에 인류는 어떻게 생존해야 할까? 의료체계가 붕괴되고 사람들이 죽어가는 것을 지켜볼 수밖에 없었던 것은 압도적 위력의 감염병 앞에 피할 수 없는 운명이었을까? 팬데믹 1년을 제대로 되돌이켜 본다면 결코 그렇지 않다는 것이 확인된다. 코로나19 사태는 단지 생물학적 위기가 아니라 사회가 낳은 위기다. 의료조차 이윤 중심의 민영화·효율화를 추구해온 신자유주의적 교리가 피할 수 있었던 고통과 죽음의 배경이고, 공공의료를 복원하는 일로부터 사회적 연대와 공공성을 회복하는 것이 포스트코로나 아니 '코로나 공존(With Corona)' 시대의 생존을 위한 조건일 것이다.

2. 유럽과 미국 그리고 일본, 공공의료 축소와 의료민영화가 낳은 코로나 대응 실패

코로나19 사태 초기 유럽 의료가 붕괴하는 것을 보면서 친시장적 전문가들과 언론은 공공의료의 한계가 드러났다고 주장했다. 유럽의 '저비용 국영의료'가 실패한 반면 한국의 '과잉 민간병상'이 제 역할을 해냈다고 했다.

그러나 이는 의료시장주의자들의 궤변이었다. 먼저 유럽이 코로나19에 초기부터 직격탄을 맞은 것은 '신자유주의적 방역정책' 때문이었다. 시장 친화적인 우익 정권들은 경제를 더 고려해 사회적 거리두기를 무시했다. 대표적으로 영국은 사태 초기 감염확산을 방치하는 '집단면역 전략'을 택한 나라다. 보리스 존슨 총리는 2020년 3월 12일 대국민담화에서 "사랑하는 사람들의 죽음에 대비하라"고 냉혹하게 말했다. 인구 60%의 감염을 통해 집단면역을 얻겠다는 전략은 치사율을 1%로만 가정해도 39만 명의 목숨을 버리겠다는 말이었다. 이에 대한 비난이 쏟아지자 보리스 존슨은 검진과 봉쇄전략으로 급선회했지만 이미 방역 골든타임을 놓친 뒤였다. 이탈리아도 마찬가지다. 북부동맹이라는 극우세력이 주정부를 차지한 롬바르디아주에서 초기에 이탈리아 전체 확진자의 40%, 사망자의 50%가 나왔다. 기업들이 경제적 손실을 우려해 봉쇄와 통제를 거부하자 주정부가 산업을 그대로 가동시켜버렸다.

둘째 원인은 '의료민영화'였다. 롬바르디아주는 국영의료체계를 무너뜨리고 사립병원 병상 비중을 50%까지 높였다. 이탈리아 전체 사립병원 비중이 20%인 것에 비교하면 엄청난 규모의 민영화가 일어났다.

이 때문에 롬바르디아 의료체계는 쉽게 붕괴되었다. 사실 롬바르디아 뿐 아니라 유럽 국영의료 시스템 전체가 신자유주의적 기조하에 오랜 기간에 걸쳐 붕괴돼왔다. 유럽연합은 지난 8년간 무려 63번에 걸쳐 회원국에 보건의료 예산축소와 민영화·아웃소싱을 요구했다. 효율을 추구하는 적시생산시스템(Just in time: JIT)의 모델을 따라 의료도 최소한의 병상과 인력만 유지하라는 요구였다. 이에 따라 이탈리아, 스페인 등이 수조 원 규모의 의료예산을 긴축해왔다. 영국의 경우 2000년에서 2017년 사이 병상이 무려 40%나 사라졌다. 스웨덴은 39%, 이탈리아는 32%, 프랑스는 25%의 병상을 감축했다.

지금 유럽은 '공공의료의 실패'를 말하기는커녕 서둘러 의료복원을 시작하고 있다. 독일은 사태 초기부터 중환자병상 2만 8000개를 4만 개까지 늘렸고, 의사를 50% 증원하기로 했다. 이탈리아도 중환자병상을 크게 늘렸다. 스페인은 개인병원을 비롯해 모든 민간병원을 일시적으로 국유화하는 조치를 취했다.

일본도 공공의료가 무너져 코로나19에 직격을 맞은 대표적 국가다. 일본은 지난 30년간 보건소를 통폐합했다. 1999년 840여 개에 달하던 보건소는 2018년 480여 개가 됐다. 일본은 코로나19 검사의 약 70%를 보건소가 담당하는데 이 수가 절대적으로 부족해지면서, 사태 초기 37.5도 이상의 고열이 4일 연속으로 발생해야만 검사를 받을 수 있었다. 일본 정부는 공공병원도 통폐합해왔다. 코로나 발발 직전인 2019년 말에도 전체 공립병원의 무려 29%에 달하는 424개 병원에 대한 통합재편안을 발표했다. 이런 식으로 공공병원을 축소하면서 감염병 치료병상 숫자가 1996년 9060병상에서 2018년 1882병상으로 겨우 20%만을 남겨두고 사라졌다.

의료시장주의자들처럼 공공의료 때문에 코로나 대응에 실패했다고 말하려면 가장 큰 재앙에 직면한 미국의 사례를 완전히 무시해야 한다. 민영의료 천국인 미국은 2021년 1월 기준 전세계 확진자와 사망자 4명 중 1명이 나온 나라다. 미국은 2020년 3월 초에 코로나19가 확산하기 시작했는데 이 골든타임 동안 코로나19 검사조차 국가지원 대상이 아니었다. 보편적 의료보장이 없기 때문이었다. 3월 말에 가서야 미국질병통제예방센터(CDC)가 검사를 무료로 제공하기 시작했는데 그 사이 초기방역이 제대로 될 턱이 없었다.

　　미국에서 코로나19 치료비는 본인부담이다. 치료비가 약 5000만 원에서 1억 원까지 청구된다. 트럼프 전 대통령처럼 코로나19 치료를 받으려면 10만 달러(약 1억 1600만원)의 치료비가 필요하다고 추계된다. 트럼프는 "모두가 나와 같은 치료를 받기를 원한다"라고 말했지만 평범한 서민들에게는 치료비가 바이러스만큼이나 두려운 액수일 것이다. 실제로 미국 성인 10명 중 1명이 '코로나 증상을 보이더라도 치료는 물론 검사 자체를 포기할 것'이라고 답했다. 미국 내 첫 코로나19 10대 사망자는 한국계였는데, 그가 사망한 이유는 보험이 없다는 이유로 병원에서 치료를 거부당했기 때문이었다.

3. 'K의료'는 없었다

한편 한국의 '민간 과잉병상'은 제 역할을 한 적이 없다. 2021년 1월 현재까지 총 3번의 코로나19 유행을 맞았는데, 1차와 2차 유행을 거치면서도 한국의료는 이미 휘청휘청했다. 그럼에도 정부와 일부 언론은 'K방역'뿐 아니라 'K의료'도 성공적이라고 주장했다. 이런 자화자

찬 속에 겨울철 대유행 준비는 소홀했고 결국 3차 유행은 커다란 피해를 낳았다.

K의료가 성공하지 않았다는 것은 2020년 5월 기준 코로나19 연령 표준화 치명률[1]만 보아도 이미 알 수 있다. 한국은 3.3%로 포르투갈 (2.9%), 스위스(3.5%), 독일(3.7%), 스페인(3.9%)과 비슷한 수준이다. 한국이 환자가 현저히 적게 발생해 의료시스템에 부하가 적게 걸렸다는 점을 감안하면 다른 나라와 비슷한 치명률은 오히려 열악한 의료대응 수준을 드러내는 증거이지만 이런 사실은 쉽게 무시되었다.

코로나19 의료대응 문제는 거의 전적으로 공공병원 부족 때문이다. 2020년 11월까지 병상 수 10% 미만인 공공병원이 감염병 전담병원의 90.9%를 구성했고 입원환자의 81.7%를 진료했다. 몇 안 되는 공공병원이 환자를 감당하느라 허덕이고 의료자원 대부분을 보유한 민간병원이 치료에 적극 나서지 않으면서 확진자가 조금만 늘어나도 병상과 인력이 부족한 상황이 반복되었다.

대구·경북의 1차 유행 당시에도 10%의 공공병상이 78%의 환자를 감당하며 버텼지만 역부족이었다. 대구에서는 적십자병원이 적자를 이유로 폐원되어 유일한 지역거점 공공병원인 대구의료원이 대응을 사실상 떠맡게 되었다. 그 결과 2020년 3월 초 2300명이 집에서 대기했고 3월 중순까지 사망자의 23%가 입원도 하지 못하고 사망했다. 또 중환자실에서 치료를 받아야 할 환자의 절반 이상이 중환자실 입원을 하지 못했고, 사망 환자 중 70%는 인공호흡기 치료를 받지 못했다. 적

---

1 인구구조가 다른 집단 간의 사망 수준을 비교하기 위해서 연령구조가 치명률에 미치는 영향을 제거한 치명률.

정 진료능력을 갖춘 민간병원은 대부분 코로나19 환자를 맡지 않았고, 중환자 진료능력이 부족한 300병상 이하 중소규모 공공병원이 환자를 감당해야 했기 때문이다.

대구·경북 사태 이후에도 달라진 것은 없었다. 6월과 8월에 대전 지역은 하루 확진자가 불과 10명 안팎이었는데도 병상 포화를 겪었다. 대전은 광역시임에도 불구하고 지방의료원이 없다. 수도권에서도 8월 중순 약 일주일간 세 자릿수 확진자가 발생했을 때 이미 병상이 포화되어 자택대기 환자가 발생했다. 수도권 역시 경기도의료원의 6개 병원 중 300병상 이상은 단 한 곳도 없을 정도로 공공의료가 열악하다.

시민사회는 이런 상황을 방치하면 겨울 유행을 견디기 어려울 것이라고 주장하며 단기적으로 민간병상 동원체계를 갖추고 의료인력을 준비해야 한다고 촉구했다. 하지만 정부는 이를 무시했다. 결국 2020년 10월 말까지 한국의 누적사망자는 464명이었으나, 불과 3개월이 지난 2021년 1월말 1420명으로 급증하는 비극을 맞게 되었다.

겨울 유행 직후 병상이 금세 부족해졌고, 병상 대기환자 수는 2020년 12월 17일 수도권에서 무려 595명으로 절정에 달했다. 그런데 정부는 문제를 해결하기는커녕 미봉책부터 꺼내들었다. 이튿날 요양병원 사망자를 병상 대기 중 사망통계에서 제외한 것이다. 정부는 12월 18일 요양병원에서 코로나19 병상 대기 중이던 환자 5명이 사망했다고 발표했다가 병상 부족 논란이 커지자 이들을 통계에서 제외해버렸다. 그 후 '통계수치'는 나아졌을지 몰라도 요양병원은 더욱 정책적 사각지대에 놓이게 되었다. 2020년 12월 말 중수본이 병상 대기자가 감소하고 있다고 주장했을 때 구로와 부천 요양병원에서는 확진자와 사망자가 늘어나고 있었다.

요양병원 환자들은 소위 '코호트 격리'되었다. 정부는 확진자와 밀접접촉자, 비접촉 비확진자를 뒤섞어 격리한 조치를 이렇게 불렀다. 하지만 '확진자 코호트는 허용하지만 의심환자 코호트는 전염위험이 높아 권장하지 않는다'고 한 미국 질병통제예방센터 지침에 어긋났고, 의학적 상식에 반하는 조치였다. 결국 이들은 '일본 유람선처럼' 갇혀 죽어갔다. 동부구치소와 장애인시설 등에서도 많은 이들이 '코호트 격리'된 끝에 집단감염되었다. 경기도에서 2020년 11월까지 사망자의 99%는 의료기관에서 치료를 받을 수 있었지만, 12월이 되자 약 27%는 입원하지 못하고 집단감염 발생기관에서 사망했다. 이는 정부가 병상 부족을 은폐하고 노인과 장애인, 수용자들을 사회에서 격리해 문제를 해결하고자 한 조치의 참혹한 결과였다.

그런데 '과잉병상'의 나라에서 병상이 왜 이토록 부족했을까? 한국은 인구 1000명당 병상이 12.3개로 OECD 평균 4.7개의 무려 2~3배에 이른다. 이는 프랑스의 2배, 영국의 5배다. 그런데 하루 확진자가 약 500명을 넘긴 지 며칠 만에 중환자병상이 다 찼고 곧 일반 코로나 전담병상도 포화되었다. 유럽도 물론 병상 포화를 겪었지만 이 나라들은 하루 수 만의 확진자를 감당해왔다. 예컨대 프랑스는 2020년 9월 말부터 1~2달간 확진자가 하루 1만~5만 명씩 발생한 상황을 견뎠다.

이 결정적 차이는 공공병상 수에 있다. 한국은 병상은 많지만 90%가 민간병상이다. 전체 병상은 인구 1000명 당 12.3개로 많지만, 공공병상 수는 인구 1000명 당 1.3개로 OECD 평균 3.0개에 턱없이 못 미친다(그림 〈4-1〉 참고). '민간 과잉병상'은 감염병 시대에 '허수'에 더 가깝다.

민간병원은 이런 위기 상황 속에서도 사회의 기본적 필요에 부응하

그림 4-1 OECD 국가 공공의료기관 병상 수

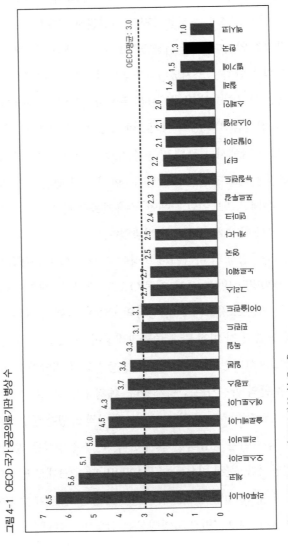

지 않았다. 감염병에 대응하는 민간 병원자본의 논리는 대한중환자의 학회가 2020년 11월 말 내놓은 '코로나19 3차 대유행 대응 단계별 중환자진료 전략안'에 고스란히 반영되었다. 그 내용은 민간 상급종합병원에 병상을 요구하지 말고, 공공병원을 거점전담병원으로 지정해 활용하라는 것이었다. 그래도 모자라면 체육관이나 임시시설을 활용하라고 했다. 황당한 주장이었다. 수천 병상을 보유한 삼성병원과 아산병원 등이 버젓이 있는데, 왜 3차 유행 시작부터 한국의 중환자들은 체육관이나 임시시설에서 치료를 받아야 한단 말인가?

상급종합병원은 중증도가 높아 병상 여력이 없다고 하지만 실제 중증환자가 차지하는 비율은 2018년 기준 약 36%에 불과했다. 즉 비중증·비응급환자 진료를 조금 늦추면 상급종합병원이 제 역할을 할 수 있었다. 민간병원이 나서지 않은 것은 코로나19 진료가 상대적으로 수익성이 낮다고 본 데다가 자신들의 사업장이 공적 통제하에 놓이는 것에 대한 거부감이 있었기 때문이다. 민간병원은 삼성전자나 현대자동차와 달리 비영리법인으로서 국가로부터 각종 혜택을 받고 있고, 무엇보다 대부분의 수익은 시민이 내는 건강보험료에서 나온다. 그럼에도 소유권이 민간에 있는 병원은 이토록 의료 본연의 공익적 가치로부터 유리되어 있다. 결국 정부가 뒤늦게 상급종합병원 병상의 1%를 중환자실로 내놓게 하고, 하루 확진자 수가 감소세로 돌아서고야 상황은 가까스로 안정되었다.

게다가 공공병원을 더 동원하라는 일부 의사들의 논리는 현실적이지 않았고 냉혹한 것이기도 했다. 이미 대부분의 지방의료원들이 코로나 전담병원이 되면서 공공병원에 있던 저소득층이나 HIV 감염인, 홈리스 환자들은 쫓겨나 있었다. 이들은 민간병원에서 기피해 공공병원

외엔 갈 곳이 없는 환자들이다.

기초생활수급자로 부산의료원에서 간경화로 20년 넘게 진료받던 환자는 부산의료원이 코로나19 전담병원이 되면서 강제퇴원당했고 민간병원의 입원비를 감당하지 못해 치료받지 못하고 목숨을 잃었다. 엄지손가락 절단사고를 당한 HIV 감염인은 다니던 국립의료원이 전담병원으로 지정되어 민간병원에서 치료를 받으려 했으나 열 군데 병원에서 쫓겨났다. 서울시립동부병원에서 수술을 받고 재활치료를 기다리던 홈리스도 쫓겨났다. 서울에서 홈리스가 입원할 수 있는 병원급 의료기관은 여섯 개 공공병원으로 지정되어 있는데 이들 전부가 코로나 전담병원이 되면서 아파도 갈 수 있는 병원이 단 한 곳도 없게 되었다.

코로나19 환자도 취약계층도 아닌 대구의 17세 정유엽 군도 2020년 3월 애석하게 죽었다. 치료할 곳을 찾지 못해 열이 40도까지 끓는데도 방치되었다. 고열로 코로나19가 의심된다며 병원이 집으로 돌려보냈기 때문이다. 비슷한 일은 반복됐다. 2월에도 부산에서 고열과 호흡기 증상을 보이는 환자가 119에 신고했지만 구급대가 이송하며 찾아간 응급실 일곱 곳에서 모두 코로나19가 의심된다며 치료를 거절했다. 결국 환자는 다음날 새벽 사망했고 사후검사에서 음성 판정을 받았다.

이런 일은 예외적 사례가 아니었다. 서울소방재난본부에 따르면 2020년 상반기 구급출동에서 응급환자를 병원까지 이송하는 데 걸린 평균시간이 예년 25분에서 36분으로 평균 11분 증가했다. 공공의료 부실과 이로 인한 의료공백 속에서 코로나19 환자가 아닌 다른 환자들도 건강과 생명에 큰 위협을 받았다.

결국 이런 일이 중첩되면서 코로나19 환자 외에도 수많은 초과사망자가 발생했다. 대구에서는 2020년 1분기 사망자 수가 전년 대비 10.6% 증가했고 경북에서도 9.5%가 늘었다. 예년에 비해 약 900여 명이 초과 사망한 것이다.

민간의료체계의 모순과 부조리는 코로나 1년 분명히 드러났다. 민간 대형병원이 돈벌이가 되는 급하지 않은 환자들을 치료하는 동안, 수익성이 낮은 코로나19 환자와 가난한 환자들은 병상을 구하지 못하고 치료를 거부당한 채 죽어갔다. 코로나 환자도 취약계층도 아닌 환자들도 의료공백 속에 목숨을 잃었다. 인력과 자원이 집중된 민간병원은 코로나로부터 '청정하게' 보호되었고, 국가의 홀대로 낙후된 채 방치되어온 공공병원은 코로나19를 온몸으로 감당하며 소진되어갔다.

4. 시장의료가 낳은 간호사의 고통과 의사 진료거부 사태

문제는 병상 부족만이 아니었다. 설사 병상이 있다 해도 그걸 운영할 의료인력이 부족했다. 2020년 2~3월 대구·경북으로 자원봉사에 나선 간호사들은 일손이 부족해 환자들을 살리지 못했고 스스로 감염을 예방하기도 어려웠다고 밝혔다. 방호복이 부족하고 교대 근무자가 없어 방호복을 입은 채 소변을 봐야 했다고 증언하기도 했다. 그런데 2차, 3차 유행에도 이런 문제는 전혀 나아지지 않고 고스란히 반복되었다. 정부는 '덕분에'라며 말로만 치켜세울 뿐, 1년이 넘는 시간 동안 간호인력 충원대책을 내놓지 않았다.

사실 인력부족과 그로 인한 살인적인 노동강도는 간호사들에게는 일상이었다. 인구 1000명 당 활동 간호사는 OECD 평균의 절반 이하이고, 병상당 활동 간호사 수는 5분의 1도 안 된다. 이는 곧 한국의 간호사가 평소에도 다른 나라보다 5배 이상 고강도 노동에 시달린다는 의미다.

이런 상황에서 간호사들은 근무시간당 거의 10~12시간을 일하고 식사와 화장실 이용에는 평균 21분 만을 쓰고 있다. 그래서 위장장애, 영양불균형, 수면장애, 근골격계 질환, 방광염, 우울증, 불안증, 성격 변화, 대인기피 등을 겪는다. 과도한 업무 스트레스와 직장 내 괴롭힘으로 스스로 목숨을 끊는 일도 적지 않다.

그러다보니 2019년 간호사 이직률은 15.4%, 신규 간호사는 45.5%에 달한다. 새로 들어온 간호사 중 절반이 1년을 버티지 못하고 이직한다는 뜻이다. 그 결과 숙련간호사가 절대적으로 부족하고, 병원에 숙련인력이 적은 만큼 환자 사망률과 합병증의 발생 비율은 높아질 수밖에 없다.

소위 '태움'으로 잘 알려진 병원 내 괴롭힘도 간호사 개인의 문제가 아니라 간호인력 부족의 결과다. 경력간호사들은 과도한 업무에 시달리며 신입간호사 교육까지 온전히 떠맡는 이중고를 겪고 있다. 간호사들은 '여초 조직문화' 따위가 아니라 간호사를 태워 연료로 쓰는 병원자본이 진정한 괴롭힘 가해자라고 입을 모은다.

코로나19 보건위기 상황에서 이는 더 심각한 문제가 된다. 코로나 입원 병상에는 평소보다 두 배의 간호인력이 필요한데, 이처럼 간호사를 극도로 쥐어짜온 의료체계가 버틸 수 없는 것은 당연하다. 이 역시 한국의 민간중심 의료체계에서 고착화된 현상이다. 병원은 노동집약적 사업장으로 인건비 비중이 비용의 45% 가까이 된다. 주요 산업 인건비 비중이 약 6%인 것과 비교해 크게 높다. 그래서 병원자본은 이윤추구를 위해 간호사를 적게 고용하거나 비정규직 고용을 늘리는 데 혈

안이다.

　정부는 환자당 간호사 인력기준을 제대로 세워 의료기관이 이를 준수하도록 감독하고 관리할 책임을 방치하고 오히려 민간병원의 이윤 추구를 장려해왔다. 결국 팬데믹 시대에 가용병상이 없을 뿐 아니라 핵심인력인 숙련간호사도 극히 부족한 아슬아슬한 상황을 맞이하게 되었다.

　한편 수도권을 중심으로 2차 유행이 일어난 2020년 8~9월에 시민들을 공포에 떨게 한 것은 바이러스만이 아니었다. 의사들의 집단 진료거부 사태로 응급환자가 사망하고 수술이 지연되는 등 대혼란이 일어났다. 물론 의사들의 투쟁을 촉발한 정부의 '의대 증원' 정책에는 문제가 있었다. 정부는 국공립의대와 공공병원 중심이 아니라 사립의대와 민간병원 중심의 의사증원안을 내놓았다. 코로나19로 공공병원과 공공의사가 부족하다는 것이 드러나 시민들의 요구가 큰 상황이었는데도 민간중심 증원안을 내놓은 것이다. 정부의 공공의과대학 계획은 겨우 정원이 49명짜리였고, 의료영리화 정책에 발맞춰 화장품·의료기기·제약회사에서 돈벌이할 의사양성도 이 정책에 은근히 끼워넣었다.

　그런데 의사들은 더 공공적으로 의사 수를 늘리라는 요구를 하면서 투쟁에 나선 게 아니었다. 오히려 이들은 의사를 늘리지 말고 공공의대 계획도 폐기하라고 주장했다. 의사들은 한국에 의사가 이미 충분하고 의료 접근성도 세계 최고라고 했다. 이는 모두 사실이 아니었다. 또 의사들은 숫자를 늘리지 말고 의료수가를 올려 의사 수입을 높여주면 모든 문제가 해결될 것이라고 주장했다. 터무니없는 요구였다. 이미 수억의 연봉에도 의사를 구하지 못하는 지방의 상황에서 얼마나 더 수익을 보장해달라는 것인지 시민들은 이해하지 못했다.

이런 집단행동은 세계의 상황에 비춰보면 매우 기묘한 일이다. 한국에서 의사투쟁이 한창이던 2020년 9월 초에 독일정부는 코로나19를 맞아 의사를 50% 증원하기로 결정했는데 독일의료계는 이를 찬성했다. 심지어 프랑스에서는 코로나19 사태로 의사와 간호사들이 인력충원을 요구하며 먼저 시위에 나섰다. 코로나 이전에도 OECD 대다수 국가들이 고령화에 대비해 의사를 늘려왔다. 2000년 이래 호주는 2.7배, 아일랜드는 2.2배, 네덜란드는 1.9배, 캐나다는 1.8배, 스페인은 1.6배 의대 졸업자를 늘렸다. 반면 한국에서는 2000년 의사파업으로 의대정원이 오히려 감축됐고 이후 동결되어왔다.

한국에서 의사들이 이토록 의사증원을 거부하는 이유도 민간중심 의료체계에서 원인을 찾을 수 있다. 시장의료 체계에서 의사증원은 개원의에게는 자영업 경쟁자가 늘어나고 봉직의[2]에게도 노동시장에서 불리해지는 문제다. 반면 공공의료 체계 속 일정한 수입과 안정적 일자리에서 일하는 유럽 의사들에게 의사 수 증원은 동료 노동자의 증가를 의미하므로 반대할 게 아니고 오히려 환영할 일이 된다.

의사들은 진료거부 내내 '공감능력 제로'인 모습으로도 시민들에게 충격을 주었는데 이 역시 구조적 병폐였다. 시장의료 속에서 의사들은 막대한 경제권력을 축적해왔다. 한국에서 의사 수입은 일반 노동자의 약 5~6배로 OECD 평균 2~3배의 갑절에 이른다. 서민들과 경제적 격차가 과도하고 교육시장에서 극상위권이라는 높은 문턱을 넘어야 하는 의사라는 지위는 사회경제적 배경이 원래부터 높은 자들의 전유물이 되어왔다. 아프고 힘든 노동자·서민들을 일선에서 만나야 할 의사

2   병원·의원 등 의료기관에 고용되어 월급을 받는 의사.

들은 이렇게 평범한 사람들과 선 자리가 다른 사람들이 됐다. 이는 부족한 공감능력뿐 아니라 극도로 보수적인 정치성향의 근원이 되었다.

게다가 의대교육과 의료공급 체계를 민간에 맡긴 결과, 의사들은 '의료가 공공재'라는 것을 전혀 이해하지 못하는 사회세력으로 성장하게 됐다. 유럽 국가들처럼 국가가 책임지고 교육을 담당하며 졸업 후 계획적으로 배분된 공적 의료자원에서 일하게 하는 시스템을 갖췄다면 이런 진료거부 사태는 일어날 수 없었을 것이다. 결국 정부가 미미한 개혁조차 성공하지 못하고 의사들에게 굴복하고 만 것도 의료를 완전히 시장에 내맡겨온 탓이다. 공공의사를 거부하는 한국 의사들의 집단행동은 거꾸로 공공의료 인력 양성과 공공의료 복원의 필요성을 많은 사람들에게 강하게 각인시켜줬다.

하지만 정부는 이런 상황을 겪으면서도 공공의료에 대한 홀대를 계속했다. 코로나의 해인 2020년 정부는 이듬해 예산안에 공공의료 예산을 오히려 감액했으며 지방의료원과 적십자병원 기능 강화에 쓰일 지역거점병원 공공성 강화예산도 크게 삭감했다. 특히 공공병원 신·증축 예산안은 '0'원이었다가 시민사회의 반대로 겨우 15억원으로 늘렸다. 2020년 12월 정부는 공공의료 체계 강화방안을 부랴부랴 내놓았지만 이미 건립 추진 중인 지방의료원 3개소 신축에 대한 예비타당성 조사를 면제하겠다는 보잘것없는 확충안을 제출했다. 증축계획도 마찬가지였다. 41개 지방의료원과 적십자병원 중 35곳이 300병상 이하인데도 이 중 17개만 증축하겠다고 밝혔다. 약속을 다 지켜도 공공병상 비중은 약 8.9%에서 9.6%로 늘어나는 수준이니 시민들을 우롱하는 계획이라는 비난을 면할 수 없었다. 게다가 의사인력 확충은 이해당사자인 의사단체와 논의한다며 백지계획을 내놓았다.

정부가 공공의료에 관심이 없었던 것은 어제오늘의 일은 아니다. 1977년 건강보험 도입과 1989년 전국민 확대로 의료수요가 급증했지만, 정부는 국가책임으로 공공의료기관을 짓는 것이 아니라 정부지원과 차관을 제공해 민간 의료기관의 성장을 도왔다. 사회 공공성보다 경제성장에 초점을 둔 전략 때문이었다. 2002년에는 노무현정부가 공공병원 30% 확충안을 내걸었지만 빈 공약으로 끝나버렸다. 그 후 출범한 정부들은 모두 공공병원 확충에 대한 비전조차 제시하지 않았다.

심지어 2012년에는 아예 '공공의료'의 정의를 바꿔버렸다. 기존에는 공공의료가 '공공보건 의료기관이 제공하는 의료'를 뜻했는데 법을 개정해 '민간 의료기관도 공공의 이익을 위해 의료행위를 하면 공공의료'라는 식으로 법체계를 뜯어고쳤다. 결국 공공병원 확충 과제는 역대 그 어떤 정부에서도 진지하게 고려되지 않았다. 그 결과 한국의 공공병상 비중은 갈수록 감소하여 급기야 2019년에는 10%에도 못 미치는 수준(8.9%)으로 떨어지게 되었다.

5. 재난자본주의, 그리고 '위험의 사회화 · 이익의 사유화'

공공의료 강화도 공공인력 양성도 방치해왔다면 이 나라 정부는 대체 뭘 해왔다는 것인가? 역대 정부들이 보건의료 정책에 손을 놓아왔나? 아니다. 오히려 의료영리화를 집요하고 부지런히 추진해왔다. 특정 정부의 문제가 아니라 역대 정부들이 모두 그랬다. 공공의료 강화계획은 추상적 수준에 그치고 재정투입도 거의 없었던 반면, '바이오헬스 산업육성', '보건의료 혁신성장'에는 구체적 계획과 막대한 재정을 투여해왔다.

코로나19도 의료산업화 세력에게는 새로운 기회일 뿐이었다. 코로나 와중에 나온 정부의 '한국판 뉴딜'에도 공공의료 확충계획은 없이 원격의료와 의료영리화가 등장했다. 전형적인 재난자본주의다. 정부가 최소한 '뉴딜'이라는 이름을 차용한 정책을 편다면 이런 신자유주의적 규제완화이자 고용창출 효과도 사실상 전무한 공공성 파괴정책이 아니라 효용성이 분명하고 고용유발 효과가 큰 국가적 공공보건의료 투자계획을 내놓았어야 옳았다.

원격의료가 한국에 도입되지 못하는 이유는 시범사업에서 계속 실패하고 있어서다. 전세계적으로도 아직까지 효과가 입증된 바 없고, 비용과 효과성 연구는 거의 없다시피 하며 부작용과 위험에 대한 연구도 더 필요하다는 평가를 받고 있다. 그래서 미국과 유럽에서도 코로나19 시기에 한시적으로 활용하는 수준이다. 게다가 원격의료는 디지털 격차에 따른 의료불평등을 초래한다. 미국에서는 코로나19 유행에 따른 원격의료 도입 직후 65세 이상 노인, 비영어권, 메디케어·메디케이드 이용 저소득자, 흑인, 라틴계, 아시안 등의 의료 이용이 크게 줄었다.

원격의료와 함께 개인 의료정보의 상업화도 추진되었다. 이는 감시사회에 대한 문제제기가 무뎌진 사회적 분위기를 틈탄 것이다. 정부는 '정신과·산부인과·비뇨기과 진료기록, 유전정보, 희귀질환정보, 성병정보 등 의료데이터는 민감성과 재식별 가능성이 높아 가명 처리할 경우 위험이 크다'는 점을 인정하면서도 이를 가명 처리해 기업이 활용하거나 매매하도록 허용했다.

민간보험 활성화도 코로나 대책이란 이름으로 추진되었다. 민간보험사들은 그간 전국민건강보험 보장영역이었던 질병예방과 건강증진, 만성질환 관리 및 치료영역을 침범하려고 해왔다. 정부는 이에 호

응해 이런 영역이 영리기업이 돈벌이 할 수 있는 '비의료행위'라는 자의적 판단을 내려줬다. 이는 민간보험사가 건강관리로 출발해 의료영역에 침투하는 시나리오로 미국식 의료민영화(HMO) 모델로 향하는 정책이라는 점에서 겨우 남아 있는 의료공공성조차 위태롭게 하고 있다.

이처럼 의료를 자본의 침투영역으로 내주면서 경제성장 수단으로 삼으려는 여러 시도들이 코로나 위기국면에서도 계속되고 있다. 팬데믹 시기에도 이익은 사유화되고 위험은 사회화되고 있다.

게다가 감염병 위험은 오롯이 개인이 감당할 책임으로 떠넘겨졌다. 코로나 1년, 한국의 일시적인 방역성공은 대부분 정부와 지자체의 과도한 동선공개와 디지털 감시의 일상화, 성소수자 아웃팅, 전자팔찌 논란에서 드러난 인권 무시 속에서 이뤄져왔다. 시민들은 감염 자체도 두려웠지만 그만큼 방역위반으로 인한 처벌과 제재, 개인정보 신상털이를 걱정했다.

언론이 '인천 거짓말 학원강사'라고 명명한 코로나19 피해자가 직업과 동선을 숨겼다는 이유로 징역 6개월 실형을 선고받은 사건은 소위 방역성공의 이면에서 나타난 대표적인 병적 징후였다. 당시는 이태원 클럽발 확산과 언론의 잘못된 대응으로 성소수자 혐오와 낙인이 극심한 상황이었다. 이런 상황에서 정보를 공개해서 아웃팅될 수 있다는 건 실재적인 위협일 수밖에 없었다. 그럼에도 정부 당국까지 나서 그를 비난했고 지방정부는 경찰에 직접 고발하기까지 했다. 또 하나, 그는 감염사실이 알려져 생계가 끊길 것을 걱정했다. 한국사회에는 코로나19로 인한 격리와 치료 과정에서 경제적 손실을 입으면 개인이 회복할 수 있는 최소한의 안전장치가 없다. 2020년 7월 광주에서도 60대 일용직노동자가 확진 판정을 받고 잠적한 일이 있었는데, 격리되면 일감이 끊길 게 더 우려됐기 때문이었다. 그럼에도 그 일용직노동자는 코로나19 치료 후에 구속됐다.

이처럼 기본적인 인권보호도 사회안전망도 부실한 사회에서 정부는 오직 개인에 대한 처벌을 강화하면서 사람들을 방역조치로 밀어넣었다. 방역정책을 지킬 수 있는 사회안전망도 만들지 않고 공공의료의 열악함도 방치하면서 시민들의 생명을 위협한 것은 국가였는데 개인에게 책임을 전가하며 스스로의 잘못을 가리려 했다.

이는 심각한 모순을 낳아왔다. 개인방역 제1지침 '아프면 3~4일 쉬기'를 지킬 수 있는 국민이 얼마나 되는가? 한국은 OECD에서 상병수당과 유급병가가 모두 없는 유일한 나라다. 그런데 정부는 이런 현실을 바꿀 행동에 나서지 않았다. 방역지침 제2수칙 '두 팔 간격 거리두기'도 지킬 수 없는 노동자가 부지기수다. 쿠팡 물류센터나 구로 콜센터 같은 사업장은 제재를 가하고 비필수사업장의 경우 방역지침 위반 시 폐쇄에 해당하는 조치를 취해야 했다. 하지만 정부는 기업이윤을 건드리는 생산현장은 통제하려 하지 않았다.

돌봄 공백을 해소할 수 있는 충분한 가족돌봄 휴가와 비정규직노동자, 실직자, 생계가 곤란한 자영업자들을 위한 재난지원금도 충분히 제공해야 한다는 것이 시민사회의 요구였다. 하지만 거리두기를 지속할 수 있는 이런 사회정책은 충분히 시행되지 않았고, 결국 수많은 사람들이 생존의 위기를 겪었다. 정부는 3차 유행이 심화되던 2020년 12월에도 3단계 격상을 결정하지 못했는데 이는 서민들에 대한 사회경제적 지원방안이 준비되지 않았기 때문이었다. 결국 정부가 불평등을 해소할 의지와 능력이 없다는 점이 방역정책에도 영향을 주었다.

정부가 방치한 이 불평등은 나이가 감염병을 직접 매개했다. 사회경제적 지위가 낮은 계층은 코로나19 바이러스에 실제 더 쉽게 감염되었다. 국민건강보험 자료를 이용한 2021년 1월 연구에 따르면 전체적으로 소득이 가장 낮은 1분위 계층이 가장 높은 4분위 계층에 비해 약 19% 더 많이 감염되었다. 특히 60세 이상에서는 4분위 계층에 비해 1분위가 39%, 2분위가 29%, 3분위가 13% 더 많이 감염되는 등 차이가 명징하게 드러났다.

권위 있는 영국 의학저널 《랜싯》의 편집자 리처드 호튼은 "코로나19는 팬데믹이 아니라 신데믹(syndemic)"이라고 주장하며 이렇게 말했다. "저임금과 낮은 복지에 시달리는 노인, 흑인, 아시아인, 소수민족과 필수노동자들이 코로나19에 취약하다는 점은 지금까지 거의 알려지지 않은 진실을 드러낸다. 그 진실은 아무리 효과적인 치료제나 백신이 나오더라도 순전히 생의학적 해법을 추구하는 것은 실패할 것이라는 사실이다."

6. 이윤보다 생명을: 공공의료와 새로운 사회

코로나19는 인간의 삶을 완전히 변화시킬 것이라고들 한다. 그런데 이것이 주류경제학이 말하는 '비대면경제' 육성 따위여서는 안 될 것이다. 이미 인간 사회의 지속가능성을 담보할 새로운 경제운영 원리는 무엇이어야 하는가에 대한 근본적인 고민이 제기되고 있다.

환경파괴와 공장식 축산, 탄소경제를 중심으로 운영되는 이윤중심 체제에서 감염병 위기가 더 심각하고 주기적으로 반복될 것이기 때문이다. 생태적으로 지속가능한 경제로의 정의로운 전환은 반드시 걸어야 할 길로 여겨지고 있다.

또 팬데믹이 휩쓴 세계에서 '작은 정부'와 시장경제 만능주의는 작동하지 않는다는 것이 드러났다. 가장 약한 사람들로부터 침투해 우리 모두의 삶을 위협하는 바이러스에 맞서려면 먼저 사회적 불평등이 '종식'되어야 한다는 것이 입증되고 있다.

한마디로 이윤이 아니라 인간의 필요에 맞춰진 사회경제 시스템이 요구된다. 이 왜곡된 세계에서는 심지어 가장 공공적인 영역이어야 할 '의료'조차 이윤에 종속되어왔다. 민간병원은 아픈 이들의 몸을 불필요한 과잉진료로 수탈해왔고, 반대로 꼭 필요한 치료를 받아야 할 환자들은 배제시켜왔다. 정부가 필요한 곳에 병원을 짓고 운영하지 않아 수많은 사람들이 기본적인 응급의료 서비스조차 받지 못했다. 노동자들에게 병원은 생명을 살리는 공간이 아니라 도저히 감당하기 어려운 노동조건 속에서 환자의 의료사고 위험을 감수해야 하는, 또 그러다가 노동자 스스로가 목숨을 내던지는 '죽음의 공장'이 되어왔다. 이는 결국 감염병 시대의 재앙적 결과를 낳았다. 이런 시장주의적 의료를 그 본질에 걸맞은 공공적 형태로 전환하는 일은 팬데믹 극복에 그치지 않고 자본주의적 한계를 극복하고 무너진 사회적 공공성을 회복하는 출발이 될 수도 있을 것이다.

코로나19는 더 큰 재앙의 전조일 가능성이 크다. 따라서 우리가 꿈꿀 사회변화도 더 거대할 것이 요구되고 있다. 생명보다 이윤이 우선인 이 사회는 사회 전체의 혁명적 재구성 없이는 공멸로 향할 것이 갈수록 분명해지고 있기 때문이다. 코로나 시대는 절망적 미래를 예정하고 있지 않다. 노동자들과 시민들이 스스로의 삶을 지키기 위해 공공의료를, 나아가 새로운 사회를 요구하며 투쟁한다면 이 위기는 새로운 가능성을 열어준 전환점이 될 수도 있을 것이다.

부동산공화국 해체를 위한 정책전략[1]

전강수(대구가톨릭대학교 경제금융부동산학과 교수)

1. 대한민국은 부동산공화국이다

한때 한국사회에서는 한국 땅을 팔면 미국 땅 절반을 살 수 있고 캐나다 땅을 여섯 번, 프랑스 땅을 여덟 번 살 수 있다는 이야기가 나돌았다. 한국의 땅값이 세계 최고 수준이라는 말도 많은 사람들 사이에 회자되었다. OECD가 수집한 통계로 작성한 〈그림 5-1〉은 이 이야기가 사실임을 분명히 보여준다. 이 그림은 OECD 16개국을 대상으로 GDP 대비 토지자산의 배율을 계산한 결과인데, 2018년, 2019년 한국의 GDP 대비 토지자산 배율은 각각 4.3, 4.6으로 16개국 가운데 압도적 1위를 차지했다. 4.6이라는 값은 2000년대 들어 최고치였던

---

1 이 글은 전강수(2020)를 축약하여 작성하였다.

그림 5-1 GDP 대비 토지가액 배율의 국제 비교

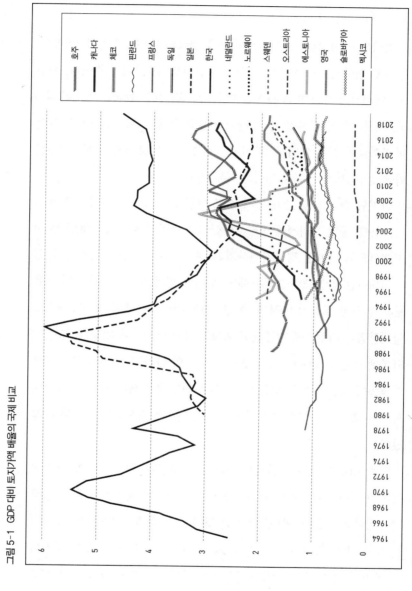

자료: https://stats.oecd.org의 관련 통계로 작성. 한국, 일본의 일부 통계 출처는 이진수(2018), 조태형 외(2015), 통계청·한국은행(2020).

2007년의 수준을 넘어섰다는 점에서 특기할 만하다. 문재인정부 출범 후 발생한 부동산 투기열풍이 초래한 결과다.

한국의 GDP 대비 토지자산 배율은 영국의 1.5배, 독일의 2.9배 수준이고 인구밀도가 한국과 비슷한 네덜란드의 2.4배 수준이다. 핀란드, 멕시코와 비교하면 차이는 더욱 두드러진다. 한국은 핀란드의 5배, 멕시코의 15배 수준이다. 한국의 땅값이 세계 최고 수준이 된 것은 어제오늘의 일이 아니다. 과거에는 GDP 대비 토지자산 배율이 5를 넘어 6에 육박했던 적도 있었기 때문이다.

이처럼 한국의 땅값이 세계 최고 수준으로 올라간 까닭은 무엇일까? 첫째, 공업화 과정에서 무분별한 도시개발이 자행되어 해방 후 농지개혁으로 실현된 '평등지권사회'가 무너졌다는 사실을 지적할 수 있다. 1960년 무렵 대한민국은 대만, 일본과 함께 전세계에서 토지 소유 분포가 가장 평등한 나라에 속했다. 1950년에 단행된 농지개혁으로 일제강점기 지주층에 편중됐던 토지 소유가 단기간에 평등해졌고, 그 덕분에 소수의 대지주가 지배하던 '지주의 나라'가 한순간에 소규모 자영농이 편만(遍滿)한 평등지권사회로 변모했기 때문이다. 1960년대 까지만 해도 한국사회에 부동산 불패신화나 토지신화는 존재하지 않았다.

땀이 대우받던 활력 넘치는 사회는 1960년대 후반 이후 조금씩 변질하기 시작했다. 첫째, 박정희정권이 서울 강남지역을 필두로 전국 곳곳에서 무분별한 개발을 추진한 것이 결정적 계기였다. 박정희정권은 세계 최대규모의 구획정리사업을 전개하면서도 개발과정에 수반되기 마련인 지가 상승에 대해 아무런 대비책도 세우지 않았다. 스스로 토지투기에 가담하기도 했다. 한강 연안에서 추진된 공유수면 매립사업은 반포, 압구정동, 잠실 등 곳곳에 집단택지를 제공해 대규모 아파트 단지 건설의 단초를 제공했는데, 이 사업은 비리의 복마전 그 자체였다(손정목, 2003). 무분별한 개발의 결과는 지가 폭등이었다. 개발 예정지 언저리에 땅을 사두기만 하면 짧은 기간에 '떼돈'을 벌었다. 온갖 불법과 편법이 난무했고 개발지역 주변에서는 '불로소득의 향연'이 벌어졌다.

둘째, 몇몇 정부를 제외하면 역대 정부는 한국이 부동산공화국으로 전락하는 상황에 제대로 대응하지 못했다는 점을 들 수 있다. 역대 여러 정부는 부동산 투기가 발생하면 사후약방문식으로 규제대책을 쏟아내다가 경기침체 조짐이 보이면 기존의 규제대책을 모조리 철폐하고 부동산을 경기부양의 불쏘시개로 활용하곤 했다. 이와 같은 냉·열탕식 부동산정책이 반복되는 사이에 시장 참가자들의 마음에 일종의 '내성'이 생겼다. 일시적으로 부동산 투기억제정책이 강화되더라도 조금만 견디면 다시 부양정책이 시행될 것이라는 믿음이다.

셋째, 부동산 투기를 근절할 근본대책이 마련되지 않았다는 사실을 지적할 수 있다. 부동산 투기는 불로소득이 따르기 때문에 발생한다. 이 불로소득을 차단·환수하는 데 가장 효과적인 방책은 부동산보유세를 강화하는 것이다. 지금까지 한국에서는 노태우정부가 종합토지세를 도입하고 노무현정부가 과표 현실화 정책과 종합부동산세 도입을 추진하는 등 적극적인 노력이 없지는 않았으나 여전히 부동산보유세는 미약한 상태다. 보유세의 실질적 부담을 측정하는 지표인 실효세율(보유세액/부동산가액)로 비교하면, 한국은 0.1%대로 OECD 국가 가운데 독일, 체코, 오스트리아 등과 함께 하위 국가군에 속한다. 부동산보유세 실효세율이 0.1%대에 머문 지는 벌써 수십 년이 되었다.

이 글의 목적은 대한민국에 뿌리내린 부동산공화국 현상을 혁파할 근본정책을 제안하는 데 있다. 2절에서는 소득과 부의 불평등을 중심으로 부동산공화국 현상의 폐해를 밝히고, 3절에서는 문재인정부가 부동산 문제를 근본적으로 해결할 수 있는 근본정책을 외면하고 단기 시장조절 정책에 몰두해왔음을 폭로한다. 4절에서는 부동산공화국 현상을 혁파할 정책전략으로서 시장친화적 토지공개념을 헌법에 명문화하고 그 정신을 구현할 두 가지 근본정책을 시행할 것을 제안한다. 5절에서는 단기 시장조절 정책과 관련해 간단한 정책대안을 제시하면서 글을 마무리한다.

2. 부동산공화국의 폐해: 불평등 문제를 중심으로

2020년 10월 한국은행이 더불어민주당 고용진 의원에게 제출한 자료에 따르면, 2019년 한국의 피케티 지수, 즉 β값이 8.6으로 사상 최고치를 기록했다. 2010년 7.6을 기록한 이후 상승세를 이어오다가 2016년부터 급상승한 결과다. 이는 독일(4.4), 미국(4.8), 프랑스(5.9), 영국(6.0), 일본(6.1), 스페인(6.6)보다 크게 높고, 불평등이 극심했던 19세기 말~20세기 초 유럽 선진국의 수준(약 7)을 넘어선 수치다. 주지하다시피 피케티의 β값은 《21세기 자본(Capital in the Twenty-First Century)》을 출간해 불평등 문제를 세계 경제학계의 화두로 만든 프랑스 경제학자 토마 피케티가 창안한 지표로, 한 나라의 자산이 국민소득의 몇 배에 해당하는가를 보여준다. 이 지수가 상승하면 그만큼 자산의 힘이 증대하고 노동소득보다는 자산소득의 비중이 커져서 소득·자산의 불평등이 심해지면서 세습자본주의의 도래가 불가피해진다는 것이 피케티의 주장이다.

2016년 이후 한국의 피케티 지수가 급상승한 데는 부동산값 폭등의 영향이 컸다. 이는 〈그림 5-1〉에 나타나 있듯이, 2010~2016년에 약 4.1에 머물렀던 국민소득 대비 지가의 배율이 2018년 4.3, 2019년 4.6으로 급등한 사실에서 여실히 드러난다. 국민소득 대비 건물가액의 배율도 2016년 1.6에서 2018년 1.7, 2019년 1.8로 상승했다. 피케티의 가설이 옳다면 지금 한국에서는 불평등이 극심해지고 있고 더구나 그것이 본질상 불로소득인 부동산소득의 동향에서 비롯된다는 해석이 나온다. 그냥 불평등이 심해져도 문제인데 불로소득으로 불평등이 심해지고 있다는 이야기가 되니 보통 문제가 아니다.

오민준(2020)에 따르면, 지니계수로 측정한 2018년 한국의 총자산 불평등도(0.562)는 소득 불평등도(0.351)보다 상당히 크며, 부동산 자산 불평등도(0.642)는 부동산을 포함한 총자산의 불평등도보다 크다. 총자산에서 부동산이 차지하는 비중이 77.7%이기 때문에, 부동산이 한국의 자산 불평등에 끼치는 영향은 상당하다고 판단할 수 있다(오민준, 2020: 14). 그런데 이는 부동산 과다 보유자의 과소 보고 가능성이 있는 표본조사자료('주거실태조사')를 활용해 분석한 것이라서 불평등도를 과소 추계했을 가능성이 있다. 그래서 필자는 국토교통부가 발표하는 '개인 토지의 100분위별 소유세대 현황' 통계(가액 기준)를 활용해 개인소유 토지자산의 지니계수를 계산해보았다. 그랬더니 2018년은 0.809, 2019년은 0.813이라는 결과가 나왔다. 지니계수가 0.8을 넘는다는 것은 불평등이 심각한 상태임을 의미한다. 건물이 빠져서 정확한 비교는 어렵지만 부동산 자산의 실제 불평등도는 오민준(2020)의 추계치보다 크다고 봐야 한다. 주택의 경우 토지처럼 상세한 분위별 소유

현황 통계가 발표되지 않아서 지니계수를 계산할 수는 없다. 하지만 2007~2018년 사이에 다주택 보유자 상위 1%가 보유한 주택 수가 1인당 평균 3.2채에서 평균 7채로 증가한 것이라든지(경실련, 2018, 2019), 상위 10%와 하위 10% 배율이 2018년 37.57배에서 2019년 40.85배로 올라간 것(통계청, 2020)에 비추어 주택 소유의 불평등이 상당히 심해지고 있다고 추정할 수 있다.

한국에서 토지자산과 주택자산이 매우 불평등하게 분포되어 있다는 사실을 부정하는 학자는 거의 없다. 하지만 지금까지 그것이 소득 불평등의 주된 원인이라는 사실을 밝힌 학자도 거의 없다. 문재인정부 초대 청와대 정책실장을 지낸 장하성 같은 사람은 자산 불평등이 심한 것을 인정하면서도 굳이 그것이 소득 불평등의 주된 원인은 아니라고 역설했다(장하성, 2015). 이는 과소 보고의 우려가 있는 표본조사 자료를 이용했을 뿐만 아니라 주택과 비주거용 건물의 임대료와 귀속임대소득 등 주요한 부동산소득이 빠진 재산소득으로 진행한 논의의 결론이다. 재산소득에서 부동산 자본이득이 제외된 것은 물론이다.

자산소득이 소득 불평등에 미치는 영향을 제대로 파악하려면 헤이그와 사이먼스(Haig and Simons)의 포괄소득 개념을 이용할 필요가 있다. 포괄소득은 '일정 기간 소비할 수 있는 능력의 증가분'으로 정의되므로 부동산 자본이득과 귀속임대소득도 당연히 여기에 포함된다. 남기업·이진수(2020)는 지니계수 분해방법을 통해 잠재 자본이득과 귀속임대소득의 합으로 정의되는 부동산소득이 소득 지니계수에 어느 정도 영향을 미치는지 계산한 결과(불평등 기여도)를 보여준다. 〈그림 5-2〉에 따르면, 2008년에 약 30%였던 부동산소득의 불평등기여도는 2013년까지 하락세를 보이다가 그 후 상승해 2018년에는 37.5%를 기

그림 5-2 소득원천별 불평등기여도 추이(2008~2018년)

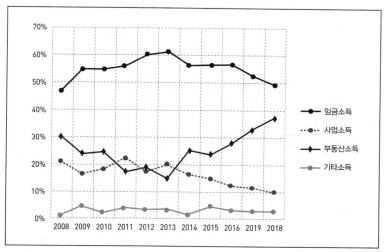

자료: 남기업·이진수(2020).

록했다. 2014년 이후 줄곧 부동산소득은 임금소득 다음으로 소득 불평등에 기여해왔고, 최근 기여도가 두드러지게 상승한다는 점에 주목할 필요가 있다. 장하성(2015)의 주장과는 반대로, 오늘날 한국에서 부동산소득은 소득 불평등을 초래하는 중대한 요인이다. 한 가지 추가하자면 부동산소득 불평등 기여도의 변화가 한국 부동산시장의 경기와 연동되어 있다는 점도 흥미롭다.

〈그림 5-3〉에서는 지니계수에 대한 소득원천별 한계효과를 보여주는데, 이는 각 소득이 1% 변할 때 소득 지니계수가 몇 % 변하는지 알려주는 지표다. 부동산소득의 한계효과도 불평등기여도와 마찬가지로 부동산 경기와 연동되는 추이를 보여주는데, 2013년 이후 계속 네가지 소득 가운데 최고치를 기록하고 있고 2015년 이후에는 수치가

그림 5-3 지니계수에 대한 소득원천별 한계효과의 추이(2008~2018년)

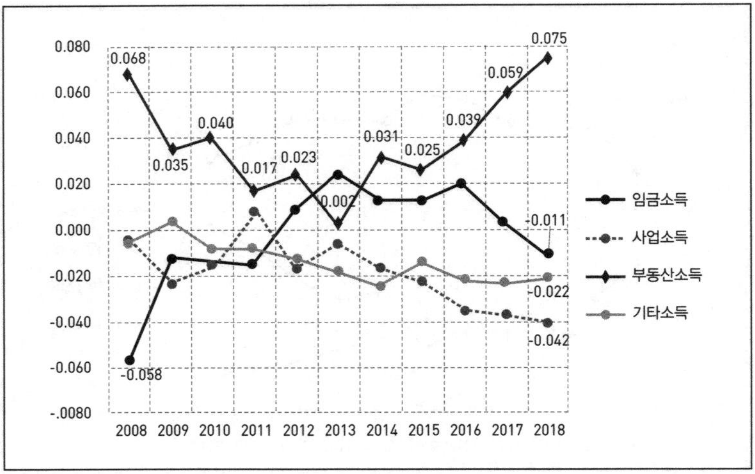

자료: 〈그림 5-2〉와 동일함.

현저하게 상승하는 것이 주목할 만하다. 2018년에는 임금소득, 사업소득, 기타소득 모두 음(-)의 한계효과를 보인 반면에 부동산소득은 유일하게 양(+)의 한계효과를 보였다. 이는 임금소득, 사업소득, 기타소득의 증가는 불평등을 완화하는 반면, 부동산소득의 증가는 불평등을 악화시키며 최근 몇 년 동안은 그 영향력이 점점 커졌음을 뜻한다.

3. 문재인정부 부동산정책에 대한 평가

1) 부동산 투기의 본질에 대한 몰이해

문재인정부 인사들은 부동산 문제가 한국사회에서 얼마나 큰 질곡인지 이해하지 못했다. 이미 한국은 부동산공화국으로 전락해 대수술이 필요한 상태에 도달했음에도 이를 인지하지 못했다. 정권 초기에 '소득주도성장, 혁신성장, 공정경제'를 내용으로 하는 '세 바퀴 경제정책'을 내세웠지만, 정작 그 세 가지의 발목을 잡는 것이 부동산 불로소득임을 깨닫지 못했다. 부동산 투기란 거대한 괴물과 같은 존재임에도 그것을 제압할 수 있는 정책수단이 필요함을 인식하지 못했다. 그러니 올바른 정책철학 아래 부동산 불로소득을 차단하고 투기를 근절할 개혁정책을 마련할 리 없었다. 문재인정부는 그저 단기 시장조절 정책으로 부동산값이 폭등하지 않도록 적절히 관리하면서 거기에 약간의 주거복지 정책을 덧붙이면 충분하다고 생각했다.

2) '핀셋 증세'의 문제점

문재인정부가 근본대책 대신에 마련한 것은 '핀셋 증세'와 '핀셋 규제' 그리고 사후약방문식 대책이었다. 부동산 불로소득과 부동산 투기에 대한 최선의 대책은 토지보유세 강화다. 이 정책은 불로소득을 환수하면서 가격도 안정시키는 일석이조(一石二鳥)의 효과가 있고 부동산 보유비용을 높여 투기유인을 억제하므로 선제적 대응의 효과가 크다. 그런데 문재인정부는 이를 의도적으로 회피했다. 문재인정부의 태도는 2018년 재정개혁특별위원회를 설치하고 그 권고안을 처리하는 과정에서 여실히 드러났다.

〈표 5-1〉에서 확인할 수 있듯이, 문재인정부의 종부세 과세 강화는 3주택 이상 소유자 또는 조정대상지역 2주택 이상 소유자에 한정되었다. 2주택 이하 소유자에 대해서는 약간의 세율 인상이 있었을 뿐이다. 토지에 대해서는 나대지 등에 부과하는 종합합산토지의 세율을 찔끔 인상했을 뿐, 빌딩 부속토지 등에 부과하는 별도합산토지의 세율은 이명박정부 때와 똑같이 그대로 두었다. 게다가 지방보유세인 재산세

표 5-1 문재인정부 출범 후 종합부동산세 세율 변경 내용(단위: %)

과표	문재인정부 이전	9.13대책(2018)		12.16대책(2019)		7.10대책(2020)	
		일반	다주택자	일반	다주택자	일반	다주택자
3억 이하	0.5	0.5	0.6	0.6	0.8	변경 없음	1.2
3억~6억		0.7	0.9	0.8	1.2		1.6
6억~12억	0.75	1.0	1.3	1.2	1.6		2.2
12억~50억	1.0	1.4	1.8	1.6	2.0		3.6
50억~94억	1.5	2.0	2.5	2.2	3.0		5.0
94억 초과	2.0	2.7	3.2	3.0	4.0		6.0
세 부담 상한	150	150	300(200)	150	300		300

주: 다주택자란 3주택 이상 소유자 또는 조정대상지역 2주택 이상 소유자를 가리킴.

는 일절 손대지 않았다. 종부세 최고세율을 6%로 인상한다며 호들갑을 떨었지만 그에 해당하는 대상자는 극소수였다. 한마디로 문재인정부의 보유세 정책은 '핀셋 증세', '찔끔 증세'의 전형이었다. 2020년 11월 3일에는 공시가격을 현실화해서 자연스럽게 보유세를 강화할 예정이라고 발표했지만, 1주택자 재산세 감면을 거론하는 것으로 보아 계획이 예정대로 추진될지 의심스럽다. 게다가 시장 상황이나 정권의 소재에 상관없이 장기적으로 지속해야 할 보유세 강화정책을 단기 시장 조절용으로 활용했다는 점도 문제다. 앞으로 부동산시장이 침체할 경우 이번에 강화한 종합부동산세를 다시 완화하라는 사회적 압력이 생길 수밖에 없다.

하지만 더 심각한 점은 문재인정부 부동산정책의 배경에 '1주택자는 실수요자, 다주택자는 투기꾼'이라는 프레임이 강하게 작용하고 있다는 사실이다. 정책 당국자들은 작금의 투기열풍이 다주택을 보유한 일부 투기꾼들의 탐욕스러운 행동 때문에 발생했으므로 이들에게 중과세와 규제라는 '벌칙'을 부과하면 열풍을 잠재울 수 있다고 믿고 있다. 부분적 진리만을 담은 이 프레임 때문에 '부동산보유세는 벌금이요, 1주택자에게는 투기적 동기가 없다'는 오해가 사회 전반에 퍼졌다. 물론 소수의 민첩한 투기꾼들이 투기열풍을 선도한 것은 사실이다. 문제는 다수 국민이 그들을 따라 투기에 가담했다는 사실이다. 1주택자도 얼마든지 투기적 동기의 영향을 받을 수 있다.

부동산보유세는 투기행위를 징벌하기 위해 부과하는 벌금이 아니다. 사유재산이지만 국민의 공공재산이라는 성질도 갖는 토지를 보유하면서 그로부터 편익과 소득을 얻는 데 대해 대가를 징수하는 것이 보유세다. 물론 이 세금을 강화하면 조세의 자본화 효과로 인해 부동산 가격이 하락한다. 다른 말로 하면 부동산 보유자가 부담하는 보유 비용이 늘어나므로 사람들은 공연히 불필요한 부동산을 가지려고 하지 않는다. 부동산보유세는 이런 효과를 유발해 결과적으로 부동산 투기를 억제하기는 하지만 투기꾼을 대상으로 부과하는 벌금이 아니다. 부동산을 소유하면서 국가와 사회로부터 일정한 혜택을 받아 누리는 사람들 가운데 한 채를 가진 사람들만 골라내서 대가 납부라는 공적 의무를 면제해줄 이유는 어디에도 없다.

3) 이율배반적 정책추진

문재인정부는 처음부터 집값을 잡겠다고 공언하면서도 동시에 부동산 투기를 자극하는 이율배반적 정책을 추진했다. 두 가지가 대표적인데 하나는 연간 10조 원, 총 50조 원을 투입하는 도시재생 사업을 추진한 것이고, 다른 하나는 다주택자의 임대주택 등록에 대한 인센티브를 강화해 투기꾼에게 꽃길을 깔아준 것이다. 특히 임대주택의 실태를 파악하고 임대료 상승을 억제한다는 명분으로 등록 임대사업자에게 과도한 혜택을 부여한 것은 치명적인 오류다. 사실 임대주택등록제를 처음 도입한 것은 박근혜정부였다. 문제는 문재인정부가 이 정책을 그대로 계승하면서 8년 이상 임대사업자로 등록하는 사람들을 중심으로 혜택을 한층 확대했다는 사실이다. 이는 2017년 12월 13일 발표된 '집주인과 세입자가 상생하는 임대주택 등록 활성화 방안'에 오롯이 담겼다. 임대주택 등록 시 취득세·재산세와 임대소득세를 감면하고, 양도소득세 감면을 확대하며, 임대소득세 정상과세에 따른 건강보험료 인상분을 대폭 감면한다는 내용이었다.

임대주택 등록제가 투기꾼들에게 꽃길을 깔아주고 있다는 비판이 쏟아지자 문재인정부는 등록 임대사업자에게 주어지는 과도한 혜택을 줄이는 조치를 발표했다. 2018년 9.13대책을 발표해 조정대상지역에서 신규로 등록하는 임대사업자에게 주어지는 세제혜택을 줄이겠다고 했고, 2020년 7.10대책에서는 4년 임대와 8년 아파트 장기임대를 폐지하겠다고 했다. 문제는 기등록 임대사업자에게 주어진 과도한 특혜다. 약 160만 호에 달하는 기등록 임대주택은 기간만료 때까지 기존의 혜택이 유지된다. 그러니 이미 임대사업자로 등록한 사람들이 투기 목적으로 보유한 주택을 내놓을 아무런 이유가 없다.

4) 주택공급 정책의 문제점

문재인정부는 공급확대 정책을 시장안정의 주요수단으로 삼았다. 2018년 9.13대책에서 수도권 내 교통여건이 좋고 주택 수요가 많은 지역을 중심으로 신규 공공택지 30곳을 개발하여 30만 호를 공급하겠다는 방침을 밝혔다. 이 방침에 따라 2018년 12월 19일과 2019년 5월 7일 두 차례에 걸쳐 3기 신도시 5곳(남양주 왕숙, 하남 교산, 인천 계양, 고양 창릉, 부천 대장)을 포함해 총 86곳에 택지를 개발해서 주택을 공급하겠다는 계획을 발표했으며, 2020년 8.4대책에서는 기존 공급목표에 13만 2000호를 더해 2028년까지 수도권 지역에서 총 127만 호를 공급할 예정이라고 밝혔다. 가격은 수요와 공급의 상호작용으로 결정되고 가격 상승은 수요에 비해 공급이 부족해서 생긴다는 인식이 여기에 작용했을 것이다. 물론 일반상품의 경우 가격 상승 시에 공급을 확대하면 가격을 안정시킬 수 있다. 하지만 부동산시장은 이런 원리를 적용하기 어려운 특수성을 갖고 있다.

첫째, 일반상품과는 다르게 부동산 수요에는 투기적 가수요가 더해질 수 있다. 투기적 가수요는 실수요와 달리 단기간에 크게 팽창할 수도 있고 삽시간에 사라질 수도 있다. 미래 집값에 대한 예상이 투기적 가수요에 영향을 미치기 때문이다. 이처럼 변동성이 큰 수요에 공급을 정확히 맞춘다는 것은 애당초 불가능하고, 한때 크게 팽창한 수요에 맞춰 공급을 늘렸다가는 나중에 낭패를 보기 십상이다.

둘째, 투기국면에서는 공급확대 정책이 오히려 새로운 투기수요를 유발할 수 있다. 공급확대 정책의 발표 자체가 시장 참가자들에게 새로운 개발 호재를 던져주는 행위이기 때문에 해당 지역을 중심으로 토지투기와 주택투기가 일어나기 쉽다. 수요-공급 이론을 적용해서 설명하자면, 정부는 공급곡선을 바깥쪽으로 이동시켜 가격을 안정시키려 하지만 수요곡선이 원래 자리에 머물지 않고 바깥쪽으로 크게 이동해 버리는 것이다. 이렇게 되면 가격이 내려갈지 올라갈지 알 수가 없다.

셋째, 주택의 공급곡선이 바깥쪽으로 이동하는 데에는 많은 시간이 걸린다는 사실을 기억할 필요가 있다. 정부가 공급확대 방침을 발표하더라도 실제 공급이 이뤄지는 데는 3~5년이 걸린다. 그러므로 당장은 공급곡선이 바깥쪽으로 거의 이동할 수가 없다. 앞에서 공급확대 정책을 발표하면 투기가 발생해 수요곡선이 바깥쪽으로 크게 이동한다고 했다. 이처럼 수요곡선은 바깥쪽으로 크게 이동하고 공급곡선은 원래 자리에 그대로 있다면 주택가격은 하락하기는커녕 오히려 큰 폭으로 상승한다.

문재인정부가 발표한 수도권 주택공급 확대방안에는 더 심각한 문제가 내재한다. 우선 이 방안에 도심 내 군 부지와 공공기관의 이전·유휴 부지를 신규택지로 활용한다는 내용이 들어 있다는 점이다. 이는 주택공급을 증가시키겠지만 어떻게든 지켜나가야 할 국공유지를 소멸시킨다. 2019년 현재 한국의 국공유지 비율은 30%로 싱가포르(81%), 대만(69%), 미국(50%) 등에 비해 현저하게 낮고 대부분이 공원이나 도로 등 경제적 이용의 여지가 작은 토지들이다. 2020년 8.4대책에서 정부는 군 부지나 공공기관 부지를 활용하여 건설할 주택 중 분양주택과 공공임대주택의 비율이 얼마나 될지 밝히지 않았으나 분양주택이 상당 부분을 차지하리라는 것은 불문가지다. 얼마 남지 않은 도심의 국공유지에 분양주택을 지어서 민간에게 팔아넘긴다는 것은 국가의 미래를 생각하고 내린 결정으로 보기 어렵다. 정히 이 정책을 추진하고 싶다면 토지의 국·공유 상태를 유지할 수 있도록 장기공공임대주택이나 토지임대부주택 위주로 공급하는 것이 옳다.

다음으로, 설사 장기공공임대주택이나 토지임대부주택 위주로 수도권 주택공급을 확대한다고 하더라도 수도권과 지방 간 불균형을 심화시킨다는 문제점은 여전히 남는다. 그렇지 않아도 자본과 인력을 빨아들이는 블랙홀처럼 되어버린 수도권에 주택투자가 더 집중된다면 지역 간 불균형은 더 심해지고 지방소멸은 가속화될 것이다. 지역균형발전을 위해 행정수도 이전 정책까지 재가동하겠다는 정부·여당이 이처럼 수도권 비대화를 촉진하는 정책을 펼치는 것은 이율 배반이다.

한국은 전세계에서 대표적인 토건국가다. 전체 산업에서 건설업이 차지하는 비중이 기형적으로 크고 '토건족'이 경제정책과 부동산정책을 좌지우지하는 까닭에 붙여진 이름이다. 지금까지 토건족은 부동산 경기가 침체할 때는 부동산 경기부양정책을, 부동산 투기열풍이 불 때는 주택공급 확대정책을 정부에 요구하며 이익을 챙겨왔다. 문재인정부의 수도권 주택공급 확대정책도 외형상 주택가격 안정을 표방하지만 실상은 토건족의 이해관계를 챙기는 성격이 강하다.

4. 부동산공화국, 어떻게 해체할 것인가?

1) 정책철학

모든 정책이 다 그렇겠지만 특히 부동산공화국 현상을 혁파할 정책은 철학이 중요하다. 필자는 오래전부터 부동산정책은 시장친화적 토지공개념에 기반을 두어야 한다고 주장해왔다(전강수, 2012, 2019b). 시장친화적 토지공개념이란 토지와 자연자원, 그리고 환경은 모든 사람의 공공재산이라는 성격을 가지는 만큼 그것을 보유하거나 사용하는 사람은 각 자원의 가치에 비례해 사용료를 공공에 납부하도록 하고 사용료 수입은 사회구성원들에게 골고루 혜택이 돌아가도록 사용하는 것을 내용으로 하는 정책철학이다. 이름에 토지만 들어 있는데 내용에 자연자원과 환경까지 포함한 것은 그 둘이 토지와 성질이 같기 때문이다.

　토지공개념은 직접 소유를 제한하거나 처분을 제한하는 방법으로 구현할 수도 있고, 토지 이용을 과도하게 규제하거나 불로소득을 미숙하게 환수하는 방법으로 추진할 수도 있다. 하지만 그런 방법이 시장의 효율성을 저해한다면 토지공개념을 구현할지는 몰라도 다른 방향에서 상황을 더 악화시킬 수도 있으므로 시장친화적 방법을 활용하는 것이 중요하다(전강수, 2019b, p.219). 시장친화적 토지공개념을 실현하는 데는 두 가지 방법이 있다. 하나는 헨리 조지의 토지가치세 원리에 따라 토지보유세를 강화하는 것이고, 다른 하나는 국공유지를 확대하여 시장원리대로 운용하는 것이다. 전자가 지대와 토지 자본이득의 사적 전유를 허용하는 대신에 과세를 통해 그 상당 부분을 환수하는 것이라면, 후자는 국가와 공공기관이 국공유지를 소유하고 민간에 임대해 임대료를 시장가치대로 징수하는 것이다. 어느 쪽이든 토지와 부동산에서 불로소득이 발생하기는 어렵게 될 테니 부동산공화국 해체에 이만큼 효과적인 방책은 없다. 두 제도를 통해 확보되는 공공수입은 사회구성원 모두에게 똑같이 혜택이 돌아가도록 사용한다.

　세계 여러 나라는 토지와 자연자원의 특수성을 고려해 토지공개념을 헌법에 규정하거나 그 정신을 구현한 제도를 시행하고 있다. 타이완, 독일, 스페인, 이탈리아 등은 헌법에 토지공개념을 명시하고 있고, 싱가포르와 핀란드는 국공유지를 민간에 임대하고 사용료를 걷어 공공의 이익을 위해 사용하는 토지공공임대제를 시행해왔다. 부동산보유세 실효세율이 한국의 6~7배 수준인 미국도 건국 당시부터 토지공개념이 뿌리내린 나라로 분류할 수 있다.

　한국은 1987년 현행 헌법을 제정하면서 토지공개념 조항을 만들었다. "국가는 국민 모두의 생산 및 생활의 기반이 되는 국토의 효율적이고 균형 있는 이용·개발과 보전을 위하여 법률이 정하는 바에 의하여 그에 관한 필요한 제한과 의무를 과할 수 있다(제122조)"가 바로 그것이다. 헌법재판소는 토지공개념이 우리 헌법의 기본 정신임을 판결을 통해 여러 차례 천명했다. 하지만 이 조항의 내용이 추상적이어서 그 정신을 담은 법률과 제도가 실제로 도입될 때마다 위헌 시비가 일어나곤 했다. 노태우정부가 도입한 토지공개념 3법과 노무현정부가 도입한 종합부동산세법이 대표적인 사례다. 헌법정신과 실제 정책의 괴리를 해소하는 것이 절실한데 이를 위해 현행 헌법의 토지공개념 조항을 명확하고 구체적이면서도 시장친화적인 내용으로 개정할 필요가 있다.

〈표 5-2〉에서는 헌법에 토지공개념을 명시한 다섯 나라의 헌법 조문을 소개하고 있다. 나라마다 토지공개념을 규정하는 방식이 다른데, 스페인 헌법에서는 투기방지, 이탈리아 헌법에서는 공평한 사회관계 보장이라는 목적이 명시되고 있는 점이 주목된다. 가장 모범적인 토지공개념 조항을 가진 나라는 대만이다. 타이완 헌법은 평균지권(平均地權)의 원칙을 천명하고 국토가 국민 전체에게 속한다고 선언한다. 인민은 토지 소유권을 취득할 수 있지만 법률의 보장과 제한을 수용해야 한다고 규정하며, 시장친화적 토지공개념 실현의 핵심수단인 토지가치세를 명기하는 동시에 토지증치세(土地增値稅)를 부과하여 노동과 자본에 의하지 않은 토지가치 증가분은 조세로 징수하여 인민이 함께 향유토록 한다고 선언한다.

2018년 3월 문재인 대통령은 토지공개념을 명시하는 내용을 포함하는 개헌안을 발의했다. 현행 헌법 제122조를 거의 그대로 유지하면서, "국가는 토지의 공공성과 합리적 사용을 위하여 필요한 경우에

표 5-2 외국의 토지공개념 헌법 조항과 한국의 개정안

사례	토지공개념 조항 내용
독일	〈제15조〉 토지와 자연자원, 그리고 생산수단은 보상의 성격과 범위를 규정하는 법률에 따라 사회화를 목적으로 공유 또는 기타 사회적 기업으로 이전될 수 있다.
스페인	〈제47조〉 모든 스페인 국민은 쾌적하고 적절한 주거를 누릴 권리를 갖는다. 정부는 이 권리를 보장하는 데 필요한 여건을 조성하고 적절한 기준을 확립하며, 투기를 방지하기 위해 토지 이용을 공공의 이익에 맞게 규제한다. 지역공동체는 정부의 도시계획 정책으로 생기는 이익의 일부를 나누어 가질 권리가 있다.
이탈리아	〈제44조〉 국가는 토지의 합리적 사용과 공평한 사회관계를 보장하기 위해 토지 사유권에 대해 법률로써 의무와 제한을 부과한다.
타이완	〈제142조〉 국민경제는 민생주의를 기본원칙으로 해야 하고, 평균지권(平均地權)과 절제자본(節制資本)을 실시하여 국부와 민생의 균형 있는 충족을 도모한다. 〈제143조〉 중화민국 영토 내의 토지는 전체 국민에게 속한다. 인민은 법에 따라 토지 소유권을 취득하며 법률의 보장과 제한을 받아야 한다. 사유 토지는 가격에 상응하여 납세해야 하며, 정부는 사유 토지를 가격에 상응하여 매수할 수 있다. …… 토지가치의 증가가 노동과 자본의 투입에 의하지 아니하는 경우, 국가는 토지증치세(土地增値稅)를 징수하여 인민이 공동으로 향유할 수 있게 해야 한다.
현행 한국 헌법	〈제122조〉 국가는 국민 모두의 생산 및 생활의 기반이 되는 국토의 효율적이고 균형 있는 이용·개발과 보전을 위하여 법률이 정하는 바에 의하여 그에 관한 필요한 제한과 의무를 과할 수 있다.
대통령 개헌안	〈제128조〉 ② 국가는 토지의 공공성과 합리적 사용을 위하여 필요한 경우에만 법률로써 특별한 제한을 하거나 의무를 부과할 수 있다.
국회 개헌특위 자문위 최종안	〈제120조〉 ① 국가는 국민 모두의 생산 및 생활의 기반이 되는 국토의 효율적이고 균형 있는 이용·개발·보전을 도모하고, 토지투기로 인한 경제 왜곡과 불평등을 방지하기 위하여 법률이 정하는 바에 의하여 필요한 제한과 의무를 과한다.
김윤상 개정안	〈제119조〉 ③ 국가는 토지와 천연자원으로부터 소유자의 생산적 노력 및 투자와 무관하게 발생하는 이익을 환수할 수 있다. 〈제122조〉 ① 국가는 국민 모두의 생산 및 생활의 기반이 되는 국토의 효율적이고 균형 있는 이용·개발·보전 및 불로소득 환수를 위하여 법률이 정하는 바에 의하여 그에 관한 필요한 제한과 의무를 과할 수 있다. ② 제1항의 구체적인 수단은 시장친화적이 되도록 노력하여야 한다.

만 법률로써 특별한 제한을 하거나 의무를 부과할 수 있다"는 내용의 항을 신설하는 방식을 취했다. 신설 항에는 "토지의 공공성"이라는 구절이 들어가고 제한과 의무 앞에 "특별한"이라는 수식어가 붙었다. 대통령 개헌안의 토지공개념 조항은 이탈리아 헌법의 토지공개념 조항과 유사하다. '공평한 사회관계' 대신에 '토지의 공공성'이 들어가 있고, '토지사유권에 대한 의무와 제한' 대신에 '특별한 제한과 의무'가 들어가 있는 점이 다를 뿐이다. 굳이 따지자면 이탈리아 헌법이 문재인 대통령 개헌안보다 더 구체적이어서 그쪽에 더 높은 점수를 주고 싶다.

헌법의 토지공개념 조항을 명확하고 구체적으로 만들기 위해서는 애매하게 해석할 여지를 가능한 한 줄여야 한다. 그렇게 하려면 토지공개념을 어떤 방식으로 적용하고 무슨 목적을 달성하려고 하는지 제시할 필요가 있다. 이런 관점에서 한국에서 제시된 개정안 셋을 비교하면, 대통령 개헌안보다 국회 개헌특위 자문위 최종안과 김윤상 개정안이 더 낫다. 특히 김윤상 개정안은 불로소득 환수를 명기하고 시장친화적 정책수단의 필요성을 강조한다는 점에서 차별성이 있다(김윤상, 2018). 단 김윤상 개정안은 불로소득 환수에서 생기는 새로운 수입의 사용 방법에 대해서는 아무런 언급도 하지 않는다. 이는 대통령 개헌안과 국회 개헌특위 자문위 최종안도 마찬가지다. 이상의 검토를 종합하여 필자 나름의 개정안을 제시하면 다음과 같다. 단 제122조는 국회 개헌특위 자문위 최종안을 그대로 가져온 것이다.

〈제119조〉 ③ 국가는 토지, 자연자원, 환경으로부터 소유자나 사용자의 생산적 노력 및 투자와 무관하게 발생하는 이익을 최대한 환수한다. 이

수입은 모든 국민에게 골고루 혜택이 돌아가도록 사용한다.

〈제122조〉 국가는 국민 모두의 생산 및 생활의 기반이 되는 국토의 효율적이고 균형 있는 이용·개발·보전을 도모하고, 토지투기로 인한 경제왜곡과 불평등을 방지하기 위하여 법률이 정하는 바에 의하여 필요한 제한과 의무를 과한다.

2) 국토보유세와 기본소득의 결합을 통한 토지보유세 강화

현행 종합부동산세는 부동산 고액 보유자의 불로소득 취득을 억제하고 적은 사회적 비용으로 투기를 억제하며, 근로소득과 비근로소득 간 조세부담의 불공평성을 완화하고 기초 지방자치단체 간 재정능력의 격차를 메워주는 장치로 활용된다는 점에서 장점이 많은 세금이다(전강수, 2019b, pp.145~146).

하지만 필자는 종합부동산세를 폐지하는 대신 새로운 국세 보유세로 국토보유세를 도입할 것을 제안한다. 종합부동산세가 여러 장점에도 불구하고 토지보유세 강화정책의 수단으로는 한계가 있기 때문이다. 극소수의 부동산 과다보유자를 대상으로 부과하기 때문에 증세 여지가 적다는 점이 결정적이다. 응집된 소수의 격렬한 조세저항을 유발하기도 쉽다. 그 외에도 '좋은 세금'인 토지보유세와 '나쁜 세금'인 건물보유세를 결합했다든지, 납세자와 수혜자가 완전히 분리된다든지 하는 한계도 안고 있다. 재산세와 종합부동산세 둘 다 해당하는 내용으로 용도별 차등과세(즉 주택 따로 나대지 따로 상가·빌딩 따로 과세)를 하는 점도 문제다.

국토보유세의 주요 원칙은 ① 건물에는 과세하지 않고 토지에만 과세한다. ② 극소수의 부동산 과다보유자가 아니라 전체 토지 소유자에게 부과한다. ③ 현행 보유세 제도가 채택하고 있는 용도별 차등과세를 폐지하는 대신 용도에 상관없이 모든 토지를 인(人)별 합산해 과세한다. ④ 국토보유세 도입에 따른 세수 순증분은 모든 국민에게 똑같이 분배한다 등이다. 과세 기술상의 고려에서 나온 몇 가지 부차적인 원칙도 있다. ① 지방보유세인 재산세는 현행대로 유지한다. 단, 재산세는 응익세의 성격이 강하기 때문에 점진적으로 비례세로 전환해간다. ② 현행 공정시장가액 비율은 폐지하고 공시지가 자체를 과세표준으로 삼는다. ③ 보유세 이중과세가 되지 않도록 재산세 납부액 중 토지분을 환급한다. ④ 현재의 종합부동산세 금액만큼을 따로 떼어서 계속 부동산교부세로 지방자치단체에 배분한다.

문재인정부는 출범 후 줄곧 부동산보유세 개편을 단기 시장조절용으로 활용해왔기 때문에 보유세 강화의 장기목표를 제시한 적이 없다. 문재인 대통령이 후보 시절 자신의 저서에서 GDP 대비 보유세 비율을 OECD 평균 수준으로 올리겠다고 언급한 것이 유일하다. 이 목표는 2015년과 2016년의 평균 GDP로 계산해서 총 보유세 세수를 약 3조 2000억 원 늘리겠다는 것으로, 현재 여건상 어렵지 않게 달성할 수 있지만 보유세 강화의 장기목표로 삼기에는 한참 부족하다.

2017년 한국의 보유세 실효세율은 0.15%였던 반면 OECD 18개국의 평균 실효세율은 0.31%였다. 이 비율이 2019년까지 그대로 유지됐다고 가정하고 2019년 부동산 자산통계로 계산해서 한국의 보유세 실효세율을 OECD 평균 수준으로 끌어올리려면 보유세를 지금보다 14조 7200억 원 더 걷어야만 한다. IMF 일각에서 권고하는 GDP 2% 수준(Norregaard, 2013)으로 강화하려면 지금보다 21조 6800억 원을 더 징수해야 한다. 2005년 8.31대책에서 노무현정부가 제시한 보유세 강화목표는 실효세율 0.61%였다. 이를 달성하려면 지금보다 무려 42조 3100억 원을 더 걷어야 한다. 현행 보유세 체계로는 첫 번째 목표는 간신히 달성할 수 있을지 몰라도 뒤의 두 목표를 달성하는 것은 현실적으로 불가능하다.

국토보유세는 모든 토지 소유자를 과세대상으로 삼기 때문에 종합부동산세의 한계를 쉽게 극복할 수 있다. 게다가 국토보유세는 이론상 종합부동산세보다 더 좋은 세금이다. 모든 토지 소유자에게 새로운 세금을 부과하므로 그들에게서 조세저항이 발생할 수 있지만, 세수 순증분을 전액 모든 국민에게 분배하는 기본소득 방식으로 얼마든지 대처할 수 있다. 모든 토지 소유자가 국토보유세를 내게 되지만, 세금을 낸후에 기본소득을 받기 때문에 절대다수의 국민이 순수혜자가 될 수 있다. 이들 순수혜자는 국토보유세를 두고 일어날 조세저항에 강력한 방파제 역할을 할 것이다.

전강수 외(2018)는 2012년 토지소유 통계를 사용해 2018년의 국토보유세 세수를 추정했다. 과표구간과 세율체계는 재산세와 노무현정부 때의 종합부동산세 세율체계를 참조해 가상적으로 작성·적용했다. 추정된 2018년 국토보유세 수입은 17조 5640억 원이었다. 여기서 종합부동산세 폐지로 줄어들 세수를 약 2조 원으로 보아 이를 차감해서 국토보유세 세수 순증분 15조 5000억 원을 구했다. 이 금액을 2018년 추정인구로 나누면 1인당 연간 30만 원이 나온다. 국토보유세를 도입해 1인당 연 30만 원의 토지배당을 지급하자는 제안은 이렇게 탄생했다. 토지배당을 현금으로 지급할 수도 있지만 지역화폐로 지급해 지역 상권 활성화를 도모하자는 제안도 추가됐다. 이런 방식으로 국토보유세를 부과해 1인당 연간 30만 원을 토지배당으로 지급할 때 백분위 가구별 순수혜액이 얼마가 될지 '2016 가계금융·복지조사' 데이터를 사용해 추정했는데, 전체 가구의 95%가 순수혜를 누릴 것이라는 결과가 나왔다.

2019년부터 정부는 토지소유 현황 통계에 100분위별 소유세대 현황을 포함해 발표하기 시작했다. 그 덕분에 이제 표본조사 통계로 추정을 하지 않고도 실제 순수혜 상황을 사실에 가깝게 파악할 수 있게 됐다. 현재 이용 가능한 통계는 2018년분과 2019년분 2년치다. 필자는 2019년 '개인 토지의 100분위별 소유세대 현황' 통계(가액 기준)로 간단한 시뮬레이션을 해보았다. 우선 공시지가를 과표로 해 비례세율을 적용할 때 국토보유세 세수와 세수 순증분, 그리고 1인당 토지배당과 세대당 평균 토지배당의 지급액이 얼마가 될지 계산했다. 그런 다음에 각 세대에 국토보유세를 부과하고 토지배당을 지급할 경우 각 세대의 순부담액이 얼마가 될지, 전체 세대 중 순수혜 세대의 비중은 어느 정도가 될지 시뮬레이션해보았다. 세율은 0.6%, 0.7%, 0.8%, 1.0% 네 가지로 잡았다. 〈표 5-3〉은 시뮬레이션 결과를 보여준다. 단, 총세수 계산에서는 토지분 재산세 환급액을 차감했으나 분위별 세대의 국토보유세를 계산할 때는 이를 고려하지 않았음을 미리 밝혀둔다. 국토보유세 과세체계와 현행 재산세 과세체계가 판이해서 분위별 세대의 토지분 재산세 환급액을 정확하게 계산하기가 어려웠기 때문이다. 그 결과 분위별 세대의 납세액이 과다계산되었다. 이를 계산에 포함할 경우 순수혜 세대 비중은 〈표 5-3〉의 수치보다 더 높아질 것이다.

위의 네 가지 비례세율을 적용할 때 국토보유세 세수는 각각 17조 2000억 원, 21조 8000억 원, 26조 3000억 원, 45조 7000억 원으로 계

표 5-3 기본소득 연계형 국토보유세 도입 결과 시뮬레이션

	국토보유세 세수(조 원)	세수 순증분 (조 원)	1인당 토지배당 (만 원)	세대당 토지배당 (만 원)	부동산보유세 실효세율(%)	순수혜 가구 비율(%)
세율 0.6%	17.2	15.2	29.4	67.6	0.33	75.0
세율 0.7%	21.8	19.8	38.3	88.1	0.38	79.3
세율 0.8%	26.3	24.3	47.0	108.1	0.43	82.9
세율 1.0%	45.7	43.7	84.5	194.4	0.64	90.2

산되는데, 이는 공시지가에 세율을 곱해서 나온 금액에서 재산세 토지
분을 뺀 것이다. 여기서 다시 종부세 세수 감소분을 2조 원이라 보고
이를 차감하면 국토보유세 세수 순증분이 나오는데, 토지배당으로 분
배하는 것은 이 금액이다. 이를 모든 국민에게 n분의 1씩 나눠주면
1인당 토지배당은 각 경우에 29.4만 원, 38.3만 원, 47만 원, 84.5만
원이 되고, 평균 세대인원을 2.3명으로 가정해서 계산한 세대당 평균
토지배당 금액은 각각 67.6만 원, 88.1만 원, 108.1만 원, 194.4만 원
이 된다(모두 연간 지급액이다). 〈그림 5-4〉는 세율 1%를 적용할 경우 각
세대가 지게 될 순부담액을 액수가 적은 세대부터 배열한 것으로, 전
체 세대 중 90.2%가 순수혜 세대가 됨을 확인할 수 있다. 순수혜 가구
의 비중은 세율이 높아질수록 커지는 것으로 드러났다(세율 0.6% → 순
수혜 75%; 세율 0.7% → 순수혜 79.3%; 세율 0.8% → 순수혜 82.9%). 국토보
유세 세율체계를 누진구조로 만들 경우 순수혜 세대의 비중은 이보다
훨씬 높아질 것이다.

그림 5-4 '서울 1% 국토보유세 + 토지배당' 도입 후 세대별 순부담액

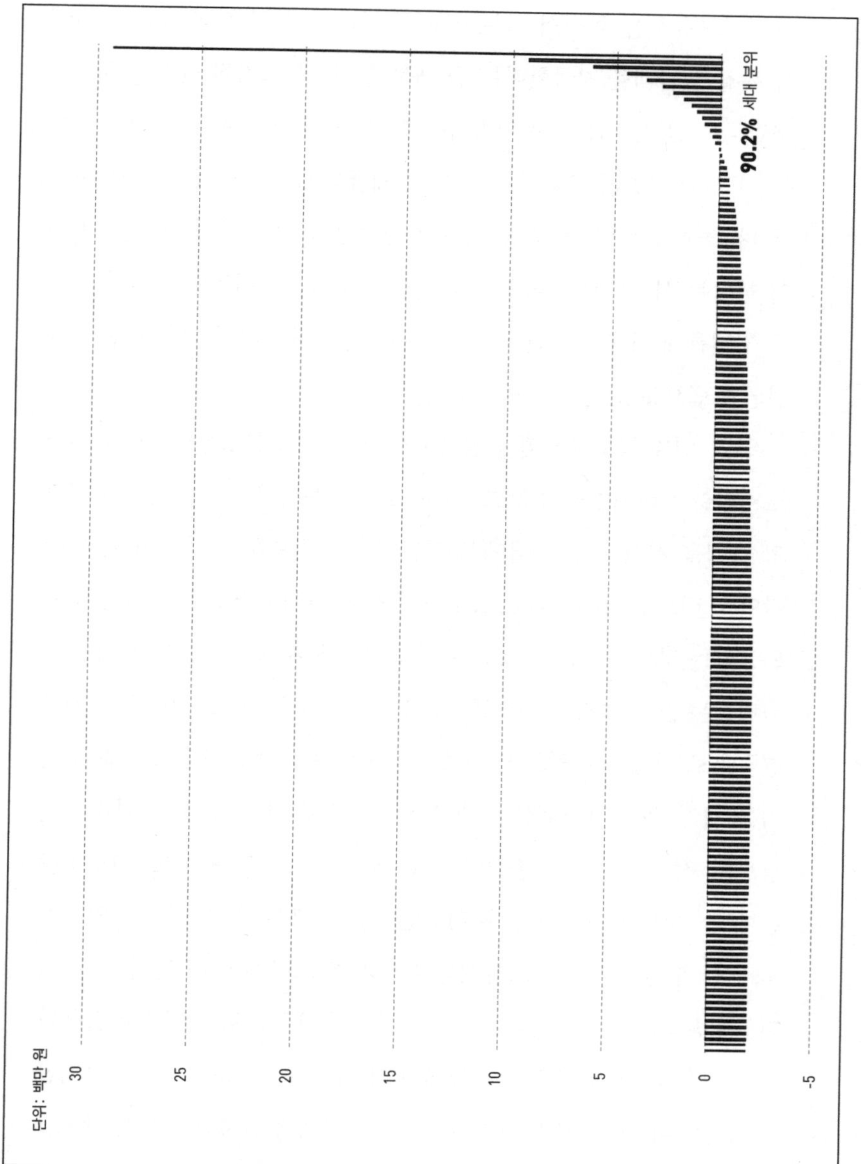

단위: 백만 원

90.2% 세대 분위

국토보유세를 걷어서 기본소득으로 나눠준다고 하면 모든 국민에게 똑같은 금액을 지급한다는 점 때문에 이데올로기적 반감을 표하는 사람들도 있고, '기본'소득이라 부르기에는 금액이 너무 적다며 반대하는 사람들도 있다. 지금까지 안 내던 세금을 내야 하는 토지 소유자들은 나중에 기본소득을 받을 것까지 생각하지 않고 일단 세금을 더 내야 한다는 사실만으로 불쾌하게 여길 수도 있다. 이들의 반감과 비난을 지혜롭게 피해 가려면 세수 순증분을 단순배분하기보다는 좀 더 세련된 방법으로 접근할 필요가 있다.

우선, 먼저 국토보유세를 걷은 다음에 그 세수를 n분의 1씩 나누어 토지배당으로 배분하지 않고 가구별로 국토보유세 납부액과 토지배당의 차액을 계산해서 그 금액을 지급하거나 징수하는 방법이다. 이는 밀턴 프리드먼(Milton Friedman)이 주창한 마이너스 소득세의 원리를 원용하는 것으로, 이때 국토보유세 납부와 토지배당 수급은 실제로 이뤄지지는 않고 고지서상에 표기될 뿐이다. 다음으로 토지배당을 매년 현금으로 지급하지 않고 연금보험에 보험료로 대납해주는 방법이다. 이를 위해 공적 연금보험을 새로 하나 만드는데, 이름은 '기본소득연금보험' 정도로 붙이면 좋겠다. 모든 국민은 스스로 보험료를 내지 않음에도 일정 기간이 지난 후부터 연금을 받게 된다. 보험료 납입기간과 연금 수급기간은 제도설계를 어떻게 하느냐에 따라 달라질 수 있다. 이 방법을 활용하면 국토보유세 세수를 푼돈으로 나눠주고 끝낸다는 비판은 더 이상 나오지 않을 것이다. 일정 기간 증가하는 연금기금은 공공임대주택이나 토지임대주택의 건설에 투입하고 거기서 나오는 수익을 연금지급 재원으로 활용할 수 있다. 이 경우 국토보유세가 기본소득연금보험을 매개로 공공임대주택 및 토지임대부주택의 공급과 자연스럽게 연계된다. 공공임대주택 및 토지임대부주택의 공급에 대해서는 다음 절에서 살펴보자.

3) 토지공공임대제 방식의 주택공급 추진

시장친화적 토지공개념을 구현할 두 번째 근본정책은 토지공공임대제다. 국가가 국공유지를 확보하고 이를 민간에 임대해 임대료를 징수하는 제도다. 토지공공임대제의 이상은 '토지 임대가치 환수, 토지사용의 자유 보장, 평등지권 보장'으로 정리할 수 있다. 이를 실현하려면 토지 사용자에게 토지사용의 자유와 임대기간 중 토지 사용권 처분의 자유를 부여해야 하고 가능한 한 임대료를 시장가치대로 징수해야 한다. 공공이 임대료를 시장가치대로 걷으면 이론상 토지가격은 제로(0)가 되고 토지 매매시장은 소멸한다. 단 공공이 토지 임대인이 되고 민간이 임차인이 되는 임대시장은 존속한다. 이 제도로 평등지권을 완전하게 실현하려면 토지 임대료 수입을 토지배당의 재원으로 활용해야 한다.

토지공공임대제는 토지 사용자에게 사용하는 만큼 토지 사용료를 징수하기 때문에 토지 불로소득을 효과적으로 차단한다. 또 토지 사용의 자유가 보장되고 사용권의 거래도 허용되기 때문에 자유경쟁의 효력도 발휘된다. 한마디로 토지공공임대제는 시장친화적이다. 게다가 토지 사용료 수입을 토지배당의 재원으로 투입하여 평등지권의 이상까지 실현할 수 있어서 시장친화적 토지공개념 철학에 정확하게 부합한다.

토지공공임대제는 시장친화적 토지공개념을 구현하는 데 최적의 수단이지만 한국처럼 국공유지가 충분하지 않은 곳에서는 시행하기가 어렵다. 다만 국지적이기는 하지만 국공유지와 공공택지에서의 주택

공급과 관련해 이 제도가 시사하는 바는 작지 않다. 지금까지 한국정부는 공공임대주택을 건설해 공급하기도 했지만, 그보다는 사유지를 강제수용해서 조성한 공공택지를 그대로 민간 건설업체에 매각하거나 그곳에 주택을 건설해서 분양하는 일에 몰두해왔다. 사유지를 강제수용한다는 것은 매우 높은 공공성을 전제로 하는 행위임에도 그 토지를 민간에 매각해버렸으니 앞뒤가 맞지 않는다. 원칙상 강제수용한 토지는 국·공유 상태로 유지하는 것이 옳다. 빈약한 국공유지 비율을 생각할 때 공공택지 외에 공공기관 이전·유휴 부지와 군 골프장 같은 기존 국공유지도 국·공유 상태로 유지하는 것이 옳다. 공공택지와 기존 국공유지를 민간에 넘기지 않고 이용할 경우 거기에 적용할 수 있는 최선의 제도는 토지공공임대제다.

정부가 공공택지와 국공유지에 건물까지 지어서 전체를 임대하면 공공임대주택이 되고 건물을 분양하면 토지임대부주택이 된다. 정부가 국공유지를 민간 건설업자에게 임대하고 민간 건설업자가 건물을 지어서 건물만 분양해도 토지임대부주택이 된다. 민간 건설업자가 건물을 임대할 경우 토지는 국가가, 건물은 민간이 임대하는 독특한 유형의 임대주택이 된다. 정부가 국공유지를 협동조합이나 사회적 기업에 임대하고 협동조합과 사회적 기업이 건물을 지어서 임대하거나 분양하면 사회주택이 된다. 앞으로 정부는 분양주택 공급을 민간에 맡기고 공공임대주택과 토지임대부주택 위주의 공급과 사회적 주택 지원에 역점을 두어야 한다. 아래에서는 이를 어떻게 추진해야 할지 간단히 제안해보기로 하자.

첫째, 공공임대주택 공급은 장기 임대주택 위주로 하고, 2019년 현재 4.4%에 머무는 장기 공공임대주택 재고 비율을 최소한 OECD 평균 수준(재고 비율 8%)으로 끌어올려야 한다. '주거복지로드맵 2.0'에서 문재인정부는 2019년 현재 주택 수 160만 호, 재고 비율 7.6%인 장기 공공임대주택을 2025년까지 240만 호(재고 비율 10%)로 늘려서 OECD 평균 재고비율 8%를 넘어서도록 하겠다고 호언장담했다. 문제는 이 계산에 현재의 장기 공공임대주택 수가 부풀려져 있다는 점이다. 원래 장기 공공임대주택이란 30년 이상 임대를 의미하는데, 문재인정부는 여기에 10년 임대와 전세임대를 집어넣어서 집계했다(심상정, 2020). 영구임대, 50년임대, 국민임대, 행복주택 등 명실상부한 장기 공공임대주택으로만 계산하면 2019년 현재 장기 공공임대주택 재고는 총 92만 6000호(재고 비율 4.4%)에 불과하다. 정말로 2025년에 장기 공공임대주택 재고 비율을 10%로 끌어올리려면 6년 동안 매년 24만 호 이상을 공급해야만 하는데 이는 달성 불가능한 수치다. 과거의 장기 공공임대주택 공급실적으로 판단할 때(〈그림 5-5〉 참조), 한국정부가 공급할 수 있는 장기 공공임대주택 물량의 최대치는 연 10만 호다.

둘째, 토지임대부주택을 매력적인 상품으로 만들어 공급한다. 단 민간 건설업체가 국가로부터 토지를 임대받아 분양하는 토지임대부주택은 민간의 자율에 맡기면 되기 때문에 여기서는 논외로 한다. 토지임대부주택을 매력적인 상품으로 만들려면 입지조건이 좋은 곳에 건설하거나 아니면 토지 임대료를 시장가치보다 낮게 책정해야 한다. 노무현정부 당시 군포 부곡 택지개발 지구를 시범지역으로 지정하여 토지임대부 주택공급을 추진한 적이 있다. 이 시범사업은 청약률이 저조하여 실패로 끝났다. 건물 분양가와 토지 임대료가 너무 높았기 때문이다. 그 지역은 고급주택 수요가 많은 지역이 아니었기 때문에 임대료를 시장가치대로 걷기가 어려운 곳이다. 거기서는 주거복지

그림 5-5 장기 공공임대주택의 공급실적(단위: 호)

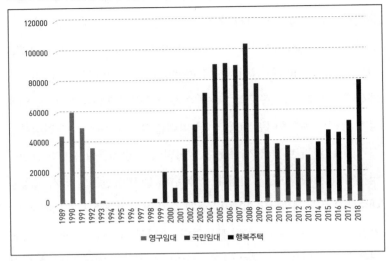

자료: 국토교통부(2020).

차원에서 접근해 건물 분양가와 토지 임대료를 충분히 낮추고 청약
제도 상의 무주택기간 인정이나 재당첨자격 등에서 인센티브를 제
공했어야 함에도 자가 구입 가능 계층을 대상으로 하는 분양가상한
제 관련 규정을 그대로 적용해 건물 분양가와 토지 임대료를 높게 산
정했다.

　토지임대부주택에는 세 가지 유형이 있다(전강수, 2012, p.300). 첫 번
째는 시장친화형으로 서울 강남과 같이 교통이 좋은 요지에 건설하며
토지 임대료를 시장가치대로 받는다. 토지 불로소득을 원천적으로 차
단하기 때문에 투기를 방지하는 기능이 있다. 두 번째는 복지형으로
군포처럼 강남에 비해 입지가 좋지 않은 곳에 건설하며 건물 분양가를
최대한 낮추고 토지 임대료도 택지 조성원가의 이자보다 낮은 수준으

로 책정한다. 건물 분양가와 토지 임대료를 많이 낮춰서 책정할 경우 환매조건부를 함께 적용하는 것이 옳다. 환매조건부란 일정 기간 내에 분양받은 토지임대부 주택을 매각할 때는 분양가에 이자 정도를 더한 가격으로 정부에 되팔아야 한다는 조건을 붙이는 것을 가리킨다. 건물 분양가와 토지 임대료를 많이 낮춘 주택에 대해 환매조건부를 붙이지 않으면 최초 분양자가 불로소득을 누린다. 세 번째는 절충형으로 강남과 군포의 중간 정도 위치에서 사업을 추진할 경우 시장친화형과 복지형을 절충하여 건물 분양가와 토지 임대료를 양 지역의 중간 정도 수준으로 결정한다.

셋째, 토지공공임대제를 기반으로 사회주택을 활성화한다. 이는 정부가 국공유지를 협동조합이나 사회적 기업에 임대하고, 토지를 임차한 사회적 경제의 주체들이 주택의 건설·분양·임대·재매입·재매각 등을 담당하는 방식이다. 토지 임대료는 처음에는 사회적 경제주체의 공익적 기능을 고려하여 시장가치보다 낮게 책정할 필요가 있지만 사업이 활성화할 경우 시장가치 수준으로 점차 올릴 필요가 있다. 위에서 말한 토지임대부주택과 다른 점은 분양 이후 주택거래가 있을 때 사회적 경제주체가 계속해서 관여한다는 사실이다.

넷째, 국공유지 임대와 장기공공임대주택, 토지임대부주택의 공급과 관리를 전담할 토지주택청을 신설한다. 토지주택청의 가장 중요한 역할은 국공유지를 확보·유지하고 이를 공공임대제 방식으로 활용하는 것이다. 이는 기존의 국토교통부와 LH공사 시스템으로는 기대하기 어려운 역할이다.

5. 부동산 가격 안정을 위한 단기대책

지금까지 필자는 부동산정책이 단순히 집값 안정에 몰두하는 대증요법을 넘어서야 함을 강조했다. 부동산공화국이라는 오명이 인구에 회자될 정도로 한국사회는 부동산에 발목이 잡혀 있다. 부동산 문제는 불평등과 양극화의 심화, 성장률 둔화, 사회갈등 격화, 출생률 저하 등 한국사회를 괴롭히는 중대 난제들에 영향을 끼치고 있다. 이 문제가 최대 질곡으로 작용하고 있음에도 문재인정부는 이를 근본적으로 해결할 개혁정책은 추진하지 않은 채, '핀셋 규제', '핀셋 증세' 등의 방법으로 집값의 뒤만 쫓아다니는 무능한 모습을 연출했다. 결과는 역대 최다의 풍선효과였다. 필자는 부동산공화국 현상을 해소하려면 무엇보다도 먼저 정부가 올바른 정책철학을 가지고 문제를 근본적으로 해결할 수 있는 정책을 마련해야 한다고 역설했다. 의사가 중병에 걸린 사람을 해열제나 진통제 처방만으로 치료한다는 것은 어불성설이다. 명의는 병의 근본원인을 정확히 파악해서 적절한 방법으로 제거한다. 필자가 제시한 근본정책은 시장친화적 토지공개념 헌법 명기, 국토보유세 도입, 그리고 토지공공임대제 기반의 주택공급이다.

글을 마무리하면서 여전히 불붙고 있는 한국의 부동산시장을 안정시킬 단기 정책에 대해 간단히 언급하고자 한다.

첫째, 투기꾼들에게 꽃길을 깔아주고 매물을 잠기게 만든 임대주택등록제를 획기적으로 개선해야 한다. 2020년 7.10대책에서 제도 일부를 폐지하기로 했으나 약 160만 호에 달하는 기등록 임대사업자가 누리는 혜택에는 전혀 손을 대지 않았다. 게다가 제도 폐지 결정이 아파트에만 해당하고 빌라나 다세대주택에는 적용하지 않는다고 했으니 앞으로 그쪽에서 투기가 발생할 가능성이 다분하다.

둘째, '핀셋 규제'니 '추가대책 마련'이니 하는 말이 정책 당국자의 입에서 나와서는 안 된다. 부동산 투기에는 전방위적·선제적 대응이 필요하다는 인식을 확고히 해야 한다. 이런 측면에서 문재인정부가 발표한 부동산정책 가운데 긍정적으로 평가할 만한 내용을 한 가지 꼽자면 앞서 언급한 공시가격 현실화 계획이다. 이 정책을 차질 없이 추진하기만 하면 보유세 과표 산정의 형평성을 실현하면서 보유세를 보편적으로 강화해갈 수 있다. 그러나 문재인정부가 지금까지 부동산 문제를 다룬 방식을 고려할 때 이 계획이 굴절 없이 추진되리라 기대하기가 어렵다. 더불어민주당이 지금까지의 실점을 조금이나마 만회할 생각이 있다면 앞으로 무슨 일이 있더라도 공시가격 현실화를 계획대로 추진하겠다고 천명해야만 한다. 그리고 시장 참가자들에게 이런 의지를 확실히 전달해서 정책의 공표 효과를 극대화해야 한다.

셋째, 동결 효과를 유발하는 양도소득세 중과정책은 완화할 필요가 있다. 양도소득세 완화정책은 홀로 추진할 경우 불로소득을 허용해서 투기를 자극하는 문제를 낳을 수 있지만, 보유세 강화와 패키지로 묶어서 추진할 때는 탁월한 효과를 발휘한다. 지금과 같은 상황에서 다주택자가 보유주택을 시장에 내놓게 만드는 데 이보다 좋은 정책은 없다. 또 7.10대책에서는 취득세도 대폭 강화했는데 이렇게 모든 부동산세를 강화하는 것은 변칙이다. 이는 빨리 원래대로 되돌릴 필요가 있다.

넷째, 금융규제의 범위에 금융기관 대출뿐만 아니라 전세금까지 포함해야 한다. 전세금에는 임대료의 의미도 들어 있지만 임차인이 임대인에게 제공하는 사금융의 성격도 있기 때문이다. 전세금이 금융규제의 대상에 포함되면 지난 몇 년간 한국사회에서 성행한 갭투자는 자연스럽게 사라질 것이다. 사실 보유세 강화정책을 꾸준히 추진할 경우 이런 내용을 갖춘 금융규제가 단기 시장조절의 주요수단이 될 것이다. 그래서 향후 부동산시장이 침체하여 부양이 필요해 보일 때는 즉시 금융규제 완화로 대처할 수 있다.

6. 후기: 2.4대책 평가

이 책 《다시 촛불이 묻는다》 출간 작업이 진행되는 도중에 2.4대책이 발표되었다. 문재인정부가 발표한 25번째 부동산 대책이다. '공공주도 3080⁺, 대도시권 주택공급 획기적 확대방안'이라는 이름이 붙은 이 대책은 서울과 수도권을 중심으로 공공이 주도하는 대규모 주택공급을 추진하는 것이 핵심이다. 기존 부동산 대책에서 목표로 세운 127만 호 공급계획에 61.6만 호를 추가하는 것이어서 역대 최대 수준의 공급계획이라고 불린다. 정부는 이를 위해 용적률과 층수 등 도시·건축규제를 완화하고, 재건축 초과이익 부담금을 면제하며, 기부채납 부담을 가볍게 하는 등 획기적인 조치를 단행하겠다고 밝혔다. 게다가 공공주도로 절차를 대폭 간소화하겠다는 방침도 덧붙였다. 하지만 빌라와 다주택이 밀집한 지역에 투기바람이 부는 등 벌써 부작용이 발생하고 있고, 공공주도의 대대적인 개발사업이 과연 계획대로 진행될지 의심하는 분위기도 조성되고 있다. 더욱 심각한 것은 이 대책이 몇 가지 중대한 결함을 내포하고 있다는 사실이다.

첫째, 투기국면에서 부동산 가격 상승을 오히려 부추길 정책을 대대적으로 추진한다는 점이다. 공급확대정책이 주택가격 상승을 자극하는 메커니즘에 대해서는 앞에서 설명한 바 있다. 여기서 2.4대책 발표를 전후해 문재인정부의 시장진단이 슬그머니 바뀌었다는 점에 주목할 필요가 있다. 그동안은 투기꾼의 준동으로 부동산 가격이 올라간다고 역설했으나 지금은 가구분화에 따른 주택수요 증가를 가격상승의 주요 원인으로 제시한다. 실수요 증가 때문에 부동산가격이 올라가고 있으므로 여기에는 주택공급 확대로 대응할 필요가 있다고 진단하는 셈이다. 그런데 과연 그런가?

둘째, 2025년까지 서울에만 분당 신도시 3개 규모에 해당하는 32만 호를 공급할 부지를 확보하겠다고 발표했다. 하지만 이런 급진적인 과잉개발로 서울을 고층 아파트 단지로 채워나가는 것을 어떻게 봐야 할까? 이명박정권이 벌인 뉴타운사업의 폐해를 치유하려는 노력이 이뤄진 지 10년도 지나지 않았는데, 다시 과거의 개발주의로 되돌아가는 것 같아서 불안한 마음을 감출 수가 없다. 더욱이 부동산 가격 폭등기에 펼치는 공급확대정책은 경기상황이 반전될 경우 침체를 가속한다는 점을 고려하면 불안감은 더욱 커질 수밖에 없다.

셋째, 토지의 공공성이 무시될 뿐만 아니라 무주택 서민이 완전히 배제되고 있다는 사실을 지적할 수 있다. 층수제한 완화와 용적률 상향으로 확보되는 공중공간은 공공의 소유라는 성격이 강하다. 따라서 이를 활용해 주택을 건설할 경우 가능한 한 그 성격을 유지하는 것이 옳다. 그러려면 앞에서 지적한 바와 같이, 공공분양주택이 아니라 공공임대주택이나 토지임대부주택을 공급해야 한다. 이 점에 비추어 2.4 대책에서 총 공급물량 중 70~80%를 공공분양주택으로 공급하겠다는 것은 사리에 맞지 않는다. 이는 과거 역대 정부가 국공유지나 공공택지에 주택을 지어 개인에게 분양하던 것과 그다지 차이가 없다. 과거에는 공공의 토지를 민간에 팔아넘겼다면 지금은 공중공간을 민간에 팔아넘기려 하는 것만 다를 뿐이다. 그래도 무주택 서민들의 주거문제를 어느 정도 해결하기만 한다면 그 정도는 양해할 수 있다. 하지만 장차 공공분양될 아파트에 입주할 수 있는 무주택 서민들이 얼마나 되겠는가? 2.4대책의 내용을 자세히 살피면 사업지역 내 부동산 소유주의 이익은 철저하게 보호되고, 사업을 시행할 LH와 SH에는 엄청난 일거리가 주어지며, 건설업체도 상당 기간 일감 걱정을 덜게 되리라는 것을 확인할 수 있다. 정부는 사업을 통해 공공이 확보할 개발이익은 공유된다고 밝혔지만 그 이익의 약 75%는 부동산 소유주에게 직·간접의 혜택으로 돌아가게 된다. 국토교통부가 무주택 서민들의 눈앞에서 부동산 소유주와 공기업 그리고 건설업체를 위한 '개발의 향연'을 펼치려 한다는 느낌을 지우기가 어렵다.

넷째, 앞서 수도권 주택공급 확대정책이 수도권과 지방 간 불균형을 심화시킨다는 사실을 지적한 바 있는데, 2.4대책의 주택공급 목표에도 수도권 중심주의가 노골적으로 반영되어 있다. 2025년까지의 총 공급목표 83.6만 호 중 서울을 포함한 수도권이 61.6만 호로 73.7%를 차지하니 말이다.

이상의 사실을 종합해볼 때, 2.4대책은 단기 시장안정정책으로도 장기 근본정책으로도 적절치 않다. 차기 정부에서 철회해야 할 부동산정책을 꼽으라면 2.4대책이 1순위다.

06

현실적 기본소득
도입방안 모색

정원호(경기연구원 선임연구위원)

1. 코로나로 촉발된 기본소득 논쟁

2020년의 최대 사건은 단연 코로나19의 세계적 확산이다. 코로나19
는 단순한 전염병에 그치지 않고 사회·경제·정치와 정책·문화 등 모
든 영역을 강타하고 있다. 사회적 거리두기로 세계경제는 대공황급 침
체를 겪고 있으며, 비대면 문화의 확산으로 일상생활도 송두리째 바뀌
고 있다.

한국은 그나마 모범적 방역으로 다른 나라들과 비교해 경기침체가
덜하다고는 하지만, 비정규·불안정 노동자와 영세 자영업자를 중심으
로 한 급격한 실업 증가와 소득 감소를 피할 수는 없었다. 이에 정부는
59년 만에 4차 추경까지 편성하면서 다양한 대책을 쏟아냈는데, 그 가
운데 가장 특징적인 것은 2차에 걸친 재난지원금이라고 할 수 있다. 지

금까지 불경기 대책은 거의 금융지원과 조세감면을 통한 기업지원, 즉 공급 측면의 지원이었던 데 반해, 재난지원금은 생계안정과 수요진작을 위하여 사상 처음으로 국민들에게 직접 현금을 지급하는 정책이었다. 그만큼 경기침체가 급격하고 깊었던 것이다.

그런데 이 재난지원금은 1차에는 국민 모두에게(정확하게는 모든 가구에) 보편적으로, 2차에는 취약계층에 선별적으로 지급되면서 격렬한 정책논쟁이 전개됐다. 한편에서 코로나19의 직접 영향으로 소득이 감소한 취약계층에 선별적으로 지급하자는 주장과 다른 한편에서 코로나19의 영향이 전면적이고 소득 감소를 선별할 기제가 미비하기에 모두에게 지급하자는 주장이 대립한 것이다. 게다가 광역 또는 기초지자체별로 보편지급과 선별지급이 혼재하면서 논쟁은 한층 격화했다.

그런데 이 정책논쟁은 초기에 코로나19 재난을 맞아 '재난기본소득'을 지급하자는 주장(윤형중, 2020)으로부터 촉발된 것이어서 필연적으로 기본소득 논쟁으로 이어졌다. 물론 '재난기본소득' 자체는 한시적인 것이기에 기본소득의 정의에 부합되지 않는 것이다. 하지만 기본소득 반대자들은 이를 넘어 기본소득 자체에 대해 강력한 비판을 제기했고, 이에 대해 기본소득 옹호자들이 반비판하면서 논쟁은 지금까지 지속되고 있다. 이 논쟁은 2010년 무상급식을 계기로 불거진 보편적 복지 논쟁에 이어 10년 만에 폭발한 사회정책 논쟁(이창곤, 2020)으로서 향후 사회정책 발전에 중요한 의의가 있을 것이다.

이러한 배경 속에서 이 글은 기본소득의 도입을 위한 현실적 방안을 조심스럽게 모색해보고자 한다. 이를 위해 우선 기본소득 개념부터 정확히 살펴보고(2절), 그에 근거하여 기본소득 반대자들의 주장이 갖는 문제점에 대해 나름대로 답하려고 한다(3절). 그 후 현시기 기본소득도입의 필요성에 대해 살펴보고(4절), 구체적으로 어떤 기본소득이 현실성이 있을 것인지(5절)를 모색해볼 것이다.

2. 기본소득의 개념에 대한 올바른 이해

구체적인 기본소득 도입방안을 논하기에 앞서 우선 기본소득의 개념에 대해 정확히 이해하는 것이 중요하다. 현재의 기본소득 논쟁에서 종종 기본소득의 개념을 오해하거나 왜곡하고 있기 때문이다. 기본소득의 정의, 근거와 재원, 모델 등에 대해 간략히 살펴보자.

1) 기본소득의 정의

기본소득지구네트워크(BIEN)에 따르면, 기본소득은 "모든 사람에게 개인 단위로 무조건적으로, 자산심사나 노동 요구 없이 정기적으로 지급되는 현금"[1]이다. 이 정의에 따르면 기본소득은 보편성, 무조건성, 개별성, 정기성, 현금성의 다섯 가지 특징을 갖는다.

여기서 유의할 것은 이것이 국제적으로 합의된 기본소득의 정의임에도 불구하고, 현재 국내의 기본소득 반대자들은 이 정의에 '충분성'을 포함하고 있다는 점이다. 즉, 기본소득은 기본적인 생활을 할 만큼 충분한 수준이 되어야 한다는 것이다(이상이, 2020; 최한수, 2020).[2] 그러나 충분성은 기본소득의 모델을 구성하는 한 요소이기는 하지만 기본소득 자체의 본질적 요소는 아니다. 이에 대해서는 후술하고자 한다.

---

[1] https://basicincome.org/basic-income/
[2] 최한수(2020)는 기본소득지구네트워크의 정의 가운데 정기성을 제외하고 충분성을 포함하고 있다.

2) 기본소득의 근거와 재원

그렇다면 이러한 기본소득을 지급해야 하는 근거는 무엇인가? 기본소득한국네트워크(BIKN)는 기본소득을 "공유부에 대한 모든 사회구성원의 권리에 기초한 몫으로서 모두에게, 무조건적으로, 개별적으로, 정기적으로, 현금으로 지급되는 소득"[3]으로 정의하는데(정관 제2조), 여기서는 기본소득지구네트워크의 정의에 더해 기본소득의 근거가 "공유부에 대한 사회구성원의 권리"라는 점을 분명히 하고 있다.

공유부라 함은 사회구성원 모두에게 귀속되는 자산을 말하는데, 이는 자연적 공유부, 인공적 공유부, 역사적 공유부로 구분할 수 있다. 자연적 공유부란 인간이 창조하지 않고 자연적으로 주어진 토지, 천연자원, 환경 등을 말하고, 인공적 공유부란 인간 모두가 공동으로 창출한 것으로 빅데이터가 대표적이다. 또 역사적 공유부란 역사적으로 인류의 공동 노력이 축적되어 전승되고 있는 지식, 문화재 등을 말한다. 이러한 부는 사회구성원 모두의 몫이기 때문에 모두가 수익에 대한 배당의 권리를 갖는다. 즉, "모두의 몫을 모두에게"(금민, 2020), 이것이 바로 기본소득의 핵심적 근거이다.[4]

그리고 이 근거에 기초해 기본소득 재원이 마련된다. 자연적 공유부의 수익으로서 토지보유세, 환경세, 인공적 공유부의 수익으로서 빅데이터세, 역사적 공유부의 수익으로서 개인소득세[5] 등이 기본소득의 재

---

3 https://basicincomekorea.org/articlesofassociation/
4 이 밖에 인간의 실질적 자유를 위해 최소한의 물질적 수단이 제공되어야 한다는 철학적 관점에서 그 물질적 수단에 대한 권리로서 기본소득의 근거를 찾고 있기도 하다(van Parijs, 1995).
5 모든 소득은 지식의 외부효과로 발생하기 때문에 소득 일부는 전승된 지식, 즉 역사적 공유부로부터 발생한다는 점에서 소득세도 기본소득의 재원이 될 수 있다. 이와 관련하여 노벨경제

원이 되는 것이다. 물론 이 가운데 어떤 재원을 얼마만큼 조달할 것인가는 공유부 수익의 종류와 규모에 대한 사회적 합의를 통해 결정될 것이며 그에 따라 기본소득의 금액도 결정될 것이다.

3) 기본소득의 모델

그런데 기본소득은 단일한 실체가 아니라는 점에 유의해야 한다. 다시 말해 위의 다섯 가지 특징을 갖추었다고 해서 다 같은 기본소득이 아니라 현실적으로는 여러 가지 모델로 나타난다. 최근 논쟁에서는 종종 기본소득의 구체적 실체, 즉 어떤 모델의 기본소득이냐를 구분하지 않고 무작정 기본소득에 대해 비판하거나 옹호하는 경우가 있는데, 이는 논쟁을 매우 공허하게 만든다.

기본소득의 모델은 지급대상(연령대별 구분 여부), 금액의 크기(충분할 경우 완전기본소득, 불충분할 경우 부분기본소득), 기존 사회보장과의 통합 및 대체 여부(통합성), 재원의 성격(토지세 또는 소득세 등) 등에 따라 여러 가지로 구성될 수 있다.

기본소득 모델의 이념형을 크게 보면 기존 사회보장을 폐지하고 기본소득으로 일원화하면서 복지 축소를 지향하는 우파 모델("최소주의적 자유주의 모델"), 기존 사회보장을 유지한 채 부분기본소득을 결합하자는 혼합 모델("혼합 복지 모델"), 충분한 수준의 완전기본소득을 지급하면서 기존의 사회보장은 유지하거나 일부만 통합하는 좌파 모델("강한

학상 수상자인 허버트 사이먼(Herbert Simon)은 "모든 소득의 90%는 다른 사람들의 지식을 활용한 것이다. 따라서 90%의 소득세율이 적절하다. 그러나 기업가에게 약간의 인센티브를 주기 위하여 70%의 세율로 일률적으로 과세하고, 그 조세 수입을 기본소득으로 나누어 가지자"(Simon, 2000)라고 주장한 바 있다.

기본소득 모델") 등으로 구분할 수 있다(Young and Mulvale, 2009).[6] 이 가운데 어떤 모델을 도입할 것인가를 둘러싸고 사회세력 간에 이해대립이 발생하게 된다. 따라서 기본소득을 논의할 때 단순히 기본소득의 도입 여부를 넘어 어떤 기본소득을 도입하느냐가 중요하다는 점을 유념해야 한다.

3. 최근 기본소득 논쟁의 평가

이상의 기본소득 개념을 유념하면서 최근 기본소득 논쟁을 반추해보고자 한다.[7]

우선, 기본소득 반대자들의 주요 논지는 다음과 같다. 기본소득은 사람들의 기초생활을 보장할 정도로 충분해야 하는데 그러기 위해서는 막대한 재원이 필요하기에 현실적으로 불가능하며, 기존 복지재원을 전국민에게 동일하게 분배하기 때문에 필요한 사람에게 지급하는 것보다 금액이 미미하여("푼돈"!) 소득보장 효과도 소득재분배 효과도 없을 뿐 아니라 저소득층에 오히려 불리하다. 따라서 기본소득의 도입이 아니라 기존의 복지제도를 강화하는 것이 더 중요하다는 것이다(양재진, 2020; 이상이, 2020).

그러나 이러한 주장에는 몇 가지 심각한 오해와 왜곡이 내재해 있다.

6　김교성 외(2018)는 기본소득의 특징 가운데 보편성, 무조건성 그리고 금액의 크기인 충분성을 기준으로 기본소득의 이념형을 완전기본소득, 급여불충분형, 조건부과형, 대상제한형, 보편성 강조형, 무조건성 강조형, 충분성 강조형 등 일곱 가지로 구분하고 있다.

7　국내에서 기본소득에 대한 논쟁은 2010년 무렵부터 시작됐지만 2016년 이후 본격적으로 전개되었다. 그동안 논쟁의 경과와 쟁점에 대해서는 김교성 외(2018), 백승호·이승윤(2018) 참조.

첫째, 앞에서 언급했듯이 기본소득 반대자들은 기본소득의 정의에 굳이 국제적으로 합의되지 않은 '충분성'을 포함함으로써 기본소득 개념을 왜곡하는 것으로부터 출발한다.[8] 그렇게 함으로써 막대한 재원이 필요하다는 명제가 도출되고 결국 기본소득은 실현 불가능하다는 명제로 귀결된다. 이는 기본소득의 개념에 대한 단순한 오해를 넘어 의도적 왜곡에 가깝다.

둘째, 기본소득은 기존의 복지재원을 전국민에게 n분의 1로 나누는 것이기 때문에 소득보장 효과가 없고 기존 수급자들이 불리하게 된다는 주장은 매우 부당하다. 이는 막대한 재원조달이 불가능하기에 기존의 복지재원을 기본소득으로 전용할 수밖에 없다는 왜곡된 전제로부터 파생되는 주장이기 때문이다. 그런데 이러한 주장이 상정하는 기본소득 모델은 위에서 살펴본 극단적 우파 모델, 즉 기존의 사회보장을 모두 폐지하고 기본소득으로 일원화하자는 모델이다. 그러한 모델은 복지가 매우 발달한 유럽의 우파 기본소득론자들이 주장하는 경우는 있지만 한국에서는 현실성이 없을 뿐만 아니라 실제로 이런 모델을 주장하는 지지자도 없다. 한국의 기본소득 지지자들은 거의 대다수가 기존 사회보장을 유지하면서 부분기본소득을 도입하자는 입장을 갖고

---

8   이상이(2020)는 기본소득이 1인당 GDP의 25%는 되어야 한다고 주장하는데, 아마도 이는 국제적으로 기본소득 논의의 권위자인 판 파레이스(van Parijs) 등의 제안을 부당하게 차용한 것으로 보인다. 그러나 판 파레이스와 판데르보흐트(van Parijs and Vanderborght, 2017, pp.35~36)는 "우리는 일단 …… 1인당 GDP의 4분의 1 정도 액수를 선택하자고 제안"하면서도 "이 1인당 GDP의 25%라는 기준은 신성불가침의 것도 아님은 물론 무슨 심오한 의미가 있는 것도 아니다. …… 따라서 지금 단계에서는 특정 액수에 큰 중요성을 부여해서는 안 된다"고 강조한다. 무엇보다도 "기본소득이라는 말의 정의에는 구체적 액수가 전혀 함축되어 있지 않다. 예를 들어 기본소득이란 기본적 필요 욕구라고 간주할 수 있는 것을 구매하는 데 충분한 액수로 정의되는 것이 아니라는 것이다"라고 하여 충분성이 기본소득의 정의와 무관함을 명확히 한다.

있음에 비추어볼 때, 반대자들의 주장은 있지도 않은 허수아비를 치는 것에 불과하다.

셋째, 기본소득은 모두에게 동일한 금액을 지급하기 때문에 소득재분배 효과가 없다는 주장은 절대적 소득 격차와 상대적 소득 비중의 차이를 혼동한 데서 비롯한 것이다. 즉, 모두에게 동일한 금액을 지급하면 고소득자와 저소득자의 절대적 소득 격차는 그대로 유지되지만, 상대적 소득 비중은 당연히 저소득자에게 유리하게 개선된다. 그런데 소득재분배가 소득의 상대적 비중의 개선을 의미한다는 점을 생각하면 이러한 주장은 너무나 초보적인 오류가 아닌가 싶다.

넷째, 그리하여 기본소득의 도입보다 기존 사회보장의 강화가 중요하다는 것이 반대자들의 결론이다. 물론 아직 OECD 평균에 비해서도 현격히 뒤처진 한국의 사회보장은 획기적으로 강화되어야 한다는 데 동의한다. 그러나 이들은 한국뿐 아니라 가장 발달한 유럽의 사회보장조차도 고용형태의 다양화 등 사회경제적 변화에 제대로 대응하지 못하고 있다는 사실은 외면하고 있다.

마지막으로 가장 중요한 문제점은 반대자들이 기본소득을 오로지 사회보장의 일환으로만 간주하고 있다는 것이다. 물론 기본소득도 현금 지급인 만큼 당연히 사회보장적 효과가 수반되며 나아가 경제정책적 효과도 수반된다. 그러나 기본소득은 본질적으로는 그러한 효과를 목표로 하는 정책이 아니라 위에서 언급한 대로 공유부에 대한 사회구성원 모두의 권리를 보장하는 수단이다. 그런 만큼 기본소득의 효과에 관한 논의도 중요하지만 무엇보다도 권리의 확보라는 관점에서 기본소득의 도입을 추진하는 것이 올바른 접근일 것이다.

4. 기본소득의 필요성

기본소득 사상은 16세기 토머스 모어의 소설 《유토피아》까지 거슬러 올라간다. 이처럼 사상적으로 오랜 역사를 갖고 있음에도 특히 지금 시기에 기본소득 논의가 활발하게 된 시대적 배경과 사회적 필요성은 무엇인가?

먼저 기본소득에 관한 현대적 논의는 1980년대 유럽에서 시작됐는데, 이 시기는 급격한 기술발전과 신자유주의 물결로 인해 유럽의 전후 복지국가 체제가 위기를 맞기 시작한 시기와 일치한다. 유럽 복지국가는 제2차세계대전 후 포드주의 시대에 남성 정규직의 완전고용 모델을 기초로 설계된 것인데, 1980년대부터 실업 증가, 여성고용 증가, 비정규직 확대 등으로 복지국가의 사회보장이 포괄하지 못하는 사각지대가 광범하게 발생했다. 특히 최근의 소위 4차 산업혁명을 맞아, 비록 고용의 절대적 감소 전망은 불확실하다 하더라도 플랫폼 노동의 증가를 비롯한 고용불안정은 더욱 심화되고 있다. 이러한 상황에서 고용 관계와 무관하게 사각지대 없이 모두에게 기본적인 사회보장을 제공할 필요성이 강하게 제기된 것이다. 한국의 노동시장 불안정은 유럽보다 더 심한 만큼 기본소득의 필요성은 그에 못지않게 큰 것으로 보인다.

둘째, 최근 코로나19 국면은 예기치 않게 기본소득의 필요성을 강하게 제기했다. 소위 코로나 봉쇄로 인한 급격한 경기침체를 맞아 한국을 포함한 몇몇 국가들은 고용 및 소득위기에 관한 대처방안으로 전 국민에게 직접 무조건적인 현금을 지급했고, 이는 생계유지와 경기진작에 어느 정도 효과를 보였다. 이를 본다면 앞으로 세계경제의 장기침체가 전망되는 상황에서 국민들에게 무조건적 현금 지급을 정례화하는 것, 즉 기본소득이 경제정책적으로도 효과가 있을 것으로 예상할 수 있다.

셋째, 최근 한국에서 양극화의 주범으로서 거의 망국적 수준에까지 이른 부동산 문제를 해결하기 위해서도 기본소득이 필요하다. 부동산 문제의 근원은 토지 문제이고 토지는 대표적 공유부이며 지가 안정에 가장 효과적인 조세가 보유세라는 점을 감안하면, 부동산 문제 해결을 위해서는 토지보유세를 대폭 강화할 필요가 있다. 그렇지만 단순히 보유세만 강화할 경우 조세저항이 심해 보유세 도입 자체가 어려워진다. 따라서 보유세 수입을 전국민에게 동일한 금액으로 배분하는 토지배당을 실시할 필요가 있다. 그렇게 하면 현재 토지보유 불평등이 극심한 상황에서 순부담자는 소수이고 국민 대다수는 순수혜자가 되기 때문에 소수의 저항을 극복할 수 있을 것이다.[9]

마지막으로 이보다 더 크고 중요한 문제인 기후위기에 대처하기 위해서도 기본소득이 필요하다. 기후위기의 주범인 탄소배출을 감소시키기 위해서는 화석연료에 대해 환경세(탄소세)를 중과해야 하는데, 이 경우에도 에너지 가격의 상승으로 조세저항이 수반된다. 그런데 탄소배출도 소수의 중후장대 기업과 고소득층에 편중되어 있기에 환경세 수입을 전국민에게 환경배당으로 동일하게 배분한다면 다수의 순수혜계층이 소수의 순부담 계층의 저항을 극복할 수 있을 것이다.[10]

---

9 2018년 토지 보유를 근거로 과표의 크기와 무관하게 동일 세율(0.8%)로 토지보유세를 부과할 경우 순부담자는 14.1%이고, 85.9%가 순수혜자가 된다(강남훈, 2020).

10 호주가 2012년 탄소세를 도입했다가 소비자 부담 증가로 2014년에 폐지한 반면, 스위스는 2008년부터 탄소부담금을 전국민에게 탄소배당으로 환급하고 있어서 탄소부담금이 꾸준히 인상됨에도 제도가 잘 유지되고 있다. 그로 인해 탄소 배출 감축에 큰 효과를 보고 있음은 물

5. 현실적 기본소득 도입방안

1) 국내의 기본소득 도입 및 제안 현황

최근의 치열한 기본소득 논쟁과는 별도로 기본소득은 초보적 형태로 나마 이미 국내에 도입되어 있으며, 더 완전한 형태의 기본소득 도입을 위한 제안도 상당히 많이 제출되어 있다. 그 제안도 단지 학술적 차원에서만이 아니라 국회에 법률안까지 발의된 상황이다. 이미 도입된 제도와 제안된 모델들을 구분해 간략히 살펴보자.

(1) 경기도 청년기본소득

먼저 이미 도입된 기본소득 제도는 2019년 4월부터 시행하고 있는 경기도 청년기본소득이다. 2016년부터 성남시에서 실시한 청년배당을 당시 성남시장이던 이재명 시장이 2018년 지방선거로 경기도지사가 되면서 경기도 전역으로 확대한 것인데, 만 24세 청년 약 14만 명에게 1년간 총 100만 원(분기별 25만 원)을 지급하는 정책이다. 예산은 약 1700억 원이며 재정지출 조정으로 조달하고 있다. 이는 대상, 금액, 지급기한이 상당히 제한된 초보적 형태이지만, 기본소득의 특성을 모두 갖춘 연령대별 범주형 기본소득(categorical basic income)[11]이라고 할 수 있다. 이 제도는 제한된 연령대의 대상에서 전체 국민으로 기본소득을 확대 도입하는 경로상의 출발점이 될 수 있다는 의의가 있다.

론이다.

11 범주형 기본소득의 정의에 대해서는 금민(2020, p.3) 참조.

(2) 제안된 기본소득 모델들

학자뿐 아니라 여러 정당도 다양한 기본소득 모델을 제안하고 있는데, 주요한 내용을 간략하게 표로 정리하면 다음과 같다(〈표 6-1〉).[12]

표 6-1 **기본소득 제안 모델들**

제안자	지급대상		지급액	재원	소요 예산
전강수·강남훈 (2017)	모형 I	전국민	연 30만 원 (토지배당)	국토보유세, 초고액 소득자 소득세 강화, 재벌·대기업 법인세 강화, 조세감면 제도 개선, 재정관리 강화	15.5조 원
		30~64세를 제외한 전국민 (장애인, 농민 예외)	연 100만 원(생애주기별 배당, 특수배당)		28조 원
		합계			43.5조 원
	모형 II	전국민	연 360만 원	토지세, 환경세, 시민세, 기존 급여 대체	185조 원
김교성 외 (2018)	전국민		월 50만 원 (중위소득 30%) → 장기적으로 중위소득 50%	증세(신규, 부가가치세, 토지세, 상속세), 기존 현금급여 대체	–
강남훈 (2019)	전국민		월 30만 원	시민소득세, 환경세, 토지세, 기존 급여 일부 대체, (소득세 공제 폐지)	180조 원
LAB2050 (2019)	전국민	2021년	월 30만 원	소득세 비과세·감면 정비, 기본소득 과세, 탈루 적극 과세, 일부 복지정책 폐지·축소, 재정 구조조정, 유휴·신규 재원 활용	187조 원
			월 40만 원		249조 원
		2023년	월 35만 원		218조 원
			월 45만 원		280조 원
		2028년	월 50만 원		312조 원
			월 65만 원		405조 원

12 미래통합당(현재 국민의힘의 전신)도 2020년 8월에 "기본소득"이라는 명칭의 정강정책을 발표했는데, 그 내용은 중위소득 50% 이하 가구를 대상으로 중복되는 현금복지제도를 통폐합하여 '기본소득'으로 지급함으로써 중위소득 50%를 보장해준다는 것이다. 그러나 이는 자산조사(중위소득 50% 이하)를 필요로 하는 선별적 복지로서 '기본소득'이라는 명칭을 사칭할 뿐 내용적으로는 기본소득과 전혀 무관하다.

제안자	지급대상		지급액	재원	소요 예산
유종성 (2020)	전국민	균등	GDP 10% (월 약 30만 원)	재정지출 개혁, 보편 증세 및 부자 증세 (소득세 비과세·감 면 폐지, 기본소득 과세소득화, 국민소 득세), 국토보유세 0.8%, 탄소세 30조 원, 종부세를 부유세 로 개편	-
		생애주기형	GDP 15% (아동 월 15만 원, 노 인 월 60만 원, 기타 월 45~50만 원)		
기본소득당 (2020)	전국민		2020년 월 60만 원 (시민기본소득, 토지 보유세 기본소득, 탄 소세 기본소득, 데이 터 기본소득)	시민재분배기여금 (통합소득 15%), 일 부 현금성 복지 통합, 토지보유세(1.5%), 탄소세(CO₂e 톤당 10만 원)	379조 원
녹색당 (2020)	18~64세		자율선택 기본소득 월 150만 원 × 3년 월 50만 원 × 9년 월 10만 원 × 45년	세출 구조조정, 비과 세·감면 축소, 상 속·증여·소득·법인 세 인상, 불로소득 종합과세, 부유세 신 설, 생태세, 육류세, 토지세, 데이터세	43조 원
	17세 이하		청소년수당(10만 원)		
	65세 이상		기초연금		
미래당 (2020)	(장기) 전국민		월 100만 원	증세	-
	(전단계) 청년-노인 기본소득 동맹		청년(19~34세): 최저생계비×3년 노인(65세 이상): 월 50만원		
조정훈 법안 (2020)	전국민		(기본소득위원회 결정) 2022년 월 30만 원 이상 2024년 월 35만 원 이상 2029년 월 50만 원 이상	기본소득 특별회계	-
소병훈 법안 (2020)	전국민		국가기본소득위원회 결정	기본소득 특별회계	-

자료: 필자 정리.

이상 10개 제안들은 나름대로 특색이 있지만 세세한 사항들은 생략하고 특징만 간략히 정리해보자.

첫째, 민주당의 소병훈 의원이 발의한 '기본소득법안'을 제외하고는 모두가 단기적이든 장기적이든 기본소득의 목표금액을 설정하고 있다. 그러나 그 금액이 설정된 근거는 그리 객관적이지 않고 다소 자의적인 것으로 보인다.

둘째, 재원조달과 관련해 기본소득의 원리에 부합하지 않는 재원들이 일부 포함되어 있다. 앞에서 살펴보았듯이 기본소득의 지급근거가 공유부 수익에 대한 권리라고 할 때, 토지세, 환경세(탄소세), 빅데이터세, 소득세 등은 기본소득의 정당한 재원이다. 그러나 비과세·감면 폐지나 세출 조정, 부유세 도입 등은 분명 조세·재정 정의의 측면에서 필요한 것이기는 하지만 반드시 기본소득의 재원이 되어야 할 필연성은 없다.

셋째, 일부 제안들(김교성 외, 기본소득당, 미래당 등)은 목표금액에 도달하기까지 기본소득의 단계적·점진적 도입을 주장하는데, 기본소득이 사회정책의 대대적 개혁인 만큼 이러한 접근은 실현 가능성을 높여줄 것이다.

넷째, 기본소득과 기존 사회보장의 관계에 있어 많은 제안은 기본소득이 기존 현금급여(생계급여 등)보다 많아질 경우 단순히 기본소득이 그것을 대체할 것을 주장하는 데 반해, 유종성(2020)은 사회보험인 국민연금과 고용보험을 기본소득과 연계해 개편하는 방안을 정교하게 제시하고 있다. 이는 단순히 기본소득의 도입을 넘어 취약한 사회보장 전반의 개혁에 있어 기본소득의 중요성을 보여준 것으로 앞으로 더욱 논의를 발전시킬 필요가 있다.

2) 현실적인 기본소득 모델

이상과 같이 많은 제안들이 제출되어 있다는 것은 우리 사회에서 기본소득에 관한 관심이 그만큼 높아졌다는 것을 반영한다. 실제로 학술적인 논의나 논쟁뿐 아니라 최근 들어 언론이나 정치권의 관심도 다른 사안에 비해 그다지 낮은 것은 아니다. 그러나 이러한 관심의 고조에도 이 제안들이 그다지 현실적인 반향을 불러오고 있지 않은 것도 사실이다. 그것은 한편으로 질적으로 새로운 제도에 대한 국민과 정치권의 체감도가 낮은 탓도 있겠지만, 다른 한편으로 기본소득의 도입방안에 관한 제안들이 다소 비현실적인 탓도 있다. 예컨대 월 30만 원의 기본소득을 위해 연 180조 원의 재원을 마련한다는 것은 당위성에도 불구하고 현 시점에서 아무래도 현실성은 떨어진다. 그로 인해 오히려 기본소득에 대한 반대론을 자초하는 측면도 있다.

이러한 인식하에 여기서는 좀 더 현실적인 기본소득 도입방안을 모색해보고자 한다. 이를 위해서는 먼저 다음과 같은 관점이 필요하다.

첫째, 권리의 점진적 확대라는 관점이 필요하다. 앞서 언급했듯이 기본소득은 공유부 수익에 대한 사회구성원 전체의 천부적 권리이다. 그런데 권리는 당연히 보장되어야 함에도 많은 경우 기득권자와의 지난한 투쟁을 통해 점진적으로 확보되는 것이 현실이며 기본소득의 경우도 마찬가지이다. 기본소득의 재원이 되는 공유부 수익은 이미 소수의 특권층에 독점되어 있는데 그것을 어떤 형태로든 환수하는 것은 현실적으로 쉬운 일이 아니다. 따라서 처음부터 높은 금액을 목표로 삼기보다는 적은 액수, 즉 부분기본소득부터 시작하는 것이 실현 가능성을 높일 것이다.

둘째, 재원의 정당성이 중요하다(전강수, 2019a). 즉, 재원이 구성원 모두에게 권리가 있는 공유부 수익임이 확실하게 인식될 때 그것의 균등배분에 대한 사회적 수용도도 높아질 것이며 그에 따라 재원조달도 용이할 것이다. 앞에서 보았듯이 공유부는 자연적 공유부(토지 등), 인공적 공유부(빅데이터), 역사적 공유부(지식)가 있는데, 이 모두는 기본소득의 재원으로서 정당성이 있다. 기본소득이 완성된 단계라면, 당연히 이 모두를 재원으로 삼는 것이 합당하다. 그러나 아직 기본소득 도입 이전의 상황임을 감안할 때, 한꺼번에 이 모두를 재원으로 조달하는 것은 사회적 수용도가 높지 않을 것이다. 따라서 초기에는 역사적으로 기본소득 사상의 출발점이기도 했고,[13] 사회구성원들의 직관적 체감도도 높은 토지, 천연자원, 환경 등 자연적 공유부 수익을 재원으로 하는 기본소득을 우선 도입하는 것이 현실적이라고 생각된다. 실제로 현재 세계적으로 정착된 두 가지 기본소득, 즉 미국 알래스카주의 영구기금배당(Permanent Fund Dividend)[14]과 스위스의 탄소배당(CO2-Dividende)[15]도 모두 자연적 공유부 수익을 기반으로 하고 있다.

셋째, 공유부 수익은 고정된 것이 아니라 매년 변동한다. 따라서 기본소득의 금액을 미리 확정하는 정액형 기본소득보다 수익에 맞추어 기본소득의 금액을 결정하는 '변동형 기본소득제'(전강수, 2019a)가 현실적이다. 이렇게 되면 정액형의 경우 재원이 부족할 때 정당성이 약

---

13 기본소득의 최초 주창자였던 토머스 페인(Thomas Paine)은 토지가 자연적 공유부이므로 모두의 공통적 권리라고 주장했다(Paine, 1796).

14 알래스카의 영구기금배당은 석유 수입의 일부를 전 주민에게 균등하게 배분하는 것으로 1982년부터 실시하고 있다.

15 스위스의 탄소배당은 탄소 배출을 감축하기 위해 화석연료(수송용 연료 제외)의 탄소 배출에 대해 탄소부담금을 부과하고, 그중 3분의 2를 모든 개인에게는 균등하게, 기업(고용주)에는 고용인원에 비례하여 환급(배당)하는 것으로 2008년부터 실시하고 있다.

한 재원을 무리하게 조달해야 하는 난점이 해소될 것이다. 실제로 영구기금배당과 탄소배당도 금액이 매년 변동한다.

마지막으로 현 시점에서 구체적으로 어떤 기본소득을 도입할 것인가를 결정하기 위해서는 기본소득의 필요성과 재원 정당성의 결합이 필요하다. 즉, 4절에서 살펴본 기본소득의 필요성 가운데 공유부 수익으로 재원을 조달할 수 있는 것부터 시작할 필요가 있다. 앞에서 기본소득의 필요성으로 사회보장 사각지대의 해소, 경기진작, 부동산 문제와 기후위기 해결을 거론했는데, 앞의 두 가지는 그 재원이 반드시 공유부 수익이어야 할 필연성은 없다. 그에 반해 뒤의 두 가지는 그 자체에 정당한 재원을 내포하고 있는데, 토지보유세와 탄소세가 그것이다.

이상의 관점들을 종합해보면 현 시점에서 우선 도입해야 할 기본소득은 토지보유세-토지배당과 탄소세-탄소배당이라고 할 수 있다.[16] 이 둘은 모두 자연적 공유부 수익을 근거로 하고 있으며 도입 초기에는 낮은 세율로 시작할 수밖에 없을 것이다. 또 토지보유세와 탄소세는 토지가격과 탄소배출량의 변동에 따라 세입이 변동할 것이므로 토지배당과 탄소배당의 금액도 매년 변동할 것이다.

이와 관련해 최근 연구 가운데 비교적 온건한 주장을 하나씩만 소개하면 다음과 같다. 먼저 강남훈(2020)은 민간토지 전체에 공시가격의 0.8%를 국토보유세로 징수하면 약 31.2조 원(2018년 기준)을 징수할 수 있고, 이것으로 국민 1인당 연간 약 60만 원의 기본소득(토지배당)을 지급할 수 있다고 한다. 또 유영성 외(2020)는 CO_2 환산 톤당 7만 6000

---

[16] 이는 '토지보유세 기본소득'과 '탄소세 기본소득'의 우선 도입을 주장하는 기본소득당과 같은 입장이다. 다만 기본소득당이 2020년 월 60만 원이라는 목표금액을 설정한 것은 현실성이 없다고 본다.

원의 탄소세(영국과 덴마크 수준)를 부과하면 2017년 한국의 탄소 배출량 7억 900만 톤을 기준으로 약 30조 원을 조성할 수 있고 이것으로 국민 1인당 연간 약 60만 원의 탄소배당을 지급할 수 있다고 한다. 일단 이들의 주장을 수용한다면 현 시점에서 토지배당과 탄소배당을 합하여 전국민에게 연 120만 원(월 10만 원)의 기본소득을 지급할 수 있다.

이렇게 소액으로 출발해 토지 문제와 탄소배출 문제가 완화된다면 기본소득(토지배당과 탄소배당)의 금액이 감소할 수도 있다. 그러나 문제가 악화되거나 추가적인 정책목표(예컨대 탄소 배출의 추가적 감축)가 사회적으로 합의될 경우 토지보유세와 탄소세를 인상할 수도 있다.[17] 어쨌든 이런 식으로 자연적 공유부 수익을 통한 기본소득이 정착된다면 중장기적으로 여타의 공유부 수익을 통한 기본소득, 즉 데이터세-데이터배당이나 시민소득세-시민배당[18] 등도 검토할 필요가 있을 것이다.

마지막으로 이들 기본소득의 재원은 기존의 사회보장 재원과는 성격을 달리하는 별도의 재원이므로 기본소득이 지급된다고 해서 기존의 사회보장이 축소되어야 할 이유는 없다. 현재의 취약한 사회보장은 그 자체로 확대되어야 하지만 장기적으로 기본소득의 금액이 충분히 커진다면 일부 현금성 사회보장과의 통합도 고려해볼 수 있을 것이다.

---

17 스위스의 경우 탄소 배출 감축 목표를 2~4년 간격으로 점점 높게 설정하고 달성하지 못할 경우 탄소부담금을 인상하는데, 이로 인해 탄소배당도 점차 증가하고 있다.
18 앞에서 살펴보았듯이, 소득은 역사적 공유부인 지식을 기반으로 발생하기 때문에 이 모델은 소득의 일정 비율을 기본소득을 위한 목적세, 즉 시민소득세로 징수하고 이를 시민배당으로 지급하는 모델이다.

6. 높아지는 기본소득 지지도

현재 기본소득에 관한 찬반 논쟁이 치열하게 전개되고는 있지만 기본소득은 더 이상 공상적 담론이 아니라 세계적으로나 한국에서나 이미 현실 정책의 무대에 등장해 있다. 세계적으로는 앞에서 언급한 알래스카와 스위스에서 정착된 제도를 비롯해 수많은 기본소득 실험들이 실시되었거나 실시되고 있으며,[19] 한국에서는 앞에서 살펴본 바와 같다. 그러나 기본소득의 도입이 아직 초보적인 단계에 있는 것도 사실인데 앞으로 본격적인 도입을 위해서는 학술적 논쟁과는 별도로 국민의 지지가 필수여건 중 하나이다.

세계적으로 잘 알려진 지지도 중 하나는 2016년 6월 실시된 스위스의 기본소득 도입 여부에 관한 국민투표 결과인데 당시 반대가 76.7%로 국민투표가 부결된 바 있다. 그러나 3년 후인 2019년 6월 갤럽 조사에 의하면 영국 국민의 77%, 캐나다 국민의 76%, 미국 국민의 43%가 기본소득을 지지했고,[20] 2020년 5월 옥스퍼드대학교의 티모시 가턴 애시(Timothy Garton Ash) 교수가 실시한 설문조사에서는 유럽인의 71%가 기본소득 도입을 지지했다.[21]

한국에서는 2020년 6월 리얼미터의 조사에 의하면 기본소득제 도입에 대한 찬성이 48.6%, 반대가 42.8%로 찬반이 비슷한 것으로 나타났다.[22] 그런데 경기도가 '기본소득 도입과 재원마련 방안'에 관한 숙의

---

19 세계 주요 기본소득 실험에 대해서는 정원호(2020) 참조.
20 https://news.gallup.com/poll/267143/universal-basic-income-favored-canada-not.aspx
21 https://europeanmoments.com/opinions/eupinions
22 http://www.realmeter.net/%EA%B8%B0%EB%B3%B8%EC%86%8C%EB%93%9D%EC%A0%9C-%EB%8F%84%EC%9E%85-%EC%B0%AC%EB%B0%98-%EC%B0%AC%

토론회를 전후해 조사한 결과 토론회 참가만 결정하고 아무 학습이 없을 당시 기본소득에 대한 찬성이 50%였는데(1차 조사), 토론회 직전 혼자 자료집을 학습한 뒤의 2차 조사에서는 66%, 토론회 참가를 통해 전문가 발표와 토론을 거친 후 3차 조사에서는 79%로 상승했다. 즉, 기본소득에 대한 이해도가 높아질수록 지지가 높아진 것이다(경기도, 2020).

이처럼 세계적으로나 한국에서나 기본소득에 대한 지지는 점차 높아지고 있는 만큼 기본소득의 본격적인 도입을 위한 여건은 성숙하고 있는 것으로 보인다. 따라서 기본소득에 관한 학술적 논의도 더욱 발전시켜야 함은 물론이고 사회운동세력이나 정치권도 다 함께 지혜를 모아야 할 때다.

EC%84%B148-6-vs-%EB%B0%98%EB%8C%8042-8-%ED%8C%BD%ED%8C%BD%ED%95%98/

2부

경제구조개혁 정책

소득주도성장과 산업생태계 혁신

황선웅(부경대학교 경제학부 교수)

1. 문재인정부의 핵심정책, 소득주도성장

문재인정부는 출범 초에 한국경제의 수출 대기업 중심 양적 성장전략과 모방형·추격형 패러다임이 국민경제의 불균형 심화와 대내외 경제환경 변화 등으로 더 이상 지속하기 어렵다고 진단하고, "사람중심 경제"를 새로운 패러다임으로 제시했다. 소득주도성장은 혁신성장, 공정경제와 함께 사람중심 경제의 3대 축을 이루는 정책이다. 주요 내용은 가계소득 증대, 사람에 대한 투자, 사회안전망과 복지강화를 통해 가계소비와 민간투자를 확대하고 인적 역량을 강화함으로써 성장과 분배의 선순환을 촉진한다는 것으로 요약된다.

소득주도성장은 문재인정부 국정철학을 가장 뚜렷하게 드러내는 정책으로 평가받고 있다. 정권 초기부터 각종 경제통계와 고용지표가

그림 7-1 문재인정부 출범 초 경제정책 방향

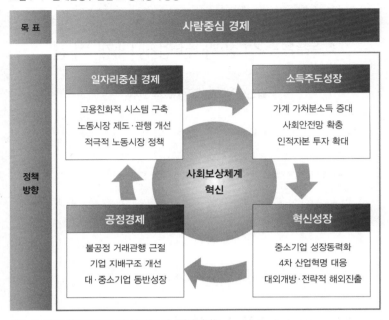

자료: 관계부처 합동(2017.7.25), '새 정부 경제정책 방향'.

발표될 때마다 뜨거운 논란의 중심이 되었고, 경기침체, 고용부진, 최저임금 효과를 둘러싼 갈등이 증폭되면서 정부 경제정책 방향에서 우선순위가 밀리는 모습을 보이기도 했다. 〈그림 7-1〉에서 볼 수 있듯이 정부 출범 직후(2017.7.25)에 발표한 '새정부 경제정책 방향'은 사회보상체계 혁신을 중심축으로 소득주도성장, 혁신성장, 공정경제, 일자리중심 경제 간의 유기적 연계를 강조했다. 하지만 〈그림 7-2〉에서 확인할 수 있듯이 집권 3년 차에 해당하는 '2020년 경제정책 방향'에서는 정책비전과 방향 간에 뚜렷한 연계를 발견하기 어려워졌고 투자 활성화, 수출지원, 규제혁신 등 과거 정부와 크게 다르지 않은 정책들이 전

그림 7-2 문재인정부 2020년 경제정책 방향

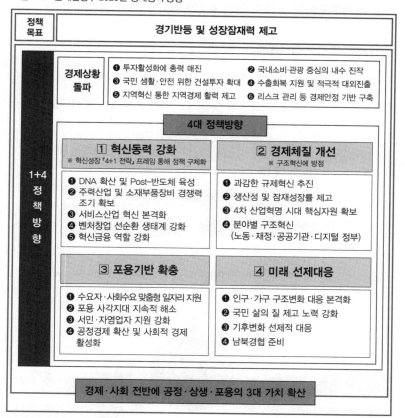

자료: 관계부처 합동(2019.12.19), '2020년 경제정책 방향'.

면에 배치되었다.

　이 글은 문재인정부 소득주도성장 정책의 추진 배경과 현황, 성과와 한계를 짚어본 후 대안적 정책방향을 논의한다.

2. 소득주도성장 정책의 추진배경과 현황

1) 추진 배경과 정책체계

소득주도성장의 전체적인 방향은 최근 국제사회의 논의 흐름에 부합한다고 볼 수 있다. 분배구조 개선이 지속가능한 경제발전에도 도움이

그림 7-3 소득주도성장 정책 체계

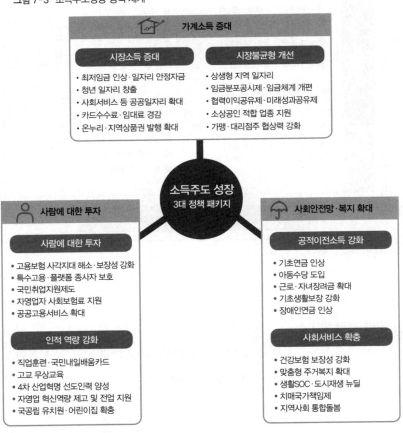

자료: 소득주도성장특별위원회(2020), 12쪽 그림을 인용함.

된다는 인식은 최근 세계 여러 나라의 정책 담당자와 연구자 사이에서 큰 이견 없이 받아들여지고 있다. 불평등이 경제성장에 부정적 영향을 미친다는 이론적·실증적 연구결과도 매우 많이 축적되어 있고, IMF, OECD, ILO 등의 국제기구도 지속가능한 성장을 위한 조건으로 불평등 완화 필요성을 강조하는 보고서를 계속 발표하고 있다.

하지만 소득불평등 문제를 구체적으로 어떠한 방식으로 개선할 것인지와 그러한 소득분배 개선이 어떠한 전달경로를 통해 성장에 영향을 미칠 수 있는지는 다양한 이견이 존재한다. 문재인정부의 소득주도성장은 이 지점에서 OECD 등이 제안하는 포용적 성장(inclusive growth)과 차이가 있다.

우선 분배개선 방식과 관련해서는 기존 정책이 조세와 복지지출 등 재분배 정책에 상대적으로 큰 비중을 두었던 데 비해 소득주도성장은 정책범위를 시장소득 개선으로 확장한다는 특징이 있다. 〈그림 7-3〉은 가계소득 증대, 사람에 대한 투자, 사회안전망·복지확대의 3대 패키지로 구성되는 소득주도성장 정책체계를 보여준다.

다음으로 소득주도성장은 불평등이 경제성장에 영향을 미치는 경로와 관련해서도 기존 정책이 물적자본, 인적자본, 기술 등의 공급측 경로에 큰 비중을 두는 데 비해 가계소비 증가를 통한 기업투자 확대 등 수요측 경로의 중요성도 강조한다는 특징이 있다. 〈그림 7-4〉는 소득주도성장 정책의 전파경로를 보여준다.

2) 추진 현황

〈표 7-1〉은 가계소득 증대 정책추진 현황을 보여준다. 임금노동자에 대해서는 공공·노인 일자리 창출 및 청년취업 지원 등의 일자리정책

그림 7-4 소득주도성장 정책의 전파경로

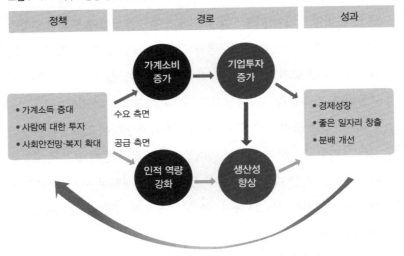

자료: 소득주도성장특별위원회(2020), 13쪽 그림을 인용함.

과 최저임금 인상(2018년 16.4%, 2019년 10.9%, 2020년 2.87%), 주52시
간 상한제 등의 정책이 추진되었고, 자영업자에 대해서는 온누리·지
역상품권 발행 확대, 일자리 안정자금, 카드수수료·임대료 경감, 사회
보험료 지원, 소상공인 적합 업종 지정 등의 정책이 추진됐다.

〈표 7-2〉는 사람에 대한 투자 관련 정책추진 현황을 보여준다. 이
는 크게 고용안전망 확대 방안과 인적 역량강화 방안으로 구분된다.
고용안전망 확대의 경우에는 두루누리 사업지원 인원 확대, 실업급여
보장성 강화, 특수고용 노동자의 고용보험 적용 추진, 국민취업지원제
도 도입 등이 이루어졌고, 인적 역량강화의 경우에는 국민내일배움카
드 직업훈련 지원대상 확대, 고교 무상교육 시행, 국공립 유치원과 어
린이집 확충 등이 추진되었다.

표 7-1 소득주도성장 정책추진 현황: 가계소득 증대

분야		주요 정책	내용
임금 근로자	일자리	공공 일자리	사회서비스 등 공공부문 일자리 2022년까지 81만 개 창출
		청년 일자리	청년추가고용장려금, 청년구직활동지원금, 청년내일채움공제, 지역주도형 청년 일자리사업
		상생형 지역 일자리	7개 지역 상생협약 체결(광주, 경남, 대구, 구미, 횡성, 군산, 부산)
		노인 일자리	노인 일자리 2021년까지 80만 개 창출
	임금/ 근로시간	최저임금 인상	(2018) 16.4% → (2019) 10.9% → (2020) 2.87% 상여금 복리후생비 등 최저임금 산입 범위 조정
		근로시간 단축	사업장 규모별 주 52시간제 단계적 도입, 계도기간 설정, 탄력근로제 제도개선 보완 입법안 마련 → 입법화 지연
자영 업자	매출 증대	상품권 발행 확대	온누리·지역상품권 발행 확대: (2018) 1.9조 원 → (2019) 4.3조 원 → (2020) 13조 원
	비용 경감	일자리 안정자금	(2018) 2.5조 원 → (2019) 2.9조 원 → (2020) 2.7조 원
		임대료 경감	상가임대차보호법 개정(2019. 4.): 임대료 인상률 상한(9 → 5%), 보호 대상 확대(90 → 95%)
		카드수수료 인하	우대수수료 적용 범위 확대(3억 → 5억 → 30억원 이하: 2017.7, 2019.1) 밴수수료율 상한 인하(2018.7) 제로페이 도입(2018.12)
		사회보험료 지원	1인 자영업자 사회보험료 지원 신설: (2018.1.) 1등급, 30% 지원 → (2018.9.) 1~2등급, 50% 지원 → (2019.1.) 1~4등급, 30~50% 지원
	상생	소상공인 생계형적합업종	적합 업종 8개 지정(2020.2. 기준) 6개 업종 상생협약 체결
		협력이익 공유제	가맹점 본사-가맹점주, 대기업-중소기업 간 협력이익공유제 법제화 추진 → 입법화 지연

자료: 소득주도성장특별위원회(2020), 21쪽 표를 인용함.

표 7-2 소득주도성장 정책추진 현황: 사람에 대한 투자

분야	주요 정책	내용
고용안전망 확대	고용보험 사각지대 축소	두루누리 사회보험료 지원제도 개편 지원 인원: (2018) 221만 명 → (2019) 265만 명 → (2020) 277만 명(계획)
	실업급여 보장성 강화	지급 수준: 평균임금 50% → 60% 지급 기간: 최대 8개월 → 9개월
	특수고용·플랫폼 종사자 보호	특수고용·프리랜서·플랫폼 종사자 보호를 위한 '고용보험법' 개정안 발의 → 일부 입법화
	국민취업지원제도 도입	한국형 실업부조 도입을 위한 '구직자 취업촉진 및 생활안정지원에 관한 법률' 제정
인적역량 강화	국민내일배움카드	교육훈련비 지원 대상 확대: 기존 임금근로자(재직자와 실업자) 위주에서 특고, 영세자영업자 등 비임금근로자로 확대
	고교 무상교육	초·중등 교육법상 고등학교 평균 입학금, 수업료 등 가구당 평균 약 160만 원 절감
	국공립어린이집 확충	공공보육 이용률 40%(2017년 24.8%) 목표로 2022년까지 매년 550개 확충

자료: 소득주도성장특별위원회(2020), 22쪽 표를 인용함.

〈표 7-3〉은 사회안전망·복지 관련 정책추진 현황을 보여준다. 이는 크게 공적 이전소득 강화와 사회서비스 확충으로 구분되는데, 전자의 경우에는 노인 기초연금 인상, 아동수당 도입, 근로 및 자녀장려금 확대, 기초생활보장제도 개선(급여수급 요건 완화) 등이 추진되었고, 후자의 경우에는 건강보험 보장성 강화, 공공주택 공급확대, 생활 SOC, 도시재생 뉴딜, 치매안심센터 설치, 지역사회 통합돌봄 발표 등이 추진되었거나 계획 중이다.

표 7-3 소득주도성장 정책추진 현황: 사회안전망·복지 확대

분야	주요 정책	내용
공적이전 소득 강화	기초연금 인상	2021년까지 소득분위별 단계적 인상(20만원 → 30만원)
	아동수당 도입	2018년 도입(90%, 0~5세), 2019년 확대(100%, 0~6세)
	근로·자녀장려금 확대	[근로장려금] 연령·재산·소득 요건 완화, 지급액 인상 [자녀장려금] 지급액 인상(50 → 70만원)
	기초생활 보장제도 개선	2018년 [주거급여] 부양의무자 기준 폐지 2019년 [생계급여] 부양의무자가구(중증장애인·노인) 기준 폐지 2020년 [생계급여] 수급가구(중증장애인) 기준 폐지
사회서비스 확충	건강보험 보장성 강화	2022년 보장률 70% 달성 목표(5년간 건보 재정 30.6조원 투입) ① 비급여의 급여화(3대 비급여 해소) ② 의료비 본인부담상한제 ③ 긴급 위기상황 지원 강화
	맞춤형 주거복지 확대	• 주거복지 로드맵(2017.11, 2020.3): 무주택 서민을 위한 공 공주택 공급 확대(2022년까지 105.2만호), 청년·신혼·고령 자 등 맞춤형 주거지원 강화 • 주택시장 안정화 정책: 규제지역 확대, 대출규제 강화, 청약 제도 정비, 수도권 등 신규 주택공급 추진
	생활SOC/ 도시재생 뉴딜	도서관, 체육관, 문화센터, 국공립어린이집 등 설치 3년간 (2020~2022년) 48조원 예산 투입(국비 30조원, 지방비 18 조원)
	치매국가책임제	치매안심센터 설치 운영: (2018) 1261억원 → (2019) 2087 억원 → (2020) 1790억원, 치매안심요양병원 확충
	지역사회 통합돌봄	커뮤니티 케어 로드맵 발표 및 선도 사업 추진

자료: 소득주도성장특별위원회(2020), 23쪽의 표를 인용함.

3. 소득주도성장 정책의 성과와 한계

1) 성과

〈표 7-4〉는 노동시장 주요 지표들이 문재인정부 출범 1년 전인 2016
년과 출범 3년 후인 2019년 사이에 어떻게 달라졌는지를 보여준다. 고

표 7-4 노동시장 주요 지표 변화

	2016년	2019년	증감
고용률(15~64세)	66.1	66.8	0.7
고용률(15~29세)	41.7	43.5	1.8
비정규직 비중(통계청 기준)	32.0	36.4	4.4
비정규직 비중(한국비정규노동센터 기준)	44.3	41.5	-2.8
노동소득분배율	62.5	65.5	3.0
임금 5분위 배율	5.2	4.5	-0.7
저임금노동자 비중	23.5	17.0	-6.5
중소기업/대기업 임금 비율	51.7	56.2	4.4
비정규직/정규직 임금 비율	66.3	69.7	3.4

자료: 고용률과 비정규직 비중은 통계청 〈경제활동인구조사〉와 한국비정규노동센터(2019.12), 노동소득분배율은 한국은행 〈국민계정〉, 임금(시간당 임금총액)은 고용노동부 〈고용형태별 근로실태조사〉.

용률이 확대되고 노동과 자본 간 분배구조와 노동자 간 임금 불평등이 개선된 점은 긍정적이지만, 비정규직 비중이 2019년에 또다시 확대된 것은 정확한 원인분석과 대책마련이 필요하다.

일자리의 양적 확대를 보여주는 15~64세 기준 고용률은 66.1%에서 66.8%로 0.7%포인트 상승했다. 15~29세 청년고용률도 41.7%에서 43.5%로 1.8%포인트 상승했다. 이러한 고용률 상승 추세는 문재인 정부 들어 반전된 것이 아니라 과거 정부부터 이어진 것이지만, 분배구조 개선정책에도 불구하고 고용률 상승을 유지했다는 점은 의의가 있다고 보인다.

비정규직 비중은 조사기관에 따라 추세적 변화 방향이 다르게 관찰된다. 통계청 발표 비정규직 비중은 2016년 32.0%에서 2019년 36.4%로 4.4%포인트 상승했는데, 똑같은 자료에 한국비정규노동센터의 고용형태 분류기준을 적용하면 비정규직 비중이 44.3%에서 41.5%로 2.8%포인트 감소한 것으로 집계된다. 통계청은 '경제활동인구조사 근로형태별 부가조사'에서 비정규직 여부 파악을 위한 별도 문항에 응답하지 않은 임시직과 일용직을 정규직으로 분류하지만, 한국비정규노동센터는 그러한 응답 여부에 상관없이 모든 임시직과 일용직을 비정규직으로 분류하기 때문이다. 하지만 한국비정규노동센터의 분류기준을 적용하더라도 2019년의 비정규직 비중은 2018년보다 소폭 상승했다. 이는 약 40만 명에 달하는 공공부문 비정규직의 정규직 전환정책에도 불구하고 민간부문의 비정규직 사용에 대해서는 아무런 제도개선이 이루어지지 않았기 때문으로 보인다.

노동과 자본 간 분배구조를 나타내는 노동소득분배율은 62.5%에서 65.5%로 3.0%포인트 상승했다. 노동소득분배율 측정 시에는 자영업자의 소득 중 어느 정도의 비율을 노동소득과 자본소득으로 구분할지가 중요한데 어떠한 방식을 적용하더라도 문재인정부 출범 후 노동소득분배율의 상승 추세는 일관되게 관찰할 수 있다. 노동자 간 임금 불평등을 측정하는 지표인 임금 5분위 배율은 5.2배에서 4.5배로 0.7배 감소했고, 중위임금 3분의 2 미만 저임금노동자 비중은 23.5%에서 17.0%로 6.5%포인트 낮아졌다. 대기업 대비 중소기업 임금 비율은 51.7%에서 56.2%로 4.4%포인트 상승했고, 정규직 대비 비정규직 임금 비율도 66.3%에서 69.7%로 3.4%포인트 상승했다. 이러한 노동소득분배율 상승 및 노동자 간 임금격차 축소 추세는 최저임금 인상의 영향이 큰 것으로 보인다.

〈표 7-5〉는 가계소득 관련 주요 지표들의 2016년과 2018년간 변화를 보여준다. 국민총소득(GNI) 대비 가계소득 비중은 60.8%에서

표 7-5 가계소득분배 변화

		2016년	2018년	증감
가계소득/GNI 비중		60.8	60.5	-0.3
가계시장소득	5분위 배율	10.9	11.2	0.3
	지니계수	0.402	0.402	0.000
	상대적 빈곤율	19.8	19.9	0.1
가계처분가능소득	5분위 배율	7.0	6.5	-0.4
	지니계수	0.355	0.345	-0.010
	상대적 빈곤율	17.6	16.7	-0.9
재분배 효과	5분위 배율	3.90	4.61	0.71
	지니계수	0.047	0.057	0.010
	상대적 빈곤율	2.2	3.2	1.0

자료: 가계소득/GNI 비중은 한국은행 〈국민계정〉, 가계소득분배 지표는 통계청·금융감독원·한국은행 〈가계금융복지조사〉, 상대적 빈곤율은 중위소득 50% 이하 인구 비율임. 재분배 효과는 시장소득 기준 불평등지표와 처분가능소득 기준 불평등지표의 차이를 나타냄.

표 7-6 GDP 항목별 성장기여도

		2016년	2019년	증감
성장기여도	경제성장률	2.9	2.0	-0.9
	민간소비	1.3	0.8	-0.5
	정부소비	0.7	1.1	0.4
	총자본형성	1.9	-0.8	-2.7
	순수출	-0.9	0.9	1.8
성장기여율	경제성장률	100.0	100.0	0.0
	민간소비	43.3	40.0	-3.3
	정부소비	23.3	55.0	31.7
	총자본형성	63.3	-40.0	-103.3
	순수출	-30.0	45.0	75.0

자료: 한국은행 〈국민계정〉.

60.5%로 0.3%포인트 소폭 감소했다. 가계소득 5분위 배율, 지니계수, 상대적 빈곤율 등의 소득분배 지표는 모두 시장소득과 처분가능소득 간에 상반된 추세를 보였다. 가계시장소득 불평등은 확대됐지만 가계 처분가능소득 불평등은 축소되었고, 이는 조세와 공적 이전지출에 의한 재분배 효과가 커졌음을 의미한다.

〈표 7-6〉은 2016년과 2019년의 경제성장률과 GDP 구성항목별 기여도 및 기여율을 보여준다. 성장기여도는 전체 경제성장률을 GDP 구성요소별로 분해한 것이며, 성장기여율은 그러한 GDP 구성항목별 성장기여도를 전체 경제성장률로 나눈 값이다. 경제성장률은 이 기간에 2.9%에서 2.0%로 0.9%포인트 하락했다. 민간소비의 성장기여율은 43.3%에서 40.0%로 3.3%포인트 낮아진 반면, 정부소비의 성장기여율은 23.3%에서 55.0%로 31.7%포인트 높아졌다. 투자는 증가세에서 감소세로 반전되면서 성장기여율이 대폭 하락했고, 순수출은 반대로 감소세에서 증가세로 전환되면서 성장기여율이 큰 폭으로 상승했다.

정리하면 고용률 상승 추세 유지, 노동소득분배율 증가, 임금 불평등 축소, 재분배정책을 통한 가계처분가능소득 불평등 축소 등은 긍정적 성과로 평가될 수 있다. 하지만 2019년 민간부문 비정규직 비중 확대, 가계시장소득 불평등 축소 실적 미흡, 민간소비의 성장기여율 정체 또는 하락은 개선이 필요해 보인다.

2) 한계

앞서 설명한 대로 소득주도성장은 소득분배 개선방법으로 재분배정책 뿐 아니라 시장소득 개선도 강조한다는 점과, 소득분배가 성장잠재력에 미치는 경로로 공급측 경로뿐 아니라 수요측 경로의 중요성도 강조한다는 점에서 기존의 표준적 정책과 차이가 있다. 그러한 두 가지 특징에 초점을 맞춰 소득주도성장의 한계와 개선방향을 살펴보면 다음과 같다.

우선, 소득분배 개선방법을 보면 재분배정책의 효과 제고뿐 아니라 시장소득 불평등 축소 필요성을 강조한 것은 적절했지만, 그간 우리나라의 시장소득 불평등 확대를 초래한 구조적 요인에 대한 제도개선 실적은 미흡했다. 앞서 살펴본 대로 2018년과 2019년에는 각각 16.4%와 10.9%의 최저임금 인상 영향으로 소득분배 구조가 상당히 개선되었다. 최저임금 인상률은 2020년 2.87%, 2021년 1.5%로 낮춰졌지만, 최저임금 인상을 대신해 시장소득 불평등의 지속적 축소를 이끌 뚜렷한 정책대안은 제시하지 못하고 있다. 집권 초 '새정부 경제정책 방향'에서 제시한 사회보상체계 혁신방안 중 불공정거래 관행 근절, 기업지배구조 개선, 대·중소기업 동반성장, 중소기업 성장 동력화 등의 산업구조 전환정책과 비정규직 사용규제 및 권리입법, 노동기본권 확대·강화 등의 노동시장 제도개선 정책은 뚜렷한 진전을 이루지 못하고 있는 가운데, 투자활성화, 수출회복, 규제혁신 등 과거 정부와 크게 다르지 않은 정책들에 대한 의존도가 높아지고 있다. 정부 스스로 지적한 대로 국민경제의 불균형을 심화시킨 주된 원인이 수출 대기업 중심 양적 성장전략과 모방형·추격형 패러다임이라면 근본적 해법은 그러한 산업·노동구조와 기술혁신 체제를 전환하는 것이어야 한다. 정부가 소득주도성장 정책의 필요성을 강조하기 위해 시장소득 불평등 확대를 방치하면서 재분배정책만으로 소득분배 개선을 이끌기 어렵다고 설명한 것처럼, 과거와 유사한 생산시스템 위에서 최저임금 인상 등의 가역적인 분배정책을 이용하는 것만으로는 소득 불평등 확대 추세를 반전시키기 어렵다.

다음으로 케인즈 학파의 논리에 기초한 수요측 경로도 중요하지만 공급측 경로에서 분배와 성장의 선순환을 실현하기 위한 구체적 전략도 필요하다. 소득불평등이 성장에 영향을 미치는 경로는 매우 다양하며 소득주도성장에서 강조하는 소비 및 인적자본 경로는 그중 일부일 뿐이다. 소득분배 개선은 시장규모효과(market size effect)에 의한 혁신 촉진, 경제적·정치적 제도의 질 개선, 협력 네트워크(사회적 자본, social capital)의 강화를 통해 성장에 긍정적 영향을 미칠 수 있다(황선웅, 2017, 2018). 경제발전의 원천에 관한 연구흐름을 보면, 과거에는 물적자본과 인적자본, 기술진보 같은 근사적 결정요인의 역할에 초점이 놓였지만 최근에는 제도와 역사, 문화 등 성장의 근본요인을 강조하는 연구가 빠르게 늘고 있고 소득불평등도 그러한 근본요인 중 하나로 주목받고 있다. 특히 경제발전 단계가 높아질수록 물적자본보다 인적자본, 제도의 질, 사회적 자본의 역할이 중요해진다. 소득불평등은 우리 경제의 비교우위 구조와 산업발전 패턴에도 큰 영향을 미칠 수 있다. 어느 생산요소의 축적이 둔화하면 그러한 요소를 집약적으로 이용하는 산업의 비교우위가 약화되고 성장이 둔화될 가능성이 크기 때문이다. 소득분배 개선을 통해 인적자본, 제도의 질, 사회적 자본에 대한 의존도가 높은 산업의 비교우위를 개선하고 성장 잠재력을 강화하려는 정책적 노력이 필요하다.

4. 상생 네트워크 기반 발전체제로 전환되어야

소득주도성장은 문재인정부의 국정철학을 가장 뚜렷하게 드러내는 정책이며 주된 내용은 가계소득 증대, 사람에 대한 투자, 사회안전망과 복지강화를 통해 가계소비와 민간투자를 확대하고 인적 역량을 강화함으로써 성장과 분배의 선순환을 촉진하는 정책으로 요약할 수 있다. 소득분배 개선방법으로 재분배정책뿐 아니라 시장소득 개선도 강조한다는 점과 소득분배가 성장 잠재력에 미치는 경로로 공급측 경로뿐 아니라 수요측 경로의 중요성도 강조한다는 점에서 기존의 표준적 정책과 차이가 있다. 그간의 정책추진 실적을 보면 고용률 상승 추세 유지, 노동소득분배율 증가, 임금 불평등 축소, 재분배정책 효과 개선, 가계 처분가능소득 불평등 축소 등의 성과도 있었지만, 2019년 민간부문 비정규직 비중 확대, 가계시장소득 불평등 축소 실적 미흡, 민간소비의 성장기여율 정체 또는 하락 등의 한계도 나타났다. 더욱 중요한 문제로는 소득분배 개선방법으로 최저임금 인상 등 가역적 정책수단에 대한 의존도가 높았고 그간 우리나라의 시장소득불평등 확대를 초래한 구조적 요인에 대한 제도개선 실적은 미흡했다는 점을 지적할 수 있다. 국민경제의 불균형을 심화시킨 주된 원인이 수출 대기업 중심 양적 성장전략과 모방형·추격형 패러다임이라면 근본적 해법도 그러한 산업·노동구조와 기술혁신 체제를 전환하는 것이어야 한다. 케인즈 학파의 논리에 기초한 수요측 경로뿐 아니라 공급측 경로에서 분배와 성장의 선순환을 실현하기 위한 구체적 전략도 필요하다. 소득분배 개선을 통해 인적자본, 제도의 질, 사회적 자본을 개선하는 한편, 사회적 자본집약도가 높은 산업 및 기업부문의 비교우위를 강화하고 성장 잠재력을 높이는 산업생태계 혁신 노력이 필요하다.

공정경제와 재벌개혁

전성인(홍익대학교 경제학부 교수)

1. 공정경제와 재벌개혁의 성적표

2017년 5월 10일 문재인 대통령은 취임사에서 다음과 같이 말했다.[1] "문재인과 더불어민주당 정부에서 기회는 평등할 것입니다. 과정은 공정할 것입니다. 결과는 정의로울 것입니다." 또한 다음과 같이 말하기도 했다. "동시에 재벌개혁에도 앞장서겠습니다. 문재인정부하에서는 정경유착이란 낱말이 완전히 사라질 것입니다."

　이번 장은 위의 취임사 내용을 평가하는 장이다. 과연 문재인정부에서 기회는 평등하고 과정은 공정하며 결과는 정의로웠는가? 과연 문재인정부는 재벌개혁에 앞장섰는가? 과연 문재인정부하에서 정경유

---

[1]　문재인 대통령 취임사 전문 출처는 다음의 기사 링크 참조(http://www.lawfact.co.kr/m/view.jsp?ncd=305).

착이라는 낱말은 완전히 사라졌는가? 아니다. 그 이유를 알아보자.

2. 왜 공정경제인가?

1) 정치이념과 공정경제

국가가 민간 경제주체의 경제활동이 공정하게 이루어지도록 보장해야 한다는 명제는 매우 자명한 것 같지만 정작 이를 명확하게 논증하거나 타인에게 설득하는 일은 쉽지 않다. 경제정책의 1차 목표는 효율성 추구라고 생각하는 사람들이 많기 때문이다. 따라서 이런 생각을 하는 사람들에게 공정경제가 필요함을 설득하기 위해서는 두 가지 방법 중 하나를 선택하지 않으면 안 된다.

하나는 정공법으로 경제정책의 목표가 오직 효율성 추구만으로 좁혀져서는 안 된다는 점을 보이는 방법이다. 이는 본질적인 설득방법이지만 쉽지 않다. 다른 하나는 공정경제의 추구가 큰 맥락에서 경제적 효율성과 모순되지 않고 더 나아가 경제적 효율성을 오히려 보장한다는 점을 설명하는 방법이다. 이것은 효율성의 추구에 매몰된 사람들의 고정관념을 정면으로 비판하는 것이 아니라 그것과 부합하기 때문에 전자의 방법보다는 설득의 효과가 크다. 여기서는 전자의 접근방법을 간단히 살펴보고 후자의 접근방법은 다음 부분에서 살펴보기로 한다.

경제정책의 목표를 큰 시각에서 조망할 때 준거로 삼을 수 있는 것은 헌법이다. 왜냐하면 헌법은 우리사회 구성원이 일반적으로 합의할 수 있는 원칙을 기술했다고 볼 수 있기 때문이다. 헌법적 관점에서 공정경제를 직접적으로 명확하게 기술한 부분은 없으나 공정경제와 맥락이 부합하는 부분은 어렵지 않게 찾을 수 있다. 우선 헌법 전문에는

"각인의 기회를 균등히 하고, 능력을 최고도로 발휘하게 하며" 그 결과로 "국민생활의 균등한 향상"을 기하도록 한다고 되어 있다. 이를 구체적으로 구현한 고전적인 부분이 소위 기본권 조항들이다. 헌법 제10조의 "행복을 추구할 권리", 제34조 제1항의 "인간다운 생활을 할 권리" 등은 국민생활의 균등한 향상이라는 이념과 맥이 닿아 있고, 제11조 제1항의 "법 앞에 평등"은 각인의 기회를 균등히 하는 부분과 연관되어 있다.

그러나 이런 고전적인 기본권 외에 우리 헌법의 특징적인 부분은 소위 "경제민주화" 조항들이다. 헌법 제119조 제2항에는 "균형있는 국민경제의 성장 및 안정과 적정한 소득의 분배를 유지하고, 시장의 지배와 경제력의 남용을 방지하며, 경제주체 간의 조화를 통한 경제의 민주화"를 추구하는 경제정책을 펼쳐야 할 국가의 권한과 의무가 규정되어 있다. 따라서 단순히 좁은 의미의 경제적 효율성 추구가 국민경제의 균형성장이나 안정에 반하거나 소득분배를 악화시키거나 시장지배와 경제력의 남용을 심화시킨다면 그것은 반헌법적이다. 경제의 현실이 경제주체 간의 조화를 저해하는 것도 반헌법적이다. 공정경제는 이런 헌법적 이념의 표상이다.[2]

2) 경제적 효율성과 공정경제

공정경제는 단지 형평만을 보장하는 것이 아니다. 공정한 경제환경은

2　헌법의 경제 조항에는 단순히 경제민주화 조항만 있는 것이 아니다. 특히 헌법 제123조는 농업 및 어업의 보호·육성(제1항), 지역 균형발전(제2항), 중소기업 보호·육성(제3항) 등이 규정되어 있으며, 제124조에는 소비자 보호가 규정되어 있다.

장기적으로 경제적 효율성에도 큰 도움이 된다. 왜 그런가? 불공정한 경제환경은 구성원의 심리적 불만을 야기하는데 그치지 않고 불공정한 환경을 최대한 이용하고 더 나아가 불공정한 환경을 계속 유지·확장하려는 동기를 촉발한다. 이런 노력은 사회적으로 비생산적인 투자를 유발하여 경제적 효율성을 저하시킨다.

간단한 예를 들어보자. 경제주체의 최초 환경이 금수저와 흙수저로 나누어져 있고, 금수저는 주어진 유산을 적당히 활용해도 먹고 살 수 있지만 흙수저는 주어진 유산을 아무리 효율적으로 활용해도 최저 소비수준에 도달하지 못한다고 가정해보자. 이 경우 흙수저는 어떻게 행동할 것인가? 그냥 주저앉아서 죽음을 맞이할 것인가? 그렇지 않을 것이다. 어쩔 수 없이 남의 재산에 대한 약탈(predation)에 나설 수밖에 없을 것이다. 그런 상황에서 금수저 역시 가만히 있지는 않을 것이다. 약탈에 대비하는 방어적 투자(defensive investment)에 나설 것이다. 문제는 이 방어적 투자에는 비용이 수반된다는 것이다. 방어적 투자에 사용된 경제적 자원은 생산에 투하될 수 있었지만 생산에 투하되지 못했다는 점에서 그만큼 생산이 줄어들 수밖에 없고 이것이 경제적 효율성의 감소로 나타난다. 이 경우 공정경제는 효율성을 회복하는 데 도움을 줄 수 있다. 예를 들어 약탈을 중단하는 대가로 금수저가 자발적으로 또는 정부의 조세정책에 따라 자신의 재산을 흙수저와 나누면 방어적 투자는 회피할 수 있고 경제적 효율성은 증가할 수 있다. 즉 공정경제는 사회적 갈등비용을 절감함으로써 경제적 효율성과 부합할 수 있다.

3) 정책과제로서의 공정경제

공정경제 측면에서의 정책과제는 그 사회가 처한 시대적 상황에 따라 달라진다. 우리나라의 경우 종래 개발연대 때부터 축적되어온 소위 "기울어진 운동장"이라는 불공정성에 더해 최근에는 코로나19 사태로 인한 단기적 문제까지 추가된 상태다. 이런 점을 고려할 때 공정경제 측면에서의 정책과제는 다음 몇 가지로 정리해볼 수 있다.

하나는 개발연대 때부터 축적되어 온 문제점 중 아직도 제대로 시정되지 않은 문제다. 그중 대표적인 것이 노동문제다. 저임금과 고용 불안정성이 특히 문제다. 이미 우리나라의 임금수준이 높다는 말이 있기도 하지만 현재의 최저임금으로 노동자들이 헌법에서 규정한 "인간다운 삶"을 누리지 못하는 것도 현실이다. 따라서 인간다운 삶을 영위하는 데 필요한 최소한의 의식주를 구매할 수 있는 수준의 임금을 지향하는 노력을 해야 한다.

비정규직 근로자로 대표되는 고용 불안정성도 큰 문제다. 다만 인천 국제공항공사 사태에서 보듯이 사례별로 결과만을 따로 떼어 시정하려는 노력은 오히려 '기회균등과 절차적 정당성' 훼손이라는 또 다른 문제를 야기할 수도 있다.[3]

노동 문제만큼 관심의 대상이 되고 있지는 않지만 또 다른 해묵은 정책과제는 개인도산제도의 정비다. 최근 가계부채가 급증하면서 비은행 금융기관의 부실채권 가능성은 많이 검토되었지만 개인 채무자의 회생을 지원하는 제도 정비는 상대적으로 정책적 관심의 대상이 되지 못했다. 채무상환이 어려울 경우 개인파산이나 개인회생 절차를 정비하여 채무자의 갱생을 지원하는 대신 고리의 대출을 저리의 대출로

---

3 노동 문제는 공정경제의 매우 중요한 측면이지만 이 책의 다른 장에서 본격적으로 다루기 때문에 여기서는 가장 중요한 문제점만을 지적하고 다른 측면을 살펴보기로 한다.

치환해주는 것이 정책의 대종을 이루었다. 소위 "중금리대출"에 대한 정책적 집착이 그것이다.

그러나 저리대출 못지않게 중요한 것은 채무상환 능력이 없거나 급격하게 악화한 채무자에 대한 도산절차의 혜택이다. 도산절차의 핵심은 "빚은 갚을 수 있을 때만 갚는 것이다"라는 명제를 확고하게 하는 것이다.

그런데 당장 떠오르는 의문이 있다. 사람이 돈을 갚지 않으면 누가 돈을 빌려줄 것인가. 돈이 있을 때도 채무를 상환하지 않는 것은 부당한 약속위반이다. 이때 대부분의 사회는 강제집행을 통해 채권자의 채권회수를 허용한다. 문제는 채무자가 돈이 없을 때 어찌할 것인가 하는 점이다. 근대적인 도산절차의 논리는 이때에는 채권자가 채권회수를 멈춰야 한다는 것이다. 왜 그럴까?

개인 채무자가 돈이 없어도 대부분은 이 채무자를 과도하게 압박하면 채권자는 자신의 채권을 일정 부분 회수할 수 있다. 과도한 채무상환 압박 때문에 주위 사람들이 견디지 못하고 대신 채무를 상환해주기 때문이다. 이것은 정의롭지도 않고 인간답지도 않다. 따라서 이런 채권 회수방식은 금지해야 한다. 이를 제도적으로 보장하는 것이 개인도산제도이다. 그런데 우리나라는 아직도 개인도산이 제도적으로나 심리적으로 정착되지 않고 있다. 교묘한 방식으로 시효가 만료된 채권을 되살려내도 법원이 아무런 죄책감 없이 이 부활한 채권을 인정해준다. 채권자가 악랄한 방식으로 채무상환을 독촉하는 관행은 공정채권추심법으로 어느 정도 통제되지만 시효가 임박하거나 만료된 채권도 버젓이 거래되는 것이 현실이다.

코로나19 사태는 개인 채무자의 회생에 대한 중요성을 일깨울 수 있는 중요한 계기였다. 사회적 거리두기를 시행하는 과정에서 여행사, 헬스장, 음식점, 노래방 등 개인 자영업자들이 가장 큰 피해를 보게 되었기 때문이다. 이에 대한 가장 근원적인 정책적 지원은 개인도산제도를 한시적으로라도 채무자 친화적으로 만드는 것이다. 이것이 법률적 논리의 제약 때문에 불가능하다면 대통령긴급명령 등 별도의 정책적 강제력을 동원해 채무자의 채무상환을 유예해주고, 더 나아가 채무를 탕감해주어야 마땅하다.

공정경제의 또 따른 정책과제는 회사 경영의 투명성을 제고하기 위해 기업지배구조를 개혁하는 것이다. 사주가 쥐꼬리만 한 지분을 가지고 회사 경영을 좌지우지하거나 회사를 사금고로 이용하는 것은 경제의 효율성을 침해하고 회사 주변의 이해관계자에게 손실을 초래할 가능성이 크기 때문에 적극적으로 통제해야 한다.

일반적으로 지배구조의 개혁을 말하면 많은 사람들은 사외이사 역할 강화를 떠올린다. 그러나 외환위기 이후 거의 한 세대가 지났건만 현재 우리나라의 사외이사제도는 전혀 작동하지 않고 있다. 심지어 기관투자가 역할을 충실히 수행해야 할 국민연금도 주어진 주주권조차 올바로 행사하지 못하고 있다. 따라서 회사의 지배구조를 현재보다 더 투명하게 만들기 위한 정책과제는 아직도 미완성이다.

3. 공정경제의 성과와 과제

1) 공정경제의 성과

문재인정부의 공정경제 성과는 전반적으로 기대에 못 미쳤다. 따라서 미진한 과제가 많다. 다만 그 미진한 과제들을 살펴보기에 앞서 문재

인정부에서 이루어진 공정경제와 부합하는 일부 성과를 살펴보기로
하자.

첫 번째 성과는 정권 초기에 최저임금을 현실화하기 위해 노력했다
는 점이다. '최저임금 1만원'은 대선 당시 문재인 후보의 대선공약이었
다. 그리고 이것만큼 공정경제를 상징하는 공약은 없었다. 실제로 문
재인정부는 집권 첫 1년 동안 최저임금을 대폭 인상했다. 2017년 시간
당 6470원이었던 최저임금은 2018년 시간당 7530원으로, 2019년에
는 시간당 8350원으로 상승했다. 2년 동안에 시간당 1880원이 상승했
다. 연평균 상승률로는 약 14.5%에 달한다. 이 기간 중 연평균 소비자
물가상승률이 1% 남짓이었다는 점을 감안한다면 실질임금은 큰 폭으
로 상승했다.

그러나 첫 번째 성과는 곧 좌절되었다. 추가적인 공정경제 정책이
수반되지 않았기 때문에 을과 을 사이의 전쟁이 발생했기 때문이다.
최저임금이 제약으로 작용하는 업종은 대부분 개인 자영업자나 편의
점 그리고 하청구조의 말단에 위치하는 영세업체들이었다. 이들의 수
익을 늘려주는 추가적인 경제민주화 조치, 예를 들어 프랜차이즈 체제
정비, 초과이윤 공유제와 같은 하청업체에 대한 낙수효과 강화 등이
수반되지 않았기 때문이다. 자신들의 수익기반이 직접적으로 무너진
이들 차상위 을들은 문제의 궁극적 원천인 대기업과의 싸움에서 정당
한 자신의 몫을 요구하는 어려운 싸움보다는 당장 눈앞의 현실에 비명
을 질렀다. 당연한 일이다. 이 싸움은 정부가 상당 부분 도와주었어야
하는 것이다. 그것이 수반되지 않으면서 최저임금 인상은 '을들의 전
쟁'으로 변모했고 그것으로 막을 내렸다.

공정경제 추진의 두 번째 성과는 2020년 말 있었던 상법과 공정거

래법 개정을 통해 몇 가지 경제적 약자의 권리신장을 도모하는 조항들이 추가되었다는 점이다.

먼저 상법에서는 소수주주권 강화의 오랜 숙원이었던 이중대표소송제도가 도입되었다. 이중대표소송제도란 모회사가 자회사를 100% 소유할 때 자회사 임원들이 회사에 손해를 끼치는 행위를 통상적인 주주대표 소송으로는 통제할 수 없는 문제점을 방지하는 제도다. 모회사 지배자가 임명한 자회사 임원은 자회사의 손해를 무릅쓰고 (또는 이를 통해 모회사에 파생적인 손해를 끼치면서) 모회사 지배자의 이익을 위해 위법한 행동을 할 수 있다. 물론 이것은 형법상 배임이나 횡령에 해당하지만 이에 대한 사법당국의 처벌이 솜방망이처럼 가벼울 경우 자회사 임원들은 이런 위법한 행위를 저지를 유인을 계속 보유할 수 있다. 이 때 모회사의 주주들이 자회사 임원의 위법 행위가 자회사에 손해를 끼쳤음을 주장하며 자회사 임원을 상대로 자회사를 대표해 손해배상 소송을 제기할 수 있도록 하는 것이 이중대표소송제도이다.[4]

공정거래법 개정 중에 공정경제와 관련하여 가장 특기할 만한 점은 사인의 금지청구제가 도입되었다는 점이다. 금지청구(injunction)는 영미법 중 형평법(law of equity)에서 가장 대표적인 구제수단(remedy)이다. 어떤 경제주체가 다른 경제주체를 향해 불법행위(tortious behavior)를 할 것으로 예상되는 경우 예상되는 피해자가 예상되는 가해자를 상대로 법원에 해당 불법행위를 저지르지 못하도록 청구하는 것이다. 예를

---

4 이중대표소송제도는 과거 법원이 주주 대표소송에 대해 유연한 입장을 보였다면 상당 부분 불필요했을 수도 있는 제도다. 자회사의 형식상 주주인 모회사에 대해서만 대표소송 제기 권한을 인정하는 데 그치지 않고, 모회사의 주주에 대해서도 대표소송을 제기할 권한을 인정할 수도 있었기 때문이다. 그러나 이를 부인하는 소극적 판례가 굳어지면서 결국 이 문제는 법률 개정을 통해서만 해결하게 된 것이다.

들어 매연을 배출해 주거환경을 오염시킬 것으로 우려되는 경우 마을 주민들이 법원에 매연 방출 공장의 조업 중단을 요청하는 것이다.[5] 이번 공정거래법에는 불공정 거래행위로 사인이 손해를 입을 것으로 예상될 경우 법원에 해당 행위의 금지를 청구할 수 있도록 한 것이다.[6] 이 제도는 불공정 거래행위를 사전에 예방할 수 있다는 점에서 공정경제 발전에 원칙적으로 큰 도움이 될 수 있다. 다만 보수적인 우리나라 법원의 성향을 감안할 때 얼마나 현실에서 유효한 성과를 이룰지는 조금 더 지켜볼 필요가 있다.

이제까지는 문재인정부에서 추진한 공정경제 정책의 일단을 살펴보았다. 다음에서는 잔존 과제를 살펴보기로 한다.

2) 공정경제의 남은 과제

공정경제 정착을 위한 잔존 과제 중 하나는 개인도산제도의 유효성을 강화하는 것이다. 개인도산제도는 한번 훼손되면 변제능력이 없는 채무자에게 과도한 채권추심을 금지한다는 점에서 인간다운 삶을 보장하는 근대국가의 초석일 뿐만 아니라, 재생산이 쉽지 않은 인적자본의 망실을 방지한다는 점에서 경제적 효율성과도 부합하는 제도이다. 그

---

5 이 제도는 영미법 중 형평법상의 제도이기 때문에 손해배상제라는 사후적 구제수단에만 익숙한 우리에게는 비교적 낯선 제도다. 우리에게 그나마 익숙한 금지청구제는 성폭행이나 성희롱 등이 예상되는 경우 법원이 발동하는 '접근금지명령'이 있다.

6 원래 공정거래법은 사업자를 규제하는 법이다. 따라서 공정거래법에 사업자가 아닌 일반 개인을 보호하는 조항이 직접적으로 포함된 것은 특기할 만하다. 원론적으로 이 제도를 도입하려 했다면 당연히 민법을 개정하여 사인 간의 불법행위를 사전에 규율하는 수단으로 도입하는 것이 마땅하다. 그러나 이는 불법행위에 대해 손해배상(또는 부당이익 반환)이라는 사후적 구제수단에 편향된 우리나라 민법체계 전반을 손질해야 하는 작업이라서 편법적으로 공정거래법에 포함된 것으로 보인다.

러나 '빚은 무슨 일이 있어도 갚아야 한다'는 전근대적인 채권자 논리
가 횡행하는 우리나라에서 개인도산제도는 채무자의 도덕적 해이 방
지라는 논리 앞에 무너져 내리기 일쑤였다. 문재인정부 역시 '죽은 채
권 부활 방지'라는 지극히 당연한 명제의 추구에만 그쳤을 뿐 개인도산
제도의 근본적 정비에는 나서지 못했다.

　개인도산제도의 정비 중 가장 근본적이고 시급한 과제는 담보로 제
공된 주택을 개인회생절차에 따른 변제가 진행되는 동안 채권자의 변
제 압박으로부터 보호해주는 것이다. 현재는 개인회생절차가 신청되
어 회생계획이 입안되는 동안까지만 보호해줄 뿐 정작 회생절차가 개
시되면 채권자는 별제권 논리에 기대어 담보주택을 환가처분할 수 있
다. 이는 기업회생절차의 경우 모든 담보부 채권이 원칙적으로 회생절
차에 따른 변제방식에 의해서만 채권 충족이 가능한 점과 큰 대조를
이룬다. 미국의 경우에도 개인회생절차에서 담보로 제공된 주택은 회
생절차에서 규정한 변제방식에 의하지 않고 임의로 경매에 넘길 수 없
다. 따라서 이 부분은 시급히 정비되어야 한다. 특히 가계부채가 급증
하고 부동산 투기에 따른 소위 '영끌 주택 매입'이 극성을 부리는 지금,
다수의 채무자들이 자칫 채무불이행에 빠질 가능성이 커서 부동산발
가계부채 폭탄이 터질 경우 이 제도를 정비해두었는가 아닌가는 개인
채무자의 삶의 질뿐만 아니라 우리나라 경제의 안정성 측면에서도 관
건이 될 것이다.

　잔존 과제의 두 번째는 기업지배구조를 유효하게 정비하기 위해 노
동이사제를 도입하는 것이다. 노동이사제의 도입은 현재의 사외이사
제도가 철저하게 실패했다는 자성에서 출발한다. 사외이사의 독립성
을 확보하려는 수차례의 노력에도 불구하고 결국 사외이사의 독립성

확보는 실패했다. 그 대안으로 떠오른 것이 노동이사제다. 노동자 또는 노동자가 추천한 자가 이사가 되도록 하는 것이다. 물론 현실에서 거론되는 노동이사제는 독일식의 이중이사회제도(dual board system)가 아니라 사외이사의 일부를 노동자가 추천한 자로 위촉하자는 것이다. 노동이사제는 과거 2016년 7월 4일 김종인 당시 더불어민주당 의원이 대표발의한 상법개정안에 포함되어 있었다. 이 법안은 총 122명이 발의에 참가했고 현재의 여당 의원들 중 당시 의원이었던 사람들은 거의 모두가 참여했다. 그러나 노동이사제는 이번 문재인정부의 상법개정안에 포함되지 않았다.

공정경제의 또 다른 남은 과제는 이익공유제(profit sharing system) 도입이다. 경제원론에서 이익공유제는 산출물의 측정에는 불확실성이 작고 반대로 투입물의 측정에는 불확실성이 큰 공동생산 상황에서 생산요소 간에 합리적인 분배를 이루기 위한 방법이다.[7] 예를 들어 경영자의 노력이 잘 측정되지 않아서 경영자가 한눈을 팔 가능성이 클 때는 스톡옵션을 부여해 생산 과실의 일부를 주주와 나누고, 노동자의 노동 투입이 잘 측정되지 않을 때 종업원 지주제를 이용해서 노동 유인을 제고하는 방법이 그것이다.

그런데 현실의 이익공유제는 이런 잘 알려진 문제를 해결하기 위해 거론되는 것이 아니라 주로 하청구조의 정비와 낙수효과 측면에서 거

---

7 투입물과 산출물 중 어떤 것이 더 용이하고 확실하게 측정 가능한가 하는 점은 생산물 분배에서 중요한 함의를 갖는다. 예를 들어 재산권 경제학자들은 자본이나 노동 등 생산요소의 투입량이 용이하고 분명하게 측정될 경우에는 임대료나 임금을 고정급으로 하고 잔여 생산물을 다른 생산요소 공급자가 차지하게 되지만, 반대로 산출물은 측정 가능하지만 자본이나 노동의 투입량은 측정이 어려운 경우에는 산출물을 일정 비율로 배분하는 것이 거래비용 최소화의 측면에서 더 우월할 수 있다는 점을 강조한다. 이에 관해서는 바젤(Barzel, 1997) 참조.

론된다. 대기업이 경제적 지배력을 앞세워 하청기업의 기술을 탈취하거나 납품단가를 부당하게 후려칠 때 이를 하나하나 입증하는 것이 쉽지 않은 것이 현실이다. 이런 경우 중간재 구입 과정에서의 부당행위를 측정하려고 하기보다는 대기업의 최종 산출물을 대기업 주주와 하청기업 간에 나누는 것이 거래비용 측면에서 더욱 우월한 제도가 될 수 있다. 그러나 이익공유제는 그 경제적 논리가 스톡옵션과 실질적으로 동일함에도 대기업의 반대에 부딪혀 입법화에 이르지 못했다.

최근에는 코로나19 사태의 극복 과정에서 이익공유제 또는 상생협력기금이 다시 거론되고 있다. 그러나 이것은 인과관계의 고리가 매우 약하다는 측면에서 아무리 좋게 보더라도 미봉책에 불과하다. 정부와 여당은 코로나19 사태를 통해 일부 이익을 누린 업종(예를 들어 온라인 플랫폼이나 배달업체 등)이 자발적으로 그 이익 중 일부를 사회에 환원해 코로나19 사태로 극심한 손해를 입은 업종(예를 들어 여행업, 개인자영업 등)의 손실을 보전하자는 주장을 펼치고 있다. 이 발상은 그것 자체로 바람직한 측면이 있으나 이를 이익공유제로 포장하는 것은 무리다. 그보다는 정부가 직접적으로 나서는 것이 좋다. 코로나19 사태로 이익을 본 기업은 그만큼 법인세를 많이 낼 수밖에 없다. 반대로 코로나19 사태로 손해를 본 기업은 법인세를 내기는커녕 금융기관 이자도 제대로 납부하지 못할 위기에 처해 있다. 따라서 정부는 법인세를 많이 납부한 기업들의 조세수입을 재원으로 금융기관을 지원해 코로나19 사태로 금융기관 차입금 상환에 어려움을 겪는 기업을 지원하거나, 또는 이들 기업이 보다 손쉽게 도산절차에 들어가 회생의 길을 걸을 수 있도록 재정지원을 하는 것이 더 바람직하다. 사회적 차원의 이익공유제는 정부의 몫이기 때문이다.

4. 재벌개혁의 논리

앞 절까지는 공정경제의 측면에서 그 논거와 성과 그리고 남은 과제를 간단히 살펴보았다. 이 절에서는 재벌개혁에 대해 그 논거와 성과 그리고 과제를 검토해보기로 한다.

1) 왜 아직도 재벌개혁인가

재벌개혁이나 재벌규제의 중요한 한 축인 금산분리 규제의 유지를 거론할 때면 늘 제기되는 반론이 있다. '재벌이 이제는 달라졌다'는 것이다. 과거에는 불법행위를 일삼고 경제력 집중의 폐해를 유발했지만 지금은 세계적 일류 기업이 되었으므로 더 이상 그런 불법행위를 저지르지 않는다는 것이다. 그러니 재벌개혁도 필요 없고 재벌규제의 구체적 표상들인 금산분리 규제나 공정거래법상의 경제력 집중 억제 규제들도 모두 완화해야 한다는 것이다.

과연 그런가? 21세기의 한국 재벌들은 과거와는 단절한 채 나라의 법을 지키고 경제적 효율성의 달성에만 집중하고 있는가? 아쉽지만 전혀 아니다.

가장 대표적인 사례가 이재용 삼성전자 부회장의 불법 경영권 승계 과정이다. 2021년 1월 18일 확정된 국정농단사건 파기환송심 판결에서 이 부회장은 징역 2년 6개월의 실형을 선고받았다. 재판에서 확인된 사실관계에 따르면 이 부회장은 자신의 개인적 이익인 승계를 위해 회삿돈 86억 원을 횡령하여 이를 대통령에게 뇌물로 제공하고 제일모직과 삼성물산 간 합병에서 국민연금이 찬성하도록 영향력을 행사하거나 두 회사 간 합병으로 발생한 신규 순환출자에 따른 주식매각 규모를 축소하는 것에 편의를 볼 수 있도록 했다.

　이것은 21세기에 벌어진 명백한 불법행위다. 죄목도 뇌물, 제3자 뇌물, 특정경제범죄가중처벌 등에 관한 법률상 횡령 등 중한 것이다. 특경가법상 50억 원이 넘는 횡령은 최저 형량이 5년인 범죄다. 비록 대법원에서 무죄판결이 나기는 했지만 재산국외도피죄의 경우 최저 형량이 10년인 범죄다.

　아직 확정판결이 나온 것은 아니지만 제일모직과 삼성물산 간 합병 및 삼성바이오로직스 분식회계 사건의 불법행위 역시 범죄의 위중함에 있어 위 국정농단사건과 크게 다르지 않다. 검찰의 공소장[8]에 따르면 이재용 부회장은 고 이건희 회장의 와병 이후부터 미래전략실을 중심으로 수차례 회의를 거쳐 승계작업을 추진했고, 이 과정에서 위계를 사용하여 자본시장 참가자들을 기망하고 합병 전 삼성물산 주주들에게 손해를 끼쳤다. 아울러 불공정한 합병비율을 은폐하기 위해 삼성바이오로직스 분식회계를 저질렀다. 그리고 별도의 재판에서는 삼성바이오로직스 분식회계를 은폐하기 위해 공장 바닥을 뚫고 증거를 조직적으로 인멸했던 관련자들이 유죄판결을 받기도 했다.

　이것이 21세기 우리나라 재벌의 모습이다. 최소한 우리나라 재벌은 총수의 이익에 관한 한 상식과 도리 그리고 현행 법률의 통제를 초월하고 있다. 따라서 아직도 재벌에 대한 일정 부분 규제는 불가피하고 우리나라 재벌은 개혁의 대상일 수밖에 없다.

8　이 공소장은 2020년 9월 10일 《오마이뉴스》가 홈페이지에 게시했다(http://www.ohmynews.com/NWS_Web/View/at_pg.aspx?CNTN_CD=A0002674862 참조).

2) 신재벌은 구재벌과 구별되는가

우리나라 재벌을 지칭하는 법률상의 명칭은 상호출자제한 기업집단
(또는 여기에 공시대상 기업집단까지 포함하기도 한다)이다.[9] 물론 상호출자
제한 기업집단이라고 해서 모두 일상적인 의미의 '재벌'에 해당하는 것
은 아니다. 자연인이 해당 기업집단을 실질적으로 지배하는 경우에 한
해 우리는 그 기업집단을 재벌이라고 통칭한다. 2021년 2월 1일 기준
우리나라에는 총 34개의 상호출자제한 기업집단과 30개의 공시대상
기업집단이 존재한다.

〈표 8-1〉을 보면 우리나라의 재벌 중 부동의 1위는 삼성이고 그 이
하로 현대자동차, 에스케이, 엘지, 롯데 등이 5위까지의 순위를 차지하
고 있다. 이들은 모두 우리나라 국민들에게 오랫동안 '재벌'로 각인되어
왔던 대표적 기업집단이다. 그리고 이들 재벌총수들은 대부분 이런저
런 이유로 불법행위에 연루되어 사법당국의 제재를 받은 경험이 있다.

이에 비해 카카오, 네이버, 넥슨, 셀트리온, 넷마블 등은 새롭게 부
상한 재벌이다. 특히 이들 중 다른 신흥 기업집단들이 비교적 규모가
작은 '공시대상' 기업집단들임에 비해 카카오는 '상호출자제한' 기업집
단으로서 자연인 총수가 존재하기 때문에 명실상부한 재벌이다.

그렇다면 이들 신흥 재벌은 어떻게 평가할 수 있을까? 실정법도 잘
지키고 더 나아가 기업의 사회적 책임도 잘 수행하고 있을까?

가장 전형적인 재벌인 카카오를 보자. 카카오 집단의 총수인 김범수
이사회 의장은 2018년 11월 21일 계열사 신고누락 혐의로 검찰에 의

---

9   상호출자제한 기업집단은 규모가 국내회사 총자산 합계 기준 10조 원 이상인 기업집단을 말
    하며, 공시대상 기업집단이란 동 규모가 5조 원 이상인 경우를 말한다.

표 8-1 상호출자제한 기업집단 등의 소속회사 현황(2021.2.1 기준)

연번	기업집단	동일인	소속 회사 수	비금융 보험사	금융 보험사	집단 구분
1	삼성	이재용	59	43	16	상호출자제한
2	현대자동차	정몽구	56	51	5	상호출자제한
3	에스케이	최태원	144	144	0	상호출자제한
4	엘지	구광모	68	68	0	상호출자제한
5	롯데	신동빈	85	82	3	상호출자제한
23	카카오	김범수	105	99	6	상호출자제한
41	네이버	이해진	48	45	3	공시대상
42	넥슨	김정주	19	18	1	공시대상
45	셀트리온	서정진	8	8	0	공시대상
47	넷마블	방준혁	23	23	0	공시대상
합 계			2,369	2,083	286	

자료: 공정거래위원회, 〈2020년 상호출자제한기업집단 등의 소속회사 변동현황〉, 2021.2.1(http://
www.ftc.go.kr/www/selectReportUserView.do?key=10&rpttype=1&report_data_no=8934).

해 벌금 1억 원에 약식 기소되었다. 서정진 셀트리온 회장도 마찬가지
였다. 카카오 사건에서 대법원은 2020년 2월 27일 김범수 의장에게
무죄를 선고한 원심을 확정했다. 계열사 누락의 사실관계는 존재했지
만 고의가 없었다는 것이다.

　이 두 사건에서 재벌총수들이 '고의가 없었다'는 말로 책임을 회피할
수 있다. 실제로 고의가 없었을 수도 있다. 그렇다면 다른 사례는 없는
가? 있었다. 네이버의 경우는 조금 더 고의적인 위법 소지가 크다. 지
난 2020월 9월 4일 공정위는 네이버가 부동산 정보업체(CP)와 계약을
체결하면서 자신에게 제공한 부동산 매물정보를 제3자에게 제공하지
못하도록 한 행위에 대해 시정명령과 함께 과징금 10억 3200만 원을

부과했다.[10] 이것은 시장지배력을 이용하여 경쟁업체인 카카오를 부당하게 배제한 데 따른 것이다. 또한 2020년 10월 6일에는 네이버가 쇼핑·동영상 분야 검색 서비스를 운영하면서 검색연산방식(이하 '알고리즘')을 인위적으로 조정·변경하여 자사상품·서비스(스마트 스토어 상품, 네이버 TV 등)는 검색결과 상단에 올리고 경쟁사는 하단으로 내린 행위에 각각 시정명령과 과징금(네이버쇼핑에 약 265억 원, 네이버동영상에 약 2억 원)을 부과했다.[11] 이 사례는 네이버가 플랫폼사업자로서의 이중적 지위를 악용해 자신의 계열회사에 부당한 특혜를 제공한 것에 따른 것이다.

이상의 사례를 종합해보면 신흥재벌들이 특별히 더 잘 기존 법령이나 규제를 준수한다고 볼 근거는 없다. 특히 네이버의 사례는 전형적인 시장지배력 남용행위라고 볼 수 있고 이런 사례가 누적될 경우 결국은 단순한 경쟁제한 행위에 그치지 않고 전형적인 재벌의 횡포로 발전할 수 있다. 따라서 모든 재벌에 대해서 재벌규제와 개혁이 필요하다.[12]

5. 재벌개혁의 후퇴와 과제

문재인정부에서 특별한 재벌개혁은 없었다. 국정농단사건에서 거의

---

10 http://www.ftc.go.kr/www/selectReportUserView.do?key=10&rpttype=1&report_data_no=8713

11 http://www.ftc.go.kr/www/selectReportUserView.do?key=10&rpttype=1&report_data_no=8759

12 승계 문제 역시 언제나 재벌총수의 아킬레스건이다. 아직 신흥 재벌총수의 승계 사례는 많이 축적되어 있지 않아서 속단하기는 어렵지만, 그렇다고 승계가 정상적인 준법의 테두리 안에서 이루어질 것이라는 보장도 없다. 이 부분은 지켜볼 필요가 있다.

모든 주요 재벌총수들이 사법적 심판대에 올랐지만 문재인정부와 주요 재벌들은 매우 우호적인 관계를 유지했다. 다만 2020년 말 일부 개혁적인 조치를 담은 공정거래법 개정안이 통과되었을 뿐이다. 이 점은 일단 재벌개혁의 제도적 진전이라고 볼 수 있다. 그러나 이런 성과를 재벌개혁에 대한 문재인정부의 대표적 성과라고 말하기에는 그 이전에 있었던 다수의 재벌특혜 정책들이 시야에 들어온다. 이하에서는 먼저 재벌특혜 정책의 몇 가지 사례를 살펴보고 공정거래법 개정안에 포함된 재벌개혁 조항들을 살펴본 후 남은 과제를 검토해보기로 한다.

1) 인터넷전문은행과 재벌

문재인정부는 재벌에 은행을 선물한 대한민국 역사상 최초의 정부다. 상호출자제한 기업집단인 카카오에 인터넷전문은행인 카카오뱅크의 대주주 자격을 허락했기 때문이다. 이 과정은 인터넷전문은행에 대한 금산분리 규제완화를 통해 이루어졌다. 문재인정부는 박근혜정부가 논란 끝에 은행법상 은행으로 출범시켰던 케이뱅크와 카카오뱅크를 대상으로 인터넷전문은행 특별법이라는 재벌특혜법을 제정해 KT와 카카오라는 상호출자제한 기업집단에 은행업을 허용했다.

인터넷전문은행에 예외적으로 금산분리 규제를 완화해야 하는 논거는 언필칭 '핀테크'였다. 은행업에 정보통신기술을 접목할 경우 여러 가지 기술혁신이 가능하기 때문에 정보통신업체에는 예외적으로 은행을 선물해야 한다는 것이다. 그리고 이때의 기대효과로 타성에 빠진 은행에 메기를 투입해 경쟁환경을 조성하는 소위 '메기효과'와 선진적인 정보통신기술을 활용해 금융서비스에서 소외된 중신용자에 대한 중금리대출을 활성화할 수 있다는 것이었다.

2017년 4월 3일 최초의 인터넷전문은행인 케이뱅크가 출범한 지 약 4년이 가까워지고 있지만 설립 당시에 공언한 메기효과와 중금리대출이 과연 활성화되었는지는 의문이다. 우선 케이뱅크의 경우 복잡한 주주구성과 대주주인 KT의 공정거래법 위반 전력 때문에 설립인가 때 약속한 비례적 증자를 적기에 실현하지 못해 만성적인 자기자본 부족에 시달렸다. 카카오뱅크의 경우 후발주자였지만 필요한 증자를 이뤄내며 견실한 성장을 보였다.

그러나 카카오뱅크가 성공한 원인은 역설적으로 철저하게 기존 은행과 유사한 영업방식을 고수했기 때문이다. 예를 들어 카카오뱅크는 중금리대출을 철저하게 외면했다. 2020년 11월 12일 정의당 배진교 의원실이 분석한 국감자료에 따르면 카카오뱅크의 신용대출 중 고신용등급 비중은 2017년 87.95%에서 2020년 6월 말 93.59%로 5.64% 포인트 높아졌다. 같은 기간 중신용자인 5~6등급은 10.27%에서 5.54%로, 7등급 이하 저신용자는 1.78%에서 0.87%로 낮아졌다.[13] 즉 카카오뱅크는 은행과 차별화된 여신전략을 통해 성장한 것이 아니라 역설적으로 중금리대출을 외면하고 철저하게 기존 은행이 여신을 집중하는 고신용자에 대한 대출을 통해 성장한 것이다.

과연 이런 상황에서 인터넷전문은행이 당초 공언한 대로 소기의 성과를 거둘 수 있을지는 조금 더 지켜볼 필요가 있다. 특히 제3의 인터넷전문은행인 토스뱅크가 출범할 경우 그동안 상대적으로 과점 이익을 누려왔던 인터넷전문은행 업계도 상당한 경쟁 압력에 직면할 수 있

---

13 "'혁신'하랬더니 '배신'한 카카오뱅크", 《머니투데이》, 2020.11.12(https://news.mt.co.kr/mtview.php?no=2020111210345043871).

다. 이때 과연 은행업의 안정성이 유지될 수 있을지도 중요한 관심사다. 이 문제는 조금 더 지켜볼 필요가 있다.

2) CVC 및 차등의결권과 재벌

문재인정부가 재벌에 허용한 또 다른 대표적 특혜는 기업형 벤처캐피탈(corporate venture capital: CVC) 및 차등의결권 도입이었다. 이 중 CVC는 공정거래법 개정안에 포함되어 이미 법제화되었고, 차등의결권제도는 지난 2020년 12월 22일 복수의결권 도입을 담은 벤처기업 육성에 관한 특별법 개정안이 국무회의를 통과한 상태다.

이 두 제도는 모두 잠재적으로 재벌총수의 승계에 악용되거나 작은 자본으로 회사를 좌지우지할 수 있다는 점에서 그동안 정부가 추진해온 기업지배구조 정상화에 역행하는 제도다. 우선 CVC는 공정거래법상 일반지주회사 체제 내에 금융기관에 해당하는 벤처캐피탈사와 신기술금융사업자의 편입을 특혜적으로 허용하는 내용을 담고 있다. 우리나라의 경우 지주회사에 대해서는 금산분리 규제가 적용되어 일반지주회사는 금융회사를 지배할 수 없고 금융지주회사는 비금융회사를 지배할 수 없게 되어 있다. 그런데 벤처산업 활성화에 필요하니 이 제도를 벤처산업에 대해서는 면제해달라는 것이 CVC 도입의 핵심골자였다.

그런데 일반지주회사에 대한 금산분리 규제를 완화해 CVC를 도입하는 것에는 여러 문제가 있다.[14] 하나는 정부가 이미 이 제도의 도입을 검토하다가 반대여론 때문에 이 방안을 폐기하고 벤처지주회사제

---

14 이와 관련해서는 전성인(2020)을 참조.

도를 대신 도입했다는 점이다. 이런 상황에서 이미 폐기했던 CVC를 재추진하는 논거가 마땅하지 않았다.

이에 비해 CVC 도입을 반대하는 논거는 여러 가지가 있었다. 하나는 금산분리 규제 그 자체를 무력화하는 데 따른 원론적 반론이었다. 다른 하나는 이것이 벤처기업에 대한 특혜가 아니라 '벤처산업을 영위하려고 하는 일반지주회사에 대한 특혜'라는 점이었다. 일반지주회사가 아닌 전형적인 비금융회사는 CVC를 조직하는 데 당시의 제도로서도 아무런 제약이 없었다. 심지어 일반지주회사의 경우에도 총수가 지주회사 체제 밖에서 CVC를 도입하는 것은 아무런 문제가 없었다.

그런데 굳이 일반지주회사 체제 내에 CVC를 설립할 수 있도록 해달라는 것은 결국 지주회사 체제 내에 있는 계열회사의 자금을 이용하여 사실상의 거미줄 투자구조를 실현할 수 있는 가능성을 열어달라는 것으로 해석될 소지가 있었다. 그에 더해 CVC가 가진 금융회사적 속성 때문에 외부 투자자의 돈까지 이용하여 지배구조나 승계에 활용할 수도 있었다.

이에 따라 CVC 제도의 도입은 문재인 대통령의 주문에도 불구하고 국회에서 난항을 겪었다. 결국 CVC 제도는 최소한의 보호장치와 벌칙조항을 추가하는 수준에서 공정거래법에 통합되어 2020년 말 국회를 통과했다.

차등의결권제도는 1주 1의결권 원칙을 허무는 제도다. 즉 특정한 종류의 주식에 대해서는 1주에 대해 복수의 의결권을 허용하자는 것이다. 현재 우리나라에는 1주에 1의결권이 부여되는 보통주와 아무런 의결권도 부여되지 않는 무의결권 주식이 있다. 그 외 배당에 우선순위가 있는 우선주도 있다. 그런데 이번에 국무회의를 통과한 정부안에 따르면 1주에 최대 10단위의 의결권을 허용한다는 것이다. 이 혜택은 오직 창업주에게만 허용하고 상장을 하고 일정 기간이 경과하면 보통주로 환원하도록 되어 있다.

벤처기업이 이 제도를 원하는 것은 벤처캐피탈로부터 투자를 받을 때 수많은 경영간섭을 경험하기 때문에 경영의 자율성을 보장받기 위해서라고 한다. 그러나 투자액 대비 최대 10분의 1 토막이 난 의결권을 얻는 조건으로 선뜻 투자에 나설 벤처투자자가 과연 존재할지는 의문이다. 즉 이 제도는 자칫 벤처기업 활성화보다는 벤처자금 공급의 위축을 유발할 가능성이 있다.

더욱 문제는 이 제도가 일단 벤처업계에 도입된 후 그곳에만 머물러 있지 않고 일반회사로 영역을 확장할 수 있다는 점이다. 우리나라 재벌체제는 '작은 출자지분으로 과도한 지배력을 행사'하는 것이 전형적인 문제로 지적되어왔다. 그런데 차등의결권은 이런 문제점을 공식화하는 제도다. 따라서 차등의결권 도입은 재벌의 숙원사업 중 하나였다.

이 글을 집필하는 2021년 2월 초 시점에서 차등의결권 제도는 아직 도입되지 않았다. 그러나 약 180여 명의 여권 국회의원을 보유한 문재인정부는 조만간 이 제도를 입법화할 것이다. 재벌특혜까지는 얼마 남지 않게 될 것이다.

3) 공정거래법 및 상법 개정과 재벌

문재인정부의 재벌개혁 중 그래도 성과로 치부할 수 있는 것은 일부 개혁적인 내용을 포함하는 상법 및 공정거래법 개정안이 국회를 통과했다는 점이다. 우선 상법 개정안의 경우 가장 논란이 되었던 것은 감사외원 분리선출제와 이중대표소송제도였다. 이 두 제도는 지배주주의 전횡을 일정한 수준에서 통제하고 모회사의 총수가 자회사 임원을 통해 자회사에는 손해를 입히면서 사익을 추구하는 문제에 대처하는 최소한의 개혁조치였지만 재계의 극심한 반대에 봉착했다. 그에 따라 일부 내용이 후퇴하기는 했지만 그래도 제도화된 것은 문재인정부의 성과라고 할 수 있다.

공정거래법 개정안 중 재벌개혁과 관련된 것은 공익법인이 동일한 계열의 계열회사에 대해 행사할 수 있는 의결권을 마치 금융기관의 의결권처럼 다른 계열회사의 의결권과 합하여 15%를 넘지 못하도록 제한한 것이다. 또한 계열회사 간 합병이나 영업 양수도의 경우에는 의결권 행사의 예외적 허용에서 배제해 의결권을 행사하지 못하도록 한 점도 진일보한 것이다. 그동안 상당수의 재벌총수들이 공익법인에 계열회사 주식을 증여한 후 이를 통해 다른 계열회사를 지배하는 수법을 사용해왔기 때문이다. 이런 관행은 이번 개정을 통해 상당 부분 통제될 것으로 기대한다.

6. 중단 없이 추진해야 할 시대적 과제

공정경제와 재벌개혁에 대한 문재인정부의 정책성과를 평가한다면 특혜와 규제가 뒤섞였으나 특혜의 문제점이 규제의 편익을 압도했다고 볼 수 있다. 공정경제를 지향하는 정책도 전체적 전략이나 각 정책 간의 선후 관계를 주도면밀하게 설계해 추진하지 못해서 결국 초기 개혁정책이 조기에 좌초되고 말았다. 그후로는 이전 정부인 이명박·박근혜정부가 추진하던 재벌특혜 정책을 그대로 계승했다. 그 대표적인 사례가 인터넷전문은행 도입이다. 이 정책은 박근혜 대통령 때 추진했던 정책이고 그 당시 현재의 여당인 민주당은 반대했으며 대선 과정에서 문재인 후보 역시 '현행법의 테두리 내에서의 영업'을 강조했었다. 그런데 이런 과거의 원칙과 약속을 송두리째 뒤엎고 재벌에 은행을 선물한 것이다.

눈에 보이는 제도 변화에 의한 특혜 못지않게 중요한 것은 재벌이 추진하는 사업에 대한 재정지원이다. 이 부분은 이 장의 범위를 넘는 것이어서 다루지는 않았지만, 한국형 뉴딜정책의 지원대상 중에 거대 재벌이 추진하는 사업들이 포함되어 있는 점은 많은 것을 시사해준다. 이런 문제는 다음 정부의 개혁에 기댈 수밖에 없을 것이다.

혁신적 포용국가의 재정개혁[1]

———

강병구(인하대학교 경제학과 교수)

1. 재정개혁의 배경과 필요성

우리나라는 저출산·고령화, 양극화, 고용창출력 약화, 가계부채 증가 등 구조적 문제에 더해 미·중 간 무역마찰과 신종 코로나바이러스 감염증(코로나19)으로 인해 단기 성장률 하락은 물론 장기적으로 잠재성장률의 둔화가 우려되고 있다. 더욱이 코로나19의 경제적 충격이 취약계층에 집중되면서 소득과 자산의 양극화와 불평등이 확대되고 있다.

최근 정부는 확장적인 재정정책으로 코로나 시대의 사회경제적 문제에 적극적으로 대응하고 한국판 뉴딜로 성장 패러다임의 전환을 모색하고 있지만 재정건전성을 우려하는 입장에서는 재정준칙의 도입을

---

1 이 글은 강병구(2020)에 근거해 작성했다.

주장하고 있다. 하지만 우리나라의 '저복지-저부담' 상태와 재정의 취약한 자동안정화장치, 이력효과(hysteresis) 등을 고려할 때 엄격한 재정준칙의 도입은 적절하지 않다. 현재 우리의 재정 여력은 상당히 양호하므로 성장 잠재력 제고와 분배구조 개선을 위해 재정을 적극적으로 활용해야 한다. 다만 중장기적으로는 혁신적 포용국가의 실현과 복지국가의 지속가능성 차원에서 재정개혁 방안을 모색할 필요가 있다.

혁신적 포용국가의 문제의식은 1980년대 이후 확대된 불평등과 빈곤, 사회보호로부터의 배제, 지속가능한 발전 등을 배경으로 하고 있지만 다가올 4차 산업혁명 시대의 사회경제적 변화에 따른 대응과 삶의 질 향상도 대상으로 하고 있다. 고용안전망과 사회안전망의 확충, 사회투자의 확대, 혁신의 생태계 조성 등은 혁신적 포용국가의 주요 정책과제들이다.

이 글의 목적은 우리나라의 재정 운용에 대한 평가를 바탕으로 혁신적 포용국가를 위한 재정개혁의 방향과 과제를 모색하는 데 있다. 이를 위해 먼저 재정 현실을 살펴본 후 분배구조의 개선, 국민경제의 안정과 성장, 재정건전성의 측면에서 그동안의 재정 운용을 평가한다. 이어서 재정개혁의 방향과 과제를 제시한다.

2. 우리나라의 재정 현실

우리나라의 재정 규모는 OECD 국가 평균에 미치지 못하고 재정지출에서 차지하는 복지지출의 비중이 낮아 '저복지-저부담'의 상태에 있다. 〈표 9-1〉에서 보듯이 2018년 정부의 총수입과 총지출은 각각 GDP 대비 35.3%와 31.5%로 OECD 국가 평균 41.8%와 42.1%에 비

표 9-1 일반정부 재정 규모의 국제 비교(2018년, 단위: GDP 대비 %)

	총수입	총지출	조세부담률	국민부담률	공공사회복지 지출
한국	35.3	31.5	20.0	28.4	11.1
OECD 평균	41.8	42.1	24.9	34.3	20.1

자료: OECD.Stat(http://Stats.oecd.org). 검색 일자: 2020.10.26.

해 낮고, 조세부담률과 국민부담률도 각각 20.0%와 28.4%로 OECD 국가 평균 24.9%와 34.3%에 비해 낮다. 우리나라의 조세부담률이 낮은 이유는 지하경제의 규모가 크고[2] 취약한 세율체계와 다양한 조세지출로 주요 세목의 실효세율이 낮기 때문이다. 공공사회복지지출도 11.1%로 OECD 국가 평균 20.1%를 크게 밑돌고 있다.

우리나라의 조세체계(tax mix)는 국세 14개와 지방세 11개로 구성되어 있다. OECD 국가 평균과 비교해 개인소득세와 소비세, 자산보유세, 고용주 사회보장기여금의 비중이 작고, 법인소득세, 자산거래세, 종업원 사회보장기여금의 비중은 크다. 〈표 9-2〉에서 보듯이 2018년 전체 세수에서 개인소득세가 차지하는 비중은 18.4%로 OECD 국가 평균 23.9%에 비해 작지만, 법인소득세 비중은 15.7%로 OECD 국가 평균 8.8%보다 크다. 소비세 비중은 26.3%로 OECD 국가 평균보다 6.2% 포인트 작지만, 그 차이의 대부분은 부가가치세의 낮은 비중 때문이다. 자산 관련 세수 중 보유세 비중은 OECD 국가 평균보다 작지만 거래세의 비중은 크다.[3] 종업원의 사회보장기여금 비중은 10.9%로

---

2 메디나와 슈나이더(Medina and Schneider, 2018)에 따르면, 한국의 지하경제 규모는 1991년 GDP 대비 29.1%를 기록한 이후 지속적으로 축소됐지만, 2015년 19.8%를 기록해 OECD 국가 평균보다 여전히 2.3% 포인트 높다.

표 9-2 세수 구성의 국제 비교(2018년, 단위: %)

	개인 소득세	법인 소득세	소비세		자산세				사회보장기여금		
				부가 가치세		보유세	거래세			종업원	고용주
한국	18.4	15.7	26.3	15.3	11.6	3.1	7.1	25.4	10.9	11.6
OECD	23.9	8.8	32.5	20.6	5.5	3.6	1.4	27.0	8.9	15.1

주: 세목별 구분은 OECD 기준.
자료: OECD.Stat(http://stats.oecd.org). 검색 일자: 2020.10.26.

OECD 국가 평균보다 높지만, 고용주의 사회보장기여금 비중은 11.6%로 OECD 국가 평균 15.1%보다 크게 낮다.

개인소득세수 비중이 작은 것은 다양한 소득공제 및 세액공제, 최고 세율이 적용되기 시작하는 높은 수준의 과세표준, 자산소득에 대한 낮은 실효세율 등에서 원인을 찾을 수 있다. 법인세수 비중이 높은 이유는 전체 법인기업의 과세대상 소득이 크기 때문인데, 낮은 노동소득분배율, 대기업으로의 경제력 집중, 소득세율에 비해 낮은 법인세율로 인한 법인의 선호, 높은 제조업 비중 등이 복합적으로 작용한 결과이다. 사회보장기여금의 비중이 낮은 이유는 사회보험료율과 고용률이 낮고, 비정규직과 특수고용노동자 등을 중심으로 사회보험의 사각지대가 크기 때문이다.

한편 우리나라의 재정지출은 국방과 경제사업의 높은 비중과 사회보호에 대한 낮은 비중으로 빈곤과 불평등, 노후생활 문제에 적절하게 대응하지 못하고 있다. 〈표 9-3〉에서 보듯이 2017년 총지출 대비 국

---

3   거래세 비중(7.1%)은 취득세(4.7%), 등록세(0.3%), 증권거래세(1.2%), 농특세(0.6%), 인지세(0.2%)로 구성된다.

표 9-3 재정지출 구성의 국제 비교(2017년, 단위: %)

	일반 행정	국방	공공 질서	경제 사업	환경 보호	주택	보건	오락 문화	교육	사회 보호
한국	13.2	7.4	3.9	14.8	2.9	3.3	14.3	2.8	15.1	22.3
OECD	12.9	3.5	4.1	10.5	1.6	1.3	15.2	2.9	12.5	35.6

자료: OECD.Stat(http://stats.oecd.org). 검색 일자: 2020.10.26.

방과 경제사업 지출 비중은 각각 7.4%와 14.8%로 OECD 국가 평균을 넘어서고 있지만, 사회보호지출은 22.3%로 OECD 국가 평균에 크게 못 미치고 있다. 공공사회복지지출의 구성에서도 보건과 적극적 노동시장 프로그램의 비중은 OECD 국가 평균을 상회하지만, 소득을 지원하는 노령·유족·근로무능력 분야의 비중이 낮아서 노인빈곤의 문제에 효과적으로 대응하지 못하고 있다.

3. 재정 운용의 평가

우리나라의 재정은 미약한 소득재분배 효과와 취약한 자동안정화 기능, 그리고 양호한 재정건전성을 특징으로 하고 있다. 첫째, 재정의 소득재분배 효과가 미약하다. 국제 비교가 가능한 2017년을 기준으로 할 때, 조세 및 이전지출을 통한 지니계수와 빈곤율 감소 비율은 각각 12.6%와 11.7%로 OECD 28개 국가 평균 34.5%와 57.6%보다 크게 낮다. 시장소득을 기준으로 한 우리나라 가구소득의 불평등도와 빈곤율은 OECD 국가 평균에 비해 낮지만, 재정의 미약한 재분배 기능으로 인해 처분가능소득을 기준으로 할 경우에는 오히려 높아진다. 재정의 소득재분배 효과를 조세와 이전지출의 효과로 분해하면 약 3분의 2는 이전지출의 효과로 평가되며, 이전지출 중에서는 공적연금과 가족급여 같은 비자산조사형 이전지출이 재분배 효과의 대부분을 차지한다. 조세의 경우 개인소득세의 불평등 감소 효과가 가장 크지만 낮은 수준의 평균 실효세율과 미약한 누진성으로 인해 재분배 효과가 취약하다.[4]

둘째, 재정의 자동안정화 기능이 매우 취약하다.[5] 박형수(2018)에 따르면 1985년부터 2016년의 기간에 우리나라 재정의 자동안정화 장치는 0.59로 OECD 국가 평균의 53%에 불과했고, 세출 측면의 자동안정화 장치가 세입 측면에 비해 크게 낮았다.[6] 반면에 재량적 재정정책은 시기별로 편차를 보이지만 대체로 경기대응적이었던 것으로 평가된다.[7] 정부부문의 성장기여도는 2019년 이후, 특히 코로나19를 계기로 민간부문을 앞지르고 있다. 2019년 경제성장률 2.0% 중 정부부문 기여도는 1.6% 포인트를 기록했고, 2020년 1분기와 2분기에 민간부문 성장기여도는 각각 마이너스 1.0% 포인트와 마이너스 4.1% 포인트를 기록했지만, 정부부문의 성장기여도는 각각 2.4% 포인트와 1.3% 포인트를 기록했다.

셋째, 재정건전성은 상당히 양호한 상태에 있다. 재정건전성은 재정의 지속가능성을 가늠할 수 있는 지표로서 국가채무의 절대적 수준

---

4 우리나라 조세체계 재분배 효과의 실증분석 결과는 강병구(2018) 참조.
5 재정의 자동안정화 장치(automatic stabilizer)는 정부가 의도적으로 재정지출이나 세율을 변경하지 않아도 총수요 조정을 통해 자동으로 경기변동을 감소시키는 기능으로, 재정 규모와 조세체계의 누진성이 크고 사회안전망이 촘촘할수록 잘 작동한다. 2008년 글로벌 금융위기와 2019년 코로나19 이후 중요성이 더욱 강조되고 있다.
6 강병구(2011)에 따르면, 작은 규모의 사회지출과 낮은 비중의 고용친화적 사회지출, 급여체계의 미약한 근로유인 등은 취약한 자동안정화 장치의 원인이다.
7 성현구·심현정(2018)은 우리나라의 재량적 재정정책이 대체로 적절하게 운용됐다고 평가한 반면, 박형수(2018)는 다소 미약했던 것으로 평가했다. 특히 2018년에는 불황임에도 재정정책이 경기 상황에 적절하게 대응하지 못했다(전승훈, 2019).

뿐만 아니라 증가 속도, 구성 및 내국인 보유 비중 등을 종합적으로 고려해야 한다. 우리나라는 GDP 대비 국가채무비율이 낮고 국채의 내국인 보유 비중이 높아 재정을 적극적으로 운용할 여지가 크다. 다만 국가채무비율의 가파른 증가율과 적자성 국가채무 비중의 증가는 재정건전성 관리의 필요성을 제기하고 있다.[8]

4. 재정개혁의 방향

정부는 재정을 적절히 활용해 자원을 효율적으로 배분하고 소득을 공평하게 분배하며 국민경제의 안정과 성장을 유인해야 한다. 불균형 상태가 일반적인 시장경제에서 재정정책은 비생산적인 경제활동을 억제하고 생산적인 경제활동은 적극 지원해 자원의 효율적 이용을 유도해야 한다. 또한 정부는 재분배정책을 통해 분배구조를 개선해야 한다. 불평등은 생산과 소비 활동을 제약할 뿐만 아니라 사회정치적 불안정을 초래하여 경제성장에도 부정적으로 작용한다. 더욱이 단기에 있어서 경기변동성의 완화가 장기적으로 경제성장은 물론 분배구조의 개선에도 기여하기 때문에 경제의 안정화 정책이 중요하다. 특히 2008년 글로벌 금융위기 이후 저금리가 뉴노멀인 상태에서 재정정책의 안정화 기능이 강조되고 있다.[9]

---

8 IMF(2018)는 비교 대상 34개국 중 호주, 독일, 네덜란드, 스웨덴, 카자흐스탄과 함께 한국을 재정 여력이 상당히 양호한 국가로 분류했다. 2018년 우리나라의 총부채는 GDP 대비 40.1%로 OECD 국가 평균 109.2%에 비해 크게 낮고, 국외 채권자 비중도 12.5%로 OECD 국가 평균 37.3%에 비해 낮다(김유찬, 2020). 반면에 국가채무 중 적자성 채무가 차지하는 비중은 2009년 46.9%에서 2018년 55.7%로 증가했고, 2000~2017년간 우리나라 국가채무 증가 속도는 OECD 32개국 중 네 번째로 높은 증가율(11.5%)을 기록했다(국회예산정책처, 2020).

그림 9-1 재정정책의 목표

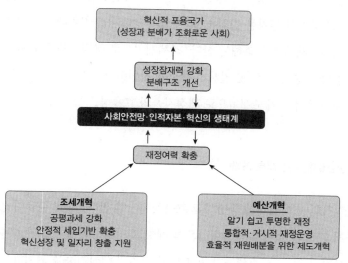

자료: 재정개혁특별위원회(2019).

재정정책을 통해 정부는 저출산·고령화, 양극화, 일자리 창출력 약화, 잠재성장률 둔화, 가계부채 증가 등 우리 사회가 직면한 구조적 문제와 코로나19로 인한 경제위기에 능동적으로 대응하고 미래사회의 변화에 선제적으로 대응해야 한다. 이를 위해서 재정은 혁신적 포용국가에 적합한 재정체계로 개편되어야 한다. 혁신적 포용국가의 문제의식은 불평등과 빈곤, 사회보호로부터의 배제, 지속가능한 발전 등을 주된 배경으로 하지만, 4차 산업혁명 시대의 사회경제적 변화에 대한 대응의 필요성과 삶의 질 향상도 대상으로 하고 있다.

〈그림 9-1〉에서 보듯이 혁신적 포용국가의 재정정책은 조세개혁과

---

9 서머스(Summers, 2016)에 따르면, 경기침체기에는 중앙은행이 금리를 낮추어도 정부가 재정적자를 확대하지 않으면 유효수요가 증가할 수 없다.

예산개혁을 통해 확보된 재정 여력으로 고용안전망과 사회안전망, 인적자본에 대한 투자를 강화하며, 혁신의 생태계를 지원해 성장과 분배의 선순환체계를 구축해야 한다. 조세개혁으로 공평과세 강화와 세입기반 확충, 혁신성장 및 일자리 창출을 지원하고 통합적이고도 거시적인 재정 운용과 제도개혁으로 재정지출의 효율성을 높여야 한다.

5. 조세제도의 개혁과제

바람직한 조세체계는 공평하고 효율적이어야 한다. 조세 부담이 공평하지 않으면 국민의 납세협력은 약해지고 재정사업에 필요한 세수를 확보하기 어렵다. 조세는 또한 개인과 기업의 생산기능을 고취하는 방식이어야 한다. 조세체계가 비효율적일 경우에는 자원 낭비와 성장 잠재력 약화를 초래하여 국민 전체의 후생수준을 떨어뜨리게 된다.[10]

중장기적으로 복지국가의 지속가능성을 확보하기 위해서는 '넓은 세원 적정 세율'의 원칙하에 모든 국민이 부담하되 능력에 따라 차등적으로 분담해 조세의 공평성을 높이고, 확충된 세수를 기반으로 국민의 삶의 질을 개선하면서 점차 소비과세의 확충도 모색해야 한다. 누진적 보편증세는 보편주의와 선별주의 복지제도가 합리적으로 결합된 복지체제에 조응하는 조세체계이다. 나아가 세습자본주의의 폐해를 차단하고 시장경제의 역동성을 유지하기 위해서는 자산에 대한 과세를 강화하여 부의 불평등한 분배를 개선해야 한다. 북유럽 복지국가의 경우

---

10 브리스 외(Brys et al., 2016)는 포용적 성장을 위한 조세정책으로 과세기반의 확충, 조세체계 누진성 제고, 긍정적 유인체계 구축, 과세행정 개선 등을 제시했다.

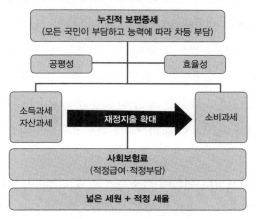

그림 9-2 조세개혁의 원칙과 단계적 방안

누진적 보편증세
(모든 국민이 부담하고 능력에 따라 차등 부담)

공평성 — 효율성

소득과세
자산과세 → 재정지출 확대 → 소비과세

사회보험료
(적정급여·적정부담)

넓은 세원 + 적정 세율

자료: 강병구·조영철(2019)에 근거해 재작성.

역진적인 소비세의 비중이 높지만, 누진적인 개인소득세의 비중 또한 높고 보편적 복지제도를 기반으로 적극적인 재분배정책을 취하기 때문에 조세 및 이전지출의 재분배 효과가 큰 것으로 평가된다.[11] 저출산·고령화 시대에 사회보장기금의 안정적 운용을 위해 '적정급여와 적정 부담'의 차원에서 사회보험료의 개편도 요구된다.

1) 세율체계와 공제제도의 개편

조세체계가 포용적 성장에 부응하기 위해서는 무엇보다도 누진적 보편증세 차원에서 주요 세목의 세율체계를 개편해야 한다. 2018년 기

---

[11] 북유럽 복지국가의 조세체계에 대해서는 가토(Kato, 2003) 참조. 매그너스(Magnus, 2010)는 고령화의 진전에 따라 소비세 확충이 불가피하지만 사회가 이러한 전환을 받아들이기 위해서는 부유층, 고소득자, 기업에 높은 세율을 적용해 소비세로 전환하는 정책이 공정함을 알릴 필요가 있다고 주장했다.

준 국세와 지방세를 합한 전체 조세수입에서 소득세, 법인세, 부가가치세가 차지하는 비중은 59.7%에 달한다. 우리나라의 조세부담률을 OECD 국가 평균수준으로 끌어올리기 위해서는 3대 기간 세목에 대한 세율체계와 공제제도의 개편이 불가피하다. 소득세의 세목별 구성을 보면, 2018년 소득세수 86조 원 가운데 근로소득세(45.3%), 종합소득세(21.2%), 양도소득세(20.9%)가 전체 소득세수의 87.4%를 차지했다.

첫째, 소득세 최고세율이 적용되는 과세표준의 시작점을 낮추고, 전 소득 구간에서의 세율 인상을 모색해야 한다. 근로소득세의 경우 모든 소득 구간에서 실효세율은 OECD 국가 평균에 비해 낮다.[12] 또한 최고세율은 OECD 국가 평균보다 크지만, 최고세율이 적용되는 과세표준 구간의 시작점이 높아서 2018년 소득세 최고세율을 적용받는 근로소득 신고자는 전체의 0.05%이고, 이들의 과세대상 근로소득은 전체의 1.5%에 불과하다.[13]

둘째, 소득세 공제제도는 저출산·고령화 시대의 사회경제적 문제에 대응하고 과세 형평성을 높이는 방향으로 개편해야 한다. 근로소득공제를 축소하되 기본공제 등 인적 공제를 확대해 가계 단위의 생계지원 기능을 강화하고, 근로자와 사업자 간 세 부담의 불형평성을 교정하기 위해 도입된 근로소득세액공제는 사업자의 소득 포착율이 높아

---

12 OECD Taxing Wages에 따르면 2019년 단독가구의 정규직 평균임금 수준(4975만 원)에서 실효세율은 OECD 국가 평균에 비해 9.3% 포인트 낮고, 홑벌이 2자녀 가구의 경우에는 6.2% 포인트 낮다.
13 2019년 우리나라 정규직 근로자 평균임금 대비 소득세 최고세율 적용 시작점의 배율은 11.1배로 OECD 국가 가운데 멕시코, 오스트리아, 프랑스, 포르투갈에 이어 다섯 번째로 높다. OECD 국가 평균은 5.4배이다.

진 현실을 고려하여 폐지해야 한다.[14] 다만 근로소득세액공제의 폐지로 소득세의 재분배 기능이 약화될 수 있으므로 이를 보완할 수 있도록 소득 구간별로 근로소득공제율을 달리 적용하는 등 보완적 조치가 요구된다. 또한 사업소득자의 과세표준 양성화를 위해 도입한 '신용카드 등 사용금액에 대한 소득공제'의 점진적 축소·폐지도 소득세의 재분배 기능을 높이는 차원에서 고려할 필요가 있다.

셋째, 불로소득에 대한 과세를 강화해야 한다. 금융소득(이자·배당)의 경우 개인별로 2000만 원까지는 15.4%(지방세 포함)로 분리해 과세하지만, 고소득자의 경우에 세제 혜택이 커서 소득계층 간 과세 형평성뿐만 아니라 소득 유형 간 과세 형평성도 저해하고 있다. 과세 형평성 제고 차원에서 금융소득종합과세의 기준금액을 현행 2000만 원에서 점차 낮추고 궁극적으로는 전면 종합소득으로 과세해야 한다. 또한 2023년 시행 예정인 금융투자소득의 경우, 손익통산 및 이월공제를 적용하기 때문에 기본공제 5000만 원을 하향 조정하는 것이 과세 형평성 측면에서 바람직하다.[15]

한편 부동산 양도소득세는 자본이득(capital gain)에 대한 과세로서 거래세인 취득세와는 성격을 달리한다. 다주택자에 대한 양도소득세를 강화해 투기적 수요를 차단하고, 1세대 1주택자에 대한 비과세 방식을

---

14 안종석·오종현(2018)은 근로소득공제 및 근로소득세액공제를 축소하고 기본공제 및 자녀세액공제를 확대하는 방안을 제시했는데, 근로소득공제의 공제 규모를 상당히 낮은 수준으로 설정해야 세수입 증대는 물론 소득재분배 기능의 개선 및 면세자 비율 축소 효과가 있는 것으로 나타났다.
15 정부는 2020년 세법개정안에서 금융투자 소득을 신설해 국내 상장주식과 공모주식형 펀드에 대해 5000만 원을 기본으로 공제하고, 과세표준 3억 원 이하에 대해 20%, 초과분에 대해 25%의 세율을 적용하기로 했다.

세액감면 또는 소득공제 방식으로 전환해 조세 지원 현황을 정확히 파악하고 응익과세의 원칙에 부합하도록 조세 지원을 양도가액이 아닌 양도차익 기준으로 개편해야 한다.

넷째, 법인세 실효세율을 높이고 과세 공평성을 높이는 방향으로 세율체계와 공제제도를 개편해야 한다. 우리나라 법인세 명목 최고세율은 OECD 국가 평균을 상회하지만 실효세율은 낮다.[16] 2018년 총신고법인 가운데 52.8%의 기업만이 법인세를 부담하고, 실효세율(총부담세액/소득금액)은 16.0%를 기록했다. 법인세 공제 및 감면액의 68.6%가 대기업과 중견기업에 귀속되고, 그 가운데 53.4%는 최저한세의 적용을 받지 않는다. 법인세 최고세율을 적용받는 과세표준 5000억 원 초과 기업은 64개로 전체 흑자법인의 0.01%이지만, 이들이 납부하는 법인세액은 전체의 40.6%를 차지한다. 법인세 최고세율이 적용되는 과표 구간을 낮추고 단순화하는 방향으로 세율체계의 개편을 모색해야 한다. 나아가 법인세 공제·감면 중 최저한세의 적용을 받지 않는 항목의 축소와 조세감면 한도의 설정으로 투자 및 고용효과에 비추어 과도하게 법인세 감면 혜택이 부여되지 않도록 해야 한다.

다섯째, 저출산·고령화에 따른 과세기반의 변화를 고려할 때, 세대 간 과세 형평성 및 복지 재원 확충을 위해 중장기적으로 부가가치세율의 인상을 검토해야 한다. 일반적으로 부가가치세율이 높은 국가에서는 경감세율을 적용하기 때문에 단순 비교는 주의해야 하지만, 우리나라 부가가치세 표준세율 10%는 2018년 OECD 국가 평균 19.3%보다

---

16 우리나라 법인세는 4단계 누진세율을 적용하지만, 대부분의 OECD 국가는 단일세율을 적용하기 때문에 명목 최고세율을 기준으로 국가 간 비교를 하는 것은 적절하지 않다.

크게 낮은 수준이다. 부가가치세는 역진적이지만 부동산보유세와 함께 과세로 인한 효율성 상실이 작은 세목이다. 일본의 경우 2019년 부가가치세율을 10%로 인상하여 확대된 재원은 사회보장의 목적에 사용함을 소비세법에 명시하고 회계상 구분해 계리하기로 했다.[17] 다만 부가가치세의 역진적 성격을 고려해 직접세 위주의 세수확충과 복지제도의 확대로 재정의 재분배 기능을 강화하면서 단계적으로 인상을 검토해야 한다.

2) 자산과세 및 환경세의 강화

자산의 불평등한 분배는 기회의 공평성을 제약해 분배구조를 더욱 악화시키고 시장경제의 역동성을 저해하기 때문에 자산세제의 개편이 요구된다. 또한 삶의 질 향상과 지속가능한 성장을 위해서도 환경오염에 대한 사회적 비용을 적절하게 부과하는 환경세제의 개편이 필요하다.

첫째, 부동산보유세는 조세 부담의 형평성을 높이고 부동산의 가격안정을 도모하는 방향으로 개편해야 한다. 보유세인 재산세와 종합부동산세는 부동산세의 근간이지만 낮은 실거래가 반영률로 인해 실효세율과 GDP 대비 보유세수 비중이 작다.[18] 유형별, 지역별, 가격대별

---

[17] 일본은 소비세를 단계적으로 인상해 기초연금 최소가입 기간의 축소와 저소득 기초연금 수급자에 대한 추가급여, 출산크레딧 및 유족 기초연금 확대 등에 따른 연금수급액 증가분을 충당했다. 자세한 내용은 보건복지부(2018) 참조.

[18] 2018년 종합부동산세와 재산세가 전체 조세 수입에서 차지하는 비중은 3.5%이다. 이선화(2018)에 따르면 부동산 시가 총액으로 평가한 한국의 보유세 실효세율은 비교 대상 OECD 국가 중 최하위 수준이다. 이진수·남기업(2017)에 따르면, 2014년 한국의 부동산 실효세율은 0.15%로 추정되어 미국(1.04%), 캐나다(0.91%), 일본(0.54%) 등에 비해 크게 낮다.

로 불균등한 공시가격의 시가반영률을 개선하고, 실효세율을 높이는 조치가 필요하다. 특히 주택의 경우 투기적 수요를 억제하고 실수요자를 지원하는 방향으로 세제를 개편해야 한다.

둘째, 상속세 및 증여세의 '완전포괄주의'를 실현해 실효세율을 높이고, 공평과세의 차원에서 기업의 일감 몰아주기, 가업상속공제, 공익법인을 통한 상속 및 증여제도의 개선 등도 모색해야 한다.[19] 상속세 및 증여세의 최고세율은 50%이지만, 다양한 공제제도로 인해 실효세율은 명목 최고세율에 비해 크게 낮은 수준이다. 상속세의 경우 2018년 과세대상자는 전체 피상속인의 2.2%이고, 총상속재산가액 대비 총결정세액의 비율로 측정된 실효세율은 5.4%에 불과했다. 증여세도 총증여 건수 중 42.6%가 과세대상이고, 실효세율은 8.1%에 불과했다. 증여세의 경우에 총증여재산가액 30억 원 이하의 구간까지는 실효세율이 증가하다가 그 이후부터는 하락하여 조세 부담의 역진성을 보인다.

셋째, 생산·유통·소비 생활 전반에 걸쳐 환경친화적 조세 지원 체계를 구축하고 환경부담금을 강화해야 한다. 녹색성장·폐기물처리 등 재활용 관련 기술개발에 대해서는 신성장기술 R&D 비용 세액공제를 적용하되, 환경오염물질을 방출하는 생산시설에 대해서는 손금불산입제도의 도입을 검토할 수 있다. 소비과정에서 발생하는 사회적 비용을 반영하여 유종 간 상대가격을 조정하고, 유가보조금을 점진적으로 폐지하는 등 환경친화적 물류체계를 구축해야 한다. 재정의 통합운영이 가능하도록 유류세제를 개편하고, 교통·에너지·환경세의 세출 구

---

19 "상속세 제도는 재산상속을 통한 부의 영원한 세습과 집중을 완화하여 국민의 경제적 균등을 도모하려는 데 그 목적이 있다(헌법재판소 1997.12.24. 선고 96헌가19 결정)."

조를 사회적 비용에 따라 재설계해야 한다.[20] 나아가 온실가스의 배출을 억제하기 위해 탄소세의 도입을 검토할 필요가 있다.

3) 과세기반의 확충

과세기반의 확충을 위해서는 지하경제 양성화와 역외탈세 방지, 조세지출을 비롯해 각종 비과세 감면제도 정비, 사회보장기여금 부과 대상 소득 확대 등이 필요하다. 첫째, 지하경제 양성화를 위해서는 세원의 철저한 관리, 조세 정보의 투명한 공개, 자발적 납세협력을 유도하기 위한 유인체계 구축과 함께 탈세 행위에 대한 처벌을 강화해야 한다. 특히 역외탈세 방지를 위해서는 조세피난처를 이용하는 납세자에게 입증책임 부과, 탈세를 목적으로 조세피난처에 설립된 법인에 대한 법인격 부인, 해외금융계좌 신고기준 인하와 신고대상자 범위 확대, 내부고발자에 대한 보호 규정과 차명 금융계좌에 대한 처벌의 강화 등이 요구된다.

둘째, 조세지출은 고용 및 투자 효과를 종합적으로 고려해 적극적 관리대상을 중심으로 정비해야 한다. 조세지출이란 조세감면·비과세·소득공제·세액공제·우대세율 적용 또는 과세이연 등 조세특례에 따른 재정지원으로 개별세법상의 정상적인 감면은 포함하지 않는다. 조세지출 규모는 계속 증가하는 추세에 있으며, 2013년 33.8조 원에서 2019년 49.6조 원으로 증가했고, 2020년 53.9조 원에 달할 것으로 전망된다. 2019년 조세지출 총액 중 적극적 관리대상은 19.4조 원으

---

20 2019년 기준 교통·에너지·환경세는 교통시설특별회계(80%), 환경개선특별회계(15%), 일반회계(3%), 국가균형발전특별회계(2%)로 배분됐다. 2021년 12월 31일까지 한시적으로 교통·에너지·환경세의 25%를 환경개선특별회계에 전입하도록 하고 있다.

로 전체의 39.1%이다.[21] 조세지출의 수혜자별 귀착을 보면, 2019년 개인에 대한 조세지출의 30.3%가 고소득자에게 귀속되고, 기업에 대한 조세지출의 29.5%가 중견기업과 대기업에 귀속되었다.

셋째, 보험료와 급여체계뿐만 아니라 사회보험의 부과 대상 소득을 개편해 고령화 시대의 사회보험재정을 안정적으로 관리해야 한다. 예를 들면, 건강보험의 경우 직장 가입자는 임대·이자·배당 소득 등 보수 외의 과세소득이 연 3400만 원을 초과하지 않으면 별도의 보험료를 부담하지 않는다. 전국민 고용보험의 경우 적용과 보장 수준의 보편성을 충족하면서 재정의 지속가능성을 확보하기 위해서는 소득기반 고용보험제도로 전환하고,[22] 국세청-사회보험공단 간 정보연계를 통해 비정규직과 특수고용노동자, 플랫폼 노동자, 자영업자 등 고용보험 확대적용 대상자들에 대한 소득파악과 징수체계를 개선해야 한다.[23]

6. 예산제도의 개혁과제

우리 사회가 당면한 구조적 문제와 경제위기에 대응하기 위해서는 재정을 적극적으로 운용하되 재정지출의 효율성을 높일 수 있는 예산제

---

21 조세지출은 관리 가능성을 기준으로 구조적 지출, 잠재적 관리대상, 적극적 관리대상으로 구분되며 이 가운데 적극적 관리대상은 조세지출의 특성(특정성, 대체 가능성, 폐지 가능성)을 모두 갖춘 항목으로 정비 가능성이 높은 항목이다.

22 이병희(2020)에 따르면, 고용보험에서 소득 기준으로의 전환은 고용보험 적용 대상을 크게 확대할 수 있고, 고용형태별 기여와 혜택의 차이를 줄여 고용보험의 보편적 운영이 가능케 하며, 근로유인의 유지와 고용보험 행정의 효율화를 제고할 것으로 평가된다.

23 오상봉 외(2017)에 따르면, 사회보험의 효율적 관리를 위해서는 사회보험의 적용과 징수기관을 국세청으로 일원화하는 것이 효과적이다.

도의 개혁도 필요하다.[24] 무엇보다도 조세·재정 정보를 알기 쉽고 투명하게 제공하고, 정부 전체의 관점에서 국민 부담과 혜택의 변화를 파악하며, 거시적 시계에서 재정정책의 방향을 제시할 수 있도록 재정 운용의 틀을 개편해야 한다. 나아가 인구구조의 변화와 잠재성장률 둔화, 4차 산업혁명 등 재정환경의 변화에 능동적으로 대응하고 국가 자원을 전략적으로 배분하기 위한 예산제도 개편이 요구된다.

첫째, 정부에 대한 국민의 신뢰도를 높이고 재정개혁에 대한 국민적 동의를 확보하기 위해서는 조세 정보와 나라 살림에 대한 재정 정보를 정확하고 투명하게 공개해야 한다. 정부에 대한 국민의 신뢰도는 2007년 24%에서 2018년 39%로 15% 포인트 상승했지만, 여전히 OECD 국가 평균(45%)에 비해 낮은 수준이다.[25] 조세 및 재정 정보의 정확하고 투명한 공개는 국민의 납세협력과 '중복지-중부담' 실현을 위한 재정개혁의 중요한 전제 조건이다.

둘째, 통합적이고도 거시적인 재정 운용이 필요하다. 재정관리 주체의 측면에서 국세, 지방세, 사회보장기여금이 개별적으로 운영되고 있지만, IMF와 OECD 등 국제기구에서도 재정 당국이 일반정부(국세 +지방세+사회보장기여금) 기준으로 재정 총량을 관리하도록 권고하고 있다. 최근 들어 사회보장 부문을 중심으로 재정지출이 큰 폭으로 증가했고 향후 인구구조 변화에 따라 더욱 가파르게 증가할 것으로 전망된다. 재정 당국이 이러한 국민부담의 변화를 정확히 파악하고, 시기별로 국세, 지방세, 사회보장 부문의 부담에 대한 적정 수준을 조율하

---

24 자세한 내용은 재정개혁특별위원회(2019) 참조.
25 정부에 대한 신뢰도는 "당신은 정부를 신뢰하느냐?"라는 질문에 "예"라고 답한 비율이다 (OECD, 2019).

고 관리할 필요가 있다.

이를 위해서는 정부 전체의 관점에서 통합적인 재정운영이 가능하도록 해야 한다. 첫째, 국가 경제 상황 및 일반정부 기준의 재정여건을 분석하는 '중기재정분석보고서'를 작성해 중앙정부의 국가재정 운용계획 수립에 참고할 필요가 있다. '중기재정분석보고서'는 일반정부의 관점에서 재정 부담의 중기적 변화를 분석하고 재정 운용에 대한 바람직한 방향을 제시하도록 작성해야 한다. 둘째, 기금과 특별회계 등 재원의 칸막이로 인해 발생하는 국가재정의 비효율적 운용을 개선해야 한다. 각 기금이 지원하는 사업들의 융복합성이 높고, 기금사업의 목적 및 재원이 유사한 기금들은 통합할 필요가 있다. 상호 시너지 효과를 창출할 수 있는 분야들은 칸막이를 허물어 포괄기금을 설치하고 융복합 공동사업을 발굴하여 재원 관리를 효율화해야 한다. 셋째, 건강보험의 국가재정 편입을 통해 건강보험 재정의 투명성과 건전성을 개선해야 한다. 현재 우리나라 중앙정부의 재정은 국민건강보험과 노인장기요양보험을 재정 외로 운영하고 있다. 넷째, 조세지출과 재정지출의 통합적 관리와 관련 통계의 구축을 통해 조세지출과 재정지출 간 중복 문제를 개선하고 지출의 효율성과 효과성을 높여야 한다.

셋째, 효율적인 재원 배분을 위한 재정제도 개혁이 필요하다. 정부는 재정운영시스템을 선진화하기 위해 2004년부터 국가재정 운용계획과 총액배분 자율편성제도를 도입했지만, 새로운 재정운용 시스템은 제도의 실효성 문제, 부처의 도덕적 해이 등 제도운영 과정에서 문제점을 노출하고 있다. 전략적 지출 검토는 주요 분야 또는 부문을 대상으로 기존 재정사업에 대한 검토를 통해 우선순위를 정하고 세출 구조조정 방안을 마련하는 일련의 과정이다. 이러한 전략적 지출검토의 결과가 '국가재정 운용계획'에 반영되는 방식으로 재정제도가 개편되어야 한다. 특히 혁신적 포용국가를 위한 교육, 노동, 복지, 환경 등 사회 분야에 대한 전략적 지출검토 결과가 중장기 재정 운용계획에 반영되어야 한다.

10

금융도 사람중심 개혁으로 가야 한다

김태동(성균관대학교 명예교수)

1. 포용금융을 넘어

2020년 우리는 코로나19로 시작해 2021년 2월 현재까지 코로나19를 물리치지 못하고 있다. 코로나19의 전세계적 대유행의 뿌리는 기후위기이다. 그리고 이 기후위기는 인류의 존속까지 위협하기에 문명위기이다. 금융위기나 자본주의 위기의 차원을 넘어서는 엄청난 위기 앞에서 있다. 따라서 기후위기를 불러온 환경파괴를 줄이는 데 주력하고, 사람들의 살림과 목숨에 우선을 두어 금융제도와 정책의 틀(system)을 다시 짜야 한다. 문재인정부는 '포용경제'라는 비전을 2019년 초 제시하고 금융도 포용금융이 되어야 한다고 제안한 바 있다. 포용(inclusive)이란 용어는 OECD나 IMF 등 경제학자들이 2008년 미국발 금융위기에 대한 반성에서 만들어낸 말이다. 신자유주의에 비하면 좋은 방향이다. 그러나 경제의 주체인 '사람'을 소외시키지 않고 자본경제의 울타리 안으로 포용하겠다는 선을 넘어 더 크게 봐야 한다. 자본과 시장이 소외시키는 '사람'을 중심에 놓고 금융경제의 틀을 개혁하자고 필자는 제안한다. 이 장에서는 사람중심 경제에서 한국의 금융이 나아가야 할 방향과 방책을 궁리하고자 한다. 그렇게 해야 인간 생명과 일자리의 희생을 최소화하고 금융위기의 재발을 막을 수 있다고 판단한다.

2. 병약(病弱)한 한국 금융

1) 금융위기라는 중병(重病)에 자주 걸려

1997년의 외환위기 이후에도 2003년에는 신용카드 위기, 2008년에는 2차 외환위기를 겪었다. 외환위기는 환율이 33% 이상 급등하거나 외채의 만기상환이 어려워진 경우를 말한다. '잔병치레'가 많은 허약함을 넘어 '중병'에 자주 걸리는 매우 허약한 체질이다. 세 번 모두 실물경제까지 전염되어 제조업 등 많은 비금융기업이 도산하거나 주인이 바뀌었다. 아시아 국가 중에서 한국처럼 금융위기가 잦은 나라는 찾기어렵다. 1997년 동아시아 금융위기(East Asian Financial Crisis)로 불리는 태국발 외환위기에 전염된 나라는 인도네시아, 말레이시아, 필리핀 등 ASEAN(동남아시아국가연합) 4개 회원국 외에는 한국이 유일하다. 일본, 중국은 물론 대만, 홍콩, 싱가포르 등 아시아의 네 마리 '작은 용' 중에 한국 외에 어느 나라도 외환위기란 전염병에 걸리지 않았다. 이처럼 1997년에 이미 한국은 경제체질이 아주 허약하다는 것이 드러났다. IMF로부터의 구제금융 외에도 국민들의 자발적인 금모으기운동,

수평적 정권교체를 이룬 유권자의 힘, 159조 원의 공적자금이란 국민의 돈 등으로 경제의 건강을 되찾은 듯이 보였다.

그런데 웬걸, 2003년에 '카드대란'이란 중병에 또 걸렸다. 앞서 외환위기를 같이 겪은 태국 등 어느 아시아 국가에서도 신용카드 중병은 없었다. 전자산업 1, 2위를 다투던 삼성과 엘지라는 재벌이 금융당국과 짜고 길거리 카드 발급 경쟁을 벌여 일어난 참사였다. 수백만 명의 신용불량자가 발생했다. 그리고 2008년에 또다시 외환위기를 겪었다. 이명박 정권은 아예 정보를 차단하고 외환위기를 은폐했다. 외환위기임을 외친 '미네르바'를 구속했다. 단 한 번도 안 걸릴 수 있었던 금융위기란 중병에 세 번이나 걸리고도 한국 금융의 불공정함과 그에 따른 추가 감염 가능성은 줄어들지 않고 오히려 높아졌다.

2) 가계부채가 위험하다

가계부채는 한국은행 자금순환표에 따르면 2020년 3월 말 현재 1894조 원에 달한다.[1] GDP(국내총생산) 대비 세계 최악의 수준이다. 국제금융협회(Institute of International Finance)의 '세계부채 모니터(Global Debt Monitor)'에 의하면, 2020년 1분기 한국의 GDP 대비 가계부채 비율은 97.9%로 조사 대상 39개국 중 가장 높았다. 2008년 이후에 외환위기 여파로 집값이 안정됐음에도 빈번한 부동산 부양책으로 가계대출은 급증세를 지속했다. 전세자금 대출까지 동반 급증했다. 모기지대출의 대량 부실화로 곤욕을 치른 미국 등 주요국에서 부채축소(Deleveraging)가 일어난 것과 대비된다. 문재인정부에서는 20여 차의 투기억제책에

---

1   한국은행, 《조사통계월보》, 2020.9.

도 불구하고 집값 상승률은 더 높아지고 가계대출도 늘었다. 가계대출 증가 속도 또한 메달권이다. 세계에서 유일무이한 전세제도 때문에 대출 없이 전세를 끼고 집을 사는 갭 투기도 한국에서만 가능하다. 부동산 투기의 천국이다. 1991년 일본의 거품 붕괴, 2008년 서브프라임 금융위기도 모두 부동산 거품이 주요 원인이었다. 근본 처방을 내지 않는 한, 이미 허약한 한국경제는 더 위험한 길로 치닫고 있다.

3) 연이은 금융사고와 금융부패

사모펀드의 부실이 본격적으로 표면화한 지 2년이 지났다. 2020년 8월까지 164개 사모펀드가 환매를 연기한 것으로 금융감독원은 박용진 국회의원에게 보고했다.[2] 8월 말 기준 환매 연기 펀드의 규모가 6조 589억 원이라고 금융감독원은 집계했다. 라임(1조 4651억 원)은 전액 환매 중단되었고, 옵티머스도 5146억 원 중 85~92%가 회수 불가능한 것으로 금융감독원이 발표했다.[3] 사태가 이렇게 악화된 데는 시중은행과 증권사가 판매사로서 개인투자자에게 안전하다고 속인 불완전 판매, 펀드운용사의 돌려막기, 처음부터 투자처를 속인 금융사기 등 많은 이유가 있다. 투자원금의 100%를 손해 볼 수 있는 최고 위험의 금융상품에 많은 개인투자자들이 개입되어 최소 2조 5000억 원 이상의 피해를 볼 것으로 금감원은 추산한다. 개인투자자를 유인하기 위해 공공기관의 자금을 먼저 끌어들인 것도 문제이며 이에 응한 공공기관도 문제다. 일례로 한국방송통신전파진흥원은 2017~2018년 방송통

---

2 《내일신문》, 2020.10.13.
3 금융감독원, "옵티머스자산운용 펀드에 대한 실사결과"(보도자료), 2020.11.11.

신발전기금과 정보통신진흥기금 748억 원을 옵티머스에 투자했다.

현 사태의 근본 원인은 2015년 금융위원회가 사모펀드에 대한 규제를 대폭 완화한 것에 있다. ① 사모펀드 운용사를 인가제에서 등록제로 바꾸고, ② 자본금 요건도 60억 원에서 10억 원으로 대폭 낮추었다. ③ 또 개인투자자의 최저투자액도 5억 원에서 1억 원으로 낮추었다. 이러한 무분별한 규제 포기조치에 따라 사모펀드 전문 자산운용사는 2015년 말 19곳에서 2016년 말 91곳으로 5배 이상 급증한 데 이어, 2019년 말에는 217곳으로 늘어났다. 공모펀드도 운용 가능한 종합운용사가 같은 기간 단 한 곳 늘어난 75곳에 그치는 것과 대비된다. 사모펀드의 설정액은 같은 기간 200조 원에서 416조 원으로 두 배 이상 늘어났다. 반면에 공모펀드의 규모는 같은 기간 28조 원 증가하여 2019년 말 242조 원에 불과했다.

사모펀드 사태 이전에도 여러 금융사고가 있었다. 첫째, 저축은행 사태이다. 2011년 삼화저축은행을 시작으로 부산저축은행 계열 5개 은행 등, 전국적으로 31개 저축은행이 영업정지 처분을 받았다. 10만 명의 피해자를 낳고 예금보험공사에서 예금자에게 부실저축은행 대신 5000만 원 한도에서 예금을 대신 지급하는 등 27조 원 이상을 투입해 수습해야 했다. 저축은행 문제가 터지면서 기획재정부장관에게 물러난 A씨가 금융감독원장(금융감독위원회 위원장 겸임)으로 있던 2005년에 소위 '88클럽'에 대출규제를 대폭 완화한 것이 사태의 근본 원인이었다.[4]

---

4   '88클럽'이란 저축은행 중에 자기자본비율이 8% 이상이고 고정 이하 부실자산비율이 8% 이
    하인 두 조건을 동시에 충족시킨 저축은행을 말한다. 금융감독위원회는 이들에게 종전에는
    한 법인에 80억 원까지만 대출하도록 제한을 두던 규제를 없애버렸다. 5년간 부실이 늘어나
    다가 터진 것이다.

A씨는 1997년 외환위기의 책임자이기도 한 대표적인 모피아(Mofia, 부패금융관료집단)이다.

그 밖에도 여러 금융사고가 있었다. 2008년 KIKO(Knock-In Knock-Out) 사태로 수많은 우수 수출 중견기업이 도산을 비롯한 치명적인 손실을 보았고 2013년에는 동양그룹이 자멸했다. 동양증권 창구를 통해 속아서 기업어음(CP)을 산 피해자가 4만 명 이상이었다. 2019년에는 DLF(Derivative Linked Fund: 파생결합펀드) 투기상품으로 인한 금융사고도 있었다.

3. 코로나19와 금융통화정책 대응

코로나19 사태를 맞아 한국은행과 금융위원회, 금융감독원을 중심으로 금융시장의 위험요인을 점검하고 코로나19라는 충격으로 실물경제가 덜 타격을 받도록 부족하나마 대응을 해왔다.

1) 중앙은행의 대응

첫째, 많은 나라에서 중앙은행이 기준금리를 낮추었다. 미국 연방준비제도(연준)는 2020년 3월 3일 기준금리를 1.50~1.75%에서 1.00~1.25%로 0.5% 포인트 낮추었다. 이어서 3월 15일 0.00~0.25%로 1% 포인트 인하했다. 한국은행도 3월과 5월 기준금리를 1.25%에서 0.5%로 인하했다. 국제자본이동은 금리 차이에 민감하여 우리만 내리지 않을 경우 차익거래(arbitrage)로 외국자본이 국채 유통시장 등을 통해 과다하게 유입 또는 유출될 수 있기에 금융약소국의 중앙은행은 환율과 시장금리, 주가 등의 추이를 종합적으로 살피면서 신중하게 결정해야 한다.

둘째, 양적 완화(Quantitative Easing)를 진행했다. 한국은행은 국고채 매입(9.5조 원)과 환매조건부증권(RP) 매입 등 여러 수단을 동원해 2020년 10월 말 현재 총 32.4조 원의 원화 유동성을 추가 공급한 것으로 발표했다.[5]

셋째, 미국과의 통화 스왑을 체결하고 연장했다. 2020년 3월 19일 600억 달러 규모의 통화스왑을 체결했고 7월 30일 연장했다. 이렇게 확보한 달러 자금으로 198억 달러의 외화 대출을 실시했다. 2008년 외환위기 발발 직후에 통화 스왑에 이어 이번에도 미국 중앙은행의 도움을 받은 처지이다.

2) 금융위원회와 정책금융기관의 대응

금융위원회가 입안해 산업은행을 비롯한 정책금융기관과 시중은행을 통해 지원하는 프로그램이 여럿 있다. 첫째, 코로나19 발발 직후인 2020년 3월 신설된 소상공인 지원프로그램은 1차로 14.5조 원을 지원했다. 2차 지원을 10조 원 규모로 9월 하순부터 지원했으나 신청절차가 더 복잡해져서 지원실적이 부진했다. 둘째, 중견기업과 중소기업에 대한 지원프로그램을 통해 29.3조 원(2020년 10월 말 기준) 지원했다.[6] 셋째, 40조 원 규모로 추진하는 '기간산업 안정기금'은 항공, 해운, 조선, 자동차, 일반 기계, 전력, 통신 등 7개 산업을 지원대상으로 하겠다고 2020년 4월에 발표했는데 실제 집행 내용은 공개되지 않았다. 세

---

5   한국은행, http://www.bok.or.kr/portal/main/contents.do?menuNo=201061.
6   금융위원회, "코로나19 피해기업, 혁신기업 등에 대한 금융권의 자금지원을 활성화하는 동시에 금융시장을 안정적으로 관리해 나가겠습니다"(보도자료), 2020.11.3.

습되는 재벌 또는 불법을 일삼는 재벌에 금융지원을 하는 것은 피해야
한다.

4. 금융민주화의 길

우리는 촛불혁명을 거치면서 헌법 1조 2항의 중요성을 다시 깨닫게 되
었다. "주권은 국민에게 있고, 모든 권력은 국민으로부터 나온다"는 헌
법 조항에 따라, 정치권력뿐만 아니라 경제권력과 문화권력도 국민으
로부터 나와야 한다. 그러면 경제권력이란 무엇인가? 주요한 경제제
도와 경제정책을 주권자인 국민의 의사에 따라 결정해야 한다는 것이
다. 금융통화제도와 금융통화정책의 결정 과정도 헌법에 따라 최대한
민주화되어야 한다. 금융위기의 빈발에도 우리 정부는 교훈을 얻지 못
하고 '소 잃고도 외양간을 안 고치는' 잘못을 반복하고 있다. 기득권 부
패세력이 사법부는 물론 입법부와 행정부, 언론, 학계까지 장악하고
원하는 대로 제도를 바꾸고 '게임의 규칙'을 소수의 '가진 자'들에게 유
리하게 바꾸기 때문이다.

　기회는 평등하고 과정은 공정하게 금융부문도 정책을 바꾸고 필요하
면 법과 제도까지 바꿔야 한다. '가진 자'는 위기에서도 돈을 번다. 마치
무기상이 전쟁에서 돈을 벌 듯이 월스트리트 투기자본은 물론 모든 자
본주의 국가에서 많이 '가진 자'들이 금융위기 상황에서 증권과 외환 등
에 투기하여 떼돈을 벌고 자산 격차를 더 벌린다. 이에 따라 99%의 상
대적 불이익은 눈덩이처럼 커진다. 빚의 늪에 빠져 허우적거리는 이
나라의 주인들을 정부가 구해야 한다. 먼저 주인의 곳간인 재정으로 구
하고, 모자라면 시중은행을 비롯한 금융회사의 돈으로 구해야 한다.

1) 시민사회와 함께 금융정의 실현

코로나19를 겪으면서 우리는 메르스 같은 과거 전염병 위기로부터 교훈을 얻어 개선하는 것이 얼마나 중요한가를 새삼 깨닫게 되었다. 금융위기도 마찬가지다. 코로나와 금융위기는 전파과정이나 실물경제에 미치는 파급경로가 비슷하다. 따라서 금융위기가 재발하지 않도록 예방하는 것이 중요하다. 위기가 발생한 이후에 치료하는 데에는 막대한 공적자금이 들어가기 때문이다. 평소에 금융당국이 한눈팔지 않고 금융의 불안요인을 점검하고 미리 대비책을 세워 엄격하게 금융안정을 추구한다면 이런 금융공해를 90% 이상 절감할 수 있다. 금융이 공익을 수호하는 길은 안정제 역할을 하는 것이다. 금융규제를 풀어 흥분제 역할을 하면 금융위기는 틀림없이 또 발생하고 더 많은 사람의 살림을 망가뜨리게 된다.

한국의 자본주의는 미국이나 영국처럼 산업자본주의에서 금융자본주의로 가면 안 된다. 일본도 상업은행들이 규모로는 세계 1등으로 대형화되었지만, 부동산금융을 부추겨 부동산업도 망하고 은행도 망한 곳이 많다. 중앙은행뿐만 아니라 금융감독 당국, 산업은행, 수출입은행은 물론 대형 상업은행까지도 공익을 최우선으로 삼아야 한다. 그러자면 이들 공공기관에서 금융통화정책을 결정할 때 나라의 주인들이 참여할 수 있어야 한다. 금융자본에 휘둘리지 않는 건전한 자본주의 국가로 나아감으로써 세계차원에서 한국은 선도적 역할을 할 기회가 코로나19 이후(포스트코로나) 시대에 열려 있다. 미국인은 월가점령운동(Occupy Wall Sreet)에 실패했지만, 한국인은 금융적폐 등 모든 적폐청산에 성공할 것이다. 적폐세력을 대변하는 정당과 협치하면 안된다. 시민사회와 협치하면 그 정권은 경제로 성공하고 주권자들의 신뢰를 더욱더 두텁게 받을 것이다.

2) 모피아는 해체해야

1997년 외환위기, 2003년 신용카드 위기, 2008년 외환위기 이 모든 사태의 책임은 모피아에 있다. 여기에 더해 저축은행 사태와 사모펀드 사태 등 모든 금융사고에도 책임이 있다. 외국 사모펀드 론스타의 외환은행 '먹튀'를 방조하고, 그것도 모자라 론스타로부터 5조 원의 투자자국가소송까지 당했다. 모피아 선배들의 범죄를 모피아 후배들이 국회 국정감사까지 방해하면서 은폐하고 있는 실정이다. 모피아는 조직화된 금융범죄집단이다. 최악의 1997년 외환위기의 진실도 은폐했으니, 그 은폐의 고수들에게 론스타든 국내 사모펀드 문제든 감추기와 책임 떠넘기기는 '식은 죽 먹기'다. 모피아를 모든 공직에서 추방하는 길 외에는 방법이 없다. 추방한 이후에 새로운 사람들이 3대 금융위기, 수많은 금융사고의 진상을 철저히 조사해야 한다. 지금 '하나회'가 존재한다면 쿠데타 위험이 남아있을 것이다. '모피아'는 금융정책뿐 아니라 주요 경제정책을 주무르는 암흑의 '권력 집단'이다. 금융안정을 통한 공익의 증진보다는 오로지 승진과 조직원끼리의 밀어주기, 임기 내에는 물론 임기 후까지도 재벌의 금권에 충성하는 '사익' 추구집단이다. 코로나보다 훨씬 무서운 금융 전염병을 퍼뜨린 집단이다. 백해무익이다. 따라서 김영삼 대통령이 하나회를 해체했듯이 모피아를 해체해야 한다.

3) MB식 금융 관련 정부조직을 혁신해 민주적 조직으로

금융위원회와 기획재정부를 중심으로 한 기존 금융정책 결정구조는 이명박 대통령이 당선과 함께 만든 것이다. '새 술은 새 부대에 담아야' 하듯이 정부조직도 혁신해 비모피아 금융정책가를 배치해야 한다. 첫째, 금융위원회를 폐지해야 한다. 금융위원회는 2008년 2월 이명박 대통령 취임과 함께 신설됐다. 기존 금융감독위원회에 금융산업정책 업무를 추가하여 확장한 조직이다. 전세계 어디에도 찾을 수 없는 귀태 조직으로, 2011년 저축은행 사태를 비롯해 국외금리 연계 파생결합펀드(DLF) 대규모 손실 사태, 최근의 라임과 옵티머스 등 사모펀드 사태 등에 줄줄이 원인을 제공한 것도 금융위원회이다. 불완전판매나 금융사기로 많은 금융소비자들은 당하기만 했는데 금융위원회 모피아는 책임도 지지 않았다. 모피아들은 오히려 금융위원회를 '금융부'로 승격해야 한다고 하는데 절대 안 된다. 금융위든 금융부든 그런 조직을 둔 나라는 없다. 문재인 대통령 임기 후반기이지만 21대 총선에서 국민이 준 압도적 의석으로 국회가 금융적폐 등 모든 적폐의 청산은 물론 정부조직까지 바꿀 힘을 여당이 갖게 되었다. 금융감독 정책업무는 금융감독원에 맡기고 금융산업정책 관련 업무는 기획재정부가 도로 가져가면 된다.

둘째, 기획재정부는 재정부(또는 재무부)로 축소 개편되어야 한다. 2008년 2월 말, 재정경제부와 기획예산처를 합쳐 기획재정부란 기형조직이 생겼다. 영어 명칭이 'Ministry of Strategy and Finance'로 세계 어느 나라에도 없는 조직이다. 국제금융업무를 담당하고 있기에 국제통화기금(IMF) 등 국제회의에 기획재정부 장관이 참석해도 대화는커녕 명함도 못 내미는 한심한 처지였다. 부랴부랴 영문 명칭을 'Ministry of Economy and Finance'라고 2018년 변경해야 했다. 기획(Planning)을 뺀 명함과 홈페이지 개편으로 외국 재무부 인사들을 얼마나 더 오래

속이겠는가? 나라 망신이다. 경제부총리직도 경제정책에 무지했던 박정희의 잘못된 유산이니 없애야 한다. 이명박근혜 9년간 경제 실정은 물론 문재인정부 들어서도 김동연, 홍남기를 경제부총리로 임명했지만 경제개혁은커녕, 청와대 정책실과의 갈등, 여당과의 갈등으로 정권의 지지율을 떨어뜨리고 오히려 야당의 응원을 받는 엉뚱한 사태가 벌어지고 있지 않은가! 이명박근혜식 부패한 신자유주의 신봉자들을 재정부 장관이든 다른 경제부처 장관이든 임명하면 정권 실패로 직행한다. 경제제도 개혁이나 경제정책 방향결정 등 기획업무는 청와대가 직접 만들어야 한다. 공약으로 유권자에게 약속한 것은 청와대가 직접 책임지고 실행계획을 만들어 각 부처에 집행업무만 맡겨야 한다. 청와대 인력만으로 부족하면 대통령자문 정책기획위원회, 국민경제자문회의 등을 활용하고 한국개발연구원(KDI) 등 수많은 연구기관을 활용하면 된다. 인적 청산과 조직혁신으로 '시장 만능, 인간 무능'을 주장하는 비인간적 신자유주의는 이제라도 청산해야 한다.

셋째, 금융감독원은 독립시켜야 한다. 한국은행처럼 재정부나 청와대로부터 독립되어야 한다. 금융감독정책은 금융감독원만이 스스로 결정할 수 있게 법령이 바뀌어야 한다. 금융감독원은 사전과 사후에 금융회사들을 제대로 감독해야 한다. 그러자면 감독원 조직도 확대하고 감독 인력도 더 늘려야 한다. 금융 양극화를 줄이는 긍정적 역할을 하도록 제도 설계와 집행이 보장되어야 한다.

넷째, 금융소비자보호처도 금융감독원으로부터 독립시켜야 한다. 장장 10년 간의 오랜 논의 끝에 '금융소비자보호법'이 제정되어 2021년 3월부터 발효된다. 2012년 신설된 금융소비자보호처는 금융감독원 내에 설치됐으나 지난 8년간 금융소비자 보호에 무력했다. 독립된 금융소비자보호원으로 개편할 필요가 있다. 2017년 문재인정부 출범과 함께 발표된 국정기획자문위원회의 권고이기도 하다. KIKO 등 가지가지로 피해를 본 수십만의 금융소비자들이 정당하게 보상받는 길도 열어야 한다.

4) 가계대출로 인한 금융위기 막아야

한국경제 최대의 뇌관은 가계부채 문제이다. 문재인정부 임기 3분의 2가 지난 현시점에 가계부채의 위험도는 2017년 취임 때와 비교해서 더 높아졌다. 문재인정부 스스로 결자해지해야 한다. 지금까지 시행해 온 부동산정책과 금융정책이 무엇이 잘못됐는지 객관적으로 평가해야 한다. '갭 투기'를 금지하는 것이 최선의 정책이다. 전세가 세계 유일이니만큼 '주택에 대한 갭 투기'도 세계 유일의 비정상이다. 갭 투기자의 매물이 시장에 다량으로 쏟아지면 매매가가 사용가치만 반영하는 전세가 수준으로 내려가고 주택의 거품은 사라져 전세 시장은 자연히 안정되고 대부분의 전세 세입자들이 '내 집 마련'을 하게 될 것이다. 거품이 꺼지는 과정에서 가계대출은 줄어들 것이다. 무주택자의 집 마련을 위한 대출 수요도 미미할 것이다. 전세보증금으로 집을 살 수 있기 때문이다. '내 집 마련'을 한 신중산층이 늘어 경제 전체의 소비가 늘고 주택투기는 사라질 것이다.

5) 금융규제 강화를 통한 금융 안정에 힘써야

과잉금융(Over-Financialization)은 나라 경제에 매우 위험하다. 건전한 실물경제보다 과속을 강요함으로써 결국 금융 불안을 초래해 실물경제에까지 위험이 전염되고 자산과 소득의 양극화를 초래하게 된다. 자본주의 선진국이라는 미국과 일본, 영국이 예외 없이 실패한 신자유주의 금융규제 완화정책은 이미 2008년의 금융위기로 잘못이 드러났다. 과잉부채(Over-Leveraging)는 과잉금융과 동전의 양면이다. '빚 권하는 정책'도 포기해야 한다. 금융규제는 보건의료규제와 환경규제처럼 강화해야 한다. 스티글리츠는 저서 《불평등의 대가》에서 "정부 규제가 온전하게 이루어지기 위해서는 특수 이익집단이나 상위 계층의 이익이 아니라 일반 대중의 이익을 반영하는 민주주의가 확보돼야 한"다고 밝혔다.[7]

첫째, 은행과 산업자본의 분리, 즉 은산분리(銀産分離)를 철저히 지켜야 한다. 은산분리는 총수 자리가 세습되는 재벌이 문어발식으로 여러 산업을 지배하는 우리나라에서 꼭 필요한 규제이다. 은행 자기자본의 4% 이내로 산업자본의 은행 소유를 제한하는 규제는 예외 없이 지켜져야 한다. 더불어민주당은 2015년 박근혜정권 당시에는 인터넷은행의 산업자본 지배를 반대한 바 있다. 하지만 정권을 잡더니 태도를 바꾸어, '인터넷전문은행 설립 및 운영에 관한 특례법'을 통과시켜 34%까지 산업자본의 지분을 허용했다. 담합에 참여하여 공정거래법을 위반한 KT가 대주주가 될 수 없는데 2018년 말 특례법을 1년도 안 돼 또 고쳐서 공정거래법을 위반해도 대주주 자격이 유지되도록 허용하기도 했다. 입법질서가 매우 문란하다. 특례법의 은산분리 파괴조항은 조속히 폐지해야 한다. 현재 두 개인 인터넷은행은 국민주로 바꾸어 대주주의 초과지분을 처분하고 나갈 길을 열어주면 된다.

둘째, 은산분리를 넘어 금산분리(金産分離)로 나아가야 한다. 재벌은

---

7 조지프 스티글리츠, 이순희 옮김, 《불평등의 대가》, 열린책들, 2012.

금융투자업, 보험업, 신용카드업 등 비은행금융업에서 손을 떼야 한다. 특히 경영권 승계가 걸린 삼성그룹이 만악의 근원이다. 삼성생명은 2010년 상장 이후 삼성전자 주식의 과다 보유 문제를 해결하지 않고 결국 이재용 부회장의 그룹 경영권 승계에 도움을 주고 있다. 보험업법에 보험사 총자산의 3%로 명문화되어 있는데도, '보험감독규정'에 주식의 경우 시가가 아니라 취득원가를 기준으로 하도록 모피아가 허용함으로써 삼성 총수 일가의 사익을 대대로 보장해주고 있다. 한편 보험가입자들은 암보험을 중심으로 1년 가까이 그룹 본사 빌딩에서 삼성생명의 계약위반으로 피해를 보았음을 호소하고 있다. 보험업이 수탈의 도구로 전락한 것이다. 삼성증권도 삼성의 계열사 간 이익조차 중립적으로 고려하지 않고 오로지 이재용 개인의 그룹 경영권 승계에 봉사했다는 것이 검찰의 기소로 밝혀졌다. 2013년 동양그룹 붕괴도 금산분리가 되어 있었다면 피할 수 있었던 사례이다.

금융업을 할 수 없는 일반지주회사에 기업형 벤처캐피탈(Corporate Venture Capital: CVC)을 소유·운영할 수 있도록 허용하는 공정거래법 개정안이 2020년 12월에 국회를 통과했다. 재벌과 준재벌들의 벤처 생태계 파괴가 가속화할 것이 우려된다. 기존 공정거래법(제8조의 2)에서는 일반지주회사가 금융회사를 자회사로 둘 수 없다. 벤처캐피탈도 금융업인데 왜 국회가 불공정자본의 앞잡이가 되어가는지, 앞날이 매우 우려된다.

셋째, 금융투자업, 보험업 등 비은행금융업은 은행과 분리해야 한다. 2008년 미국의 금융위기는 '글래스·스티걸법(Glass-Steagall Act)'의 폐지(1999년)로부터 비롯되었다. 은행업과 금융투자업(투자은행)을 분리해온 G-S법이 폐지된 뒤, 너도나도 부동산담보대출에 뛰어들어 투기에 기름을 부어 2008년 위기를 일으켰다. 장기로 안전속도를 지키는 간접금융인 상업은행은 쇠퇴하고, 단기의 과속 흥분제를 파는 금융투자업은 코로나19 와중에도 번성하고 있다. 미국이 양극화로 자멸의 길을 겪더라도 이를 타산지석으로 삼아 투기금융이 대한민국의 공익을 해치지 않도록 해야 한다. 그러자면 은행업을 주력으로 하는 금융지주회사가 증권업, 보험업을 겸영하는 것은 엄격히 제한해야 한다. 제조업과 서비스업, 가계에 대출해서 차입자와 장기간 이익을 공유해야 하는 은행업이 단기 투기이익에 집중하는 자산운용업 등 비은행금융업을 겸영하는 것은 설비투자를 위한 대출을 줄이고 투기를 위한 대출을 늘려 결국에는 공익을 해치는 결과를 초래할 가능성이 높다. 은행이 계열사가 아닌 자의 사모펀드를 판매한 것만으로도 많은 피해자가 나왔는데 금융지주사의 자회사로 A은행, B증권사, C자산운용사, D보험사 등이 묶여 있으면, B, C, D의 투기 이득에 집중해 A의 본래 역할은 소홀히 하게 된다. 나라 전체로는 부동산뿐만 아니라 곳곳에 투기열풍이 불어 생산적인 기업과 소비자가 모두 소외되는 참담한 결과를 낳을 수 있다. 따라서 은행업, 금융투자업, 보험업을 엄격히 분리하여 겸영하지 않도록 제도를 혁신함이 옳다.

넷째, 신용카드업에 대한 규제를 대폭 강화해야 한다. 재벌은 모두 신용카드업에서 손을 떼도록 해야 한다. 이는 2003년 신용카드 위기 직후에 마땅히 해야 했을 조치이다. 재벌이 문어발식 경영으로 수많은 중소기업의 생사여탈권을 쥔 것으로도 모자라 소비자들을 과잉소비와 금융 노예의 나락으로 떨어뜨리는 것을 허용하는 것은 비극이다. '사회적 거리두기'가 코로나19 대처에 효과적이었듯이 철저한 은산분리와 재벌의 비은행금융업 철수, 은행업과 비은행금융업의 분리 등으로 금융위기 발발의 가능성을 낮추고, 금융위기가 발생하더라도 전염성을 사전에 제도적으로 낮추고 대비해야 한다.

6) 사모펀드도 규제 강화로 해결해야

라임-옵티머스 사모펀드 참사에도 사모펀드 설정액은 줄지 않고 있다. 2020년 10월 말 사모펀드 규모는 429조 원을 넘었다.[8] 사모펀드의 수는 2019년 말 1만 1000개 이상에서 2020년 10월 말 9855개로 감소했다. 사모펀드 운용사의 절반 이상이 적자라고 집계되는데 실제는 더 심각할 것으로 추정된다. 이들 사모펀드에 대한 전수 조사가 필요하다. 운용사별 판매사별로, 거액 기관투자자의 투자액 순으로 조사하여 그 결과를 투명하게 공개해야 한다. 특히 한국전파진흥원처럼 공공기관이 사모펀드에 투자한 사례를 전수 조사해야 한다. 국민연금이 과거에 MBK파트너스 등 사모펀드에 1조 원대의 거액을 투자하고 그 투자를 받은 사모펀드들은 수익을 내기 위해 인수한 기업에 노동자를 해고하는 등 부당행위를 일삼아 참여연대를 비롯한 시민단체가 항의한 적이 있다. 국민연금은 사모펀드에 얼마나 투자했는가? 사모펀드에는 더 이상 일절 투자해서는 안 된다. 공익을 해치면서까지 수익률을 높이라고 국민연금이 존재하는 것이 아니기 때문이다.

사모펀드에 관한 규제를 최소한 2014년 수준으로 되돌려 다시는 개인투자자들이 불완전판매나 금융사기의 희생양이 되지 않도록 해야 한다. 개인의 최저투자액은 3억 원이 아니라 5억 원 이상으로 높여야 한다. 운용사는 인가제로 해 부실운용사는 퇴출해야 한다. 최저자본금

---

8   금융투자협회, 2020.11.9.

도 100억 원 이상으로 높이고, 동시에 1사당 운용 한도를 자본금 규모에 연계시켜 잠재위험의 크기를 줄여야 한다.

7) 정책당국과 금융회사들의 과제

이상 금융을 규제하는 틀이 정비되고 게임의 규칙이 공정하고 투명하게 정해지면, 금융회사들은 금융시장에서 공익을 우선하면서 사익을 추구할 수 있게 된다.

첫째, 국회는 법정최고이자율을 연 10% 이하로 대폭 낮추고 정부는 공공대출을 대폭 늘려야 한다. 현재 한국은행의 기준금리는 역사상 최저수준이다. 신용도가 우량한 기업과 개인에 대한 대출금리도 사상 최저수준이다. 연 24%에서 20%로 낮춘 최고금리를 대폭 더 낮추어야 다수의 저신용자들도 숨을 쉴 수 있다. 10%로 최고이자율이 제한된다면 대부업체는 문을 닫을 것이고 저축은행이 빈 곳을 채우도록 하면 된다. 인공지능, 빅데이터, 뉴딜 금융을 운운하면서 대부업이 음성화된다는 것은 핑계에 불과하다. 중앙정부는 서민금융진흥원 등을 통한 금융지원도 대폭 늘려야 한다. 코로나19를 극복한 이후에 중앙정부는 노벨경제학상을 수상한 로버트 쉴러 교수가 제안한 소득분배연계보험(Inequality Insurance), 소득연계대출(Income-Linked Loan) 등을 금융시장에 도입하여 금융의 공정성과 안정성을 동시에 높여가야 한다.[9] 이는 IT 기술의 발전으로 실현 가능한 디지털 금융의 본보기이다.

둘째, 경기도에서 시도하듯이 지방정부에서 주민들에게 '기본대출'

---

9 로버트 쉴러, 정지만 외 옮김, 《새로운 금융질서》, 민미디어, 2003.
로버트 쉴러, 노지양 옮김, 《새로운 금융시대》, 알에이치코리아, 2013.

이 이루어지도록 할 필요가 있다. 광역 시민과 도민을 위한 공공지역 은행을 시도별로 설립해 주민들을 도와야 한다. 부실기업에 대해서는 수십조 원의 금융지원을 하면서, 코로나19로 고통받는 수백만 명의 저신용자에 대하여는 수천억 원도 아까워하는 정부 부처의 이중성은 사라져야 한다.

셋째, 상업은행의 역할이 중요하다. 호황기에는 기업의 운영자금 대출을 줄이고 불황기에는 신뢰하는 기업에 운영자금은 물론 설비투자 자금까지 적극적으로 대출하면서 장기적 시각으로 경영한다면, 실물경기의 진폭을 감소시키고 금융안정에 기여해 나라 경제에 도움을 주는 동시에 은행의 장기이익도 극대화할 수 있다. 투기용 가계대출은 최대한 억제해야 한다. 사모펀드 판매에서는 손을 떼는 것이 은행에도 좋다. 고객의 신뢰를 떨어뜨리면서 사소한 수수료 이익을 탐하는 것은 소탐대실이다. 많은 금융소비자를 되풀이해서 속일 수는 없다. 1997년 외환위기를 겪으면서 막대한 공적자금을 수혈받은 덕분에 오늘의 시중은행이 존재함을 잊지 말고, 은행이 법적으로는 사영 회사이지만 공익을 우선하여 사회적 책임경영을 우선으로 해야 한다. 코로나19로 인한 재난금융에 적극적으로 참여하고 코로나 이후에도 대체에너지 투자 등 녹색 금융에 앞서도록 노력해야 한다.

넷째, 금융투자사들은 기관투자자로서 한국 주식시장의 변동성을 줄이는 데 이바지해야 한다. 코로나19 와중에도 여전히 한국 주식시장은 변동성에서 미국과 1~2위를 다투고 있다. 공모펀드에 주력하고 사모펀드의 설계, 운용, 판매에서는 손을 떼야 한다. 보험회사들은 삼성생명을 모델로 삼지 말아야 한다. 실손의료보험은 특히 국민의 절반 이상이 가입했다. 보험사가 보험계약을 자신에게 유리하게 아전인수로 해석하고 고객을 무시하면 그 보험사가 얼마나 가겠는가? 코로나 19 이후 달라질 것이다. 환경보험, 그리고 이와 연결된 생명보험은 전도가 유망한 분야이다.

다섯째, 모든 대형 금융회사들은 금융위기가 재발하지 않도록 힘을 합쳐 노력해야 한다. 그동안 금융회사들은 금융위기 바이러스의 숙주나 전파자 역할을 했다. 금융사고의 주역이거나 조연이었다. 앞으로는 사회의 양극화 해소에 기여하는 능동적 역할을 해야 한다. 경영권 세습을 하지 않고 상속세와 법인세 등 세금을 제대로 내며 지배구조와 사업구조가 건전한 기업에 대출을 실시하고 투자해야 한다. 석탄발전을 비롯한 환경오염사업에 투자하지 말아야 한다. 국민연금이 모범을 보여야 한다. 소위 ESG(Environment·Society·Governance: 환경·사회·지배구조) 요소를 중심에 두어야 한다.

여섯째, 산업은행을 비롯한 정책금융기관은 부실재벌의 설거지에 공적자금을 낭비하면 안 된다. 특히 세습재벌에는 원칙적으로 공적자금을 투입하지 말아야 한다. 뉴딜펀드는 5년간 20조 원을 목표로 하는데, 정책금융기관과 금융회사들이 중산층 금융소비자들의 신뢰를 얻는 것이 열쇠이다.

일곱째, 중앙은행인 한국은행은 저인플레이션과 저금리시대에 부동산 가격이 급등하는 딜레마를 해결하는 데 일정한 역할을 해야 한다. 특히 상승한 주택가격이 귀속임대료 형태로 소비자물가에 반영되도록 물가통계를 정상화해야 한다. 금융안정이 한국은행법으로 부여된 엄중한 책무이니만큼 모피아 집단에 굴종하는 자세를 벗어나 공공이익을 위해 능동적으로 일해야 할 것이다. 금융의 민주화는 중앙은행이 주도해야 한다. 방관자 자세를 버려야 한다.

5. 코로나는 사라져도 금융위기는 재발하리라

미국이 주도하는 국제금융 질서는 2020년 미국 대선 이후 그리고 코로나19 이후에도 크게 바뀌지 않을 것이다. 월스트리트 자본의 주도 하에 이들은 미국은 물론 세계 주요 금융시장을 휘젓고 다니며 단기투기 이득을 노릴 것이다. 그리고 반대편 입장에 선 금융약소국은 외환위기를 비롯한 다른 형태의 금융위기를 과거처럼 빈번하게 겪을 것이다. 미국도 2008년 금융위기와 같은 중대한 금융위기를 또 다시 겪게 될 것이다. 코로나19는 사라져도, 그보다 더 무서운 경제 전염병인 금융위기는 대안민국에 다시 찾아올 가능성이 아주 높다.

한국이 금융위기를 되풀이하지 않고 안정적으로 성장하며 자산 양극화를 되돌리기 위해서는 금융당국과 금융회사들이 해야 할 일이 많다. 과거 금융위기에 대해 책임져야 할 모피아는 해체되어야 한다. 그들의 소굴인 금융위원회도 없애야 한다. 기획재정부는 재정부로 축소해야 한다. 경제기획 업무는 민주적으로 선출된 대통령이 일하는 청화대가 공약을 중심으로 직접 수행해야 한다. 은산분리와 금산분리를 철저히 하고, 재벌이 금융업에서 손을 떼도록 해야 한다. 산업은행, 수출입은행은 물론, 주요 상업은행도 공익을 우선하여 금융안정에 중앙은행과 손잡고 힘써야 한다. 또한 금융규제는 전반적으로 강화해야 한다. 이렇게 한다면 금융위기의 재발 가능성을 70% 이상 줄일 수 있으며, 위기가 발생하더라도 전염력이 약할 것이다. 특히 사모펀드 같은 금융사고의 가능성은 90% 이상 줄일 수 있을 것이다.

이 글에서는 금융민주화를 위한 개혁과제를 최소한으로 제시했을 뿐이다. 우리나라는 미국은 물론 영국에 비해서도 금융 약소국이기 때문에, 미국이나 영국보다 훨씬 높은 금융 방역망이 필요하다. 정권을 잡는 정치인들이 금융자본과 산업자본의 꼭두각시가 되지 않고, 항상 헌법 1조에 따라 국민들의 의사를 확인하고 금융민주화를 추진하며 경제민주화를 추진하는 대장정은 아직도 출발을 기다리고 있다. 주권자인 국민들이 직접 또는 선거를 통해 출발시키고, 목표지점까지 감독해야 할 것이다.

11

─────

플랫폼 경제에서 자영업자의
경제적 지위 개선방안

김남근(변호사, 참여연대 정책위원)

1. 플랫폼 경제와 자영업의 위기

코로나19 사태로 인한 감염병 전파 우려와 사회적 거리두기 권장으로 비대면 거래가 급성장하고 있다. 오프라인에서 자영업자 폐업률이 급증하고, 온라인에서 소비자와 거래를 중개하는 온라인 플랫폼에 대한 거래의존도가 급속하게 높아지고 있다. 온라인에서 구매에 대한 탐색과 의사결정 및 결제가 완료되고 오프라인에서는 소비만 발생하는 제품 및 서비스를 O2O(Online to Offline) 거래라고 한다.[1] 이러한 O2O 방식의 비대면 거래는 코로나19 사태 이전에도 1인 가구의 증가와 모

─────

[1] 강민성 외, 〈온디맨드 경제 확산에 따른 서비스산업의 역할과 과제〉, 산업연구원, 2017, p.42.

바일 결제시스템의 발달, IT 기반 배달대행업 등이 성장하면서 통계청 자료에 의하면 이용자 수가 급증하고 있었다. 배달음식 거래를 중개하는 배달앱 서비스 거래액은 2017년 2조 3453억 원에서 2018년 4조 1799억 원으로 두 배 가량 증가했고, 2019년 1분기 거래액은 1조 7910억 원으로 2018년 1분기 거래액 9258억 원에 비해 93.5% 증가했다.[2] 같은 통계청 자료에 의하면 온라인쇼핑 거래액도 2019년 134조 원으로 전년 대비 18.3% 증가하는 등 꾸준히 확대되고 있다. 코로나19 이후에는 비대면 온라인 거래의 대중화로 오픈마켓, 검색엔진, 가격비교 사이트 등 온라인 플랫폼의 영향력이 더욱 커졌다. 통계청이 2020년 6월에 발표한 2분기 온라인쇼핑 동향자료에 따르면, 온라인쇼핑 거래액은 12조 6711억 원으로 코로나19 이전인 전년 동월 대비 19.5%, 온라인쇼핑 중 모바일쇼핑 거래액은 8조 4639억 원으로 22.8% 증가했다. 특히, 음식 서비스(61.5%), 생활용품(48.9%), 음·식료품(39.4%) 등에서 크게 증가했다.[3] 이제 온라인 플랫폼을 통해 상품과 서비스를 판매하는 사업 이용자들은 소비자에게 접근하기 위한 필수 통로로 온라인 서비스에 의존하게 되었다.

플랫폼 경제는 시장진입 비용이 상대적으로 낮아서 혁신적인 아이디어를 가진 기업이나 자영업자들에게 새로운 기회가 주어지는 긍정적 측면도 있다. 예를 들어 배달음식 거래시장에서만 보면, 배달앱 플랫폼이 성장하면서 배달음식만을 위한 배달전문 공유주방이나 배달전문 프랜차이즈, 온라인 배달대행업체 등 새로운 비즈니스 모델이 등장

---

[2] 통계청은 매월 '온라인쇼핑 동향 조사'를 발표하는데, 2017년 1월부터 온라인 주문 후 음식을 조리하여 배달하는 서비스인 음식 서비스 거래액을 따로 발표하고 있다.

[3] 통계청, "2020년 6월 및 2분기 온라인쇼핑 동향"(보도자료), 2020.8.5.

했다.[4] 하지만 한편으로는 플랫폼의 이러한 독점 형성은 사업적 이용자들의 플랫폼에 대한 의존성을 높이고, 플랫폼과 사업적 이용자 사이에서 독점에 따른 시장지배적 지위나 거래상 우월한 지위를 이용한 거래조건의 일방 변경 등 거래상 지위남용 행위가 발생할 개연성을 높인다. 이 글에서는 플랫폼 경제의 발달로 자영업자들의 플랫폼 거래에 대한 의존성이 증가하면서 그에 따른 거래조건에 어떠한 변화가 일어나고 있는지, 자영업자들의 경제적 지위 악화와 이를 막기 위한 플랫폼 거래 공정화에 관한 제도개혁 방안에는 어떤 것이 있는지에 대해 배달플랫폼 시장을 중심으로 살펴보고자 한다.

2. 플랫폼의 독점화와 사업적 이용자 거래에서 나타나는 문제들

1) 플랫폼 거래상 우월한 지위를 이용한 중개수수료 등 거래조건의 결정 문제

플랫폼은 경제적 측면에서 보면, 플랫폼을 매개로 소비자와 사업적 이용자[5]인 중소기업이나 자영업자, 배달·택배 종사자 등 여러 경제주체들이 거래의 탐색, 거래조건이나 거래의 결정 등의 상호작용을 통해 경제적 가치를 창출하는 시스템이다. 플랫폼과 소비자, 플랫폼과 사업적 이용자, 플랫폼과 배달종사자 등 다면적 시장이 형성되는데, 이러한 다수 참여자 간의 상호작용으로 가치가 창출된다. 참여자의 증가는

---

4 서울특별시, 경기도, 인천광역시, 〈배달앱 거래 관행 실태조사 보고서〉, 2020.8.
5 EU 이사회, "온라인 플랫폼 시장의 공정성 및 투명성 강화를 위한 2019년 EU 이사회 규칙 (2020.7.12. 시행)"은 플랫폼을 "온라인 중개서비스 제공업체", 플랫폼을 영리 목적으로 이용하여 사업을 영위하는 중소상공인 등을 "사업적 이용자"라고 하고 있다.

플랫폼의 매력도를 높이고, 이는 더 많은 참여자 증가로 연결되는 네트워크 효과를 가져온다. 한편 이용자는 다른 플랫폼으로 전환하는 불편과 비용으로 특정 플랫폼에 의존하는 록인(lock-in) 효과가 나타난다. 배달앱 시장의 경우, 서울특별시와 경기도, 인천광역시가 수도권 지역 외식업 자영업자 2000명을 상대로 2020년 6월 6일부터 7월 7일까지 실시한 배달앱 거래 관행 실태조사 결과에 의하면, '배달의민족'이라는 1위 외식 온라인 중개서비스 플랫폼을 이용하는 업체가 92.8%, 2위 '요기요'를 이용하는 업체도 40.5%에 달했다.[6]

배달앱을 이용하는 이유에 대해서는 "다른 홍보 방법보다 편리해서"가 55.5%로 가장 높았지만, "배달앱을 사용하지 않으면 영업을 지속하기 어려워서"가 52.3%, "주변 경쟁업체에서 이용하기 때문에"도 45.3%로 나타났다.[7] 자발적으로 배달앱 플랫폼을 이용하는 측면보다는 배달음식 시장의 트렌드가 음식점에 직접 주문하기보다는 배달앱을 통해 주문하는 방향으로 변화하고 있어서 이에 따라가기 위해 어쩔 수 없이 이용하고 있었다. 2020년 5월 기준으로 조사대상 배달음식 자영업자의 매출액은 2102만 원이고, 영업이익은 525만 원이었는데, 배달앱을 이용하지 않는다고 가정할 때 매출액이 평균 40% 정도 감소할 것으로 추산할 정도로 매출의 배달앱 플랫폼 의존도가 높았다. 그래서 플랫폼 간 경쟁에서 자금력이 우세하여 버틸 여력이 있는 소수의 플랫폼만 살아남아 비로소 수익 모델화를 실현하는 승자독식 구조가 된다.[8]

---

6 서울특별시 외 2, 위 실태조사 보고서.
7 서울특별시 외 2, 위 실태조사 보고서.
8 나종연, 〈사업자 간 거래 공정화 및 이용 소비자 보호를 위한 온라인 플랫폼 시장독점 방지대책〉, 경기도 온라인 플랫폼 시장독점 방지 정책토론회, 2020.9.24, pp.127~128.

플랫폼의 이러한 독점 형성은 사업적 이용자들의 플랫폼에 대한 의존성을 높이고, 플랫폼과 사업적 이용자 사이에 독점에 따른 시장지배적 지위나 거래상 우월한 지위를 이용한 거래조건의 일방 변경 등 거래상 지위남용 행위가 발생한다.

특히 배달앱 플랫폼 거래시장에서는 광고비와 수수료 과다가 문제시되고 있는데, 2020년 초에도 '배달의민족'의 일방적인 수수료 인상으로 사업적 이용자들과의 갈등이 심화했다. 특히 배달앱 플랫폼업체들은 프랜차이즈 가맹본사와 협상해 광고비와 수수료를 정하는데, 가맹본사들은 그 부담을 고스란히 가맹점주들에게 전가할 수 있으므로 광고비와 수수료 인하 협상에 적극적이지 않다. 배달앱 플랫폼은 가맹본사들의 이러한 성향을 이용해 가맹본사와 먼저 협상한 광고비, 수수료를 가지고 영세 소상공인들에게도 적용하고 있다. 사업적 이용자들의 74.9%는 대형 프랜차이즈 중심의 마케팅으로 영세 소상공인의 거래조건이 불리하다고 생각하며 '배달앱 광고비, 수수료 산정기준 및 상한제 도입(56.5%)', '영세 소상공인을 위한 우대 수수료율 마련(44.1%)' 등의 대책을 요구하고 있다. 영세 소상공인에 대한 광고비와 수수료 감면, 우대 정책의 부족' 의견이 80.2%로 나타났는데, 자영업자들은 정부가 적극적으로 플랫폼 중개서비스 시장에 개입해 불공정한 거래조건 개선에 나서 줄 것을 요구하고 있다.

2) 오픈마켓 시장에서 나타나는 불공정행위 문제

오픈마켓은 판매자와 구매자에게 모두 열려 있어 개인과 소규모 판매업체 등이 온라인에서 자유롭게 상품을 거래할 수 있는 인터넷 중개몰을 말한다. 오픈마켓은 인터넷 쇼핑몰에서의 중간유통 마진을 생략

할 수 있어 기존의 인터넷 쇼핑몰보다 비교적 저렴한 가격대로 물품 공급이 가능하다. 그래서 개별 오픈마켓 플랫폼마다 20~30만의 플랫폼 사업 이용자들이 직접 제조하고 수입한 물품을 판매하고 있다. 오프라인에서 의류, 신발 등 생활용품을 판매하던 중소상공인들의 판매 방식이 이러한 오픈마켓을 통한 판매로 급속히 전환하고 있다. 2020년 현재는 1, 2위 업체인 쿠팡, 네이버쇼핑을 비롯하여 7대 오픈마켓이 경쟁체제로 운영되고 있지만, 2010년대 초반만 해도 오픈마켓 플랫폼 시장은 1, 2, 3위 업체인 G마켓, 옥션, 11번가의 독과점 시장이었다. 이들의 시장지배적 지위에 의한 각종 불공정행위로 판매 중소상공인들은 많은 어려움을 겪었고, 이러한 불공정거래 관행은 지금도 지속되고 있다.

공정거래위원회가 2011년 (사)한국유통학회에 의뢰해 오픈마켓 플랫폼 거래시장에서의 플랫폼업체와 사업적 이용자인 판매회사들 간의 불공정행위를 조사한 내용 중 가장 큰 비중을 차지한 것은 과다 수수료와 광고비 등의 문제였다. 오픈마켓을 사업적으로 이용하는 판매사들은 자사의 상품 노출 기회를 높이기 위한 광고비, 부가서비스 비용이 과다하다고 여겼고, 수수료 수준이 높은 것에 불만이 있으나 거래상 보복이 두려워 시정요구를 하지 못했다. 또한 오픈마켓과 특수관계에 있는 판매사들에만 할인쿠폰을 지원하는 등 지원 기준이 불분명하고 불공정하여 차별을 받고 있다고 인식했다. 과도한 상품가격 인하를 강요하는 사업 방해행위가 빈번히 일어났는데, 위 조사에 응답한 판매사의 31.4%가 오픈마켓으로부터 과도한 수수료 인하를 요구받은 적이 있다고 답했다.

플랫폼 거래 특성상 판매사들은 상품의 플랫폼 노출이 매출에 직접적인 영향을 미쳐 절대적으로 중요하지만 상품 노출을 위한 메인 기획전 및 카테고리 프로모션 비용이 과다하다고 인식하고 있었다. 그리고 기획전과 프로모션 관련하여 일방적인 강요행위가 상당하며, 특정 판매자 밀어주기, 판매자에게 일방적인 책임 전가, 판매사 모르게 행사를 진행한 후 수수료를 정산하는 방식 등 오픈마켓 플랫폼의 거래상 지위를 남용하는 행위가 빈번히 일어나고 있었다. 경쟁 플랫폼 사업자와 거래하지 말라거나 경쟁 플랫폼 사업자보다 더 유리한 조건으로 상품을 공급하도록 강요받는 구속적 조건부거래 강요행위 사례도 있었다.[9]

3) 플랫폼 노출 순위의 공정한 기준과 투명성 문제

플랫폼이 부여하는 상품과 서비스 순위(ranking)는 소비자의 선택에 중대한 영향을 미치고, 이에 따라 플랫폼에 어느 순위로 노출되는가는 사업적 이용자의 영업에 상당한 영향을 미친다. 따라서 플랫폼에 노출되는 순위는 객관적이고 합리적인 기준으로 정하고 노출 순위 기준이 사업적 이용자에게도 설명되어야 한다.[10] 2011년 한국유통학회 조사에서 판매사들이 지적한 주요 불공정행위의 유형도 합리적 근거 없이 오픈마켓이 특수한 관계에 있는 판매사들의 플랫폼 노출을 유리하게 한다는 것이었다. 한국의 배달앱 사업적 이용자들의 경우 노출 순위 기준이 객관적이고 합리적이라고 생각하는 응답자는 10%에 불과했고, 40%는 합리적이지 않다고 생각하는 것으로 나타났다.[11] 특히 플랫

---

9 한국유통학회, 〈오픈마켓의 불공정행위 실태조사 및 개선방안 연구〉, 2011.9.11, pp.55~57.
10 EU 의회와 이사회, "온라인 플랫폼 시장의 공정성 및 투명성 강화를 위한 2019년 EU 이사회 규칙" 전문 (24), (25).
11 서울시 외 2, 위 실태조사 보고서.

폼업체들이 소비자의 선택에 상당한 영향을 미치는 노출 순위의 알고리즘을 업체 계열사에 유리하게 조작할 경우 플랫폼 독점이 해당 상품이나 서비스 시장에서 플랫폼 계열사의 우위로 이어져 시장독점을 낳을 수 있다. 배달앱 플랫폼업체들이 계열사로 유통업체를 만들고, 외식 플랫폼 거래에서 큰 비중을 차지하는 피자, 치킨, 제빵 등의 계열사를 설립한다면, 플랫폼 노출 순위를 이러한 계열사들에 유리하게 할 경우 해당 상품과 서비스 시장에서 사업적 이용자인 자영업자의 생존은 상당한 타격을 입을 우려가 있다. 이러한 점에서 이미 독과점을 형성하고 있는 '배달의민족' 등 3대 배달앱 업체의 기업결합은 플랫폼 시장지배를 공고히 한 후 상품과 서비스의 시장지배로 전이될 우려도 낳고 있다.

4) 플랫폼의 정보독점과 사업적 이용자와의 정보공유 문제

플랫폼을 이용하는 소비자 정보에 접근하고 이용할 수 있는 권한의 배분 문제는 플랫폼 독점화를 견제하고 소비자의 다양한 주문선택권을 보장할 수 있게 한다는 점에서 중요한 문제이다. 플랫폼업체들은 소비자와 판매자 간에 발생하는 상권 특성, 소비자 선호품목, 업종·시간·지역별 매출 데이터 등의 빅데이터를 독점하고 이러한 데이터를 기반으로 선호상품과 서비스 개발, 광고 등에도 이용할 수 있다.[12] 반면에 사업적 이용자들은 이미 전통적인 판촉수단이 경쟁력을 상실한 상황에서 고객정보로부터 차단되어 단골고객망을 형성할 수 없게 된다. 소

---

12 김종민, 〈플랫폼 사업자의 독점방지와 플랫폼 이용자의 권리 보호를 위한 제안〉, 경기도 온라인 플랫폼 시장독점방지 정책토론회, 2020.9.24, pp.145~146.

비자도 플랫폼을 통해 음식배달을 주문하는 것은 편리성이 있지만, 해당 사업적 이용자 점포에서 직접 주문해 서비스나 가격에서 유리한 선택권을 행사할 수 있어야 한다. 사업적 이용자가 상품별 고객의 주문 횟수나 배달상품에 대한 리뷰(댓글) 등에 관한 정보를 수집해 상품과 서비스 개선에 활용하고 독자적인 고객망을 형성할 수 있어야 한다. EU 의회와 이사회가 2019년 제정해 2020년 7월 22일부터 시행한 '온라인 플랫폼 시장의 공정성 및 투명성 강화를 위한 2019년 EU 이사회 규칙'은 플랫폼 거래를 통해 형성된 소비자 개인의 정보 등과 같은 데이터에 대한 사업적 이용자의 접근 권한과 범위를 약관에 정하도록 하면서, 플랫폼과 사업적 이용자 사이의 데이터 공유를 증진하고 이를 혁신과 성장의 핵심원천으로 삼아 유럽 공통의 데이터 공간 창출이라는 목표의 강화에 기여할 수 있어야 한다고 천명하고 있다.[13]

3. '온라인 플랫폼 거래 공정화에 관한 법률' 제정의 필요성

1) 플랫폼과 사업적 이용자 사이에서 공정한 거래질서의 필요성

서울특별시와 경기도, 인천광역시 등의 위 배달업 거래관행 실태조사에서는 배달앱 플랫폼에서 광고비와 수수료를 인상할 경우 자영업자들은 '배달료 고객청구(40.3%)', '배달음식 가격 조정(26.0%)'으로 대응해 부담을 줄이겠다고 하고 있다. 배달앱 플랫폼이 거래상 우월한 지위를 이용하여 수수료와 광고비를 인상하는 등 일방적인 거래조건 변경의 불공정행위를 하는 경우 최종적으로는 그 비용이 소비자에게 전

---

13 위 EU 이사회 규칙 전문 (35).

가될 가능성이 크고 플랫폼의 다면적 시장 전체에 부정적 영향을 미치게 된다. 이러한 플랫폼의 시장지배적 지위나 거래상 우월한 지위를 남용한 불공정행위를 예방·근절하는 것은 사업적 이용자의 경제적 지위 향상뿐만 아니라 시장 전체의 공정한 경쟁질서 유지에도 필요하다.

2) EU '플랫폼 시장 공정화 강화 규칙'의 제정

EU 이사회와 EU 의회는 2019년 '온라인 플랫폼 시장의 공정성 및 투명성 강화를 위한 2019년 EU 이사회 규칙'(이하 '플랫폼 시장 공정성 강화 규칙')을 제정하고 2020년 7월 12일부터 시행하고 있다. EU의 실태조사 결과, 유럽 시장에서 활동하는 중소기업의 42%가 온라인 플랫폼을 통해 상품을 공급하는데, 그중 46%의 중소기업이 플랫폼업체와의 거래에서 불공정행위 등 어려움을 겪고 있는 것으로 조사됐다.[14] EU는 플랫폼과 사업적 이용자(business) 거래 관계에서 발생하는 불공정행위의 규율 방안에 대해서 세계 최초로 입법모델을 제시했다. 위 규칙은 오픈마켓뿐만 아니라 검색엔진(페이스북, 인스타그램 등)에도 적용되는 등 온라인 플랫폼 중개서비스에 일반적으로 적용된다. 한국에서는 20대 국회에서 오픈마켓 시장의 불공정행위를 규율하기 위한 '사이버몰 판매 중개 거래의 공정화에 관한 법률(안)'이 추진된 적은 있었지만, 배달앱, 가격비교 사이트, 포털 등 온라인 플랫폼 중개서비스 일반에 대해 공정거래를 규율하기 위한 입법은 없었다. 플랫폼 거래가 확대되며 자영업자와 소상공인들이 대부분 플랫폼 거래에 의존하는 사업적 이용자들로 전환되어가는 트렌드에 맞추어 플랫폼 거래 일반을 규율하

---

14 중소기업연구원, 〈EU의 온라인 플랫폼 시장 규율에 관한 최근 입법 동향〉, 2020.5.

기 위한 입법을 시급히 추진해야 한다.

3) EU '플랫폼 시장 공정화 강화 규칙'의 주요 내용

(1) 일방적 해지, 중단 등 부당한 거래거절의 규제

상품, 서비스의 가격인하, 중개수수료와 광고비 인상 등 플랫폼의 요
구에 응하지 않는 경우 플랫폼은 일방적으로 사업적 이용자의 온라인
플랫폼 중개서비스 거래를 거절하거나 중단하겠다는 압박을 통해 자
신들이 정한 판매가격 정책이나 거래조건 등을 강요하는 경우가 많다.
이러한 사례는 위 2011년 오픈마켓 불공정행위 실태조사에서도 잘 드
러난다. EU 규칙은 제4조(제한, 중단, 해지)에서 온라인 플랫폼 중개서
비스 거래를 중단하거나 제한하는 경우 사전에 사업적 이용자에게 서
면 등으로 사유를 명시하여 통지하도록 하고 있다. 특정 사업적 이용
자에게 중개서비스 전체를 해지하기 전에는 30일 전에 사유를 명시하
여 통보하도록 한다. 그리고 내부 고충 처리 절차에서 위와 같은 중단,
해지 사유에 대해 사업적 이용자에게 해명할 기회를 제공하고 있다.
EU 규칙은 절차적 규제에 초점을 두고 있지만, 위와 같은 정당한 사유
없는 거래중단이나 해지는 공정거래법 제23조의 불공정거래행위 중
부당한 거래거절 행위로서 처벌할 수 있다.

(2) 플랫폼에서 상품과 서비스 노출 순위의 공정한 결정

플랫폼에서 노출 순위란 알고리즘 시퀀싱, 등급 또는 평가체계, 시
각적 강조사항, 눈에 띄게 해주는 도구 또는 이 모든 것으로, 조합을
통해 소비자에게 전달되는 상품, 서비스나 그 관련성의 중요도를 말

한다.[15] 배달앱이나 오픈마켓 등 플랫폼에서 상품이 어느 정도 노출되고 어떻게 강조되어 표현되느냐는 사업적 이용자의 매출에 중대한 영향을 미친다. 소비자들은 선호도가 높은 상품이 상위에 랭킹되는 것으로 오해하는 경우가 많지만,[16] 플랫폼은 프리미엄, 플러스 등 등급을 매겨 상품을 노출하며 등급에 따라 과도한 수수료를 받기도 한다. 서울특별시 등의 배달앱 거래 관행 실태조사에서 노출 순위 결정의 합리적 기준으로 사업적 이용자들은 '이용자의 위치 기준으로 가까운 순'이어야 한다는 의견이 73.5%로 가장 높았고, 그 다음으로 '별점이 높은 순' 40.4%, '누적 주문 순' 39.8% 등으로 나타났다.

위와 같이 노출 순위에 대해서는 객관적이고 합리적인 기준이 마련되어야 하고 그러한 기준이 사업적 이용자에게도 공개되어야 한다. 그리고 등급수수료와 같은 대가를 지불하면 순위를 올릴 수 있다고 할 경우 그러한 내용을 사업적 이용자에게도 설명해야 한다. 위 EU 규칙 제5조는 플랫폼 중개서비스 약관에 순위를 결정하는 주요기준을 제시하고 그러한 기준이 다른 고려 요소보다 상대적으로 중요하다고 판단하는 이유를 명시하도록 하고 있다. 검색엔진의 경우 이러한 노출 기준에 관하여 "명확하고 이해하기 쉬운 말로 작성된, 쉽게 공개적으로 열람할 수 설명을 제공해야 한다"고도 규정하고 있다. 이러한 약관이나 검색엔진에 대한 설명으로 소비자에게 제공한 상품의 특성과 소비자와의 관련성, 검색엔진의 경우에는 기업 웹사이트 이용자가 사용한 웹사이트 설계 특성 등이 충분히 이해될 수 있어야 한다. 검색결과 조

---

[15] 위 EU 규칙 전문 (24).
[16] 그래서 부당한 고객 유인 행위나 소비자를 오인하게 하는 표시·광고 행위로 제재를 받기도 한다.

작을 통해 소비자를 기민하는 행위를 규제하고 소비자에게 위해로 이어질 수 있는 알고리즘이나 정보는 공개되어야 한다. 이같이 플랫폼에서 상품, 서비스의 노출 순위를 결정하는 기준을 공정하게 정하는 것은 공정거래 시각에서는 중요한 문제이다. EU 집행위원회는 2017년 구글이 자사 비교검색 사이트인 '구글 쇼핑(Google Shopping)'을 경쟁사보다 우대하여 배치한 행위에 대해 약 24억 유로의 과징금을 부과한 바 있다.

(3) 사업적 이용자의 관련 정보 접근권과 데이터 독점 방지

위와 같이 플랫폼 거래를 통해 형성되는 소비자 개인에 관한 정보, 상품에 대한 리뷰(댓글), 상품별 주문횟수, 주문시간 등에 관한 정보는 플랫폼이 빅데이터화하여 상품개발이나 영업전략 수립 등에도 사용할 수 있다. 또한 빅데이터화된 정보 자체가 새로운 가치를 창출할 수도 있으며 사업적 이용자에게는 상품의 개선, 고객망 확보, 새로운 사업 전략 수립 등에 필요한 정보가 되기도 한다. 따라서 단지 정보에 접근할 수 있으면 좋을 정도의 문제가 아니라 사업적 이용자가 플랫폼에 종속되어 의존적 영업을 하지 않고 독립적인 경영을 할 수 있도록 반드시 관련 정보에 접근할 수 있어야 한다. 위 EU 규칙 제9조(데이터 접근)는 소비자나 사업적 이용자가 플랫폼 중개서비스를 이용하기 위해 제공했거나 이를 통해 생성된 개인정보나 기타 데이터에 대해 사업적 이용자가 가지는 기술적·계약적 접근 권한이 있는지에 관한 설명을 약관에 명시할 것을 규정하고 있다. 만일 접근 권한이 있다면 접근 가능한 데이터의 범주 및 접근 조건 등에 관한 설명과 이러한 정보를 총합한 통계나 분석자료 등에 관한 접근권과 그 범위, 그리고 접근 조건에 대해서도 명시해야 한다.

또한, 사업적 이용자는 위와 같은 온라인 플랫폼 중개서비스를 이용하는 과정에서 생성된 개인정보나 데이터를 플랫폼업체가 타사와 공유하는지에 대해서도 알 수 있어야 한다. 예를 들어 플랫폼업체가 상업적 목적으로 수집한 데이터를 판매하거나 분석·가공한 자료를 타사의 다른 사업에 활용할 수 있도록 하는 등 수익화하는 경우 그에 관한 정보를 알 수 있어야 한다.[17] 사업적 이용자 입장에서는 플랫폼업체가 중개서비스 과정에서 생성된 정보를 타사에 판매하거나 다른 회사의 사업에 활용할 수 있도록 제공하는 것이 사업적 이용자의 현재 사업이나 계획하는 새로운 사업에 중대한 영향을 줄 우려가 있는 경우 플랫폼업체와 데이터 공유에 대해 손을 뗄 수도 있다. 위 EU 규칙 제9조(데이터 접근) 제2항 (d)는 소비자나 사업적 이용자가 제공한 정보와 생성된 정보가 제3자에게 제공되는지 여부, 제3자에 제공된 정보가 플랫폼 중개서비스의 원활한 작동에 필수적인지 여부, 그리고 사업적 이용자가 플랫폼과 제3자 사이의 데이터 공유에서 배제되는지 여부 등에 대해 약관에 명시하도록 규정하고 있다.

(4) 불공정행위의 금지

이미 배달앱과 오픈마켓, 검색엔진 등 온라인 플랫폼 거래에서 나타나는 최저가격 설정 등 가격설정을 제한하는 사업방해 행위, 거래상대방을 특정 플랫폼으로만 제한하는 구속 조건부 거래 강요행위, 끼워팔기, 일방적 거래중단과 해지를 비롯한 부당한 거래거절 등의 불공정행

---

17 위 EU 규칙 전문 (34).

위에 대해서는 금지 규정을 도입해야 한다.

4) 공익단체의 공익적 차원의 불공정행위 금지 소송

플랫폼을 통해 상품이나 서비스를 판매하는 사업적 이용자는 위에서 살펴본 바와 같이 플랫폼에 대한 매출의존도가 점점 높아지고 있다. 플랫폼업체가 중개서비스 이용을 중단하거나 해지하면 바로 사업을 접어야 할 정도로 타격을 크게 입는다. 플랫폼이 3~4개 업체로 독과점 현상이 뚜렷한 상황에서 다른 경쟁 플랫폼을 통해 판매 루트를 확보하기도 쉽지 않다. 이러한 플랫폼의 시장지배적 지위 내지 거래상 우월한 지위를 이용한 보복행위에 대한 두려움 때문에 사업적 이용자들이 플랫폼 거래의 불공정행위를 직접 제기하기 어렵다. 오히려 거래하는 판매회사가 23만 개인데 7개 판매회사만 불공정행위를 주장하고 있는 것이 부당성 심사에서 플랫폼업체가 면책을 받는 사유가 되기도 한다.[18] 또한 플랫폼업체가 중개서비스를 이용하는 사업적 이용자에게 계약체결 서류로 사용하는 약관에 기재된 배타적 준거법 선택조항, 전속 관할 법원 등 복잡하고 전문적인 소송절차 규정은 사업적 이용자들에게 기존 사법절차에 의한 구제 가능성을 제한한다.

그래서 위 EU 규칙은 각 국가의 법률에 의해 소송자격이 부여되는 공공단체, 협회, 기관 등이 불공정행위 금지를 구하는 단체소송제도를 도입하고 있다.[19] 위 EU 규칙 제14조(대표기관 또는 대표협회와 공동 단체의 사법절차)는 공공단체 및 사업적 이용자를 대변할 정당한 이해관계

---

18 대법원 2011.6.10. 선고 208두16322 판결.
19 위 EU 규칙 전문 (45), (46).

가 있는 기관과 협회는 플랫폼업체에 불공정행위 금지를 청구하는 소송을 제기할 수 있는 규정을 도입했다. 공공단체나 사업적 이용자를 대변하는 기관협회는 비영리단체여야 하고 사업적 이용자들의 공통이익을 지속적으로 추구해야 한다. 그리고 이러한 단체의 명부를 만들어 공개함으로써 사업적 이용자들이 이를 이용할 수 있도록 하고 있다. 소비자기본법 제70조(단체소송)는 소비자 권익침해 상태가 계속되는 경우 회원 1000명 이상으로 소비자 권익증진을 목적으로 하는 공익단체들이 소비자권익침해금지 청구소송을 제기할 수 있도록 하고 있는데, 소비자 보호입법에서 규정하는 단체소송제도를 플랫폼과 사업적 이용자 사이에서도 적용한 셈이다. 소송을 제기할 경우 플랫폼의 보복행위에 대한 두려움이나 비용과 전문성이 요구되어 소송을 제기하기 어려운 사업적 이용자들을 대변하여 공익단체나 기관, 협회가 불공정행위 금지청구를 할 수 있도록 한 것이다.

5) 신속한 피해구제와 분쟁해결 절차

법원으로 가서 장기간 소송을 통해 분쟁을 해결하려면 사업적 이용자는 분쟁해결 비용을 마련하기도 어렵지만 장기간 분쟁을 하는 사이에 대부분 도산할 가능성이 크다. 그래서 플랫폼 기업 내부에서 투명하게 불만해결 내지 고충처리 절차를 마련하고, 내부에서 해결되지 않을 경우 조정·중재 등 신속한 분쟁해결 절차가 필요하다. 위 EU 규칙은 사업적 이용자가 플랫폼업체의 중개서비스 중단, 해지 등에 대해 즉각적인 적절한 보상을 받을 수 있도록 플랫폼의 비용으로 무상의 불만(고충)처리 절차를 마련하도록 하고, 시간과 비용이 많이 드는 사법절차가 아니라 신속하고 만족스러운 분쟁해결 절차로 중재제도를 이용하도록 권고하고 있다.[20] 위 EU 규칙 제11조(내부 고충처리 시스템)에 따르면 플랫폼업체는 약관에 사업적 이용자가 무료로 쉽게 이용할 수 있는 내부 불만(고충)처리 절차를 두어야 하고, 절차는 사안의 중요성과 복잡성에 따라 비례하여 진행되어야 하며, 투명성과 평등성의 원칙에 따라 운영되어야 한다고 규정하고 있다. 또한 제12조(중재)는 내부 고충처리 절차를 통해 해결할 수 없는 사건에 대해서 재판 외의 방식으로 분쟁을 해결할 수 있는 절차로 중재제도를 이용할 수 있도록 하고, 중재는 편파적이지 않고 독립적인 중재인에 의하여 사업적 이용자가 감당할 수 있는 합리적인 비용이어야 한다고 규정하고 있다.

4. 플랫폼 독과점 해소와 중소상공인의 거래조건 개선방안

1) 공정거래위원회의 플랫폼 거래 시장지배적 사업자 출현의 방지 노력

'독점규제 및 공정거래에 관한 법률'(이하 '공정거래법')은 한 기업의 시장점유율이 50%인 상황을 독점, 3개 기업의 시장점유율을 합해 75%인 시장을 독과점시장이라 규정하고 있다. 이러한 시장에서 시장점유율이 50%, 합해 75%인 회사들은 시장지배적 지위에 있는 것으로 추정한다. 통신시장이 대표적인데 1위인 에스케이의 시장점유율이 50%를 넘고, 2~3위인 케이티와 엘지의 시장점유율을 합해 75%가 넘어 독과점시장이라 할 수 있다. 이러한 독과점시장에는 새로운 경쟁기업의 진출이 사실상 불가능하고 1위 업체가 주도하는 가격과 기술표준 등에 다른 업체가 동조해 사실상의 담합이 이루어진다. 정부가 제4이동통

---

20 위 EU 규칙 전문 (37), (40).

신을 진출시키고 경쟁체제를 만들기 위해 알뜰폰 시장을 만들려고 하지만 계속 실패하는 이유도 이러한 독과점시장의 특색을 잘 보여준다. 현재 배달앱 시장도 1위인 '배달의민족'의 시장점유율이 50%, 요기요 등 2, 3위 업체의 시장점유율 합계가 90%를 넘어 독과점 상태에 있다.

한편, 배달앱 시장 2~3위 기업인 '요기요'와 '배달통'을 운영하는 독일 '딜리버리히어로(Delievery Hero)'는 '배달의민족'과 시장점유율 확대를 위한 과당경쟁을 피하기 위해 '배달의민족'을 인수하기로 했다. 이미 3개 기업이 독과점시장을 형성한 상태에서 3개 기업이 하나의 모회사의 지배를 받는 자회사로 재편된다면 독과점으로 인한 폐해가 더욱 심화할 것이 우려된다. 배달앱 플랫폼을 이용하는 사업적 이용자들의 80%는 배달앱 플랫폼들의 기업결합에 반대하며, 그 이유로는 수수료와 광고비 등의 거래조건을 일방적으로 변경하는 등 거래상 우월한 지위를 남용하는 행위가 더 심해질 것을 우려하고 있다.[21] 공정거래법에 따르면 위와 같이 시장지배적 지위에 있는 기업들의 결합은 원칙적으로 불허해야 하며, 예외를 적용하려면 기업결합으로 인한 산업의 효용 증대 효과가 기업결합으로 인한 폐해를 넘거나 기업의 부도 등으로 구조조정 위기에 처할 가능성이 있는 등 특수한 사정이 있어야 한다. 위 3개 독과점 기업들의 기업결합이 예외적 승인을 허용할 특수한 요건에 해당하지는 않는다. 1조 원의 매출을 달성하는 신생 혁신기업을 소위 '유니콘 기업'이라 하는데, 한국의 대표적 유니콘 기업의 성공사례를 만들기 위해 '배달의민족'과 다른 2개 기업의 결합을 정책적으로 승인해서는 안 될 것이다.

---

21 서울특별시 외 2, 위 실태보고서.

2) 공공 배달앱 등 경쟁 플랫폼의 진출 노력

이러한 독과점시장에서 다른 경쟁사업자들은 공정한 경쟁을 할 수 없어 독과점 업체와의 경쟁을 포기하고 종속화되는 경향이 나타난다. 피자, 치킨, 중국음식점 등 배달앱 플랫폼을 이용하는 사업적 이용자들이 소비자를 놓고 배달앱과 경쟁하는 것을 포기하면서 배달앱을 통해 소비자와 접촉, 즉 주문을 받는 경향이 점점 강화되고 있다. 이러한 추세가 계속된다면 위와 같은 사업적 이용자들은 소비자로부터 주문을 받는 것을 전적으로 배달앱에 의존하게 되어 독자적인 고객망 확보와 새로운 상품 및 시장개척을 하기 어렵게 된다. 이러한 외식 배달앱 시장의 독과점 폐단을 해소하기 위해 새로운 경쟁업체를 시장에 진입시키는 것을 시장에만 맡길 수 없게 되었다. 그래서 서울시, 경기도, 군산시, 인천 서구 등의 여러 지방자치단체들은 공공 배달앱을 설립해 저렴한 수수료로 사업적 이용자들에게 고객을 확보할 수 있도록 지원하고 있다.

3) 사업적 이용자들의 단체구성권과 단체교섭권 부여

독과점시장이 형성되었을 때 경제적 약자인 중소기업이나 자영업자가 거래 상대방인 독과점기업과 공정거래를 할 수 있는 방안 중 하나가 사업자단체를 구성해 독과점기업과 거래조건을 집단으로 교섭하는 방식이다. 그러나 사업자들이 거래조건 개선을 위해 공동의 요구안을 만들고 집단교섭을 하는 것은 공정거래법 제19조의 부당한 공동행위에 해당하여 형사처벌과 거액의 과징금 부과 대상이 된다. 150년 전 노동자들이 노동조합이라는 단체를 만들어 근로조건과 임금이라는 거래조건을 개선하기 위해 단체교섭을 요구했을 때도 담합행위로 형사처벌을 받았다. 그 뒤 대공황 등 시장실패 상황에 직면하면서 경제적 약자인 노동자들이 단결권과 단체교섭권을 행사해 거래조건을 개선함으로써 사회·경제적 양극화를 줄이고 소비 진작을 통한 내수경제 활성화 등 경제에도 기여했다. 이러한 경험으로 노동자들의 단체구성과 단체교섭권이 합법화되었고, 심지어 한국은 헌법상의 기본권으로까지 승격되었다. 이러한 취지에서 공정거래법 시행령은 예외적으로 중소기업의 경쟁력 강화와 거래조건 개선을 위한 공동행위를 공정거래위원장의 인가를 받은 경우는 허용하도록 하고 있지만 지금까지 한번도 공동행위가 허용된 예는 없다.

다만 가맹사업거래 공정화에 관한 법률에서는 가맹점주단체 구성권과 상생교섭권이 합법화되어 현재 60여 개가 넘는 가맹점주단체가 구성되어 활동하고 있다. 대리점주단체들도 대리점 거래 공정화에 관한 법률 개정을 통해 대리점주단체 구성권과 단체교섭권 허용을 요구하고 있다. 중소기업 협동조합들은 중소기업 협동조합법 개정을 통해 협동조합의 공동판매, 공동교섭 등을 위한 공동행위에 대해서는 공정거래법 제19조의 적용을 배제하고 있다.[22] 'EU 플랫폼 공정성 강화 규칙'은 사업적 이용자단체가 불공정행위의 금지를 위해 단체소송을 제기할 수 있는 규정을 도입하는 등 사업적 이용자단체가 분쟁조정, 소송 등을 통해 사업적 이용자들의 거래조건 개선을 할 수 있도록 하고 있다. 공정거래위원회 주도로 법안을 준비하고 있는 '온라인 플랫폼거래 공정화에 관한 법률'에 중소상공인들로 구성되는 사업적 이용자단

---

[22] 중소기업협동조합법 제11조의 2(다른 법률의 적용 배제). 다만, 공동행위가 생산량의 조정이나 가격인상 등 부당한 경쟁제한으로 소비자의 이익을 침해한 경우에는 공정거래법 제19조가 적용되어 담합행위, 즉 부당공동행위로 처벌받을 수 있다.

체가 플랫폼과 수수료, 광고비, 사업 관련성 정보의 공유, 플랫폼 노출 순위 기준 등 거래조건에 관하여 상생 교섭을 통해 정할 수 있도록 근거를 마련해야 한다.

5. 플랫폼 구조에서 사회적 협약

2020년 10월 6일 온라인 플랫폼 중개서비스 업체를 대변하는 코리아 스타트업 포럼, 배달의민족(우아한형제들), 요기요(딜리버리히어로 코리아), 스파이더 크래프트 등의 플랫폼 기업들과 민주노총 서비스연맹과 라이더유니온 등 배달종사자 노동조합은 공정한 계약원칙, 작업조건과 보상, 안전과 보건, 정보보호와 소통 등 4대 분야의 기본원칙과 세부 실천사항을 정한 '플랫폼 경제발전과 플랫폼 노동 종사자 권익 보장에 관한 협약'을 체결했다. 플랫폼 배달종사자들은 노동조합법상 노동자로 포섭될 수 있는 노동자와 독립사업자가 혼재되어 있고, 복잡한 대리점 거래구조로 인하여 플랫폼 중개서비스업체가 법률상 직접 사용자로 인정되기는 쉽지 않았다. 이번 사회적 협약은 이러한 법적·형식적 틀에서 벗어나 플랫폼 경제의 급속한 확산 속에서 정부의 행정과 법제도의 정비를 기다리기 전에 플랫폼 거래의 양 당사자들이 기본적인 거래질서를 마련했다는 데 역사적 의의가 크다. 다만 플랫폼 시장은 다면적 시장으로 플랫폼과 배달종사자 사이의 거래만이 아니라 플랫폼과 사업적 이용자, 플랫폼과 소비자 사이의 거래에서도 이러한 기본질서가 마련되어야 한다. 정부와 국회가 '온라인 플랫폼 거래 공정화에 관한 법률'을 시급히 제정해야 하겠지만, 추상화된 법에만 의존하지 말고 오픈마켓, 배달앱, 숙박앱, 검색엔진, 가격비교 사이트 등

각 플랫폼 분야별로 플랫폼업체와 사업적 이용자단체 사이에 중개수수료와 광고비, 데이터 공유, 노출 순위의 합리적 기준설정, 불공정행위 금지, 고충 처리 절차 등에 관한 사회적 협약을 통해 기본적인 거래질서를 마련해야 한다.

3부

사회구조개혁 정책

비정규직 중심으로 본
노동정책의 과제와 대안

———

조돈문(한국비정규노동센터 대표, 지식인선언네트워크 공동대표)

1. 비정규직 문제와 촛불정부

비정규직 문제는 1997~1998년 외환위기와 뒤이은 경제위기 속에서 사회적으로 의제화됐지만 해결되기는커녕 날로 심각성만 더해가고 있다. 그런 가운데 2017년 대통령선거는 촛불항쟁으로 박근혜정권이 퇴진하면서 촛불민중의 염원을 담은 파격적 정책공약의 경연으로 치러졌다.

비정규직 문제와 관련해서 문재인 후보를 포함한 주요 대선후보들이 상시적 업무의 직접고용, 정규직 채용원칙과 동일가치노동 동일임금 원칙 등 비정규직 문제해결의 핵심원칙들을 대선공약으로 국민들에게 약속했다. 촛불대선이었기에 대선공약 불이행에 대한 의심은 아무도 하지 않았다.

문재인정부는 2017년 5월 10일 촛불정부를 자임하며 출범했고, 문재인 대통령은 취임 후 제1호 업무지시(2017.5.10)로 일자리위원회를 설치했다. 이틀 뒤 비정규직 비율 85% 사업장인 인천국제공항공사를 방문하여 "비정규직 제로 시대를 열겠다"고 선언했다.

문재인정부는 비정규직 문제 등 노동문제 해결에 대한 기대를 모았으나 노동문제 해결 의지는 금세 사라졌고 촛불 공약들은 폐기되었다. 결국 비정규직 문제는 코로나19 사태로 더욱 악화되었다.

여기에서는 비정규직 문제의 실태와 과제를 확인한 다음, 비정규직 문제해결을 위한 정책대안들을 논의한다.

2. 비정규직 문제의 실태와 과제

1) 노동시장 양극화와 비정규직 실태

비정규직 문제의 핵심은 과도한 비정규직 규모, 정규직과 비정규직 노동조건의 격차, 그리고 비정규직의 낮은 노조조직률이다.

비정규직 규모는 김대중·노무현정부 시기 증가하다가 이명박정부 시기 부침을 겪은 다음 박근혜정부 시기 다시 증가 추세를 기록했는데, 문재인정부 출범 이후 감소하기 시작했다가 2018년부터 다시 증가 추세를 보이기 시작했다. 비정규직 비율은 2005년 56.1%에서 지속적으로 감소하여 2020년 8월 현재 전체 피고용자 2044만 6000명 가운데 848만 3000명으로 41.5%까지 하락했다(〈그림 12-1〉 참조). 하지만 측정오차[1]를 고려하면 비정규직이 피고용자의 절반 이상을 점하는

---

1   경제활동인구 부가조사에서 오·분류된 비정규직 규모는 적어도 자영업자로 분류된 특고노동

그림 12-1 비정규직의 규모 및 비율 변화 추이, 2001~2020(단위: 천 명, %)

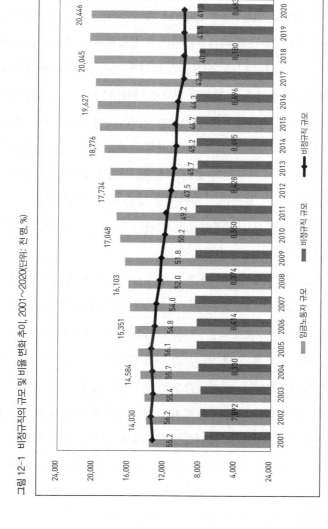

자료: 경제활동부 조사, 각 년도 8월.

것으로 추정된다.

정규직과 비정규직의 임금 격차는 꾸준히 확대되면서 양극화 현상이 심화되는 추세인데, 문재인정부 시기 격차 축소 추세가 시작되었다 (〈그림 12-2〉 참조). 2001년과 2020년 사이의 임금상승률은 정규직 101.0%에 비해 비정규직 94.2%로 낮아서 정규직과 비정규직 임금 격차는 꾸준히 확대되고 있다. 비정규직 임금은 2020년 현재 정규직 임금의 51.5%로 절반 수준에 불과한 것으로 나타나는데, 이는 임금 격차의 과소추정치다. 비정규직은 산재보험 이외의 4대 사회보험과 퇴직금 등 복리후생 수혜율이 정규직의 절반 수준에도 못 미치고 산재보험은 가입되어도 거의 사용하지 못하는 한편, 사업장 내 각종 편의시설 및 집합적 서비스의 접근권이 제한되고 잦은 이직·실업으로 무임금 기간이 길다는 점에서 실질적인 소득 격차는 두 배를 훨씬 상회한다고 할 수 있다.

전체 임금노동자의 노동조합 조직률은 12.3%인데, 정규직 19.2%, 비정규직 2.5%로 정규직과 비정규직의 노조조직률 격차는 8배 수준에 달한다. 이러한 노조조직률 격차는 임금교섭에 따른 임금인상률과 노동조건 개선 효과를 통해 정규직과 비정규직의 임금 등 노동조건 양극화를 유지·심화시키는 메커니즘으로 작동하고 있다.

노조원 여부에 따른 노동조건 격차는 정규직의 경우 거의 없는 반면 비정규직의 경우 큰 차이를 보인다. 비정규직의 고용보험 가입률이 노조원은 86.4%로 정규직 평균을 조금 상회하는 수준인 반면, 미조직 비

자 100만, 협력업체 정규직으로 분류된 사내하청 비정규직 150만, 학생으로 분류된 단시간 노동자 100만 정도로 추산된다. 이를 반영하면 전체 피고용자 2244만 가운데 비정규직은 1198만 명으로 비정규직 비율이 53.4%가 되는데, 이 또한 과소추정치라 할 수 있다.

그림 12-2 정규직과 비정규직의 월평균 임금 추이, 2001~2020(단위: 만 원)

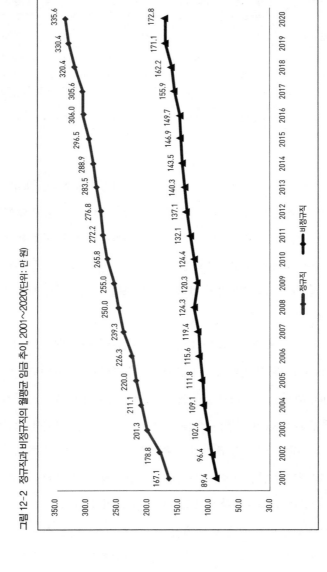

자료: 경제활동부 조사, 각 년도 8월.

표 12-1 고용형태별·조직부문별 노동조건 비교(%)

2020 경활부가조사	월평균 임금(만 원)	최저임금 미만	시간 외 수당	고용보험	국민연금 직장가입	건강보험 직장가입
〈전체 임금노동자〉	268.08	.1560	.4999	.6746	.6979	.7675
정규직	335.65	.0399	.6764	.8481	.9418	.9869
비정규직	172.79	.3198	.2509	.4300	.3539	.4581
노조원 비정규직	256.92	.1153	.6648	.8644	.7885	.9486
미조직 비정규직	170.60	.3252	.2402	.4187	.3425	.4453

정규직은 41.9%로 노조원의 절반 수준에도 미치지 못한다. 최저임금 미만자의 비율을 보면 노조원 비정규직의 경우 11.5%에 불과하지만, 미조직 비정규직은 32.5%로 3배 수준에 달한다. 이처럼 미조직 비정규직의 경우 노동관계법의 보호를 거의 받지 못하고 있어 비정규직 노동자는 정부나 노동관계법이 아니라 노동조합에 의해서만 보호되고 있음을 확인할 수 있다.

정규직과 비정규직의 고용·소득안정성 수준이 양극화되고 있는 가운데 코로나19 위기의 피해도 비정규직에 집중되었다. 2020년 1월 이후 본인의 의지와 무관하게 실직을 경험한 노동자의 비율이 정규직은 4.3%에 불과한 반면, 비정규직은 31.3%로 정규직의 7.2배에 달한다(〈표 12-2〉 참조). 이는 정규직의 고용안정성이 코로나19 위기에서도 대체로 유지되는 반면, 비정규직은 고용불안정성이 코로나19 위기 사태에서 더욱더 심각한 수준으로 악화됐음을 의미한다.

한편, 지난 2020년 1월에 비해 임금노동자의 3분의 1 정도가 소득감축을 경험하여 코로나19 위기의 타격을 확인해주었다. 소득감소 경험자 비율이 정규직은 19.3%인 반면 비정규직은 56.0%에 달해 정규

표 12-2 **임금노동자 분절별 코로나19 위기 피해자 비율(%, 2020.1~2020.9월 초까지 경험)**

	실직 경험	소득 감소(개인)
정규직	4.33	19.33
비정규직	31.25	56.00
고용보험 가입 비정규직	28.28	45.45
고용보험 비가입 비정규직	34.16	66.34
전체	15.10	34.00
사례수	1000	1000
비정규직/정규직	7.22배	2.90배
비가입 비정규직/정규직	7.89배	3.43배

자료: 조돈문(2020a).

직의 2.9배에 달한다. 실직 경험과 소득감소 경험의 비율은 비정규직 가운데서도 고용보험 가입자에 비해 비가입자가 더 높아서 고용·소득 안정성은 정규직과 비정규직 격차에 비정규직 내 고용보험 가입자와 비가입자의 격차가 추가되며 이중적 양극화 구조를 보여준다.

2) 2017년 촛불공약과 문재인정부 노동정책의 U-턴

2006년 말 노동관계법이 제·개정된 이래 2017년까지 유의미한 관련 법 개정은 없었다. 하지만 2017년 촛불항쟁으로 치러진 대통령선거에서 파격적인 비정규직 정책공약들이 제출되면서 새로운 전기의 가능성을 보여주었다. 문재인, 안철수, 심상정 세 후보는 모두 상시적 업무의 직접고용 정규직 채용 원칙과 동일가치노동 동일임금 원칙 등 비정규직 권리입법의 핵심 요구사항들을 수용했다(〈표 12-3〉 참조).

세 후보 모두 도급·파견 구분의 법제화, 불법파견의 최초 사용시점 고용의제, 원청 사용자의 연대책임에도 동의해 간접고용 비정규직의

표 12-3 2017년 대통령 후보별 비정규직 문제 관련 입장

번호	질의항목	2017년 4월			2012년 총선·대선	
		문재인	안철수	심상정	민주당	새누리
고용원칙						
1	상시적인 업무는 직접고용 정규직 채용을 의무화하여 비정규직 남용을 제한하는 법안을 입법화하는 것에 대한 귀 후보의 입장	○	○	○	○	×
2	근로기준법 제6조의 균등처우조항에 '동일가치노동 동일임금'을 명문화하는 것에 대한 귀 후보의 입장	○	○	○	○	○
3	고용형태에 따른 불합리한 차별을 금하는 규정을 근로기준법 제6조의 균등처우조항에 포함하는 (안)에 대한 귀 후보의 입장	○	○	○	○	×
비정규직						
4①	근로기준법상 근로자 개념 확대를 통해 특수고용노동자에 근로자성을 인정하고 법적으로 보호하는 방안에 대한 귀 후보의 입장	△	△	○	△	×
4②	노조법상 근로자 개념 확대를 통해 특수고용노동자에 근로자성을 인정하고 법적으로 보호하는 방안에 대한 귀 후보의 입장	○	○	○	○	×
5①	위장도급 방지를 위한 도급과 파견(혹은 근로자공급)의 구분에 대한 귀 후보의 입장	○	○	○	○	×
5②	불법 파견(혹은 불법 근로자공급) 판정 시 최초 사용한 날부터 직접고용한 것으로 간주하는 방안에 대한 귀 후보의 입장	○	○	○	○	△
6	원청 사용자의 사용자 책임 확대와 간접고용 노동자의 노동3권 보장에 대한 귀 후보의 입장	○ (일부)	○ (일부)	○	○	×
7	차별시정 신청권을 피해 당사자가 속한 노동조합과 대표성을 갖는 상급조직체에 부여하는 방안에 대한 귀 후보의 입장	○	○ (일부)	○	○ [○,×]	△
8	초단시간 노동자들에 대한 차별처우 법규정 철폐에 대한 귀 후보의 입장	△	△	○		
9	공공부문 비정규직의 '진짜' 정규직 전환에 대한 귀 후보의 입장	○	○	○	[○,○]	
노동시장정책						
10	고용보험 수급요건 완화, 수급기간 연장, 소득보전율 인상에 대한 귀 후보의 입장	○	○	○	○	○
11	최저임금 결정기준에 가구생계비를 산입하고 생활임금제도의 법률적 근거조항을 최저임금법에 신설하는 방안에 대한 귀 후보의 입장	○ (일부)	○ (일부)	○	[○,×]	×

주: [ ]는 2016년 총선 당시 민주당과 국민의당 입장.
자료: 한국비정규노동센터 외(2017).

오·남용 억제 가능성도 커져 보였다. 또한 문재인·안철수 후보가 근로기준법상의 근로자 개념확대에는 신중한 입장을 보였지만 노조법상 근로자 개념확대에는 동의하여 특수고용 비정규직의 노동자성을 인정하고 노동관계법으로 보호하는 길을 열 수 있게 되기를 기대했다. 한편, 노동시장 정책에서 세 후보 모두 수급요건 완화와 수급기간 연장, 소득보전율 인상 등 고용보험제 확충의 기본 정책방향에 동의했고, 최저임금 1만 원 인상에 대해서도 실현 시점에 편차는 있었지만 늦어도 임기 내 실현에 대해서는 약속했다.

문재인 후보가 다른 후보들과 함께 비정규직 문제해결에 적극적 의지를 표명한 것은 촛불민심을 반영한 것이었기 때문에 정권을 잡은 후 전향적인 대선공약 이행에 대해서는 아무도 의심하지 않았다. 하지만 촛불정부를 자임하며 출범한 지 1년도 되기 전에 소득주도성장 전략은 폐기되었고 노동정책은 다시 경제정책의 하위 범주로 되돌아갔다 (〈표 12-4〉 참조).

비정규직 문제 관련 대선공약 가운데 상시적 업무 직접고용 정규직 채용, 동일가치노동 동일임금, 근로자 개념확대 등 비정규직 권리입법 공약들은 전혀 이행되지 않았고, 비정규직 고용불안정 수당 지급과 비정규직 오·남용기업 고용부담금 부과 등 좋은 일자리정책들도 전혀 이행되지 않았다. 비정규직 문제 공약의 유의미한 이행이 거의 없는 가운데 공공부문 비정규직의 정규직 전환정책이 거의 유일한 긍정적 정책집행 시도라 할 수 있다. 실제 이명박·박근혜정부 수준을 초과하는 성과를 냈지만, 자회사 상용직을 사용자-고용주 불일치의 간접고용 비정규직임에도 정규직 전환의 한 유형으로 규정하면서 공공부문 정규직 전환 정책효과를 퇴색하게 하며 인천국제공항, 도로공사 톨게

표 12-4 문재인정부 노동정책 대선공약 이행 성과 평가

노동정책 영역	대선공약	공약 이행 성과	문제점	평가
		〈비정규직 정책〉		
비정규직 권리입법	상시적 업무 정규직 채용, 동일가치노동 동일임금, 차별금지법, 근로자 개념확대 통한 특수고용 비정규직 권리보호	이행 안됨	이행 안됨	×
비정규직 정규직 전환	상시적 업무 비정규직의 정규직 전환	공공부문 전환 규모 이명박·박근혜 정부 성과 초과함	자회사 상용직 방식 정규직 규정	△
좋은 일자리정책	고용불안정수당, 고용부담금	이행 안됨	이행 안됨	×
		〈임금 정책〉		
동일가치노동 동일임금 원칙 및 동등 처우	공공부문 전환 정규직 대상 동일임금	무기계약직과 동일임금	동일가치노동 동일임금 원칙 후퇴	×
표준임금체계	공공부문 전환 정규직 대상	임금격차 해소 방향	최저임금 수준 하향평준화	×
최저임금 인상	최저임금 1만원 추진	2년 연속 10% 이상 인상	산입범위 확대, 공익위원 교체, 사상 최저수준 인상률	△
		〈노동시장 정책〉		
상보적 노동시장 정책	고용보험제 확충	전국민고용보험제 선언	특고 일부만 추진	△
	적극적 노동시장 정책 강화	이행 안됨	이행 안됨	×
성차별 해소	육아휴직제 개선	이행 안됨	이행 안됨	×
노동시간 단축	주 52시간 상한제 확정함	법제화	탄력근로제 단위기간 확대	△
산업안전	산업재해 사업장 책임 강화	중대재해기업처벌법 제정	5인미만 사업장 제외, 50인미만 사업장 3년 유예, 인과관계 추정조항 불포함	△
		〈노사관계 정책〉		
ILO 핵심협약 비준	ILO 핵심협약 비준, 관련 법 제화	동시 추진중	협약 무관한 개악안 포함, 노동조합법 제2조 개정 거부	△
사회적 대화	취약집단 대표 포함 경사노위	경사노위 설치, 취약집단 대표성 불인정	취약집단 대표 교체, 노사 정위 방식 회귀	×

주: × 이행되지 않았거나 부정적 효과, △ 부분적 이행되었으나 긍정적 효과 제한적임.

이트, 한국잡월드 등 다수의 사업장에서 자회사 방식을 둘러싼 심각한 노사갈등을 유발했다.

임금정책에서는 공공부문 비정규직의 정규직 전환 과정에서 전환 정규직을 기존 정규직과 동등 처우하지 않고 무기계약직화하는 한편, 임금 격차를 해소한다는 명분으로 추진한 표준임금체계는 임금 편차를 중위임금 수준이 아니라 최저임금 수준으로 하향 평준화했다. 유일하게 적극적으로 추진한 임금정책이 최저임금 1만 원 정책이었는데, 그마저도 집권 초기 2년 연속 두 자릿수 인상률을 기록했으나 최저임금 산입범위를 확대하고 공익위원들을 자본친화적 인사들로 교체한 다음에는 2년 연속 사상 최저 수준의 인상률로 역주행했다.

적극적 노동시장 정책 강화, 육아휴직제 개선 등 주요 노동시장 정책 공약들이 거의 이행되지 않은 가운데, 실노동시간을 단축하기 위해 주당 노동시간 상한 52시간제를 확립하며 공약 이행 의지를 보여주는 듯했다. 하지만 경총의 로비로 탄력근로시간제 단위 기간의 확대를 추진하는 등 노동시간 단축 시도는 무력화되었고, 특히 근로일간 11시간 연속 휴식시간을 의무화하되 "근로자대표와의 서면합의가 있는 경우" 예외를 인정하는 조항은 비정규직 중심의 미조직 노동자들을 보호 대상에서 실질적으로 배제하는 조치였다. 산업안전 강화를 위해 2021년 1월 8일 중대재해기업처벌법을 제정했으나 중대재해의 발생 비율이 높은 5인 미만 사업장을 적용대상에서 제외하고 50인 미만 사업장에 대해서는 3년간 법 적용을 유예하는 한편 인과관계 추정조항을 포함하지 않음으로써 중대재해 기업과 최고경영진 처벌을 어렵게 했다(《매일노동뉴스》, 2021.1.11). 한편 정권 출범 3주년 기념 문재인 대통령의 전국민고용보험제 선언은 고용보험 사각지대 해소에 대한 기대를 갖게 했으나 특수고용 비정규직의 일부만 편입을 추진하고 의무가입 대상 미가입 비정규직 문제는 차기 정부 과제로 넘겼다.

노사관계정책에서도 ILO 핵심협약 비준과 법제화 공약과 관련해 노동계의 선비준 후입법 요구를 거부하고 협약비준과 법제화를 동시 추진하면서 노동3권 억압 조항들을 포함한 정부입법안을 제출함으로써 ILO와 EU의 권고사항 이행에 역행하는 모습을 보여주었다. 국회는 2020년 12월 9일 본회의에서 ILO 기본협약 비준을 위한 노동조합법(노동조합 및 노동관계조정법), 공무원노조법(공무원의 노동조합 설립 및 운영 등에 관한 법률), 교원노조법(교원의 노동조합 설립 및 운영 등에 관한 법률) 개정안과 함께 ILO 기본협약과 무관한 근로기준법 개악안도 통과시켜 탄력근로제 단위기간과 선택근로제 정산기간을 확대했다(《매일노동뉴스》, 2020.12.10). 그러나 노동조합법 제2조 개정을 통한 근로자 개념 정의 확대를 거부함으로써 ILO와 EU의 비판을 피하기 어렵게 되었다. 기존 노사정위체제의 한계를 확인하고 비정규직, 여성, 청년 등 노동시장 취약집단 대표들을 포괄하는 경제사회노동위원회(이하 경사노위)로 재편하며 전향적 방식의 사회적 대화를 추진하는 듯했으나, 취약집단 대표들의 대표권을 제한하는 한편 탄력근로시간제 관련 경총-한국노총 합의안에 반대한다는 이유로 취약집단 대표들을 보조축으로 매도·교체하며 과거의 노사정위로 퇴행했다.

3. 비정규직 문제해결을 위한 정책대안[2]

한국 노동시장은 유연성 과잉의 상황이라 2006년식 노사 간 맞바꾸기가 아니라 과도한 유연성을 억압하고 결여된 안정성을 강화하는 방향의 비정규직 권리입법부터 시작해야 한다. 비정규직의 내적 이질성을 인정하여 비정규직 내 특정 유형의 시각에 갇히지 말고, 풍선효과를 차단하기 위해 전체적 시각에서 비정규직 문제해결을 추진하도록 하되 노동자성을 부정하고 사용자 책임을 회피하기 위해 악용되는 변종의 간접고용·특수고용 비정규직 고용유형들부터 단계적으로 없애야 한다.

1) 비정규직 권리입법의 핵심원칙

(1) 상시적 업무의 직접고용 정규직 채용, 비상시적 업무의 사회적 책임

비정규직 문제를 해결하기 위한 출발점은 상시적 업무와 비상시적 업무를 분할하여 상시적 업무에 대해서는 직접고용 정규직으로 사용업체가 고용·소득안정성을 책임지고, 비상시적 업무에 대해서는 사용사유를 제한하여 비정규직의 사용을 허용하되 사회적으로 책임을 부담하며 관리해야 한다.

개별 기업 차원에서는 비상시적 업무의 수요 시점, 기간, 규모를 예측하기 어렵지만, 산업·업종별 광역 지역단위에서는 예측이 상대적으로 수월하다. 따라서 정부는 적극적 노동시장 정책을 통해 비정규직의 총공급량과 사유제한 비상시적 업무의 총수요량을 관리하며 개별 수요와 공급의 매칭을 통해 효율적으로 배분함으로써 개별 비정규직 노동자들에게 고용·소득안정성을 보장해야 한다.

---

2 비정규직 정책대안은 조돈문(2012)의 10장과 11장, 조돈문(2021)에서 제시된 정책대안들을 축약 수정·보완했음.

상시적 업무 직접고용 정규직 채용원칙의 입법화 방식은 먼저 상시적 업무 정규직 고용원칙을 근로기준법 제6조에 "사업 또는 사업장 내 상시적 업무에 대해서는 사업의 주체가 노무제공자를 기간의 정함이 없는 근로계약을 체결하고 직접 고용하여 사용한다"는 조항을 삽입하고, 간접고용 사용 규제를 위해 근로기준법 제9조에 "사용자는 사업 또는 사업장의 상시적 업무에 대해 직업안정법과 파견법에서 정하고 있는 경우를 제외하고는 도급, 위탁, 용역, 파견 등 어떠한 명칭으로도 제3자를 매개로 해 근로자를 사용하여서는 아니 된다. 단, 사용자가 전항의 규정에 위반해 제3자를 매개로 해 근로자를 사용한 경우에는 최초 사용 시부터 기간의 정함 없이 직접 고용한 것으로 본다"는 조항을 추가해야 한다.

비상시적 업무는 특정 사유에 한해 비정규직 사용을 예외적으로 허용하는 것인데, 비정규직 사용 사유는 ① 출산, 육아, 질병, 부상, 휴직 등으로 발생한 결원을 대체할 경우, ② 계절적 사업의 경우, ③ 일정한 사업의 완료에 필요한 기간을 정한 경우처럼 예시될 수 있다.

(2) 동일가치노동 동일임금 원칙 실현

정규직과 비정규직의 임금 등 노동조건 격차를 축소하기 위해서는 정규직과 비정규직의 차별 처우를 금지하고 고용형태를 넘어서는 동일가치노동 동일임금을 초기업 수준에서 실현해 비정규직의 임금 등 노동조건을 실질적으로 개선하는 한편 비정규직 사용의 인건비 절감 인센티브를 제거해야 한다.

현재 근로기준법은 제6조에서 성별 등의 기준에 따른 노동자들의 차별 처우를 금지하고 있는데, 이 차별 처우 금지 기준에 고용형태를 추가해 포괄적 방식으로 동등 처우를 강제해야 한다. "회사는 노동자에 대해 성별, 국적, 신앙, 사회적 신분, 고용형태 등을 이유로 차별적 처우를 할 수 없다." 또한 차별 처우의 핵심인 임금에 대해서는 차별 처우 금지에서 더 나아가 "동일가치노동 동일임금" 원칙을 남녀고용평등법 제8조와 같이 명문화하고 동일가치노동은 동법처럼 "직무 수행에서 요구되는 기술, 노력, 책임 및 작업조건 등"으로 규정하여 고용형태를 넘어 동등 처우가 실현될 수 있도록 해야 한다.

현재 기간제법 제9조와 파견법 제21조는 차별시정 신청권자를 기간제근로자, 단시간근로자, 파견근로자로 제한하고 있는데, 차별시정 신청권 행사 주체에 피해 당사자가 소속된 노동조합과 그 상급단체까지 포함해야 한다. 그렇게 함으로써 현재 차별 처우의 피해를 받는 비정규직 노동자가 계약해지와 해고 등 사용업체 혹은 고용업체에 의한 보복이 두려워 차별시정을 신청하지 못하는 문제점이 극복되고 차별시정 신청권이 실질적으로 행사될 수 있을 것이다.

(3) 노동자 개념확대 및 노동기본권 보장

생산방식 변화와 노동시장 유연화로 인해 기존의 고용관계와는 다른 새로운 형태의 고용관계들이 등장하며 전통적 노동자와는 다른 형태의 종속성을 지닌 노동자 유형들이 확산하고 있다. 이들은 특수고용 노동자로서 외양상 노동자와 자영업자의 속성을 함께 지니기 때문에 전통적 유형의 노동자와 다르다는 이유로 노동법적 보호로부터 배제되는 경우가 많다. 사용자가 노동법·사회보장법상의 사용자 책임을 회피하기 위해 고용계약이 아닌 위임·위촉·도급계약 등 민법·상법상의 계약을 체결하여 노동자가 아닌 자영업자처럼 위장하도록 하는 악의적인 사례도 많다.

　노동조합법과 근로기준법의 근로자 개념 정의를 확대해 플랫폼 포함 특수고용 노동자와 가사노동자의 노동기본권을 보장하되, 노동조합법부터 우선적으로 개정해야 한다. 이는 고용관계 존재의 전제 없이 노동3권을 보장해야 한다는 ILO의 입장에도 충실한 것이다. 현행 근로자 개념 규정들은 사용 종속성 중심으로 협애하게 해석되고 있어 (1994년 대법판례) 관련 법 조항들을 개정할 필요성이 있다.

　　노동조합법 제2조 제1호의 개정(안): "근로자"라 함은 직업의 종류를 불문하고 임금·급료 기타 이에 준하는 수입에 의하여 생활하는 자를 말한다. 다만 근로계약을 체결하지 않은 자라 하더라도 타인을 고용하지 않은 자로서 다음 각 목의 1에 해당하는 자는 근로자로 본다.
　　가. 다른 사업주의 업무를 위하여 노무를 제공하고 그 사업주 또는 노무 수령자로부터 대가를 받아 생활하는 자.
　　근로기준법 제2조 제1항 제1호의 개정(안): "근로자"란 직업의 종류와 관계없이 임금을 목적으로 사업이나 사업장에서 근로를 제공하는 자를 말한다. 다만 근로계약을 체결하지 않은 자라 하더라도 타인을 고용하지 않은 자로서 다른 사업주의 사업에 결합해 있거나 그 사업에 상시적으로 필요한 업무를 위하여 노무를 제공하고 사업주 또는 노무 수령자로부터 대가를 받아 생활하는 자는 근로자로 본다.

　광의의 노동자 개념하에서는 노동자성 판단지표로 사용 종속성뿐만 아니라 경제적 종속성과 조직적 종속성 등 세 가지 유형의 종속성 가운데 어느 하나라도 해당하면 노동자로 인정한다. 한편 여성 돌봄

노동의 사회적 중요성이 전반적으로 과소평가되고 있는데 그 가운데 사회적 저평가 현상이 가장 심각한 범주는 가사노동이다. 현재 가사관리자를 법 적용 대상에서 제외하는 근로기준법 제11조, 최저임금법 제3조, 기간제법 제3조, 남녀고용평등법 시행령 제2조 등을 삭제하면, 확대된 노동자 개념으로 가내 돌봄서비스 제공자들에 대해 노동자성을 인정하고 노동관계법들로 보호할 수 있다.

2) 비정규직 오·남용 금지: 비정규직 사용규제 및 비정규직 노동자 보호

(1) 사용업체의 사용자 책임: 지배력설에 입각한 사용자 개념확대

사용업체는 간접고용 노동자들을 사용하되 사용자로서 책임과 의무를 회피하기 위해 직접 고용하지 않고 제3자인 고용업체를 통해 사용한다. 사용 사업주가 직접 고용하지 않은 용역·파견 등 간접고용 노동자들의 고용안정과 임금 등 주요 노동조건을 결정하는 데 실질적으로 지배력을 행사하는 경우 사용주의 책임과 의무를 부과해야 한다. 이것이 지배력설 혹은 영향력설인데, 사용자는 확대된 근로자 개념에 상응하는 포괄적 개념으로 규정된다.

　노동조합법과 근로기준법상의 근로자 개념을 확대하면 그에 상응하는 사용자 개념도 확대해야 한다. 간접고용 노동자에 대한 사용자 책임·의무의 소재를 분명히 하기 위해서는 확대된 근로자 개념에 상응하는 방식으로 지배력설에 입각하여 사용자 개념을 재정의하여 명문화해야 한다. 노동조합법(제2조 제2호)과 근로기준법(제2조 제1항 제2호)에서 사용자 개념을 근로계약 체결의 형식적 당사자 여부와 무관하게 "노동자의 고용안정 및 임금 등 노동조건에 실질적 영향력을 행사하는 사용자 혹은 사용자들"로 확대 정의할 수 있다.

이렇게 확대된 사용자 범주에 포함될 경우, 사용업체는 파견·용역업체 등 고용업체가 임금체불 혹은 부당노동행위 등으로 노동관계법을 위반할 때 사용자로서 연대책임을 져야 한다. 그뿐만 아니라 사용업체는 3자 교섭이건 4자 교섭이건 간접고용 비정규직 노동자들의 대표가 단체교섭을 요구할 때 성실히 응해야 한다.

(2) 도급-파견 구분 법제화와 불법파견 응징

도급의 대상이 일이냐 노무냐에 따라 도급과 파견이 개념적으로 구분되지만, 도급업체와 노무 제공자의 작업공간이 명확히 분리되지 않는 사내 하도급의 경우 도급과 파견의 구분이 자명하지 않은 경우가 많다. 현재 파견노동은 파견법에 의해 포지티브 리스트를 포함한 사유제한, 기간 제한, 정기적 보고 의무, 불법파견 징벌, 차별금지 등으로 규제되는 반면, 용역노동에 대한 별도의 규제장치가 없기 때문에 도급을 위장한 파견노동이 광범위하게 확산하고 있다.

이렇게 만연하는 불법파견을 막고 고용·사용 관계를 바로잡기 위해서는 도급과 파견의 구분기준을 법제화하고 불법파견을 엄단해야 한다. 스페인은 2006년 노동관계법 개정을 통해 노무 하도급의 불법 여부를 판정하기 위한 기준을 도입해 네 가지 기준 가운데 하나라도 해당하면 불법 노무 하도급, 즉 불법파견으로 판정할 수 있도록 했는데 이는 입법화의 귀감이 될 수 있다.[3]

도급을 위장한 불법파견은 고의적 범법행위에 해당하는데, 불법파

---

3   네 가지 기준에 대해서는 조돈문(2012, pp.402~403)을 참조할 것.

견 판정을 받더라도 시정되지 않는 경우가 많은 것은 2006년 개정된 파견법이 불법파견 노동자에 대한 '고용의제'에서 '고용의무'로 제재 수준이 후퇴했기 때문이다. 불법파견의 경우 강도 높은 징벌적 제재가 필요한데, 파견업체에 대해서는 파견업 허가를 취소하고 사용 사업주는 최초 사용일부터 해당 노동자를 직접 고용한 것으로 간주하고 법인 세율을 징벌적으로 인상해야 한다. 또한, 정부 발주사업 참여자격의 박탈, 고액의 벌금과 함께 사면 없는 금고 이상의 실형을 부과하도록 벌칙을 대폭 강화해야 한다.

간접고용 가운데 파견노동은 사용업체가 작업 지시 및 감독 기능을 수행하는 등 사용업체의 지배력 정도가 용역노동에 비해 훨씬 더 크다는 점에서 사용자 책임도 더 크다. 따라서 파견노동은 간접고용 비정규직 가운데 가장 먼저 폐지되어야 할 고용형태이다. 하지만 파견노동 폐지를 짧은 시일 내에 실현할 수 없는 중·장기적 과제로 본다면, 파견노동 사용규제를 대폭 강화해 오·남용을 막는 한편 규모를 급격하게 감축하기 위한 조치가 필요하다. 그런 점에서 현행 파견법(제5조 제1항 및 제2항)이 사용 사유가 발생하거나 파견대상 업무에 해당하는 경우 파견노동 사용을 허용하는데, 이러한 규제방식을 더 엄격한 수준으로 바꿔야 한다. 즉, 파견대상 업무를 "희귀하고 고도로 전문적인 지식·기술을 요하는 직종들 가운데 대통령령이 정하는 업무"로 축소하여 특정 사용 사유가 발생할 경우에 한해 파견노동 사용을 허용하도록 하는 강력한 이중 규제장치를 수립하는 것이 바람직하다.

(3) 파견·용역업체의 책임·의무 부과

현재 간접고용 노동자들은 고용불안정과 함께 소득불안정에서 벗어나지 못하고 있다. 따라서 파견·용역업체 등 간접고용 노동자를 고용한 고용업체가 간접고용 노동자의 고용·소득안정성을 책임지도록 해야 한다.

　파견·용역업체는 노무 제공자를 정규직으로 고용하고 사용업체에서 직무를 수행하지 않는 비 파견 대기기간에도 임금수준을 보장해야 한다. 스웨덴의 파견업 단체협약들은 생산직 전국협약과 사무직 전국협약 공히 노무 제공자를 정규직으로 고용하도록 파견업체에 정규직 고용의무를 부과하고 있다. 또한 스웨덴 파견업의 경우, 생산직 전국협약은 비 파견 대기기간의 임금으로 직전 3개월 평균임금의 90%를, 사무직 전국협약은 85%를 보장해왔다.

　고용업체는 노무 제공자들의 교육과 훈련을 책임지도록 해야 한다. 간접고용 노동자들은 교육·훈련을 통해 고숙련 다능공화될 수 있기 때문에 직접고용 정규직으로 전환할 가능성이 높아질 뿐만 아니라 정규직 전환 뒤 고용안정성을 확보하기에도 수월해진다.

(4) 초단시간 차별 처우 법 규정 철폐

근로기준법은 제2조 제3항에서 초단시간 노동자를 주당 15시간 미만 노동으로 규정한 다음, 제55조와 제60조를 통해 유급 주휴와 연차 유급휴가 적용대상에서 배제하고 있다. 또한 노동관계법들은 초단시간 노동자들을 4대 사회보험 중 산재보험을 제외한 고용보험, 국민연금, 국민건강보험에 대해 의무가입이 아니라 임의가입 대상으로 분류하고 있다. 한편, 1년 이상 근무하더라도 근로자퇴직급여보장법에 규정된 퇴직금 수혜 대상에서 제외하고, 2년을 초과해 근무하더라도 기간제법에 따른 무기계약직 전환 대상에서 제외하고 있다.

사용업체들이 상시적 업무의 정규직 일자리를 쪼개서 다수의 초단시간 노동자들을 사용하는 이유는 초단시간 노동을 사용하는 인센티브가 있기 때문이다. 하지만 이러한 차별 처우 조항들은 그 자체로 정당화되기 어려울 뿐만 아니라 초단시간 노동을 통해 나쁜 일자리를 확산시키는 메커니즘으로 작동한다는 점에서 폐지하는 것이 타당하다.

3) 상보적 노동시장 정책: 고용·소득 안정성 강화

(1) 적극적 노동시장 정책 강화: 취업보장 방식의 고용안정성

비정규직 권리입법이 비정규직 문제해결을 위한 우선 과제임은 분명하다. 하지만 비정규직 사용의 사회적 규제만으로 비정규직 문제를 해결할 수 없으며 적절한 노동시장 정책이 수반되어야 한다. 그 핵심에 적극적 노동시장 정책 강화가 있는데, 공공·비영리 직업소개 기구들은 영세성과 비효율성으로 민간 직업소개업체들의 대안이 되지 못하고 있다.

공적 고용서비스 기능을 활성화하고 확대하여 영리 목적의 노동력 중개기구들을 대체해야 한다. 스웨덴의 일자리중개청(Arbetsförmedlingen) 직원들은 사용업체별로 연 2회 정기 접촉과 대기업 전담 상담원 배치 등을 통해 사용업체들과 부단히 만남을 갖고 생산현장 노동력 수요의 업종별 규모를 미리 파악해 적절한 구직자들을 중개할 수 있도록 준비한다. 그 결과 일자리중개청에 대한 사용업체들의 만족도가 90%에 달하면서 양질의 구인 일자리들을 일자리중개청에 등록하게 된다.[4]

---

[4] 스웨덴의 적극적 노동시장 정책에 대해서는 조돈문(2019, pp.273~318)을 참조할 것.

한국의 공적·비영리 중개기구 이용률은 10% 정도에 불과한데, 스웨덴 구직 실업자들의 일자리중개청 이용률은 118%에 달한다. 그 결과 공적 고용서비스 기능은 한국에서는 '고용주 기피 → 좋은 일자리 부재 → 구직자 기피 → 양질의 일자리 중개 불가 → 고용주 기피 심화'의 악순환을 벗어나지 못하는 반면, 스웨덴에서는 '고용주의 양질의 일자리 등록 → 구직자의 적극 이용 → 효율적 일자리 중개 → 고용주의 양질의 일자리 등록'의 선순환을 구가하고 있다.

적극적 노동시장 정책예산의 절대 규모를 증액함과 동시에 비효율성이 확인된 직접일자리 노동시장 정책의 예산을 대폭 삭감하고 공급중심 프로그램을 강화해야 한다. 공급중심 정책의 핵심인 취업알선·상담원 인건비와 직업훈련 항목의 예산을 우선 OECD 평균치인 0.26% 정도로 증액·배정하고 단계적으로 증액해 스웨덴과 덴마크처럼 GDP의 0.40~1.00% 수준에 달하게 한다.

(2) 고용보험 제도의 확충: 비취업 시 소득안정성 보장

고용보험 적용률은 2020년 8월 기준 정규직의 경우 84.8%에 달하는 반면 비정규직은 43.0%에 불과하다. 문재인 대통령이 전국민고용보험제 선언에서 밝혔듯이 의무가입 대상 미가입 비정규직부터 우선적으로 고용보험에 가입시키고 고용보험 관련 법규들을 개정해 특수고용 비정규직을 포함한 모든 임금노동자를 고용보험으로 보호하도록 해야 한다(조돈문, 2020b).

한편, 고용보험 수급기간이 짧고 소득대체율도 낮아서 고용보험 수혜자들조차 소득불안정을 겪고 있다. 이 때문에 정규직 노동자들은 정리해고에 결사반대하는 한편 비정규직을 고용안정의 완충재로 간주하게 된다. 고용보험제도의 확충은 비정규직의 소득안정성을 강화하고 정규직과 비정규직 간 이해관계 갈등의 구조적 조건을 해소하기 위해 절실하게 필요하다. 현재 고용보험 구직급여 수급기간은 3~4개월, 소득보전율은 30~40%로 퇴직 후 1개월치 월급을 수령하는 정도에 불과하다. 따라서 고용보험 구직급여 수급기간을 12~24개월로 연장하고 구직급여를 소득보전율 70% 수준으로 증액해 고용보험이 명실상부한 소득안정성 보장 효과를 지닐 수 있도록 해야 한다.

(3) 보완적인 좋은 일자리정책

보완적인 일자리정책으로 고용형태 공시제 확대·강화, 비정규직 노동자 고용불안정 수당 지급, 비정규직 오·남용기업 고용부담금 부과정책을 꼽을 수 있다.

고용형태 공시제도는 공공기관은 2007년부터, 사적 부문은 300인 이상 사업장을 대상으로 2014년부터 시행됐다. 공시 주체를 사적 부문 300인 미만 중소업체로 단계적으로 확대하되, 공시 내용은 사용 비정규직의 유형, 사용 사유, 사용 기간, 대상 업무, 임금 및 노동조건, 고용보험 등 사회보험 적용, 퇴직금과 연월차휴가 등 후생복지 항목을 포함하는 포괄적 내용으로 확대하는 것이 필요하다.

비정규직 노동자는 노동력 활용 유연성의 피해자라는 점에서 비정규직 활용을 통한 노동력 활용의 유연성 혜택을 누리는 사용업체가 비정규직 노동자들의 고용불안정성에 대해 물질적 보상을 제공하는 것이 타당하다. 프랑스는 기간제와 파견노동자를 사용한 다음 정규직으로 전환하지 않고 기간 연장을 하지 않을 경우, 기간제 노동자에게는 계약종료 수당을 파견노동자에게는 파견종료 수당을 지급하도록 하는

데 그 액수는 임금총액의 10%에 해당한다. 스페인 역시 비정규직 노동자들을 일정 기간 사용한 다음 정규직으로 전환하지 않고 기간 연장을 하지 않을 경우 노동자에게 근로계약종료수당을 지급하도록 하는데, 근로계약종료수당은 근속년당 12일분의 임금에 해당한다. 문재인 대통령도 비정규직 노동자 고용불안정 수당 지급을 대선공약으로 발표했으나 이행하지 않았다. 반면 경기도는 비정규직의 고용불안정성 불이익을 상쇄하기 위해 2021년부터 공공부문 비정규직 노동자들에게 기본급 대비 최소 5% 이상 최대 10%까지 고용불안정성 보상수당을 지급하기 시작했다(경기도, 2020;《오마이뉴스》, 2021.1.6).

비정규직 오·남용을 억제하기 위해 비정규직 오·남용 사용업체에 대해 고용부담금을 납입하도록 하는 부정적 제재를 도입할 필요가 있다. 문재인 대통령도 비정규직을 일정 비율 이상 과다하게 사용하는 대기업에 고용부담금을 부과해 비정규직 정규직 전환지원금과 사회보험료 지원제도의 재원으로 활용하겠다는 대선공약을 발표한 바 있다(더불어민주당, 2017: 77).

4. 비정규직 문제의 과제별 정책대안

비정규직 문제의 실태를 보면 비정규직 문제해결을 위한 핵심과제가 비정규직 규모 감축, 정규직과 비정규직 간 노동조건 양극화 해소, 비정규직 노동조합 조직화라는 사실은 자명하다. 핵심과제별로 요구되는 비정규직 권리입법 기본원칙, 비정규직 사용 사회적 규제, 상보적 노동정책은 〈표 12-5〉처럼 정리할 수 있다.

비정규직 문제해결을 위한 정책대안들은 거의 대부분 2017년 대통

표 12-5 비정규직 문제 핵심과제별 정책대안

기준 / 목표	비정규직 규모 감축	정규직-비정규직 노동조건 양극화 해소	비정규직 조직화
〈실태〉			
비정규직 문제	절대적 규모 증가 추세/ 피고용자 과반수 / 성별 직무 분리, 여성 비정규직 고비율	임금수준 2배 이상 차이/ 양극화 완화 안됨 /성별 임금격차 & 성차별	비정규직 조직률 2% 수준 정체 / 미조직 비정규직의 열악한 노동조건
〈정책 목표〉			
전략적 과제	노동시장 과잉 유연성 억제 / 열악한 비자발적 비정규직 일자리부터 제거	비정규직 노동자 보호 / 노동계급 내 균절 완화	비정규직 주체 형성 / 노동기본권 보장 확보
〈정책 대안〉			
비정규직 권리 입법 기본원칙	상시적 업무 직접고용 정규직 채용	동일가치노동 동일임금	노조법 근로자 개념확대
비정규직 사용 사회적 규제	사용자 개념·책임 확대 / 외주화·파견업 규제 / 도급·파견 구분 법제화	사용자 개념·책임 확대 / 용역·파견노동자 보호 / 근기법 근로자 개념 확대 / 초단시간 노동자 차별 처우 폐지	사용자 개념·책임 확대 / 노동3권 보장 / 초기업 단위 교섭체계 수립
상보적 노동시장 정책	고용형태 공시제 강화/오·남용기업 고용 부담금 부과	적극적 노동시장 정책 강화 / 고용보험제 확충 / 고용불안정 수당 지급 / 최저임금 인상(1만원) / 단체협약 적용 확대	고용보험 가입 지원 / 단체협약 적용 확대 / 사업장 노사협의회 강화

령선거 과정에서 문재인 후보를 비롯한 주요 대선후보들의 대선공약으로 제출된 바 있다. 문재인정부는 촛불정부를 자임하며 출범했지만 소득주도성장 전략을 폐기했고 비정규직 공약을 포함한 주요 노동정책 공약을 거의 이행하지 않았다. 이제 대선공약은 희화화되며 무게감을 상실하게 된 것이 사실이다. 하지만 경제정책의 하위 범주가 아닌 독자적인 노동정책을 소득주도성장 전략과 함께 진정성 있게 추진

한다면 비정규직 문제가 상당 정도 해결될 수 있음은 부인할 수 없는
진실이다.

13

최저임금 인상이 고용과
임금에 미친 영향

김유선(한국노동사회연구소 이사장)

1. 최저임금제란?

최저임금제는 노동시장 내 임금 결정기구만으로는 해소되지 않는 저임금을 일소하고 저임금노동자들의 생활수준을 개선할 것을 목적으로 국가가 노사 간의 임금 결정 과정에 개입해서 임금의 최저수준을 정하고 사용자에게 그 이상의 임금을 지급하도록 강제하는 제도를 말한다 (김유선, 2000).

2020년 현재 국제노동기구(ILO)의 '1928년 최저임금결정제도 협약 제26호'를 비준한 나라는 105개국이고, '1970년 최저임금결정 협약 제131호'를 비준한 나라는 54개국이다. 이들 두 조약 중 어느 하나를 비준한 나라는 122개국이고, 협약을 비준하지 않은 나라도 대부분 최저임금제를 실시하고 있다. 한국은 두 조약 모두 비준한 37개국 중 하

나다.[1]

한국에서 최저임금제가 실시된 것은 1987년 6월항쟁과 7~9월 노동자대투쟁이 있은 다음 해인 1988년부터다. 하지만 1990년대에는 최저임금이 있는지조차 모르는 사람이 많았고 별다른 관심을 끌지 못했다. 최저임금 적용대상이 제한적이고 그 수준이 지나치게 낮아 '저임금계층 일소, 임금 격차 해소, 분배구조 개선'이라는 본연의 목적에 충실하지 못하다는 비판이 있었을 뿐이다.

실제로 2000년 당시 청와대 노동복지 수석이 토론회 기조연설에서 "유명무실해진 최저임금 제도를 5인 이상 사업장에서 전 사업장으로 확대적용하고, 비현실적으로 낮은 최저임금 수준을 현실화해 저소득 근로자들을 실질적으로 보호하는 정책이 필요합니다"(김유배, 2000)라고 얘기할 정도였다.

2. 최저임금 인상 추이

외환위기 이후 임금 불평등이 확대되고 저임금계층이 양산되자 저임금노동자 보호와 사회보장정책의 일환으로 최저임금제에 대한 관심이 높아졌고, 2000년을 바닥으로 최저임금 수준이 개선되기 시작했다.

---

1 OECD 37개 회원국 중 법정 최저임금제를 실시하는 나라는 29개국이다. 스칸디나비아 국가 (덴마크, 핀란드, 스웨덴, 노르웨이, 아이슬란드)와 스위스, 오스트리아, 이탈리아 8개국은 법정 최저임금제를 실시하지 않고 있다. 스칸디나비아 국가는 노동조합이 실업보험을 관리·운영하는 겐트시스템 때문에 노조조직률과 단체협약 적용률이 높아 굳이 법정 최저임금제를 도입할 필요성을 못 느낀다. 이탈리아는 헌법(제36조)의 '적정임금을 받을 권리'를, "모든 노동자는 관련 부문 단체협약 중 가장 낮은 임금률을 적용받을 권리가 있다"고 노동법원이 일관되게 해석하기 때문에 굳이 법정 최저임금제를 도입할 필요성을 못 느낀다(Schulten, 2008). 이들 나라는 모두 임금수준이 높고 단체협약으로 정한 최저임금 수준이 높다.

한국노총만 참여하던 최저임금위원회에 2000년부터 민주노총이 함께 참여하면서 노동운동의 대응이 강화된 것도 한몫했다. 그 결과 2000년에는 1850원이던 시간당 최저임금이 2020년에는 8590원으로 네 배 반 올랐다.

노동부 사업체 노동력 조사에서 10인 이상 사업체 상용직의 통상임금(정액 급여＋특별 급여) 대비 최저임금 비율은 1989년 23.9%에서 2000년에는 19.3%로 떨어졌다가 2019년 33.7%로 개선되었다. 비교 대상을 5인 이상 사업체로 확대하면 2000년 20.0%에서 2019년 35.4%로 개선됐고, 1인 이상 사업체로 확대하면 2011년 27.9%에서 2019년 38.5%로 개선됐다. 2000년부터 시행령이 개정되어 5인 미만 사업장 노동자들도 최저임금을 적용받고 있음은 물론이다.

최저임금제에 대한 관심이 높아진 것은 단순히 우리나라에만 한정된 얘기가 아니다. 소득분배구조가 악화되고 임금 불평등이 심화하면서 대다수 국가가 경험하고 있는 일이다. 선진국에서는 노사자율주의 전통이 강한 영국에서 1999년부터 법정 최저임금제도를 도입했고, 아일랜드는 2000년, 독일은 2015년부터 법정 최저임금제도를 도입했다. OECD 회원국의 풀타임 노동자 평균임금 대비 최저임금 비율은 2000년 35.4%에서 2018년 42.0%로 상승했고, 중위임금 대비 최저임금 비율은 44.2%에서 53.7%로 상승했다.

3. 20년 전이나 지금이나

물론 이러한 최저임금 인상 과정이 순탄한 것은 아니었다. "시간당 최저임금 1865원, 16.6% 인상…… 최저임금심의위원회 사용자 측 반발

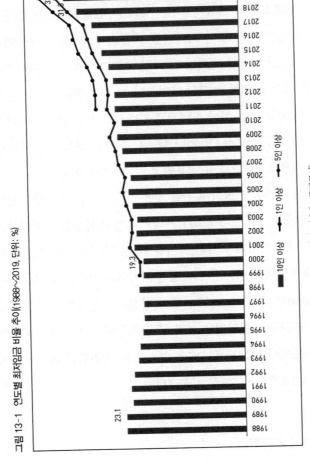

그림 13-1 연도별 최저임금 비율 추이(1988~2019, 단위: %)

주: 최저임금 비율 = 시간당 최저임금 / 상용직 시간당 통상임금(정액 + 특별급여).
자료: 노동부 사업체노동력조사.

퇴장", 바로 며칠 전에 본 듯한 낯익은 기사다. 하지만 자세히 들여다보면 20년 전인 2000년 7월 22일자《경향신문》기사다.

"시간당 최저임금이 1865원으로 16.6% 인상된다. 최저임금심의위원회는 21일 전원회의를 열고 오는 9월 초부터 내년 8월 말까지 적용될 최저임금을 시간당 1865원, 일급 1만 4920원으로 심의·의결했다. 이는 작년 9월 초부터 올해 8월 말까지 적용되는 최저임금인 시간당 1600원(일급 1만 2800원)에 비해 16.6% 인상된 것이다. 노동부는 '이번 인상 폭은 1991년도에 18.8%를 인상한 이래 가장 큰 규모'라고 밝혔다. 이날 위원회에는 조남홍 경총 부회장 등 사용자 측 위원 8명이 참석했으나 인상 폭에 반발, 전원 퇴장했으며 결국 근로자와 공익위원들이 만장일치로 의결했다. 사용자 측 위원들은 최저임금으로 1740원을 제시했으나 근로자 측 위원들이 제시한 수정안이 그대로 의결됐다. 한편 최저임금은 그동안 상시 근로자 5인 이상 사업장에만 적용돼왔으나 오는 9월부터는 4인 이하 사업장에까지 확대 적용된다."

"내년 최저임금 7530원…… 올해 대비 16.4% 올라", 2017년 7월 15일자《경향신문》기사다. 좀 더 자세히 들여다보자. "2018년도 법정 최저임금이 시간당 7530원(월급 환산액 157만 3770원)으로 정해졌다. 올해 최저임금인 6470원보다 16.4% 오른 금액이다. 15일 최저임금위원회는 11차 전원회의를 열어 내년도 최저임금을 이같이 결정했다고 밝혔다. 노·사 위원들은 지난 10차 회의 때 제시한 1차 수정안(9570원·6670원)에서 한발 물러나 2차 수정안(8330원·6740원)까지 제시했다. 이후 양측은 최종제시안으로 노동자 위원은 16.4% 오른 시급 7530원을, 사용자 위원은 12.8% 오른 시급 7300원을 제시했다. 최종안은 표결에 부쳐져 재적인원 27명 전원이 참석한 가운데 15대 12로 노동자

위원 제시안이 채택됐다."

2000년과 2017년의 차이라면 사용자 위원들이 퇴장하지 않고 표결에 참여했고 사용자 측이 7530원에 근접하는 7300원을 대안으로 제시했다는 점일 것이다.

4. 최저임금 인상 과정

2017년 5월 대통령선거 때는 주요 정당의 다섯 후보 모두 최저임금 1만 원을 공약했다. 문재인(민주당), 심상정(정의당), 유승민(바른정당) 후보는 2020년까지 1만 원을 공약했고, 안철수(국민의당), 홍준표(자유한국당) 후보는 2022년까지 1만 원을 공약했다. 2020년이냐 2022년이냐 차이가 있을 뿐 최저임금 1만 원은 일종의 사회적 합의라 할 수 있다.

2020년까지 1만 원으로 끌어 올리려면 매년 최저임금을 15.6%(또는 1180원) 인상해야 한다. 최저임금위원회가 2018년 최저임금을 1060원(16.4%) 인상해 7530원으로 의결한 것은 공약을 이행하기 위한 첫걸음이었다.

그러나 2018년 최저임금이 결정된 바로 그날부터 재계 이익을 대변하는 경제지와 보수언론은 '기승전(起承轉) 최저임금'이란 말이 나돌 정도로 집중 공세를 퍼붓기 시작했다. 2018년 최저임금이 적용되기 시작한 1월 한 달 《서울경제》 신문은 551건, 《아시아경제》는 468건의 최저임금 기사를 쏟아냈고, 8월에 취업자 증가세가 둔화하자 '최저임금 고용참사'라는 신조어를 만들어내기도 했다(김유선, 2019).

이런 공세가 먹혀들었는지 최저임금 인상 폭은 뚝뚝 떨어지기 시작했다. 2019년 최저임금은 820원(10.9%) 오른 8350원으로 정해졌고,

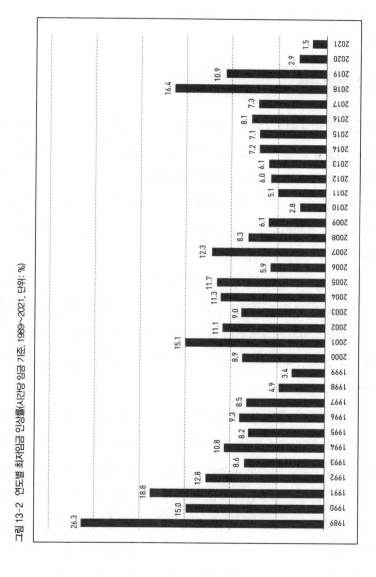

그림 13-2 연도별 최저임금 인상률(시간당 임금 기준, 1989~2021, 단위: %)

2020년 최저임금은 240원(2.9%) 오른 8590원, 2021년 최저임금은 130원(1.5%) 오른 8720원으로 정해졌다.

5. 선행 연구들

많은 사람들이 최저임금을 저임금노동자에게 공정한 임금을 보장하고 임금 불평등을 완화해 소득분배구조를 개선하는 바람직한 제도라고 생각한다. 하지만 모두가 그렇게 생각하는 것은 아니다. 고용에 부정적 영향을 미치는 바람직하지 못한 제도라고 생각하는 사람들도 있다. 이에 따라 경제학자들 사이에서는 오랫동안 최저임금의 고용효과를 둘러싸고 논쟁이 계속되어왔다.

요즈음은 '최저임금의 부정적 고용효과가 발견되지 않는다'는 실증분석 결과가 대세를 이루고 있다. 하지만 중고교 교과서는 여전히 최저임금의 부정적 고용효과를 가르치고 있다. 일부 언론은 기회가 있을 때마다 '최저임금을 인상하면 고용에 부정적 영향을 미친다'는 주장을 반복하고 있다.

〈그림 13-3〉에서 임금(Wage)과 고용(Labor)은 공급곡선과 수요곡선이 만나는 A점(W_1, L_1)에서 정해진다. W_1보다 높은 수준에서 최저임금(W_2)이 결정되면 임금과 고용은 B점(W_2, L_2)으로 옮겨간다. 임금은 인상되지만 고용은 감소한다. 이는 최저임금이 고용에 부정적 영향을 미친다는 주장을 뒷받침한다. 하지만 〈그림 13-3〉은 완전경쟁시장을 가정할 때 얘기다. 실제 노동시장에서 완전경쟁시장의 가정이 충족되는 것은 낙타가 바늘구멍을 통과하는 것만큼 힘든 일이다. 저임금 노동시장일수록 노사 간에 힘은 대등하지 않고 취업시장에선 사용자가 훨씬

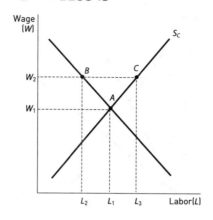

그림 13-3 완전경쟁시장

우월한 위치에 있다.

〈그림 13-4〉와 같은 불완전경쟁시장을 가정하면, 임금과 고용은 C점(W_2, L_2)이 아닌 A점(W_1, L_1)에서 정해진다. 즉 경쟁노동시장보다 낮은 수준에서 임금과 고용이 정해진다. W_1보다 높은 수준에서 최저임금(W_2)이 결정되면 임금과 고용은 C점(W_2, L_2)으로 옮겨간다. 임금은 인상되고 고용도 증가한다. 물론 고용이 무한정 증가하는 것은 아니다. 최저임금이 $W_1 \sim W_3$ 사이에서 결정되면 고용이 증가하지만, 최저임금이 W_3보다 높으면 고용이 감소한다. 따라서 관건은 2018~2019년 최저임금이 과연 W_3을 넘어서는 수준인가이다. 이는 실증분석을 통해서만 검증 가능하다(Kaufman and Hotchkiss, 2006).

영미권에서는 최저임금의 고용효과를 둘러싼 논쟁이 수십 년째 계속되고 있다. 1980년대에는 '최저임금은 10대 고용에 부정적 영향을 미친다. 여성이나 파트타임 등 다른 집단에서는 부정적 고용효과가 발견되지 않는다'는 견해가 다수를 이루었다(Brown et al., 1982). 1990년

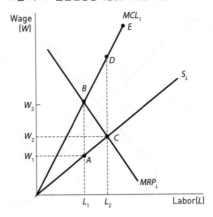

그림 13-4 불완전경쟁시장(수요독점 모델)

대에는 '10대 고용도 최저임금의 부정적 효과가 발견되지 않는다. 상황에 따라서는 고용이 증가하는 긍정적 효과를 보이기도 한다'는 분석결과가 제시되었다(Card and Krueger, 1995). 2000년대에는 선행 연구들을 종합적으로 비교 검토하는 메타분석이 이루어지면서 '최저임금이 고용에 미치는 영향은 없거나 있더라도 매우 작다'는 견해가 대세를 이루고 있다(Doucouliagos and Stanley, 2009). 그렇다고 해서 연구자들 사이에 합의가 이루어진 것은 아니다. 최저임금의 고용효과를 둘러싼 서로 다른 분석결과가 지금도 계속 발표되고 있다.

여기서 우리는 최저임금은 임금정책 수단이지 고용정책 수단이 아니라는 사실에 주목할 필요가 있다. 실증분석 결과의 차이는 경제학자들에게는 흥미로울지 몰라도 정책입안자나 저임금노동자에게는 흥미로울 게 없다. '최저임금을 인상하더라도 부정적 고용효과가 없거나 있더라도 매우 작다'는 사실은, 최저임금이 매우 효과적인 임금정책 수단이며, 혹시 있을지 모를 부정적 고용효과는 확장적 재정정책이나 적극적 노동시장정책, 복지정책을 통해 최소화해야 함을 말해주기 때문이다(Chapman, 2004).

6. 2018~2019년 최저임금의 고용효과

2018년 한 해 동안 국내 언론이 보도한 '고용참사' 기사는 1000건이 넘었다. 그러다보니 취업자가 줄어든 것으로 오해하는 사람들도 생겨났다. 그러나 2018년 취업자는 10만 명 증가했고, 2019년에는 30만 명 증가했다. 고용률은 60.7%와 60.9%로 사상 최대치를 기록했다. 그런데도 '최저임금 때문에 고용참사'라니?

최저임금 때문에 취업자 증가세가 둔화했다는 주장도 있다. 취업자 증가세가 둔화한 것은 맞다. 하지만 인구감소, 제조업 구조조정, 내수 침체, 골목상권 붕괴 등에 따른 장기 추세를 반영하는 것일 뿐 최저임금과는 관계가 없다. 2013년 11월을 정점으로 취업자 증가세는 꾸준히 둔화해왔다.

최저임금 때문에 자영업자가 감소했다는 주장도 있다. 2018년 종사원이 없는 자영업자는 9만 명 감소했고, 종사원이 있는 고용주는 4만 명 증가했다. 2019년에는 종사원이 없는 자영업자가 8만 명 증가했고, 종사원이 있는 고용주가 11만 명 감소했다. 종사원이 없는 자영업자는 아무도 고용하지 않고 혼자 일하거나 가족끼리 일하기 때문에 최저임금과 관계가 없다. 자영업자 감소는 2002년 말부터 15년 넘게 지속된 현상으로 2012년에 잠깐 증가했을 뿐이다. 상용직은 2018년 34만 명, 2019년 44만 명 증가했다. 최저임금이 오르니 자영업을 정리하고 임노동자로 전환한 사람도 꽤 될 것이다.

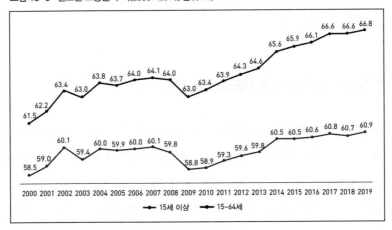

그림 13-5 연도별 고용률 추이(2000~2019, 단위: %)

다른 조건을 통제한 상태에서 2018~2019년 최저임금 인상이 고용에 끼친 영향은 어떠할까? 이를 분석한 연구결과는 지금까지 여러 편 발표되었다. '부정적 고용효과가 발견되지 않는다'는 연구결과(홍민기, 2019; 황선웅, 2019)와 '고용에 부정적 영향을 미쳤다'는 연구결과(김대일·이정민, 2019; 김낙년, 2019)가 혼재되어 있다. OECD는 20년 전 선행 연구들을 종합하면서 '이론적으로나 실증적으로나 최저임금의 고용효과에 대한 합의는 존재하지 않는다'(OECD, 1998)고 결론지었다. 한국에서도 똑같은 현상이 반복되고 있다.

7. 2018~2019년 최저임금의 임금효과

2018년과 2019년 최저임금 인상률은 16.4%와 10.9%로 예년에 비해 높지만, 2020년과 2021년 최저임금 인상률은 2.9%와 1.5%로 역사상 가장 낮다. 2018년과 2019년 최저임금 인상이 저임금노동자들의 임금인상과 임금 불평등 축소, 저임금계층 축소에 끼친 영향은 어떠할까?

첫째, 예년에 비해 높은 최저임금 인상으로 2018년 시간당 임금인상률은 1~3분위(8.0~10.8%)가 4~10분위(3.2~7.7%)보다 높고, 2019년 시간당 임금인상률도 1~4분위(7.9~10.3%)가 5~10분위(0.6~8.2%)보다 높다. 이에 따라 2018년과 2019년 두 해 임금인상률은 1~4분위(16.5~20.6%)가 5~10분위(8.3~13.6%)보다 크게 높다.

둘째, 2018년 월 임금인상률은 2~4분위(11.2~16.3%)가 5~10분위(1.2~9.4%)보다 높다. 2019년 3~6분위(2.8~5.4%)는 월 임금이 증가하고 1~2분위(-2.4~-4.1%)와 7~8분위(-0.1~-0.2%)는 감소했다. 이에 따라 2018년과 2019년 두 해 임금인상률은 2~5분위(10.9~17.6%)가 두 자릿수로 6~10분위(5.0~9.2%)보다 높다.

셋째, 1분위는 2018년과 2019년 두 해 시간당 임금인상률(19.9%)이 가장 높지만 월 임금인상률(1.9%)은 가장 낮다. 1~2분위는 2019년 시간당 임금인상률이 8.3~8.8%로 높지만 월 임금인상률은 -2.4~-4.1%로 오히려 하락했다. 이는 고용주들이 현행법의 허점을 악용해서 노동시간 쪼개기로 2019년 최저임금 인상에 대응했기 때문이다. 2019년에 주당 노동시간이 1분위는 2.8시간, 2분위는 3.1시간 감소했다. 특히 1분위에서 (주 15시간 미만) 초단시간 노동자가 2018년 33.7%에서 2019년 41.9%로 8.2%포인트 증가했다.

넷째, 시간당 임금 기준으로 임금 격차(P9010, 상위 10% 경곗값/ 하위 10% 경곗값)는 2017년 4.13배에서 2018년 3.75배, 2019년 3.59배로 감소했고, 월 임금 기준으로는 5.63배에서 5.04배로 감소했다가 5.39

그림 13-6 임금 10분위별 임금인상률(2017~2019, 단위: %)

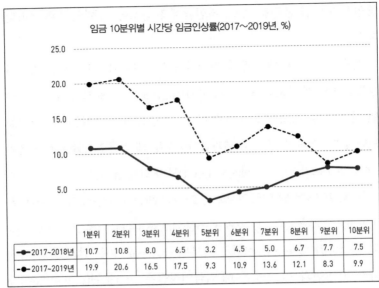

임금 10분위별 시간당 임금인상률(2017~2019년, %)

	1분위	2분위	3분위	4분위	5분위	6분위	7분위	8분위	9분위	10분위
●2017~2018년	10.7	10.8	8.0	6.5	3.2	4.5	5.0	6.7	7.7	7.5
●2017~2019년	19.9	20.6	16.5	17.5	9.3	10.9	13.6	12.1	8.3	9.9

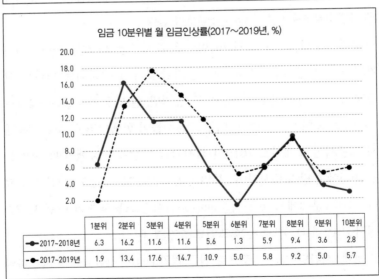

임금 10분위별 월 임금인상률(2017~2019년, %)

	1분위	2분위	3분위	4분위	5분위	6분위	7분위	8분위	9분위	10분위
●2017~2018년	6.3	16.2	11.6	11.6	5.6	1.3	5.9	9.4	3.6	2.8
●2017~2019년	1.9	13.4	17.6	14.7	10.9	5.0	5.8	9.2	5.0	5.7

자료: 통계청, 경제활동인구조사근로형태별 부가조사(각 연도 8월).

배로 다시 증가했다. 지니계수는 시간당 임금 기준으로 0.3160에서 0.3098, 0.2988로 감소했고, 월 임금 기준으로 0.3293에서 0.3289, 0.3250로 감소했다.

다섯째, 시간당 임금 기준으로 저임금계층은 428만 명(21.4%)에서 315만 명(15.7%)으로 감소했다가 324만 명(15.8%)으로 조금 증가했다. 월 임금 기준으로는 410만 명(20.5%)에서 359만 명(17.9%)으로 감소했다가 444만 명(21.5%)으로 다시 증가했다.

이상으로부터 우리는 다음과 같은 결론을 도출할 수 있다. "2018~ 2019년 최저임금 인상은 저임금계층의 임금인상과 임금 불평등 축소, 저임금계층 축소에 긍정적 영향을 미쳤다. 그러나 고용주들이 노동시

표 13-1 **연도별 임금 격차와 임금 불평등, 저임금계층 추이**

	정규직-비정규직 임금 격차 (정규직=100%)		P9010(배)		지니계수		저임금계층(%)	
	시간당 임금	월 임금	시간당 임금	월 임금	시간당 임금	월 임금	시간당 임금	월 임금
2010.8	48.3	46.9	5.30	5.10		0.3510	26.5	26.7
2011.8	51.3	48.6	5.10	5.40		0.3490	26.7	26.1
2012.8	51.8	49.7	5.00	5.71		0.3460	24.8	23.7
2013.8	52.8	49.7	5.00	5.00		0.3420	24.7	21.3
2014.8	53.2	49.9	4.62	5.00		0.3400	24.1	24.5
2015.8	54.9	49.8	4.36	5.25		0.3380	24.5	25.5
2016.8	55.4	49.2	4.35	5.63		0.3410	22.6	23.9
2017.8	58.0	51.0	4.13	5.63	0.3160	0.3293	21.5	20.5
2018.8	59.3	50.7	3.75	5.04	0.3098	0.3289	15.7	17.9
2019.8	62.9	51.8	3.59	5.39	0.2988	0.3250	15.8	21.6

자료: 통계청, 경제활동 인구조사 부가조사, 각 연도.

간 쪼개기로 대응하면서 1분위(하위 10%)에 초단시간 노동자가 증가하고 월 임금 기준으로 임금 격차(P9010)가 확대되고 저임금계층이 증가하는 등의 부작용도 나타났다"(김유선, 2020a).

8. 2018~2019년 노동소득분배율 개선

한국은행 국민계정에서 노동소득분배율은 1996년 62.8%를 정점으로 2017년 62.0%까지 계속 감소하거나 정체 상태를 벗어나지 못하다가 2018년 63.5%, 2019년에는 65.5%로 대폭 개선되었다. 자영업자 노동소득을 노동자들 임금과 동일하다고 가정하는 OECD 방식으로 노동소득분배율을 계산해도 마찬가지다. 1996년 99.2%를 정점으로 2017년 83.1%까지 계속 감소하거나 정체 상태를 벗어나지 못하던 노동소득분배율이 2018년 84.8%, 2019년 86.9%로 개선되었다. 가계 영업잉여를 자영업자 노동소득으로 가정하고 조정한 노동소득분배율도 1996년 82.9%를 정점으로 2017년 71.4%까지 계속 감소하거나 정체 상태를 벗어나지 못하다가 2018년 72.5%, 2019년 74.8%로 대폭 개선되었다. 이상은 2018년과 2019년 최저임금 인상으로 저임금노동자들의 임금이 오르고 고용이 늘었기 때문에 가능한 일로 해석된다.

9. 제도개선 사항

2017년 5월 대통령선거 때는 주요 정당의 다섯 후보 모두 최저임금 1만 원을 공약했다. 2020년이냐 2022년이냐 차이가 있을 뿐 최저임금 1만 원은 일종의 사회적 합의라 할 수 있다. 그러나 2020년 최저임금 1만

그림 13-7 연도별 노동소득분배율 추이(1970~2019, 단위: %)

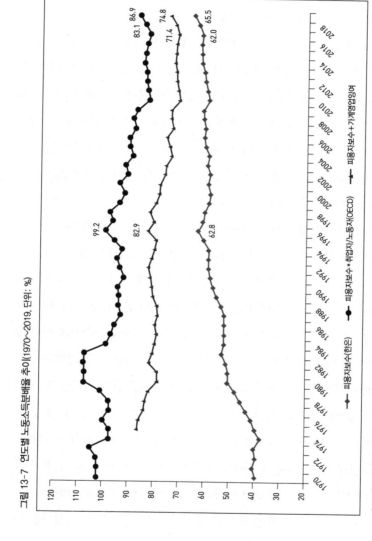

자료: 한국은행 국민계정, 통계청 경제활동인구조사에서 계산.

원 공약은 물 건너간 지 오래고, 2022년 최저임금 1만 원 공약도 실현 가능성이 없다. 2021년 8720원에서 1280원(14.7%) 올려야 하는데 그럴 가능성을 기대하기 어렵기 때문이다.

최저임금 1만 원 공약은 실현되지 못했지만 예년에 비해 최저임금은 대폭 올랐다. 2017년 최저임금 6470원과 비교할 때 2019년 최저임금(8350원)은 1880원(29.1%) 올랐고, 2020년 최저임금(8590원)은 2120원(32.8%) 올랐다. 그 결과 노동자들 사이에 임금 불평등과 저임금계층은 축소되었다. 그뿐만 아니라 저소득 근로가구를 대상으로 하는 근로장려금(자녀장려금 포함) 예산이 2017년 1조 8000억 원에서 2019년 5조 7000억 원으로 대폭 증가했다.

2020년 8월 경제활동 인구조사 부가조사에서 월 임금총액을 근로시간으로 나누어 시간당 임금을 계산하면 최저임금 미달자가 319만 명(15.6%)이다. 같은 조사에서 시급제 노동자에게 따로 시간당 임금을 물은 결과 최저임금 미달자는 2만 명(1.1%)이다(김유선, 2020b). 이는 시급제는 임금 구성이 단순명료해 노사 모두 최저임금 준수 여부를 분명히 알 수 있어 잘 지켜지지만, 월급제 등 다른 임금 지급 형태는 임금 구성이 복잡해 노사 모두 최저임금 준수 여부를 알기 어려워 잘 지켜지지 않는다는 점과 시간당 임금(월 임금총액 ÷ 근로시간)을 계산하는 과정에서 통계상 허수가 많다는 점 등 여러 요인에서 비롯된다. 따라서 최저임금 적용기준은 단순명료해야 하는데, 소정의 근로시간을 일했을 때 받는 통상임금으로 일원화하는 게 바람직할 것으로 판단된다.

초단시간 노동이 빠른 속도로 증가하고 있다. 주당 노동시간을 15시간 미만으로 쪼개면 근로기준법 제18조에 따라 주휴수당을 주지 않아도 되는 등 고용주에게 각종 편익이 따르기 때문이다. 따라서 초단시간 노동자도 근무시간에 비례해서 주휴수당을 지급하는 방안을 검토할 필요가 있다.

그러나 최저임금을 20% 인상하면서 주휴수당을 없애는 방안이 더 바람직할 것으로 판단된다. 대다수 월급제 노동자에게 주휴수당은 사문화된 것이나 다름없고, 시급제 노동자들에게 주휴수당은 초단시간 노동으로 내모는 유인이 되고 있기 때문이다. 최저임금을 20% 인상하면서 주휴수당을 없애면 2022년 최저임금 1만 원 목표를 초과 달성할 수 있다. 법대로 주휴수당을 지급하던 고용주라면 최저임금 인상에 따른 추가 부담이 발생하지 않는다. 주휴수당을 지급하지 않던 고용주들만 추가 부담을 지게 될 것이다.

14

———

성평등정책의 방향과 과제

신경아(한림대학교 사회학과 교수)

1. 강남역에서 광화문으로: 촛불과 청년여성

이 장의 목적은 문재인정부 성평등정책의 성과를 평가하면서 차기 정
부의 정책방향과 과제를 제시하는 데 있다. 후보자 시절 '페미니스트
대통령'이 되겠다는 구호를 외친 만큼 문재인정부의 성평등정책은 김
대중-노무현정부를 잇는 친여성적이고 젠더거버넌스에 기반을 둔 정
책이 되리라 예상했다. 정확히 표현하면 '예상'이라기보다 '기대'라는
표현이 더 적합할 것이다. 3년 반이 지난 지금 그런 '예상'이나 '기대'가
얼마나 실현되어왔는지를 평가하기는 쉽지 않다. 더 중요한 사실은 소
위 87민주화운동 세력의 '진보' 정치와 '페미니스트' 정치 사이의 오래
된 균열이 매우 뚜렷해지기 시작했다는 것이다. 2017년 정부 출범 초
기 탁현민 청와대 행정관의 성폭력 발언이 문제가 되면서 드러나기 시

작한 여성운동과 민주당, 문재인정부의 갈등은 2020년 7월 박원순 전 서울시장의 사망 사건을 계기로 더욱 심화되고 있다.

2016년 봄 한국의 대다수 언론은 한국 정치의 보수 지향성을 '기울 어진 운동장'론으로 진단하고 당분간 보수 정부가 계속되리라고 예측 했다. 가까운 이웃 일본의 경우처럼 인구 고령화나 대중의 탈정치화, 진보정당의 부진 등 여러 가지 이유가 제시되었다. 그러나 당시 언론 의 다른 면에서는 '걸크러쉬' 현상과 강한 여성들의 이미지가 종종 출 현했다. 그리고는 같은 해 5월 '강남역 사건'이 일어나 20대 여성이 낯 선 남성에게 살해당했다. 가해자는 살해 동기를 '여자이기 때문'이라고 밝히며 스스로 '여성 혐오'를 범죄 동기로 주장하는 반면 경찰은 이를 부인했다. 경찰의 언어로 이 사건은 늘 있었던 '묻지마 살인'에 불과했 다. 강남역 10번 출구 앞에 20대 여성들이 모이고 거리에 주저앉아 밤 낮을 가리지 않고 토론하는 광경이 펼쳐졌다. 여성의 생명과 생존권을 지키려는 운동이 폭발했고 청년 여성들은 거리로 나와 촛불을 들었다. 그해 가을 JTBC 기자들이 최순실의 태블릿PC 기사를 보도했고, 광장 에 모인 촛불들의 시위는 겨울을 지나 봄까지 이어졌다.

정당과 시민운동조직이 주도했던 1987년 6월항쟁에 비해 2016~2017년 촛불집회는 '친구나 가족과 함께 광장에 나선 자발적 시민들'이 앞장섰고 민주당을 비롯한 야당 세력은 시민들의 요구를 사 후적으로 수용해갔다.[1] 여성들도 이전의 어떤 집회보다도 열렬히 참여 했고, 10대와 20대에서는 여성의 참여율이 남성의 참여율보다 훨씬

---

1   최종숙, 〈1987년 6월항쟁과 2016년 촛불항쟁에서 정당과 사회운동조직의 역할〉, 《사회와역 사》, 117권, 2018, pp.7~43.

높았다는 보고도 있다.[2] 촛불 이후 탄생한 문재인정부가 촛불시민과 특히 20대 여성에게 빚을 지고 있다는 점을 기억할 필요가 있다. 마치 1979년 8월 YH여성노동자들의 신민당사 점거 투쟁이 10월 박정희 정부 몰락의 시발점이 된 것처럼 청년 여성의 강남역 시위는 천만 촛불의 광화문 시위로 이어졌다.

2. 촛불 이후 성평등정책, 그 맥락과 과제

이 글은 촛불집회와 문재인정부의 등장 이후 3년 7개월이 흐른 지금 성평등 가치와 여성정책이 어떻게 추진되고 멈춰섰는지 살펴보는 데 목적이 있다. 결국 새 정부의 과제는 문재인정부에서 제대로 다루지 못한 촛불시민들의 성평등 요구를 국정의 과제로 충실히 수행해가는 것이라고 할 수 있다. 그렇다면 촛불시민들의 성평등 요구는 어떻게 정리할 수 있을까?

이명박정부는 출범 당시부터 진보적 여성운동과 불화했다. 여성가족부는 폐지설이 돌다가 간신히 살아남았고, 여성인권진흥원을 설립했지만 성폭력·성매매 방지대책은 유명무실했다. 반대로 수십 년간 사문화됐던 낙태처벌법을 되살려 여성들을 '출산장려'라는 무시무시한 공포에 빠뜨렸다. 2008년에는 미국발 경제위기까지 닥쳐오면서 여

---

2 2017년 9월 서울시 빅데이터 캠퍼스 자료를 이용해 빅데이터 분석을 시도한 한 기사는 "2016년 11월 매주 토요일 저녁 6~8시 광화문광장에서 열린 촛불집회 참가자들 중 남성이 52%로 여성보다 4% 포인트 많지만, 20대는 여성 참여율이 58%로 남성보다 무려 16% 포인트 높다"는 사실을 제시했다. 이 기사는 20대 여성들의 변화에 대한 요구가 크고 앞으로 중요한 정치세력이 될 수 있을 것임을 추측하고 있다("촛불시민 빅데이터, 남녀 52% 대 48%", 《서울&》, 2017.9.21. http://www.seouland.com/arti/society/society_general/2555.html).

성들이 먼저 일자리를 잃었고 요양보호 등 저임금 서비스직을 중심으로 중·고령 여성들이 노동시장에 진출했다. 박근혜정부는 출범 초기 기세 좋게 '여성 등 파트타임 고용 증대로 고용률 70% 달성'이라는 구호를 제시했지만 얼마 안 돼 장관이 물러나면서 구호조차 사라졌다. 이때문에 파트타임 일자리가 성별 격차를 얼마나 양산할지에 대해서는 제대로 따져보지도 못했다. 이런 소동 속에서 청년 여성들의 고용 창출과 고용안정화, 성차별 해소를 위한 정부 정책은 찾아볼 수 없었다. 그 결과 15~34세 청년 여성들의 노동시장 지위는 급강하했다.[3]

2016년 가을부터 2017년 봄까지 광장을 메운 여성 시민들의 요구는 바로 이런 정치·경제·사회적 맥락에서 형성됐다고 할 수 있다. 김대중·노무현정부 이후 쇠퇴한 여성운동과 정부 정책의 거버넌스를 복원하고 국정 목표로서 성평등 민주주의의 이념과 과제를 설정하며, 이를 효과적으로 추진하기 위한 기구와 전략을 새롭게 편성해가는 것이다.

2017년 3월 한국여성학회가 주최한 국회 여성정책 토론회는 문재인정부에 대한 이런 여성계의 기대를 담고 있었다.[4] 성주류화와 성평등위원회의 설치, 돌봄노동의 사회적 인정과 돌봄사회로의 전환, 노동시장에서 성차별 금지와 성별 격차 해소를 위한 제도화, 성폭력에 대한 과감하고 포괄적인 대응과 법제도 구축, 여성의 재생산권 확립 등 5개의 영역에 걸쳐 목표와 과제가 제시되었다. 문재인정부는 보수 정부 시기 위축되어온 성평등정책의 주요 의제 영역을 재건하고 각 영역별

---

3 신경아, 〈여성노동시장의 변화에 관한 여덟 가지 질문〉, 《페미니즘연구》, 16권 1호, 2016, pp.321~359.
4 한국여성학회, 《민주주의 실현을 위한 차기정부 성평등정책 토론회 자료집》, 2017.3.29.

전략과 과제를 추진해가야 할 사명이 있었다. 그러나 성평등정책의 5대 영역은 문재인정부뿐만 아니라 이후 어떤 정부에서도 계속되어야 할 정책과제라고 할 수 있다.

3. 문재인정부 성주류화정책과 성폭력 대응: 성과와 한계

1) 성주류화의 제한적 추진

대통령 당선 이후 문재인 후보 진영은 '성평등사회의 구현'를 국정 기조에 포함하는 것처럼 보였다. 그 결과 '성평등위원회'가 100대 국정과제에 포함됐다. 성평등위원회는 정부정책의 성주류화(gender mainstreaming)를 추진하기 위한 수단이다. 성평등 가치와 목표가 정부의 모든 부처 업무에 골고루 반영되고 여성가족부를 넘어 정부 정책의 모든 영역에서 구현될 수 있도록 하는 임무가 성주류화라면, 성평등위원회는 성주류화를 기획하고 추진하고 평가하는 책임을 갖는다.

그러나 성평등위원회의 조직과 운영이 간단한 문제는 아니다. 김대중정부부터 노무현정부 그리고 문재인정부에 이르기까지 성평등정책을 집행할 최고기구로서 여성가족부와 성평등위원회의 관계 설정이나 각각의 위상을 둘러싼 이견(異見)이 존재해왔다. 대체로 여성특화정책은 여성가족부에서 성주류화정책은 성평등위원회에서 추진하는 것이 현실적이라는 주장과 여성가족부가 두 가지 정책을 모두 수행하는 것이 효과적이라는 주장이 공존해왔다. 전자는 여성가족부의 규모나 영향력의 크기가 매우 제한적이라는 사실을 고려할 때 정부 부처 전체를 아우르기 위해서는 대통령 직속 위원회가 필요하다는 인식이다. 후자는 성평등위원회가 작동할 경우 여성가족부는 활동 범위가 축소될 수밖에 없는데 대통령 직속이라고 해도 정부위원회가 갖는 실효성의 한계를 고려할 때 구체적 실체인 여성가족부를 키우는 것이 효과적이라는 판단이다.

두 주장 모두 장·단점이 있고 시대적 맥락 속에서 적합성을 판단해야 할 문제로 보인다. 그러나 문재인정부 국정과제로서 성평등위원회 운영은 이명박·박근혜정부에서 여성정책이 축소·변질됐다는 평가에서 도출된 것이다. 9년간의 보수 정부에서 여성가족부는 해체 위기까지 몰렸다가 간신히 살아남았고, 여성정책은 여성을 정책의 주체에서 수혜자로 밀어내는 결과를 초래했다(신경아, 2016b). 특히 진보 정부하에 구성된 젠더거버넌스의 틀이 거의 해체되고 정책 논의 공간에는 보수 정부와 친화성이 있는 여성 조직들이 주로 초대되었다. 따라서 문재인정부에서는 쇠퇴한 젠더거버넌스 체제를 복구하고 여성가족부를 넘어 정부 부처 전반의 정책에서 성인지적 관점이 작동할 수 있도록 하는 노력이 필요했다.

그러나 문재인정부는 성평등위원회를 설치하지 않았다. 초기에는 대통령 직속으로 가되 자문 기능을 넘어 행정기구의 위상과 역할을 담는 것이 좋겠다는 의견까지 제기될 정도로 실질적인 성주류화 추진기구 설립에 대한 요구가 높았다. 여성가족부라는 작은 부서의 힘만으로 정부조직 전반의 정책이 성인지성을 담보하기는 어렵다는 판단에서였다. 그러나 성평등위원회는 설치되지 않았으며, 대신 정부의 8개 주요 부·처·청에 과 단위의 성평등정책 전담부서를 설치하는 것으로 정리됐다. 교육부, 법무부, 문화체육관광부, 보건복지부, 고용노동부, 국방부, 경찰청, 대검찰청에 양성평등정책담당관을 신설하고 전문가를 영입하거나 내부인사를 발탁했다. 이들 부서는 성희롱·성폭력 근절대책을 수립하고 관련법과 제도를 개선하며 부서 정책 전반에 성인지적 관점을 도입하는 책임을 지니고 있다.

이 정책은 과거 참여정부 시절 존재했던 제도를 부활시킨 것으로 성평등위원회보다 실질적으로 후퇴한 안으로 해석되고 있다. 무엇보다 이들 부서가 성주류화라는 고유의 책임을 다하기 위해서는 여성가족부의 지도와 견인이 필수적이지만, 문재인정부에서 여성가족부가 가진 낮은 위상을 고려할 때 이러한 역할을 기대하기가 쉽지 않을 것이기 때문이다.[5] 특히 8개 부·처·청 이외에 기획재정부나 행정안전부와 같은 정부정책 결정 과정에서 실질적인 힘을 갖는 부처에는 조직되지 않았다는 점도 중요한 과제로 남아 있다. 그뿐만 아니라 중소벤처기업부나 산업통상자원부, 과학기술정보통신부 등 기업과 산업, 기술 관련 부서를 포함한 전체 부·처·청으로 확대되어야 한다. 정부조직 중 8개 부·처·청에만 조직되어 있다는 것은 문재인정부에서도 여전히 성주류화의 제도적 추진은 미완의 과제임을 보여준다. 또한 참여정부가 끝나면서 이들 부처의 양성평등담당관제도 사라졌다는 뼈아픈 경험을 돌아보면 신설 부서의 존폐 여부도 안정적이라고 할 수 없다. 정치권력의 자의적 판단에 좌우되지 않고 조직의 지속성을 담보할 수 있는 제도적 체계가 수립되어야 할 것이다.

---

5 문재인정부의 여성정책은 청와대 여성가족비서관과 여성가족부를 중심으로 기획·집행된다. 그동안 여성가족비서관과 여성가족부 장관으로 등용된 인사들을 살펴보면, 초대 장관을 제외하고는 여성정책 경험이 부족한 정치인이나 여성운동과 관계가 희박한 인물들이 있었고 기존의 정책을 반복하거나 확대하는 수준이었다. 따라서 청와대나 정부의 정책결정 과정에서 여성가족정책 라인은 별다른 위상을 갖지 못했고, 여성가족부는 문재인정부 임기 내내 대중의 비난과 구설에 휩싸였다. 그러나 2020년 12월 페미니스트 여성정책 전문가를 여성가족부 장관으로 임명했는데 이런 상황을 전환하려는 의도를 담은 조치로 보인다.

2) 성폭력 관련 법제도 정비

문재인정부에서 상대적으로 성과를 거둔 영역이 성폭력 대응정책이다. 그러나 이것은 정부 당국의 의지라기보다 2018년 전후로 터져 나온 미투(me-too)운동의 성과로 보는 것이 정확하다. 2018년 1월 서지현 검사의 성폭력 사건에 대한 증언을 계기로 이전부터 온라인을 중심으로 확산돼온 성폭력 피해 경험에 대한 고발이 도처에서 쏟아져 나왔다. 정부는 공공부문을 중심으로 조직 내 성폭력 사건 처리와 예방을 위한 제도와 지침을 만들고 실태조사와 후속대책을 집행했다.

문재인정부에서 나타난 성폭력 관련 대응은 주요 사건에 대한 여성들의 고발과 시위, 단체행동이 계속되면서 정부가 이를 수용하고 대책을 수립해가는 모습으로 이루어졌다. 2018년 서지현 검사의 성폭력 사건 고발 이후, 문화예술계와 스포츠계, 중고등학교와 대학, 공공기관과 민간기업으로 확대되었고, 정치권에서 안희정 충남지사의 성폭력 사건이 법정에 올랐다. 또한 웹하드를 중심으로 불법 촬영물의 매매가 확산하면서 수많은 피해자가 양산되자 위디스크 양진호 대표를 구속하는 등 웹하드 카르텔을 수사했고 불법 촬영물 삭제지원을 위한 법제도를 정비했다. 2019년 초 심석희 선수의 폭로로 체육계 성폭력 문제가 다시 불거졌지만 별다른 제도적 대응 없이 있다가 스포츠계 폭력 사건이 계속되자 2020년 8월 스포츠윤리센터를 설립했다.[6]

2019년 2월 'n번방 사건', 즉 텔레그램 방에서 여성 피해자들을 '노

---

6 2019년 5월 현재 스포츠계 성폭력 관련 법안이 12개 발의되어 있지만 하나도 통과되지 못하고 있으며 논의조차 되지 않고 있다는 지적이 있다(주종미, 〈스포츠 #미투 이후 체육 정책의 과제와 도전〉, 《미투운동 1년, 한국사회에 찾아온 변화》, 한국여성연구학회협의회, 여성가족부, 한국여성학회 공동 심포지엄 자료집, 2019.

예'라고 부르며 성 착취 사진을 올리고 신상정보까지 공개하는 범죄 행위에 대한 고발이 시작된 지 1년 후 조주빈 등 주범들이 검거되고 이른바 'n번방방지법'이 제·개정되었다. 2020년 5월부터는 아동·청소년 성 보호에 관한 법률과 성폭력 범죄의 처벌 등에 관한 특례법을 제·개정하여 불법 성적 촬영물과 성착취 영상물의 제작과 반포 등에 관한 처벌을 강화했다. 이처럼 디지털 성범죄에 관한 규정과 처벌은 강화돼 왔으나 온라인상에서 발생하는 성범죄의 빈도나 다양성, 피해자 규모에 비해 정부의 대응은 예산이나 인력 면에서 매우 제한적이다. 문재인정부 들어 성폭력과 관련해 국회를 통과한 법률은 〈표 14-1〉과 같다. 미투운동의 요구에 따라 여성폭력방지기본법이 제정되었고 성폭력 관련법이 개정되었다. 문화예술계의 성폭력 방지, 공무원의 성인지 교육과 성범죄 예방, 아동과 청소년의 정보호, 업무상 위력에 의한 추행죄 처벌 강화, 불법 또는 합의에 의한 동영상 촬영물의 유포와 관련된 처벌 등 성폭력 예방과 피해자 보호 및 지원에 관한 광범위한 법률 정비가 이루어졌다. 그러나 더 나아가 강간의 판단 기준에 관한 문제(비동의 간음죄)나 성폭력 피해자에 대한 명예훼손·무고죄 적용 등의 문제를 해결하기 위한 법률 정비는 여전히 논쟁 중이다. 또한 성폭력 피해와 가해 행위에 관한 사법부의 판단에서 성인지 감수성을 높이는 과제도 남아 있다. 아울러 아동과 청소년의 온라인 성범죄 피해를 막기 위해서는 온라인 그루밍 자체를 처벌하는 법제화도 필요하다.

표 14-1 문재인정부에서 제·개정된 성폭력 관련 주요 법률

법률	주요 내용
여성폭력방지기본 법안	여성에 대한 폭력 방지와 피해자 보호 지원에 관한 국가의 책임을 명백히 하고, 여성폭력방지정책의 종합적·체계적 추진을 규정하고, 여성폭력 특수성을 반영한 피해자 지원시스템 및 일관성 있는 통계구축, 교과과정 내 폭력 예방교육을 통한 성평등 의식 확산 등 여성폭력 피해자 지원정책의 실효성을 높이고자 함(안 제1조 등).
예술인 복지법 일부개정법률안	예술계 성희롱·성폭력 예방교육 및 피해구제 지원사업을 추가하여 열악한 환경의 예술인의 권리 보장에 더욱 기여함(안 제3조 제4항 신설 등).
양성평등기본법 일부개정법률안	국가와 지방자치단체 소속 모든 공무원이 성인지 교육을 의무적으로 받도록 명시함(안 제18조 제1항 개정 등). 또 국가기관 등의 장과 사용자가 성희롱 방지를 위하여 취해야 할 조치를 구체화하여 규정하고 조치 결과를 여성가족부 장관뿐만 아니라 해당 주무 부처의 장에게도 제출하도록 보고대상을 확대함(안 제31조 제1항 개정 등).
국가공무원법 일부개정법률안	성범죄 관련 임용 결격 사유를 확대하여 성폭력 범죄 행위자의 공직 유입 제한을 강화하는 한편, 성희롱 및 성폭력 사건 신고제도 및 관련 구제조치에 관한 규정을 마련하여 공직사회 내 성 관련 비위행위를 근절함((안 제33조 제6호의 3 등).
성폭력범죄의 처벌 등에 관한 특례법 일부개정법률안	업무상 위력 등에 의한 추행죄의 형량을 상향 조정하여 법의 실효성을 제고하고자 함(안 제10조 제1항·제2항). 통신 매체를 이용한 음란행위죄의 벌금형을 징역 1년당 벌금 1000만 원의 비율에 맞춰 상향함(제13조). 카메라 등을 이용한 촬영, 그 촬영물 또는 복제물의 반포 등의 죄의 법정형을 5년에서 7년 혹은 3000만 원에서 5000만 원으로 상향했으며, 자신의 신체를 직접 촬영한 경우에도 그 촬영물을 촬영대상자의 의사자에 반하여 반포 등을 한 사람은 처벌된다는 점을 규정(제14조 1항부터 3항). 불법 성적 촬영물 등을 소지·구입·저장·시청한 자는 3년 이하의 징역 또는 3000만 원 이하의 벌금에 처하며(제14조 4항 신설), 성적 촬영물 등을 이용하여 사람을 협박 또는 강요한 자는 각각 1년 이상, 3년 이상의 징역에 처함(제14조의 3 신설).
성폭력범죄의 처벌 등에 관한 특례법 일부개정법률안	자의에 의해 스스로 자신의 신체를 촬영한 촬영물을 촬영대상자의 의사에 반하여 유포한 경우에도 처벌할 수 있도록 함(안 제14조).
아동·청소년의 성 보호에 관한 법률 일부개정법률안	19세 이상의 사람이 13세 이상 16세 미만인 아동·청소년의 궁박(窮迫)한 상태를 이용하여 해당 아동·청소년을 간음하거나 추행하는 경우 등을 장애인인 아동·청소년에 대한 간음 등에 준하여 처벌함(안 제8조의 2 신설). 또 성폭력범죄의 처벌 등에 관한 특례법 제7조 제5항에 따른 위계 또는 위력으로써 13세 미만의 아동·청소년을 간음하거나 추행한 자에 대해서도 공소시효를 적용하지 않도록 함(안 제20조 제3항 제3호).

법률	주요 내용
아동·청소년의 성보호에 관한 법률 일부개정법률안	아동·청소년 이용 음란물이란 표현을 아동·청소년 성착취물로 바꾸고(제2조5), 아동·청소년 성착취물을 영리 목적으로 판매·대여·배포·소지·광고·소개·전시·상영 등을 한 사람에 대한 처벌을 5년 이상의 징역으로 상향함(제11조 2항). 영리 목적이 아니더라도 이를 배포·제공 등을 한 사람에 대해서는 벌금형을 삭제하고 3년 이상의 징역에 처하며, 구입·소지·시청한 자 역시 벌금형을 삭제하고 1년 이상의 징역에 처함. 성매매 피해 아동·청소년 대상자 규정을 삭제하고 성매매 피해 아동·청소년 규정을 신설함으로써 성매매 피해 청소년을 보호 처분의 대상자에서 피해자로 전환시키는 규정을 마련(제2조 6의 2 신설). 아동·청소년 강간·강제추행의 죄를 목적으로 예비 또는 음모한 사람은 3년 이하의 징역에 처함(제7조의 2 신설).
정보통신망 이용촉진 및 정보보호 등에 관한 일부개정법률안[7]	서비스 제공자 중 일 평균 이용자의 수, 매출액, 사업의 종류 등이 대통령령으로 정하는 기준에 해당하는 자는 자신이 운영·관리하는 정보통신망을 통해 일반에게 공개되어 유통되는 정보 중 아동·청소년 성착취물 등의 유통을 방지하기 위한 책임자를 지정하도록 하고 이를 위반한 경우 2000만 원 이하의 과태료를 부과함(제44조의 9 및 제76조 2항 4호의 4 신설).
전기통신사업법 일부개정법률안	부가통신사업자 등에게 아동·청소년 이용 성착취물과 같은 불법 촬영물 삭제·접속차단 등의 유통방지 조치의무와 기술적·관리적 조치의무를 부과하고, 불법 촬영물 삭제·접속차단 등의 조치를 의도적으로 취하지 아니한 자에게 과징금을 부과할 수 있음(전기통신사업법 제22조의 5 제1항, 제22조의 5 제2항 및 제22조의 6 신설).

4. 여성노동정책의 현황과 과제[8]

1) 여성노동정책의 시대적 맥락

(1) 정책기조의 성차별성

1990년대 말 이래 반복적인 경제위기와 신자유주의 경제체제, 과학기

---

7 윤정숙, 〈n번방 방지법-① 주요 내용과 의미〉, 《KISO저널》, 40호, 2020.9.4(https://journal.kiso.or.kr/?p=10421).

8 이 부분은 2017년 3월 한국여성학회 주최 국회토론회에서 발표한 〈일터민주주의와 성평등: 노동정책에서 성평등 관점의 구현을 위한 프레임 전환과 정책과제〉(신경아)를 수정했다.

술 발달에 의한 고용 없는 성장이 지속된 저성장사회에서 한국의 여성 노동정책은 노동시장 참여율을 높이고 성별 격차를 해소해야 하는 이중의 과제를 안고 있다. 한국사회에서 오랫동안 존재해온 남성 생계부양자 규범은 사실 중산층 이상 가족에서 가능한 것이었지만(계층화된 규범), 사회 전반에서 지배력을 갖는 보편적 규범으로 자리 잡아왔다. 이런 규범적 지배력하에서 여성들은 생계보조자로서 노동시장 내 2등 시민의 위치에 놓여왔으며, 경제위기 시 구조조정의 우선 대상이 되는 등 불이익을 받고 상대적 저임금도 정당화되었다.

정부 정책의 젠더 불평등 기조는 법체계에서도 발견할 수 있다. 2007년 개정된 '남녀고용평등 및 일·가정 양립 지원에 관한 법률'은 제1조 목적에서 "이 법은 대한민국헌법의 평등이념에 따라 고용에서 남녀의 평등한 기회와 대우를 보장하고 모성보호와 여성고용을 촉진하여 남녀고용 평등을 실현함과 아울러 근로자의 일과 가정의 양립을 지원함으로써 모든 국민의 삶의 질 향상에 이바지하는 것을 목적으로 한다"고 명시하고 있다. "근로자의 일과 가정의 양립을 지원"한다는 표현에서 이 법이 일과 가족생활의 양립을 여성노동자의 과제로만 한정하는 것은 아님을 보여준다. 그러나 실제로 구체적인 조항에서는 제3장 '모성보호'에서 모성보호와 '일·가정의 양립 지원(제3장의 2)' 관련 규정을 병기하고 있다. 현행법에서 일·가정 양립은 모성보호라는 여성정책의 한 범주로 규정되고 있음을 알 수 있다.[9] 일과 가족에서의 돌봄 책

---

9   이 법에서 '일·가정의 양립 지원'이 구체적으로 무엇을 의미하는지는 정의하고 있지 않다. 일과 가족생활의 양립 지원정책은 대개 노동시간, 휴가와 휴직, 보육시설, 조세제도 등의 영역을 포함하고 있지만, 이 법은 정책에 대한 명확한 정의나 설명 없이 '일·가정의 양립'이라는 표현을 당위적 진술로 사용한다. 따라서 일·가정의 양립 지원정책이 지향하는 '일과 가정의 양립'이란 어떤 상태를 가리키는지, 그것을 충족하기 위해 필요한 요건은 무엇인지, 노동자의

임을 병행해가야 하는 과제는 여성의 몫이라는 사고를 읽을 수 있다.

(2) 여성노동정책 책임 주체의 부재

한국의 여성노동정책을 책임지고 총괄하는 부서는 어디인가? 현재 고용노동부에는 성평등정책을 다루는 부서로 '여성고용정책과'와 '양성평등정책과'가 있다. 이 중 일반 국민 대상 성평등 노동정책은 '여성고용정책과'에서 전담하고 모성보호 육아지원, 일·가정 양립 지원, 출산육아기 고용안정 지원, 직장 내 성희롱과 성차별 관리감독, 경력단절여성 재취업 지원, 대체인력 채용 지원, 직장어린이집 지원 등을 시행한다.[10] 이것은 여성고용정책과가 임신·출산·육아기 여성노동자의보호를 주요 사업으로 삼고 있으며, 성차별 시정 업무는 극히 제한적인 수준에 그치고 있음을 보여준다.

그렇다면 여성고용 전반에 대한 정책수립과 성차별 시정 업무는 어디서 관장하는가? 이에 대한 총괄적 책임을 진 주체는 현 정부 조직체계에는 나타나지 않는다. 고용노동부에는 여성노동자의 출산과 육아를 지원하는 과 단위의 조직이 있을 뿐, 여성의 노동시장 참여를 증진하고 성별 격차를 해소하기 위한 책임과 권한을 지닌 총괄조직이 존재하지 않는다고 볼 수 있다.

한편 여성정책 전담부처인 여성가족부에서 여성노동정책은 여성정책국 내 '여성인력개발과'와 '경력단절여성지원과'를 중심으로 이루어

삶의 질 향상을 위해 필요한 조치가 이것으로 충분한지 등에 관해서는 언급하지 않는다. 현재로선 한국의 일·가정 양립 지원정책은 명확한 개념 정의와 정책 프레임이 존재하지 않은 가운데 법체계 속에서는 모성보호정책의 하위 범주로 자리 잡고 있다.

10 고용노동부 홈페이지(http://www.노동부.kr/).

진다. 여성인력개발과에서는 노동시장 외부의 여성, 특히 청년 여성의 인력개발과 지원, 공공부문의 여성 대표성 향상을 위한 업무를 주로 하며, 경력단절여성지원과는 경력단절 여성의 취업을 위한 지원업무를 수행한다. 따라서 여성 일반에 대한 여성노동정책의 기획과 수립을 담당하는 곳은 없다. 특히 연령별·혼인상태별·고용형태별·기업규모별 여성노동자들이 직면한 노동조건과 돌봄 등 생활 전반을 고려한 노동시장 지위 개선과 성별 격차 해소를 위한 정책을 개발하고 관리할 책임 있는 주체는 보이지 않는다.

이런 조직체계에서 여성의 고용률을 높이고 성별 격차를 해소하기 위한 정책의 큰 그림은 누가 그리고 있는가? 그 실현을 위한 총괄적인 업무는 누가 책임지고 있는가? 각 영역에서 이루어지는 고용·노동정책의 틀과 세부 사업을 성인지적으로 조정하는 책임은 누구에게 있는가? 수십여 년간 제기되어온 이 질문에 대한 답을 문재인정부 역시 구하지 않았다. 어떤 정부가 이 문제를 풀 것인가?

(3) 세대별 여성들의 불안정성

여성노동정책의 총괄책임 부서가 존재하지 않는 상황에서 가장 큰 피해자는 청년세대 여성이다. 2030세대 청년 여성들은 지난 10년간 노동시장에서 가장 큰 불이익을 겪어온 집단이다. 특히 15~24세 집단은 고임금층이 줄고 저임금층이 늘어나는 부정적 변화를 경험했다.[11] 노동시장 지위가 저하해왔고 특히 10대와 20대 초반 여성들의 노동시장

---

[11] 신경아, 〈여성노동시장의 변화에 관한 여덟 가지 질문〉, 《페미니즘연구》, 16권 1호, 2016, pp.321~359.

조건은 하향 이동해왔다. 5060세대 중장년 여성들은 역사상 가장 높은 실업률을 겪고 있는 청년세대를 지원하기 위해, 또 조기 퇴직한 남성들을 대신해 생계부양과 노후대비를 위해 노동시장에 들어가고 있으나 임금수준이 낮고 노동법의 보호를 받지 못하는 상태에 있다. 이들은 2008년부터 돌봄 영역을 중심으로 노동시장에 재진입하고 있으나 돌봄노동자의 불안정한 노동조건과 저임금은 이미 중요한 노동시장 쟁점이 되어왔다.[12]

2) 문재인정부 여성노동정책의 성과와 한계

문재인정부에서 시행된 여성노동정책의 획기적인 효과는 아직 찾기 어렵다. 고용노동정책에서 '여성'이라는 문제의식을 별도로 가져가지 않았기 때문일 것이다. 대체로 여성노동운동에서 제기한 이슈를 법제도 개선에 반영하는 수준에서 제도개혁은 그쳤다. 살펴보면, 공공기관 임직원들의 성별 임금공시제가 도입되었고 채용에서의 차별을 금지하는 조항이 신설되었다. 적극적 조치 대상기업의 성별 직종과 직급, 고용형태와 임금 현황을 보고하도록 했고, 직장 내 성희롱의 적용 범위 확대와 고객의 성희롱 조항이 추가되었다. 그리고 가족돌봄휴직과 가족돌봄휴가 조항이 신설되었다.

그러나 문재인정부 임기를 1년 4개월 정도 앞둔 2020년 12월 현재 공공기관의 성별 임금공시 결과는 발표되지 않고 있다. 적극적 조치의 제도 개선 이후에도 어떤 변화가 있는지는 알려지지 않았다. 특히 미

---

12 송다영, 〈사회복지부문 돌봄 관련 일자리의 질 저하에 관한 연구〉, 《젠더와문화》, 2014, pp.7~42.

투운동 이후 직장 내 성희롱·성폭력이 줄고 조직문화에 변화가 나타나고 있다는 보고가 있지만,[13] 공무원이나 공공기관 등 일부 기관에 한정되며 여전히 많은 기업에서 성희롱 예방교육은 형식적으로 이루어지고 있다. 여성 분리 또는 배제 문화(소위 펜스룰)도 확대되고 있는 것으로 나타난다. 미투운동 이후 일터의 변화에 대한 체계적이고 심층적인 조사가 필요한 것을 알 수 있다. 그나마 가족돌봄휴가와 휴직이 코로나19의 확산과 맞물리면서 시의적절한 제도로 평가되고 있다. 앞으로 이 제도의 시행에 대한 면밀한 모니터링과 현실적 수용성을 높이기 위한 노력이 계속되어야 할 것이다.

여성노동정책의 이름으로 시행되지는 않았지만 문재인정부의 노동정책 중 여성에게 상대적으로 더 큰 영향을 준 정책이 있다. 공공부문 비정규직의 정규직화, 최저임금 인상, 노동시간 단축정책이다. 일자리위원회의 연구용역보고서 〈최근 정부 노동정책의 성별효과에 관한 분석〉(2019)에 따르면, 2018년까지 공공부문 비정규직의 정규직화, 최저임금 인상, 주 52시간 노동시간 단축제도의 시행은 상대적으로 여성에게 더 우호적인 결과를 가져온 것으로 나타난다. 학교 비정규직 등 공공부문 비정규직에 여성이 많은 상황에서 정규직화 정책은 여성의 고용 안정성을 높였고, 초기 최저임금 인상의 높은 폭은 저임금 여성노동자의 임금수준을 개선한 것으로 나타났다. 주 52시간 노동제의 추진은 대기업에 한정되었지만 여성에게 더 환영받은 것으로 보고되었다.[14] 그러나 중반기로 접어들면서 역사상 가장 낮은 최저임금 인상률 강행

---

13 신경아, 〈미투운동 1년, 일터는 어떻게 달라지고 있나〉, 민주노총 조합원 실태조사보고, 2019.
14 강이수 외, 〈최근 정부 노동정책의 성별효과에 관한 분석〉, 일자리위원회 연구용역보고서, 2019.

표 14-2 **문재인정부의 주요 여성고용 관련 법률 개정**

공공기관의 운영에 관한 법률 일부개정법률안	공공기관의 경영공시 사항에 성별 임직원의 임금 현황을 추가(안 제11조 제1항 제3호 등).
채용절차의 공정화에 관한 법률 일부개정법률안	구인자로 하여금 구직자에게 기초심사자료에 용모·키·체중 등의 신체적 조건과 출신 지역, 직계 존비속의 재산 상황 등을 기재하도록 요구하지 못하게 함으로써 직무 중심의 공정한 채용이 이루어지도록 함(안 제4조의 3 및 제17조 제2항 제3호).
남녀고용평등과 일·가정 양립 지원에 관한 법률 일부개정법률안	'적극적 고용개선조치' 제도 대상인 공공기관과 500인 이상 사업장에 대하여 직종·직급뿐 아니라, 남녀 근로자의 고용형태와 임금 현황까지 보고하게 함으로써 실질적 고용평등을 실현하고자 함(안 제17조의 3).
남녀고용평등과 일·가정 양립 지원에 관한 법률 일부개정법률안	직장 내 성희롱의 적용 범위를 확대하며, 성희롱 예방교육(위탁교육 포함)을 강화하고, 직장 내 성희롱(고객 등에 의한 성희롱 포함) 발생 시 사업주의 조치 의무 등을 강화하고, 난임 치료를 위한 휴가 제도를 도입하는 등 모성보호를 강화하기 위한 것임(안 제2조 등).
남녀고용평등과 일·가정 양립 지원에 관한 법률 일부개정법률안	가족돌봄휴직 및 가족돌봄휴가 조항을 신설, 가족돌봄직 기간은 연간 최장 90일로 나누어 사용할 수 있으며, 가족돌봄휴가 기간은 연간 최장 10일이며, 감염병 등 사회적 필요에 따라 20일(한부모 근로자의 경우 25일 이내)까지 연장가능함(안 제22조의 2, 3, 4).
근로자 참여 및 협력증진에 관한 법률 일부개정법률안	노사협의회의 협의 사항에 직장 내 성희롱과 고객 등에 의한 성희롱의 예방에 관한 사항을 추가하여 직장 내 성희롱을 예방하고 평등한 조직문화를 형성하는 데 기여함(안 제20조 제1항 제16호).

등 초기의 개선 효과를 무화시키는 정책이 시행되었다. 앞으로 주 52시간 노동시간 단축, 민간부문에서 비정규직의 사용을 줄이기 위한 노력은 계속되어야 할 것이다.

3) 노동정책에서 성평등 관점 구현을 위한 기본원칙

(1) 동일노동 동일임금의 원칙

성별 임금 격차를 해소하기 위해서는 동일(가치)노동 동일임금 원리가 구현되어야 한다. 그러나 한국의 노동시장에서 동일노동 동일임금은 제도적으로나 현실적으로 노동시장의 규제원리도 작동하지 않고 있다. 우선 헌법에도 명시되어 있지 않으며, 남녀고용평등법에는 규정이 있지만 한국 노동시장의 특수성으로 인해 실효성이 없다. 한국의 노동시장은 기업별 체제로 인해 직종 노동시장이 발달하지 않은 상태이며, 이런 조건에서는 각각의 직무에 적합한 보편적 임금수준을 판단하기 어렵다. 또한 성과임금제나 개인별 연봉제가 확대되어 임금 불평등이 확산되어왔다. 따라서 헌법에 동일노동 동일임금 규정을 마련하고 이를 실효성 있는 조항으로 만들기 위한 제도 개선이 시급하다.

(2) 노동정책에서 성인지적 관점의 통합

여성노동자의 노동조건을 개선하고 성별 격차를 해소하기 위해서는 노동시장 전반의 불평등, 불공정 요소를 제거하고 노동정책 전반에서 성평등 관점이 관철되어야 한다. 결국 노동정책 전반의 성주류화라고 할 수 있는데, 이를 현실적으로 이끌어갈 제도개혁과 공직사회 내 책임자들의 인식전환이 중요한 과제라고 할 수 있다. 문재인정부에서도 고용상의 성차별을 조사하고 정책을 기획할 수 있는 위원회를 구성하겠다는 논의는 있었으나 실제로 이행되지는 않았다. 2020년 12월 현재 고용노동부에서 주관하는 17개 위원회 가운데 성평등위원회는 없다. 성평등 이슈를 주요 의제로 다루는 위원회조차 파악하기 어렵다. 양성평등정책과가 신설되었으나 과 단위에서 고용노동부 정책 전반의 성인지성을 어떻게 주도해갈 수 있을지는 미지수다. 고용노동부 정책 전반을 총괄할 수 있는 위원회나 실행력 갖춘 국 단위의 기구가 필요하다.

(3) 성차별적 관념과 제도·관행·결과의 철폐

성차별적 노동제도와 관행을 바꾸어가기 위해서는 정부 정책기조에서 성역할 규범을 해체하고 헌법을 비롯한 각종 법률과 시행령, 지침 등에 성평등 관점을 일관성 있게 관철해가야 한다. 또한 성차별의 금지와 예방을 위한 제도개편도 필요하다. 현재 지방노동위원회 등에서 고용상의 성차별을 다루고 있지만, 피해자의 제소를 기반으로 분쟁 사건을 다룰 뿐이며 시간이나 비용, 법적 판결의 효력에서도 많은 문제점을 안고 있다. 또 성인지적 관점을 가진 젠더 전문가도 거의 찾아보기 어렵다. 이런 상황에서는 지노위든 중노위든 여성노동자들이 겪는 성차별 문제가 제대로 다뤄지기를 기대하기는 어렵다. 또한 국가인권위원회에서는 성차별 사건의 조사는 가능하나 사법적 권한을 결여하고 있으므로 실제적인 구제나 현실 개선은 거의 불가능하다고 할 수 있다. 따라서 채용에서부터 배치, 교육훈련, 임금, 승진, 휴가, 퇴직 등 고용 전반에 걸쳐 성차별적 행위를 규제하고 예방하기 위한 제도적 개선이 필요하다. 적극적 조치의 실효성 강화와 확대 역시 지속적으로 추진되어야 한다.

(4) 전체 노동자의 권리로서 부모권(父母權)의 확립과 실현

출산휴가와 육아휴직 사용률을 높이기 위한 노력이 이루어져 왔으나 여전히 정규직에 국한되어 있고, 이 제도의 비용에 대한 기업의 부정적 인식이 증가하면서 여성고용 확대에 불리한 영향을 끼치고 있는 것이 사실이다. 또 출산휴가나 육아휴직 사용자에 대한 불이익도 여전히 존재하며 코로나19 시대에 이런 차별은 더욱 확산하고 있다. 이를 개선하기 위해서는 임신과 출산, 양육에서 부모의 권리를 보장하는 제도적 기반을 보완해야 하며, 이런 제도를 비정규직을 포함한 전체 노동자들이 실질적으로 사용가능하도록 설계·운영해야 한다. 성별·고용형태·기업규모나 직종, 근무시간에 관계없이 임신과 출산, 양육과 돌봄을 위한 휴가와 수당, 지원조치를 사용할 수 있도록 정부가 중장기적 계획을 수립하고 추진해야 한다.

4) 향후 성평등정책의 방향과 과제

(1) '1.5인 소득자 가족 모델'에서 '동등한 성인 소득자-돌봄자 모델'로

여성과 남성 모두 노동시장에서 동등한 지위와 조건을 부여받으며 독립된 개인 노동자로서 동등한 임금권(賃金權)을 가져야 한다는 것이 모든 노동정책의 전제이자 목표가 되어야 한다. 또한 모든 노동자는 노동뿐만 아니라 가족과 자신, 지역사회의 돌봄에 대한 책임과 권리를 가진다는 것이 노동정책의 전제이자 목표가 되어야 한다. 다시 말해서 '보편적 소득자이자 돌봄자로서 여성과 남성'을 전제로 고용을 비롯한 국가 정책을 설계해야 한다.

(2) '분리된 여성고용정책'에서 '성평등 노동정책'으로

노동법과 노동정책 전반에서 성평등 관점이 구현되어야 한다. 이를 위해서 정부 부처 내 노동정책의 성주류화를 주도할 기구와 직제가 신설되어야 한다. 정부 정책 전반에서 성인지적 조정을 수행해갈 최고 수준의 성주류화 추진기구와 함께, 고용노동부에 성평등고용정책관이나 위원회를 신설하거나 현재의 여성고용정책과를 성평등고용정책국(실) 수준으로 상향 개편하는 방안을 검토할 필요가 있다. 여기서 여성의 노동시장 참여 확대와 고용의 질 개선을 통한 노동조건 향상과 성별 격차 해소라는 두 가지 과제를 수행해야 한다.

여성가족부에서도 '여성인력개발과'와 같은 구시대적 여성고용 개념 대신 여성의 평등한 노동시장 참여를 사명으로 한 새로운 발상이 필요하다. 또 미취업 여성의 교육과 훈련, 경력단절을 예방하기 위한 사업에 주력해야 한다. 특히 여성의 관점에서 성평등한 노동정책 기획과 실행을 위한 정책개발을 통해 고용노동부 등 관련 기관들을 견인해 갈 수 있는 역량과 의지를 확보해야 한다. 이를 위해서는 현재의 '경력단절여성지원법'을 전면개정하여 여성고용을 촉진하고 고용안정성을 보장하기 위한 법제도를 만들어야 한다.

지금까지 노동정책 일반은 여성과 남성에게 동일한 효과를 가져오지 않는 것이 많았지만 성인지적 관점에서 충분히 검토되지 않았다. 비정규직, 저임금노동자와 노동시장의 취약집단에 대한 정책은 그 자체로 여성의 노동조건 개선에 도움을 주는 것이지만 좀 더 명확한 성인지적 검토와 기획, 실행이 필요하다. 이런 맥락에서 아래와 같은 과제를 제시할 수 있다.

- 노동법과 정책에 내재한 성역할 규범의 해체(고평법 등 개정).
- 고용노동부 내 성평등위원회, 성차별 개선업무를 담당할 국 단위 책임기구 설치.
- 여성가족부 여성정책국의 여성노동정책 추진체계 정비와 역량 강화.
- 지속적인 노동시간 단축.
- 최저임금의 개선.

(3) 성별 임금 격차 해소를 위한 적극적이고 다차원적인 노력

한국의 성별 임금 격차는 OECD 국가 평균의 두 배 이상이며 가장 큰 수준으로 지속되어왔다. 성별 임금 격차는 채용부터 배치, 순환, 교육, 훈련, 승진, 퇴직에 이르는 전 단계와 고용형태, 노동시간 등 근로조건 전반의 차이가 응축된 최종 지표이다. 따라서 성별 임금 격차를 줄이고 노동시장과 조직의 성평등 수준을 높이기 위해서는 임금제도의 운영에서 투명성과 공정성, 합리성을 높여 가야 한다. 특히 여성이 집중된 일자리의 임금은 매우 낮지만 성별 비교가 어려워 격차 해소의 사각지대에 놓여 있다. 그러므로 돌봄서비스를 제공하는 일자리의 질을 높여가는 전략은 성별 임금 격차 해소의 효과적인 수단이 될 것이다. 이런 맥락에서 아래와 같은 과제를 제시할 수 있다.

- 성별 임금공시제 시행과 성별 임금 격차 해소.
- 돌봄노동의 사회적 인정과 노동조건의 전면적 개선.
- "성평등 일자리" 개발과 '성평등 우선 이행 의무기관' 시행(공공부문은 의무규정, 민간부문은 선도기관으로서 인센티브 제공).
- 근로감독관 증원과 여성 비율 40% 이상 확보, 성인지적 모니터링 보고서 발간.

(4) 유명무실한 성차별 금지제도에서 '실효성 있는 성차별 금지정책'으로

남녀고용평등법은 성차별금지를 명시하고 있으나 실제 현장에서는 거의 유명무실한 수준이며, 그동안 몇 개의 판례가 있었으나 노동현장에서 성차별적 관행은 공공연하게 지속되어왔다. 이러한 현실을 타개하기 위해서는 '징벌적 손해배상제도'를 현실화함으로써 성차별금지의 실효성을 확보해가야 한다.

또한 노동현장에서 여전히 직접차별과 간접차별이 모두 발생하고 있으므로 이에 대한 처벌과 예방을 위한 조사와 관리감독을 강화해야 한다. 이를 위해서는 고용차별 시정을 총괄할 책임기구를 설치할 필요가 있으며, 총리실 직속 고용차별개선위원회를 두고 성차별을 비롯한 포괄적인 고용상의 차별을 규제하고 불평등을 축소하는 방안도 고려할 수 있다. 이 위원회에서는 매년 고용상의 차별 관련 조사 및 조치 결과(일·가정양립 지원 포함)를 작성하고 보고서를 발간한다. 특히 이를 미국과 영국의 준사법적 권한을 지닌 고용기회균등위원회(Equal Employment Opportunity Commission)의 형태로 조직하는 방안도 검토할 필요가 있다.

(5) 경력단절여성 지원에서 '경력단절의 예방'으로

한국사회에서 여성 노동자의 절반가량은 임신과 출산, 육아로 인해 일터를 떠나고 있다. 특히 2020년에는 코로나19로 여성들이 실직과 휴직의 피해를 더 크게 입었으며, 워킹맘의 5.5%가 일을 그만둔 것으로 보고되었다.[15] 법적으로 보장된 모성보호의 권리와 육아휴직 등을 사용하고 불이익을 겪지 않을 수 있도록 제도 전반을 검토하고 수정·보완해갈 필요가 있다. 이런 맥락에서 아래와 같은 과제를 제시할 수 있다.

- 임신·출산·육아기 여성의 해고 금지와 위반 시 징벌적 손해배상.
- 가족돌봄의 책임을 진 노동자들이 필요에 따라 근로시간을 조정할

---

15 2019년 4월부터 2020년 4월 사이 15만 6000명의 워킹맘이 일자리를 떠났다. 12월 초 통계청 발표(2020년 상반기 자녀특성별 여성의 고용지표)에 따르면, 18세 미만 자녀를 키우는 여성 임금근로자 282만 7000명 중 5.5%가 직장을 그만두었다.

수 있는 다양한 근로시간 유연성 프로그램 도입과 확대.

- 워킹맘, 워킹대디 등 맞벌이가족의 일과 돌봄을 지원할 수 있는 기구 설립.
- 가족친화적 기업 인증제도 개선.

(6) 권위주의적·가부장적 일터를 '성평등한 민주적 일터'로

최근 한국사회에서 갑을(甲乙) 관계가 사회문제로 떠오르고 있다. 또 노동현장에서는 청년과 여성, 비정규직 노동자를 중심으로 권위주의적 조직문화에 대한 문제제기가 일어나고 있다. 특히 지속적인 경기불황과 상시적 구조조정으로 인한 기업의 인력감축 정책, 극단적 경쟁과 성과주의 압력 등으로 '직장 내 괴롭힘'이 심각한 수준에 이르렀고 노동자들의 자살로까지 이어지고 있다. 또한 직장 내 성희롱과 성폭력도 여성 노동자들의 지속적인 근무를 위협하는 중대한 요인이 되어왔다. 이런 문제를 해결하기 위해서는 종래의 산업민주주의 개념에서 더 나아가 '일터의 성평등 민주주의', 즉 노동현장의 일상에서 여성 노동자의 인권이 존중되고 성별 격차가 해소되는 시스템으로 바뀌어야 한다. 일터에서 권위주의와 성폭력, 성차별적 언행을 없애고 노동자의 인권과 자율성을 존중하는 민주적·수평적 조직문화를 만들어갈 수 있도록 제도와 의식을 개선해가야 한다. 이런 맥락에서 아래와 같은 과제를 제시할 수 있다.

- 일터의 성평등 민주주의 확산을 위한 기업모델의 개발.
- 직장 내 성희롱과 성폭력, 괴롭힘 등 관리 감독 강화.
- 노동이사제 도입과 여성 이사 40% 이상 확보.
- 가부장적 조직문화 개혁과 노동자 자율성 보장을 위한 성평등 일

터 인증제 도입.

(7) 중소·영세기업과 자영업 내 취약한 일자리를 '지속가능한 안정적 일자리'로

여성 노동자의 70% 이상이 30인 미만 기업의 취업자인 현실에서 대기업 중심의 기업지원정책은 중소·영세기업 여성 노동자들의 노동조건 개선의 걸림돌이 되어왔다. 또한 최근에는 자영업자의 불안정성이 더욱 심화하고 있다. 여성의 낮은 노동시장 지위는 정규직과 비정규직의 고용형태뿐 아니라 이들이 주로 취업한 기업의 영세성에 또 다른 원인이 있다. 따라서 저임금과 불안정노동 상황에 있는 여성 노동자의 조건을 개선하기 위해서는 중소·영세기업 여성 노동자들에게 초점을 맞춘 정책이 시행되어야 한다. 이런 맥락에서 아래와 같은 과제를 제시할 수 있다.

- 중소벤처기업지원부 정책의 성별 영향 평가 시행.
- 중소·영세기업 사업장의 성평등교육 전면화, 소규모 사업장 대상 성평등 취업규칙 개발 및 보급.
- 명예고용평등감독관(또는 근로감독관)의 우선적 배치 및 활동, 평가 보고서 작성.
- 소규모 사업체 여성 노동자의 출산·육아휴직 지원을 위한 기금, 기구 운영.

(8) 일 중심 일터에서 '일·생활 균형 일터'로

일·생활 균형은 이미 한국사회의 중요한 화두가 되고 있으나 실제로 진전은 미약한 상태다. 여성과 남성이 일과 돌봄, 개인적 삶을 지속해나가는 데 필요한 시간과 자원의 제공을 위한 정책적 노력이 시급하며, 현재 제공하는 정책과 서비스의 효과성에 대해서도 전반적인 검토가 필요하다. 이런 맥락에서 아래와 같은 과제를 제시할 수 있다.

- 일·생활 균형법 제정.
- 가족돌봄휴가와 휴직의 확대 사용을 위한 제도적 지원.
- 남녀 모두 육아휴직을 사용할 수 있도록 급여 수준의 현실화.
- 대체근무자 공급을 위한 정부 서비스의 실효성 강화.
- 생애주기별 돌봄 필요에 따라 노동시간을 조정할 수 있는 새로운 노동시간 모델 개발과 시행.
- 일·생활 균형 지원을 위해 노동시간을 재편하는 기업에 대한 정부의 지원과 컨설팅.

5. 성평등 민주주의를 향해

2016년 겨울에서 2017년 봄 사이 쌓이는 일과를 미뤄두고 주말마다 광장에 나섰던 여성들은 2020년 겨울을 어떻게 살아가고 있을까? 이와 관련해 유의미한 지표들이 있다. 2020년 한 해 동안 코로나19로 인해 여성들은 남성들보다 훨씬 더 큰 피해를 입었다. 2020년 9월 기준 여성 취업자 수는 전년 동기 대비 2.4% 줄었으며 이는 남성 취업자 수(0.7% 감소)의 3배가 넘는 감소폭이다(통계청, 《고용동향》, 2020년 9월). 또한 2020년 1월부터 8월까지 전체 자살시도자의 32.1%가 20대 여성이라는 보고도 있다.[16] 이런 비극적인 수치는 20대 여성의 고용불안정과

---

16 한겨레, "조용한 학살, 20대 여성들은 왜 점점 더 많이 목숨을 끊나", 2020.11.14(http://www.hani.co.kr/arti/society/society_general/969898.html#csidx5209914414ed478bf1a71acfb294c72 http://www.hani.co.kr/arti/society/society_general/969898.html#csidxb44f1b0

깊은 관계가 있다는 것이 전문가의 해석이다.

성평등의 비전, 페미니스트의 관점에서 보았을 때 문재인정부는 보수와 진보 중 어느 쪽에 가까운가? 한국역사에서 여성정책의 황금기라고 할 수 있었던 김대중-노무현정부 시절에 비하면 문재인정부의 여성정책 성적표는 초라하기 그지없다. 촛불의 따뜻한 희망 속에 태어난 정부가 왜 이런 차디찬 현실에 직면하게 되었을까?

많은 페미니스트들은 문재인정부를 이끌어온 주류 세력이 성평등에 대해 무관심하거나 이 문제를 외면하고 있다고 생각한다. 성평등을 향한 여성들의 염원을 소수 이익집단의 이기적인 주장으로 매도하거나 정치적 이해관계로 오염시키는 행태가 그들에게서 발견되기 때문이다. 그들이 두려워하는 것은 차별에 맞선 여성들보다 20대 남성들이 지닌 분노의 정동일지 모른다. 여성을 경쟁자로 보고 짓누르는 남성들의 르상띠망(원한의 정치)에 공격당하지 않기 위해 성평등 이슈는 피해가는 것이 낫다고 생각할지 모른다. 전형적인 증거가 2019년 2월 국가정책기획회의 문건 〈20대 남성 지지율 하락 요인 분석 및 대응방안〉이다. "20대 남성의 '반문 정서'를 다층적으로 이해하기 위해" 국내 현황을 분석한다는 목적하에 작성된 이 문서는 20대 남성들이 현 정부에 등 돌린 요인이 20대 여성들의 집단 이기주의와 페미니즘, 현 정부의 친여성적 정책에 있다고 보았다. 주장도 근거도 억지스러운 문건은 여성계의 항의로 파기되었다지만, 그들의 정동까지 폐기 처분된 것은 아닐지 모른다.

이런 정동은 박원순 전 서울시장의 유고와 관련해서 다시 수면 위로

c2b45262b30157de4712f5e3).

떠올랐다. 2021년 1월 국가인권위원회에서 이 사건을 성희롱 사건으로 인정했지만, 성희롱과 성추행 이외에도 비서로 일했던 여성 노동자의 일상은 믿기조차 어려울 정도였다. 아침 식사를 차려야 하고 매주 빵집과 과일가게에서 장을 봐야 하고 간식을 챙겨 주어야 하고 먹기 싫어하는 약을 먹여야 하고 운동 후 벗어놓은 속옷을 세탁하고 화장실의 이물질까지 닦아야 했던 그는 서울시의 당당한 공무원이었다. 다년간의 공직 경험을 가진 김지은은 안희정 전 지사에게 성폭행을 당한 다음 날에도 그가 먹고 싶은 음식을 챙겨 주어야 했다. 한밤중에 요구하는 맥주와 담배를 사다 주면서 성추행의 두려움에 떨어야 했다. 그들은 모두 공직을 수행하는 성실한 노동자였다.

문재인정부는 여성의 삶을, 여성 노동자의 일상을 바꾸지 못했다. 성평등 민주주의는 가장 높은 수준의 민주주의이기에 페미니스트들은 진보의 손을 들어주지만, '성평등'이 빠진, '성평등'을 백안시하는 '민주주의' 주장에 마음을 뺏기지는 않을 것이다. 그런 점에서 새 정부 여성정책의 첫 단계는 '성평등 없는 민주주의란 구호에 불과한 것'임을 깨닫는 일에서부터 시작되어야 한다.

15

포스트코로나, 공공성 강화를 위한
4세대 사회서비스 정책의 과제[1]

양난주(대구대학교 사회복지학과 교수)

1. 한국 사회서비스의 민낯을 드러낸 코로나19

우리 사회의 인구 고령화는 세계에서 가장 가파른 속도로 진행되고 있다. 지난 30년 동안 65세 이상 노인 인구 비중은 전체 인구의 5%에서 세 배가 넘는 15% 넘게 증가했다. 서구 복지국가에서 거의 한 세기에 걸쳐 이루어졌던 인구구조 변화를 급속하게 경험하고 있다. 전체 가구에서 평균 가구원 수는 3.7명(1990년)에서 2.5명(2020년)으로 줄었고, 65세 이상 노인가구 가운데 약 72%가 노인 단독가구로 이 중 23.6%는 노인 독거가구에 해당한다(정경희 외, 2017). 2000년대 중반 이후 우리

1 　이 글은 경제·인문사회연구회 협동연구총서 《혁신적 포용국가 실현방안: 사회보장 분야를 중심으로》(2020)에 실린 필자의 원고(6장)를 축약·수정 보완하여 작성했다.

나라 사회서비스의 보편적 확대는 전통적 가족이 전담해온 돌봄 기능을 사회화한 것이며 인구·가족의 변화에 대응한 사회정책의 결과라고 볼 수 있다. 0~5세 아동에 대한 보육바우처, 노인장기요양보험제도, 장애인활동지원제도를 대표적인 사회서비스로 꼽을 수 있다.

돌봄의 사회화, 곧 사회적으로 제공되는 돌봄서비스는 일상생활을 유지하기 어려운 사회구성원에게 사회서비스를 제공하여 개인의 자율적인 삶을 신장시킬 수 있도록 지원하는 제도이다(김은지 외, 2018). 전통적인 복지국가에서는 노동시장에서의 소득상실 위험을 기준으로 소득보장을 위한 현금급여를 제공하는 데 초점을 맞추고 보육이나 노인 요양 등의 돌봄은 거의 가족의 비공식돌봄에 의존해왔다. 그러나 21세기 현대 복지국가에서 혼자서 일상생활을 영위할 수 없는 개인들에게 인간으로서 존엄성과 자율적인 삶을 보장하는 돌봄서비스는 사회보장의 한 축으로 제도화되었다. 이는 현대사회에서 남성-생계부양자, 여성-돌봄전담자라는 성별 분업모델을 유지할 수 없으며, 가족 모델에 기초한 돌봄 공급으로 아동·노인·장애인에 대한 돌봄의 사회적 수요를 충당하기 어려운 사회가 도래했음을 의미한다. 또한 여성의 무급노동으로 생산해온 돌봄을 사회정책의 대상으로 인정하고(Daly, 2002), 공식 서비스로 생산·보상하며 사회적 합의를 통해 수급 자격과 서비스의 양을 결정하게 되었음을 의미한다.

사회서비스 정책의 목표는 생애주기별(아동기, 노인기) 혹은 질병과 사고 등으로 인하여 혼자서 생활하기 어려운 사회구성원이 필요로 하는 돌봄을 사회적으로 보장하는 것이다. 이를 통해 가족 자원의 크기가 다른 사회구성원 간에 돌봄의 불평등을 줄이고 누구나 안전하고 건강한 일상을 평등하게 유지할 수 있게 되는 것이다. 이는 인간다운 생활을 보장하는 사회권의 구성요소에 돌봄이 사회적 보장을 통해 자리하게 된 것을 의미한다. 이를 통해 사회구성원들은 질병이나 장애가 생기더라도 가족 의존이 강제되지 않는 자율적 삶의 기초를 갖게 되며, 이는 사회구성원 간 형평성(equity)의 수준을 높인다. 사회서비스의 확대는 돌봄이 필요한 사회구성원의 자율성을 증진하는 것만이 아니라 가족 내에서 돌봄을 제공할 책임과 의무로부터 여성을 자유롭게 한다. 이를 통해 여성은 사회참여와 고용유지가 가능해지고 장기적이고 독립적으로 빈곤의 위험에서 벗어날 수 있게 된다(Anttonen and Sipilä, 1996). 전통적인 성별 분업으로 여성에게만 강요되던 무급 돌봄을 가족과 사회, 그리고 모든 사회구성원에게 재분배하여 젠더평등(gender equity)에 기여하는 것이다.

그러나 2020년 2월, 코로나19 감염병 확산 속에서 정부는 사회적 돌봄을 담당하는 어린이집은 물론 15개 유형의 사회복지시설을 휴관 조치했다. 사회복지관, 노인복지관, 장애인복지관, 지역아동센터, 치매안심센터, 노인주야간보호센터, 장애인주간보호시설, 장애인직업재활시설, 정신재활시설 등 대부분이 지역사회 이용시설인데, 감염 확산의 위험이 높은 집합시설이라는 것이 그 이유였다. 정신요양시설이나 노인요양시설 등 주거를 겸한 사회서비스 생활시설들은 높은 이용자 밀도 등으로 인해 전염 위험이 높은 곳으로 지목되었으며, 방문형 사회서비스는 방역과 위생 조치를 확인할 길 없이 고위험을 무릅쓴 공급이 지속되거나 서비스 중단으로 인한 소득상실의 위험에 노출되었다.

10년 넘게 진행되어온 돌봄의 사회화, 사회서비스의 보편적 제도화는 코로나19 바이러스가 몰고 온 대면접촉의 위험 앞에서 회사와 식당, 카페보다 먼저 중단할 것을 요구받았으며 이로 인해 돌봄의 책임은 가족으로 옮겨졌다. 또한 사회서비스 제도가 가진 분절성, 불충분성, 질 낮은 서비스 등의 문제는 감염병 위기가 높아진 국면에서 더욱 명징하게 문제를 드러냈다.

포스트코로나 시대의 과제는 바로 사회적 돌봄이 우리 삶의 한 축이라는 점을 인정하고, 우리나라 사회서비스 정책의 한 단계 도약을 모색하는 것이다. 따라서 2절에서는 우리나라 사회서비스 제도화의 역사를 통해 현재 사회서비스의 구성과 특성을 살펴보고, 3절에서는 코로나19 감염병의 위험 앞에 드러난 사회서비스의 문제를 살펴보기로 하겠다. 마지막으로 4절에서는 언급한 사회서비스의 문제를 해결하기 위한 방향을 4세대 사회서비스 정책의 공공성 강화로 도출하고 이를 뒷받침하는 다섯 가지 정책과제를 제시하겠다.

2. 우리나라 사회서비스의 구성과 성격

우리나라 사회서비스는 발전단계에 따라 1세대, 2세대, 3세대로 나눌 수 있는데, 각 세대별로 사회서비스 주요 공급유형과 정책수단 그리고 재정방식이 다르다(양난주, 2010; 김영종, 2012; 김영종, 2017). 먼저 한국전쟁 이후부터 1980년대 이전까지 사회서비스는 사회사업이라 부를 수 있는데, 전체적인 사회복지가 발전하지 못한 상황에서 무의탁 빈민을 대상으로 한 수용시설(현재의 생활시설)을 중심으로 이루어졌다. 이 당시에 출발한 아동, 노인, 장애인, 부랑인 대상시설은 현재까지 생활시설로 운영되고 있다. 2세대 사회서비스는 산업화와 도시화의 진전에 따라 형성된 대도시 저소득층과 취약계층을 대상으로 발전했다. 영구임대주택 단지에 설치된 사회복지관이 대표적인데, 정부는 복지관을 건립하고 민간비영리법인에 운영을 위탁하여 사회복지서비스의 공급을 맡겼다. 정부의 역할은 시설 설치와 인건비 중심의 기관보조금 제공이었고, 사회복지법인과 민간비영리조직들은 정부의 사회서비스 공급을 대행하여 지역사회 저소득 취약층을 발굴하고 서비스를 제공했다. 3세대 사회서비스는 2000년대 중반 이후 정부가 보육과 장기요양, 장애인활동지원 등 돌봄서비스를 지원하는 사회서비스를 소득과 상관없이 보편적으로 확대하면서 이용자에 대한 비용을 지원하고 바우처를 제공하는 방식을 활용했다. 이를 통해 사회서비스 시장이 형성되고 2세대 사회서비스와 달리 개인 영리사업자가 사회서비스의 제공 주체로 대거 진입했다. 또한 방문형 사회서비스를 제공하는 인력이 요양보호사와 활동지원사 등으로 새롭게 제도화되고 비중 있게 확대되었다.

이처럼 사회서비스의 역사적 발전단계를 살펴보는 것이 중요한 이유는 현재 우리나라 사회서비스 공급이 이 세 단계의 역사적 유산을 고스란히 유지한 채 작동·확대되고 있기 때문이다. 공적인 전달체계가 합리적으로 발전하지 못하고 사업에 사업이 더해지는 방식으로 제도적 확대가 진행되어온 결과, 사회서비스 공급과 관련해서는 끊임없이 분절성과 파편성 그리고 중복성 등의 문제가 사회서비스의 불충분성과 사각지대 못지않게 제기되어왔다. 〈표 15-1〉은 보건복지부와 여성가족부가 시설유형으로 관리하는 사회서비스를 주 서비스 대상이 되는 인구대상 층별로 세 가지 차원으로 분류한 것이다. 첫 번째 차원은 정부에서 사회서비스를 구분하는 시설유형별 구분으로 이용자가 어디서 서비스를 이용하느냐에 따라 생활시설, 이용시설, 방문형 재택

표 15-1 우리나라 사회서비스의 구성

분류기준	구분	노인	아동	장애인	기타	제공기관 수
I. 시설 유형	생활시설 (괄호 안은 여성가족부 소관)	양로시설, 노인 공동생활가정, 노인요양시설 등	아동양육시설, 공 동생활가정, 아동 일시보호시설, 자 립지원시설 등	장애유형별 거주 시설, 중증장애인 거주시설, 장애인 공동생활가정 등	정신요양시설, 노숙인자 활시설, 노숙인재활시설, 노숙인요양시설, 성매매 피해지원시설, (성폭력피 해자보호시설, 한부모가족 복지시설, 청소년쉼터) 등	58,974 (어린이집 39,171)
	이용시설 (괄호 안은 여성가족부 소관)	재가노인복지시 설, 노인복지관, 경로당, 노인보 호전문기관, 노 인일자리지원기 관 등	아동상담소, 지역 아동센터, 아동보 호전문기관, 다함 께돌봄센터 등	장애인복지관, 장 애인주간보호시 설, 장애인체육시 설, 수화통역센터, 점자도서관, 장애 인보호작업장, 장 애인생산품판매 시설 등	어린이집, 사회복지관, 정 신재활시설 중 이용시설, 노숙인일시보호시설, 노 숙인급식시설, 쪽방상담 소, 지역자활센터(성매매 피해상담소, 성폭력피해 상담소, 가정폭력상담소, 한부모가족복지상담소, 다문화가족지원센터, 건 강가정지원센터) 등	
	바우처 기관	가사간병	산모신생아	장애인활동지원	지역사회서비스 투자사업	9,065
		재가방문형, 집단활동형, 기관방문형				
II. 재정 원천	국고 보조금	노인양로시설	공동생활가정 아동자립지원시 설, 지역아동센터, 아동보호전문기관	장애인거주시설	정신요양시설 사회서비스 바우처사업	위 사회복지 시설 개수와 동일
	지방 교부세	노인복지관, 재가노인복지 시설	아동양육시설	장애인공동생활 가정, 장애인복지 관, 직업재활시설	지역자활센터 사회복지관	
	사회보험	노인장기요양시 설, 재가노인복지 시설(방문요양, 주야간보호 등)				5,320 (시설) 27,992 (재가)
III. 재정 지원 방식	기관 보조금	사회복지시설 생활시설, 이용시설 대부분				19,803 (어린이집 제외 사회 복지시설)
	이용자 비용지원	노인장기요양시설, 장애인활동지원기관을 포함한 사회서비스 바우처제공기관, 어린이집				72,483 (어린이집+ 요양시설)

자료: 2019년 보건복지백서, 2019 노인장기요양통계, 노인장기요양보험 홈페이지, 사회보장정보원 홈페이지를 참고해 필자가 작성.

서비스라는 세 가지 유형을 포함한다. 생활시설은 입소해 서비스를 이용하거나 보호·돌봄을 받는 방식이고, 지역사회 이용시설은 기관을 방문하여 프로그램 등의 서비스를 이용하거나 주·야간 보호를 받는 방식이며, 바우처 기관 등은 방문형 사회서비스 제공인력이 이용자의 집을 방문하여 서비스를 제공하게 된다.

두 번째와 세 번째 차원은 재정원천과 재정지원 방식을 기준으로 나눈 것이다. 1세대와 2세대 사회서비스의 경우 국고보조금 사업으로 제도화되었다가 지방으로 이양되어 지방자치단체의 교부세에 의해 기관보조금 방식으로 운용되고 있다. 반면 보육이나 요양, 바우처사업과 같은 3세대 사회서비스는 조세와 사회보험료를 재정으로 하고 있으나 이용자에게 서비스 이용 비용을 지원하는 방식으로 공급되고 있다.

〈표 15-1〉에 나와 있듯이 우리나라 사회서비스가 굉장히 많은 유형과 복잡한 기관들로 구성되어 있고 각자 별도의 사업규정과 지침에 따라 운영되는 양상을 보인다. 하지만 현재 사회서비스 이용자와 기관, 인력 규모를 기준으로 보면 제3세대 사회서비스, 특히 시장방식으로 확대된 보육과 장기요양이 상당 부분을 차지하는 것을 알 수 있다. 3세대 방식의 사회서비스가 시작된 시기는 통상 2007년 사회서비스 바우처 도입과 2008년 노인장기요양보험제도 시행을 기점으로 삼는다. 최근 15년 동안 사회서비스 시장방식의 사회서비스는 이용자나 제공기관, 제공인력 모든 면에서 급격하게 확대되어 현재 우리나라 사회서비스의 성격을 특정하는 데 막대한 영향력을 행사하고 있다(양난주, 2014).

〈그림 15-1〉은 노인, 아동, 장애인 분야별로 전통적인 사회복지시설과 제3세대 사회서비스의 대표적 유형인 어린이집과 노인장기요양

그림 15-1 사회서비스 영역별 공급 주체의 구성(단위: 기관 수)

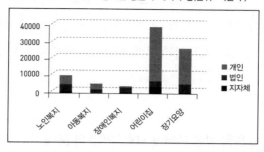

자료: 2019 보건복지통계, 2018 노인장기요양보험통계연보통계를
이용해 작성.

시설을 설립 주체별로 비교한 것이다. 첫째, 전통적인 사회복지시설에
서건 사회서비스 시장에서건 지방자치단체 등 공공부문이 설립하고
운영하는 사회서비스 제공기관은 매우 적다. 둘째, 전통적인 노인복지
와 장애인복지에서 비영리법인은 공급의 약 절반 정도를 차지한다. 셋
째, 시장방식으로 확대된 3세대 사회서비스인 보육과 장기요양에서
제공기관의 규모는 크게 늘었으며 개인 영리사업자가 운영하는 제공
기관이 전체의 80% 이상을 차지하게 되었다. 2000년대 중반 이후 확
대된 사회서비스로 인해 사회서비스 전체의 공급 인프라 성격은 개인
영리사업자 중심으로 바뀌었다.

　일견 복잡하고 다양해 보이는 각종 시설과 기관들이 사회서비스로
묶일 수 있는 이유는 각 프로그램이 제공하는 서비스가 사회구성원의
생애과정에서 발생한(노동시장에서 발생한 소득의 위험이 아니라) 다양한
위험을 예방하거나 완화·해결해주기 때문이다. 생애과정에서 발생하
는 위험이란 인간이 태어나서 사망에 이르기까지 혼자서 생활할 수 없
는 발달단계의 필요, 그리고 건강이나 장애 등을 이유로 혼자 생활하

기 어려운 상황에서 필요한 지원과 보호 등을 가리킨다. 전통적으로 가족 내 여성에 의한 돌봄과 지원이 가능하지 않게 된 후기산업사회에서 사회화·공식화·제도화를 통해 집합적인 대응체계가 갖춰지게 된 것이다.

3. 코로나19 위험 앞에 드러난 사회서비스의 문제

2020년 2월부터 발생한 코로나19 감염 위기는 집합 거주방식의 사회서비스가 가진 위험성을 높였다. 2020년 7월 기준으로 가장 많은 확진자가 발생한 시설은 요양병원으로, 7개소에서 385명의 확진자가 발생했다(오양래, 2020). 우리나라에서 요양병원은 한시적인 요양과 치료를 위한 특수한 기능의 병원이라기보다 의료서비스가 결합한 노인요양시설로 장기간에 걸쳐 이용하는 경향이 있다. 폐쇄 형태의 의료기관인 정신병원 세 곳에서도 330명의 확진자가 발생했다. 노인요양시설 세 곳에서 111명, 장애인 거주시설 두 곳에서는 36명의 확진자가 발생했다.

요양병원이나 요양시설 그리고 지역사회의 주·야간 보호센터는 모두 코로나19 바이러스 감염에 취약하고 위험도가 높은 노인들이 밀집한 곳이다. 지역사회 사회복지시설에 휴관 조치가 내려진 것과 달리 이들 시설이 지속적으로 운영된 것은 노인장기요양서비스가 우리 사회에서 필수적인 사회적 돌봄으로 자리 잡고 있음을 의미한다. 이는 마치 병원과도 같은데 병원과 이들 서비스의 다른 점은 방역과 위생 기준을 지키며 서비스를 제공할 수 있는 여건이 구조적으로 취약하다는 데 있다.

4인 1실 기준의 요양시설이나 6인 1실 기준으로 운영되는 요양병원은 바이러스 감염의 위험으로부터 환자나 입소자에게 안전한 물리적 공간을 보장하지 못한다. 이뿐만 아니라 요양시설의 요양보호사 인력 기준은 방역지침을 준수하면서 요양서비스를 제공하는 데 충분하지 않다. 또한 요양병원은 간병인을 병원 책임이 아니라 환자의 비용 책임으로 외주업체를 통해 조달하고 있다. 이들 요양 인력이 감염의 위험으로부터 안전한 요양서비스를 제공할 수 있는 업무 여건 아래 있지도 않을 뿐 아니라 충분히 훈련되어있다고 보기도 어려우며, 시설과 병원이 요양 인력의 안전한 서비스 제공을 위한 교육과 훈련, 개인 보호장비를 제공하고 있다고 하기도 어렵다.

건강보험공단으로부터 노인장기요양 등급인정을 받아 이용하는 요양시설, 건강보험으로 이용하는 요양병원과 개인 공간 및 인력 부족이라는 면에서 같은 문제를 가진 곳이 아동, 노인, 장애인에 대한 전통적 생활시설이다. 이들 생활시설은 여전히 저소득층에 한정되는 시설보호 방식의 사회서비스라고 할 수 있다. 주거공간이기도 한 생활시설은 기본적으로 사생활이 보장되는 개인 공간이 없는 다인실 구조이다. 장애인운동은 오래전부터 "탈시설화를 통한 자립생활"을 주장하는 탈시설운동을 펼쳐왔고, 이제는 탈시설을 정책과제로 추진하고 있다(김도희, 2018). 장애인복지에서 탈시설운동이 집합거주 방식에 대한 문제를 제기해왔다면, 노인복지에서는 AIP(Ageing in Place) 정책이 요양병원과 요양시설 중심의 노인돌봄정책에 의문을 제기해왔다. 그 결과 현재의 사회서비스 공급에서 더 역점을 두는 서비스는 주거를 이전하지 않고도 살고 있던 방식으로 일상생활을 유지하면서 필요한 지원을 받을 수 있는 재가·재택서비스다.

살아온 곳에서 필요한 사회서비스를 이용하면서 살아가도록 도와

주는 재가서비스는 현재 요양보호사나 활동지원사가 이용자의 집을 방문하여 서비스를 제공하는 방식으로 이루어지고 있다. 그동안 우리 나라 사회서비스 정책은 서비스 이용대상을 저소득층에 한정하지 않고 보편적으로 확대해왔다. 그 결과 보육, 장애인활동지원, 노인장기요양에서 수급자격을 결정하는 데 소득 기준은 사라졌다. 그러나 보편적 대상 확대가 곧 보편적 보장을 의미하는 것은 아니다. 개인의 돌봄 필요에 비해 허용되는 서비스의 양이 충분하지 않은 것은 물론 사회서비스의 접근성과 질은 지역과 기관에 따라 적지 않은 차이를 보이고 있다.

코로나19 위기 상황에서 감염 위험이 높아진 요양시설이나 장애인 주거시설에서 면회 금지나 코호트 격리 등이 실시되었다. 어린이집은 휴원이 결정되었으나 긴급돌봄의 높은 수요를 감당[2]해야 했다. 그러나 관심이 집중되었던 집합시설에 비해 비가시적으로 어려움이 증폭된 분야가 방문형 재가서비스 영역이다. 전체 재가요양보호사의 70% 이상이 시급제 비정규고용으로 일하고 있으며, 소속된 재가장기요양 기관이 고용보호 역할을 거의 하고 있지 않은 상황에서 재가요양보호사가 안전한 서비스를 제공하도록 누가 책임질 것인가의 문제가 부상했다. 방문형 서비스를 제공하는 재가요양보호사에게 누가 마스크를

---

2 코로나19 감염 위험 앞에서 전국 어린이집은 휴원하고 긴급돌봄서비스만 운영했다. 그러나 2020년 2월 말에 10%의 이용률을 보인 긴급돌봄은 5월 말에 70%가 넘는 이용률로 회복되었다. 이를 보면 장기요양기관과 마찬가지로 어린이집도 운영되고 있었다. 감염병의 위험 앞에서 사회적 돌봄은 사회작동의 필수적 기능을 수행하고 있었음에도 정책결정자들은 이 중요성 인식에 민감하지 않았다. 그 결과 상당수의 가족과 가족 내 여성들이 코로나19 상황에서 이중고를 겪을 수밖에 없었고, 지난 10여 년 동안 발전해온 돌봄의 사회화 정책의 사회적 의미를 퇴색시키는 결과를 가져왔다.

지급할 것이며, 감염으로부터 이용자의 안전과 요양보호사의 안전을 누가 어떻게 확인할 것인지, 또 감염 위험을 이유로 이용자 혹은 요양보호사가 일방적으로 서비스를 중단하는 상황에서 서비스의 안정적 공급과 고용의 안정적 보장을 누가 책임질 것인지가 동시에 문제로 떠올랐다. 이는 장애인 활동지원 서비스에서도 마찬가지로 적용될 수 있는 이슈들이다. 최적의 서비스는 이용자의 선택으로 이루어진다는 정책논리를 앞세운 3세대 사회서비스에서 정부 역할을 서비스 비용지원과 사회서비스 시장육성, 일자리 수의 확대에만 초점을 두어왔던 결과, 공적인 사회서비스 수급자격을 가졌으나 보장성은 본인과 개별 판매자의 손에 맡겨지는 매커니즘의 문제가 드러난 것이다. 학계에서는 사회서비스 시장방식이 노정해온 문제에 대한 개선방향을 사회서비스 공공성 강화에서 찾고 있다(선우덕, 2012; 양성욱·노연희, 2012; 이미진, 2012; 양기용, 2013; 김주경, 2015; 양난주, 2015; 석재은 외, 2015; 김은지 외, 2018 등).

4. 포스트코로나 시대, 4세대 사회서비스의 정책과제

1) 사회서비스 제공기관의 공적 책무성 강화

가장 먼저 공적 재원으로 사회서비스를 생산하고 공급하는 주체들의 책무성을 인정하는 토대에서 모든 사업을 설계해야 한다. 또한 사회서비스 이용자 역시 사회권과 연대적 원리에 의해 부여된 사회서비스 수급권이 가지는 공공성을 인식할 수 있어야 한다. 조세와 사회보험료로 지원하는 사회서비스 공급을 책임지는 기관이 개인 소유자의 수익을 우선하여 사업을 운영하게 하는 것은 바람직하지 않다. 사회보장급여를 제공하는 사업에 참여하는 순간, 모든 공급자는 사회복지전달체계를 구성하게 되고, 사회복지전달체계는 개별 기관이 독립적으로 존재하는 것이 아니라 사실상 국민의 삶의 질을 높이기 위해 협력하고 연계할 잠재적 의무를 갖는 것이다.

한편으로 서비스 이용자도 본인부담금 20%를 부담하건 본인부담금도 지원을 받건 간에 본인이 부여받은 사회서비스 수급권이 우리 사회의 연대적 합의에 의한 공적 사회보장의 수준에 의한 것임을 알아야 한다. 따라서 자신에게 서비스를 제공하는 인력이나 기관이 온전히 자신의 구매력과 구매 의사로 구입하는 생필품과 다르다는 점을 인지해야 한다. 사회서비스의 이용은 자신의 사적 필요를 충당하지만 동시에 사회서비스 정책의 목표를 실현하게 된다. 사회적 재분배와 평등한 관계 실현이 그것이다. 따라서 이용자가 수급권을 오·남용하는 것 역시 공적 책무성에서 어긋나는 행위로 제재될 수 있다.

이런 점을 상기해볼 때 현재 횡행하는 부당청구와 불법운영, 사회서비스 기관의 손쉬운 폐업과 이름만 바꾼 개업행위 등이 얼마나 사회보장제도의 원칙을 훼손하는 것인지는 두말할 나위가 없다. 이러한 결과가 초래된 것은 사회서비스 시장원리를 절대적으로 신봉하며 공급정책을 추진해온 데 있다고 할 수 있다. 사회서비스의 적정 수준과 질을 보장하기 이전에 이용자의 선택권에 대한 지나친 강조는 사회권의 행사가 아니라 소비자 구매권의 행사로 통용되어왔다. 또 사회서비스 제도화를 추동한 산업화 전략은 제공기관에 일자리와 수익창출을 우선시하도록 조장한 측면이 있다(양난주, 2015).

사회서비스 시장에서 사회보장급여를 공급하는 데 참여하는 기관은 사회보장급여 관련 재정의 청구와 지출에 있어서 공적 책무성에 기초하여 규정을 준수해야 한다. 일반 상품시장에서 경제활동을 하는 민간 영리회사들도 지켜야 하는 규칙이 있다. 하물며 사회보장급여를 다루는 사회서비스 시장에 참여하는 제공기관들은 조직유형을 막론하고 반드시 회계의 투명성과 준법운영을 준수하도록 해야 한다.

그뿐만 아니라 사회서비스 제공기관은 공적 책무를 직접 수행하는 제공인력의 고용을 책임지는 기관이다. 고용보호를 위한 활동은 물론 돌봄노동자들의 소진을 막고, 돌봄지식과 기술을 함양하기 위한 직무교육과 보수교육도 필요하다. 이용자와 돌봄노동자를 연계하고 보험수가를 청구하여 정산하는 업무로 제공기관의 역할을 제한해서는 안 된다. 사회서비스 제공기관은 지역사회에서 공적 책무성을 가지고 활동하며 지역에서 유·무형의 사회자본을 만들어내는 데 기여하기에 지속적으로 유지되는 것이 바람직하다. 특히 취약한 아동, 노인, 장애인의 건강과 생활을 지원하는 사회서비스 제공기관을 개인 영리사업자에게 허용하고 별다른 규제와 책임을 부과하지 않는 것은 사회서비스 보장성을 약화시킬 위험이 높다. 사회보장급여기관의 자격 기준을 높이는 것과 더불어 지역의 사회서비스 수요를 감안하여 일정 규모의 기관을 보장하고 유지·관리하는 데 중앙정부는 물론 지방자치단체의 책임과 역할도 대단히 중요하다. 사회서비스 제공기관이 지역에서 역할을 할 수 있는 기준과 규모, 사명 등을 재정립하여 현재 공급인프라를 질적으로 상향시킬 수 있는 규제와 관리감독 그리고 지원정책이 필요하다.

2) 사회서비스 시장에서 공공의 직접 공급확대

앞서 설명한 것처럼 우리나라 사회서비스는 중앙정부나 지방자치단체의 직접 공급은 극히 드물고 대부분이 민간에 일임되어 있다(양난주, 2014). 상대적으로 공적 공급이 높은 분야는 보육서비스다. 보육정책에서는 국공립어린이집, 법인어린이집, 민간어린이집, 가정어린이집 등을 각각 하나의 보육유형으로 간주하고, 국공립어린이집을 확충하는 것은 이미 보건복지부의 보육사업에서 보편적 비용지원인 보육 바우처와는 별도의 사업으로 운영하고 있다(보건복지부, 2019). 국공립어린이집은 운영과 인력에 있어서 더 많은 운영비와 인건비를 포함한 별도 규제가 있다. 따라서 지방자치단체가 국공립어린이집을 확충하겠다는 것은 높은 규제 수준과 재정·인력 수준을 갖춘 보육 비중을 늘리는 것이 된다. 문재인정부 국정과제 중에는 공보육 이용 아동 40%를 보장한다는 정책이 포함되어 있다. 2016년 국공립어린이집이 전체에서 차지하는 비중은 13%, 국공립어린이집을 이용하는 아동 비중은 12%다. 서울시도 국공립어린이집 이용률 40%를 목표로 확충하고 있고, 세종시장은 50%를 공약하여 추진하고 있다.

그러나 노인장기요양서비스에서 공립시설은 2%, 이용자 비중으로는 4%에 불과하다(국민건강보험, 2019). 노인장기요양시설의 경우 지방자치단체 등 공공이 설립한 기관이라 하더라도 요양보호사 등 제공인력의 인건비나 여타의 다른 운영규정 등이 존재하는 것은 아니다. 다른 민간기관과 마찬가지로 건강보험공단에 기관이 청구하여 받는 사회보험료와 이용자에게 직접 받는 본인부담금 이용료로 재정이 구성된다. 노인장기요양보험제도에서 공공이 직접 관할·운영하는 기관이 극소수에 지나지 않다보니 장기요양 시장에서 긴급한 공적 업무(코로나19 관련 거점기관의 역할이거나 확진자 등에 대한 입소 조치, 비상시 대체인력 제공 등)를 할 수 있는 여력은 거의 없는 형편이다. 따라서 이용자와 제공기관의 구매에 맡겨진 방식 외에 응급상황이나 비상조치, 그 외 공익적 업무수행을 위한 거점기관으로서 공공요양시설과 공공재가센터를 확충하여 전체 시장에서 인프라의 공공성과 서비스의 질을 높일 수 있는 경로를 만들어야 한다.

중앙정부는 공립 노인장기요양시설을 확충하기 위한 공급 차원의 정책을 세워야 한다. 그리고 지방자치단체는 지역의 장기요양 인프라에 대한 질적 수준을 진단하여 공공 인프라 확충계획을 추진할 필요가 있다. 공립 장기요양시설의 확충은 장기요양 인프라에 조세 재정을 투입하여 보험급여 기반 재정이 서비스 비용으로 쓰일 수 있는 여지를 넓힌다. 따라서 전체 인프라에서 공립시설 비중이 커지는 것은 그만큼 요양서비스 질이 높아질 수 있는 구조적 여건을 개선할 수 있다. 따라서 불균형한 장기요양서비스 전달체계를 그대로 두고 획일적으로 수가를 올리는 방법 이전에, 성격이 다른 재정이 인프라의 질적 수준을 높일 수 있도록 투입하는 작업을 선행하는 것이 된다. 현재 장기요양 인프라의 지역 간 분포 격차와 서비스 질의 기관 간 격차, 낮은 신뢰도를 그대로 두고 급여를 확대하고 수가를 올리는 것으로 서비스 질을 높이겠다는 방식은 효과를 발휘하기 어렵다. 지방자치단체는 사회서비스 시장에 공급자로 뛰어들어 인프라를 확충하고 건강보험공단으로부터 받는 노인장기요양보험급여로 서비스 비용을 충당하여 운영하는 데 능동적으로 참여해야 한다. 개인영리사업자 중심으로 과소투자되어 있는 장기요양 등 사회적 돌봄분야에 정부투자를 통해 질 좋은 거점시설을 만들어 기존 민간영역의 서비스 질을 견인하는 역할을 할 필요가 있는 것이다.

3) 사회서비스 고용의 질 개선

인구 고령화, 노인장기요양제도와 관련하여 첨예한 이슈 중 하나는 인력 문제다(OECD, 2011, 2020). 요양보호사의 처우와 노동조건이 열악한 것은 어느 특정 국가만의 문제는 아니다. 요양보호사의 높은 이직률은 서비스 질을 높이거나 유지하는 데 부정적인 영향을 미친다. 그 때문에 적지 않은 나라들에서 장기요양 인력의 이직을 방지하고 필요한 수요를 충당하며 이들의 기술수준을 높이기 위한 정책을 펼치고 있다(OECD, 2011, 2020). 이러한 정책에는 임금인상을 비롯한 고용조건 개선, 경력개발, 직업 정체성 강화뿐만 아니라 요양노동자의 교육수준 향상을 통한 직업수준 상향 등의 정책이 포함된다.

우리나라 사회서비스 정책의 문제점에 대한 비판에서도 빠지지 않는 것이 사회서비스 고용의 낮은 질이다. 사회서비스의 보편적 제도화를 뒷받침한 것은 별다른 규제 없이 불안정한 고용지위를 가진 저임금 시간제 사회서비스 노동자의 양산이었다. 특히 방문형 재가노동자들은 단시간노동, 저임금, 불안정고용이라는 특징을 공유한다. 강혜규 외(2012)의 연구에서 노인돌봄서비스와 장애인활동지원서비스 노동자 1인당 평균임금은 77.3만 원이고 주당 평균 근로시간은 35시간으로 나타났다. 서울시에서 재가요양보호사를 대상으로 조사한 결과에 따르면 조사 참여자들은 월평균 21.8일을 일하고 하루 평균 노동시간은 4.3시간이었으며 평균임금은 월 88만 7000원으로 나타났다(국미애·고현승, 2018). 2019년 노인장기요양실태조사 결과에 따르면 사회복지사와 간호사를 포함한 모든 장기요양요원 중 정규직은 38.1%, 계약직은 61.9%이고 재가기관은 계약직 비율이 74.7%, 월 60시간 미만 근무하는 종사자가 44.4%에 달했다(강은나 외, 2019). 장기요양요원의 월 평균

임금은 107.6만 원이었으며 방문형 재가서비스 노동자의 경우 방문요양 월 평균임금은 80.8만 원, 방문목욕 월 평균임금은 70만 원으로 조사되었다.

보건복지부는 장기요양급여의 유형별로 수가에서 인건비 지출비중을 강제하고 있다. 보건복지부의 제2017-141호(2017. 8. 8) 장기요양급여 제공기준 및 급여비용 산정방법 등에 관한 고시에는 장기요양기관의 장이 급여유형별로 지급받은 장기요양급여 비용을 제시된 비율[3]에 따라 장기요양요원에 대한 인건비로 지출해야 함이 명시[4]되어 있다.

이 조치는 두 가지로 해석할 수 있다. 첫째, 재정지출 용도를 규제하는 것은 장기요양 제공주체에게 적용되는 공적 책무성(혹은 정치적 권위와 영향력의 정도, 보즈만, 1987)의 수준이 상당함을 인정하는 것이다. 두번째는 장기요양의 질적 수준을 유지하기 위해 제공인력 인건비 수준을 보장하는 것이 필요하다는 것이다.

이는 사실상 공적 재정으로 생산·공급하는 사회서비스 인력의 임금을 제도화하여 운영할 수도 있음을 보여준다. 정부가 장기요양인력을 고용하고 있는 개별 기관운영자의 재정지출을 통제하는 것이 가능하다면 총지출의 일정 비율로 통제하기보다 장기요양서비스 제공인력의 임금을 수가와 노동시간을 감안하여 합리적 수준으로 제시하고 지급

---

3 장기요양급여 제공기준 및 급여비용 산정방법 제11조의 2(인건비 지출비율) 요양시설 60.4, 방문요양 86.5, 주야간보호 48.1 등.

4 민간 재가 장기요양기관 운영자들은 2016년 8월 26일 인건비 지출비율을 준수하도록 규정한 노인장기요양보험법 제38조 제4항의 위헌 확인을 구하는 헌법소원을 제기했으나 헌재는 재판관 전원일치 의견으로 합헌 결정을 내렸다(《중앙일보》, 2017.7.10). "장기요양보험은 그 공공성을 고려할 때 기관의 재무·회계를 국가가 관리·감독하는 것이 불가피"하며 "요양보호사에 대한 근로조건 개선을 통해 장기요양급여의 질을 담보"해야 한다는 것이다.

을 규제하는 것도 가능하지 않을까?

　사회서비스 시장방식이 도입되기 전, 대부분의 사회복지시설은 기관별 인력기준이 있고 인력별 인건비 가이드라인이 있었다. 지금도 양로시설, 장애인 거주시설 등 생활시설과 사회복지관 등 사회복지시설에서 일하는 사회복지사를 비롯한 종사자들은 보건복지부가 정해서 발표하는 인건비 가이드라인에 따라 임금을 받는다. 이들 사업이 지방 이양되었기에 인건비 기준의 준수 여부는 이들 시설에 보조금을 지급하는 지방정부의 재정적 책무성에 따라 달라지게 되었다.

　보육이나 장기요양, 장애인 활동지원서비스에서 제공기관 운영비의 대부분은 공적 재원에서 충당된다. 그러나 제공인력의 임금은 개별 기관운영자가 정한다. 사실상 시간당 임금은 수가 범위 내에서 결정되는데 이렇게 임금 결정을 사업자 손에 맡겨놓는 것이 과연 사회서비스 공급을 담당하는 제공인력의 처우에 도움이 되는 방식인지 의문이다. 인사권한도 가진 시설장이 친인척을 채용하고 다른 직원급여의 세 배 이상을 지급한다거나(《조선일보》, 2018.10.30), 허위로 이름만 올리고 일하지 않는 직원을 채용하여 다른 직원들의 업무량을 늘리고 이용자들의 서비스 질은 떨어뜨리는 식의 불법운영을 차단하고 돌봄노동을 지속할 수 있는 합리적 보상이 보장되는 사회서비스 종사자 임금에 대한 안정적 설계와 집행이 필요한 것이다.

　사회서비스 제공인력의 안정적 고용을 보장하고 보상수준을 높이는 것은 코로나19 감염 확산기에 더욱 중요한 과제가 되었다. 감염의 위험이 높아지니 이용자가 서비스를 거부할 수도 있지만, 제공인력도 감염 위험을 두려워하여 서비스 제공활동을 중단할 가능성도 높다. 이용자에게 선택권을 보장한 사회서비스 시장에서 사실상 제공인력도 이용자를 고르고 서비스를 거부하는 일이 드물지 않게 벌어진다. 어느 요양보호사의 고용도 책임지고 있지 않은(이용자가 요양보호사를 교체하거나 병원에 입원하거나 서비스를 중단하면 바로 실직이 되는) 고용구조에서 제공인력의 이용자 선별현상을 제어할 방법은 제공기관이 명실상부하게 고용책임을 갖고 피고용인에 대한 업무지시 및 감독 역할을 하는 것이다.

특히 노인 요양인력의 고령화가 심각한 문제인 우리나라[5]에서 사회서비스 인력문제를 임기응변식 일자리 확충수단이나 돌봄수요 충당을 위한 방편쯤으로 생각해서는 안 된다. 급격한 인구·가족의 변화를 경험하고 있는 우리사회에서 미래사회의 안정적 고용과 고령화된 사회의 지속가능성을 위해서는 남녀 모두 생활이 가능한 안정적 직업으로 돌봄직종을 사고하고 이를 기존의 교육·보건직과의 연계 속에서 발전시킬 필요가 있다.

4) 재가서비스 확대와 지역사회통합돌봄체계 구축

읍면동 허브, 찾아가는 동 복지 등 지방자치단체는 이제 지역주민들의 사회복지 욕구를 직접 파악하고 서비스를 제공할 태세를 갖춰나가고 있다. 2019년 선도사업으로 시작한 지역사회통합돌봄사업은 지역사회에 필요한 주거지원, 방문간호 등 새로운 사회서비스를 확충하고, 공공행정기관에 돌봄창구를 신설하여 주민들로부터 직접 필요한 서비스 신청을 받는다. 이제 지방자치단체는 제도화된 사회서비스를 이용

---

[5] 장기요양인력의 중위 연령을 비교한 결과 OECD 국가 가운데 우리나라 장기요양인력이 가장 고령으로 조사되었다(OECD, 2020).

하기 위해 수급자격을 신청하는 주민의 욕구를 파악하여 수급권을 발부하는 행정적 역할에 그치는 것이 아니라, 주민의 필요를 파악하고 응대하며 이에 부응하는 사회서비스를 지역에서 직접 공급하고 기존의 사회서비스 이용과 연계하는 업무를 맡게 되었다.

지역사회통합돌봄사업을 통해 기초지방자치단체는 지역에 어떤 돌봄서비스가 얼마나 더 필요한지 알게 된다. 특히 성인돌봄서비스에 있어서는 중앙정부가 제도화한 요양과 활동지원 서비스 유형과 양만으로는 사회적 수요를 충당하기 어렵다는 것이 드러나고 있다. 지역사회통합돌봄사업이 읍면동 공공전달체계를 지역사회 돌봄공급망 중심으로 구조변경하는 것도 의미가 있지만, 역시 문제는 지역에서 실제로 지역주민의 수요에 부응하는 사회서비스를 늘리는 것이다. 사회서비스의 실질적 주체가 지방자치단체라는 말은 '분권화', '지역별 수요에 따른 맞춤형 사회서비스' 같은 레토릭에 그치는 것이 아니라, 실제 지역의 수요를 지자체가 파악해내고 그 수요에 따른 사회서비스 공급계획을 세우고 집행하는 것이다. 지역에서 방문형 의료서비스와 간호서비스를 만들어내고, 서비스가 지원되는 주거서비스를 만들어내면서 고령사회를 맞이하는 지역사회의 체력을 길러야 할 것이다.

그뿐만 아니라 지역사회통합돌봄에서는 이제까지 분절적으로 이용해오던 각종 사회서비스를 이용자에 맞춰 어떻게 통합적으로 공급할 수 있을지 고민해야 한다. 이를 위해 기존 공급방식과 사회복지시설의 기능을 재검토하고 지역 차원에서 더 합리적이고 효과적인 전달체계와 공급방식을 만들어내야 할 것이다. 관련하여 2005년에 지방으로 이양되어 지방자치단체의 교부세 사업으로 추진해온 2세대 사회복지시설의 기능을 고도화하고 재구조화하여 새로운 지역사회 공급체계에서 보다 진전된 역할을 부여하는 작업이 필요할 수 있다. 이러한 과정은 지역의 기초지자체와 읍면동 창구가 지역민의 돌봄필요 신청을 받아 수급자격을 부여하고 사회서비스를 보장하는 공적 전달체계로 전환하는 과정과 다르지 않다.

5) 공영화 전략으로서 사회서비스원과 종합재가센터

문재인정부의 국정과제인 사회서비스원은 시·도지사가 설립한 공익법인으로, 국공립시설 공공위탁과 종합재가센터 설치로 재가서비스 종사자에 대한 직접고용과 서비스 직접공급 사업을 벌이게 되었다(이승호·양난주, 2020). 지방자치단체가 사회서비스 운영과 생산에 직접 참여하게 된 것이다. 지방자치단체는 사회서비스 제공기관에 대한 관리·감독의 책임이 있으면서 그동안 지역의 사회서비스와 공급 인프라의 양과 질에 실질적 책임을 다하지 못해온 것이 사실이다. 부처별, 인구대상별, 사업별로 집행·관리되는 사회서비스 정책은 지방자치단체로 오면 제각기 소관 과와 담당 공무원으로 흩어져 "예산을 남김없이 집행하는 일"로 전락하기 일쑤였다. 또한 사회서비스라는 정부 사업을 통해 지역의 어떤 문제가 어떻게 얼마만큼 해결됐는지를 파악하는 것은 뒷전으로 밀리기 십상이었다. 사회서비스 시설과 기관을 운영하는 민간법인 혹은 개인사업자들의 의견은 이해당사자가 올리는 민원으로 간주됐으며, 사회서비스 이용자의 목소리는 지방자치단체로 전달되는 통로를 갖지 못해왔다. 사회서비스원은 사회서비스 공급현장에 뿌리를 내리면서 사회서비스 이용자와 제공기관이 직면하는 문제를 지방자치단체로 수혈하고 지역 차원의 사회서비스 정책에 반영될 수 있도록 하는 역할을 해야 한다.

현재 지역사회에서 공급되는 사회서비스의 유형은 물론 각종 사회서비스 제공기관의 운영, 서비스 공급과 관련된 각종 규칙은 중앙정부의 지침으로 정해진다. 사회복지시설 유형이 곧 사회서비스 유형이 되고 각각의 사업은 별도의 기준과 수행 및 관리체계를 갖는다. 현재 분절적이고 파편화된 방문형 서비스, 그리고 지역사회에서 생활하고자 하는 이용자의 필요를 충분히 충당하지 못하는 바우처 방식의 재가서비스를 개선하여 이용자의 건강상태와 생활상태에 맞게 지역사회 사회서비스의 필요를 다양하게 갖추어 제공하는 '통합재가서비스'가 가능하기 위해서는 새로운 통합적 재가서비스를 책임지고 수행할 단위가 필요하다.

사회서비스원의 종합재가센터는 2019년 시범사업 모형에서 서너 가지 재가형 사회서비스 공급을 담당하면서 '독립채산제'로 운영되어야 한다는 방안이 제시되었다. 그러나 민간 제공기관이 과잉 공급되어 있는 현실에서 같은 유형의 센터를 하나 더 추가할 것이 아니라면 현재 민간에서 이루어지지 못하는 새로운 역할을 종합재가센터에 부여해야 한다. 그동안 재가서비스 현장에서 부족하다고 지적되어온 '케어 매니지먼트(통합적 돌봄 사례관리)' 역할을 하기 위해서 어떤 인력을 어느 정도 채용해야 할지, 요양보호사 등 직접 서비스 인력의 역할을 어떤 식으로 재설계해야 하는지, 이 새로운 서비스와 인력에 대한 재정적 책임을 지방자치단체가 어떤 방식으로 실현해야 하는지를 지역마다 활발하게 연구하고 개방적으로 사고하여 구체화하는 것이 필요하다.

이뿐만 아니라 시급제 호출근로가 아닌 '좋은 일자리'가 되기 위해 월급제 재가노동자 모형을 어떻게 정착시켜야 하는지 고민해야 한다. 수가나 바우처 비용지원을 시간제 노동에 상응하여 지불한다고 재가 제공기관이 이를 시간제로 보상해야 하는 것은 아니다. 그럼에도 시급제 근로로 일반화되어 있는 재가서비스 현장에서 사회서비스 노동을 생계가 가능한 안정적 일자리로 만들기 위한 대안을 내놓아야 한다. 이를 위해 지역의 수요공급 그리고 현재 수행되는 다양한 사회서비스 사업을 검토하면서 지역별로 타당성 있는 모델을 만들어야 한다. 특히 노인과 장애인에 대한 돌봄서비스 공급은 앞으로 더욱 수요가 늘어날 수 있는 영역이기에 안정적 인력을 지역에서 갖춰나가는 것이 중요하다.

사회서비스원은 전체 사회서비스 공급 가운데 공공이 직접 생산·전달하는 업무에 집중할 필요가 있다. 공공과 민간비영리와 민간영리 등 다양한 제공주체가 생산하는 전체 사회서비스 공급에 대한 관리는 사회서비스원이 아니라 지방자치단체가 수행해야 하는 역할이다.

사회서비스 공급을 단일한 주체가 전담할 수도 없고 그렇게 하는 것이 반드시 바람직한 것도 아니다. 공공과 민간비영리와 민간사업체가 각각 고유성을 살려 사회서비스 공급에 역동을 불러일으키는 것이 더 바람직하다. 지금은 정부가 정해놓은 급여만을 생산하고 이를 규정대로 전달하는 획일적인 모습으로 존재한다. 만약에 사회서비스원이 이용자의 권리에 근거해 표준적인 규정에 입각한 사회서비스를 보장하고, 비영리민간조직은 자발적인 사명에 입각해 공적 보장 수준의 경계에서 고유한 사업으로 사회복지를 펼치며, 민간기업은 공적으로 보장되는 사회서비스와는 색깔을 달리하는 혁신과 실험을 시도할 수 있다면 우리 사회의 사회서비스는 국민들의 삶의 질을 높이는 데 더욱 효과를 높일 수 있을 것이다. 이를 위해 민간 의존적인 공급의 균형을 찾기 위해서라도 정부가 공공 인프라를 확대하고 직접 사회서비스를 제공하는 데 적극적으로 나서는 것이 필요하다.

5. 포스트코로나, 4세대 사회서비스의 과제

지난 반세기 동안 우리나라 사회서비스는 1세대, 2세대, 3세대 사회서비스를 거치면서 재정과 공급방식, 제도규칙, 서비스 유형이 상이한 이질적 전달체계가 중첩하여 공존하게 되었다. 사회서비스 이용자의 권리보장이라는 관점에서 보면 각종 시설과 개별사업, 다양한 재정방식, 다양한 공급주체로 얽힌 사회서비스가 해결해야 할 문제가 산적해 있다. 그러나 당장 가장 중요하게 해결할 문제는 지난 10년여간 사회서비스 시장화 정책의 결과로 형성된 사회서비스 공급구조의 성격을 바꾸는 것이다. 사회서비스 시장은 불법·탈법 운영으로 인한 정책집행의 비효율성, 기관별·지역별 서비스 격차로 인한 형평성과 보장성 미비, 불안정한 일자리 양산구조로 인한 문제로 믿고 이용할 수 있는 좋은 사회서비스와 제공인력, 제공기관을 발전시키기보다 개별적 이해가 충돌하며 불신이 쌓이는 영역이 되고 있다.

무형의 휴먼 서비스로서 사회서비스는 기관과 제공인력에 대한 신뢰 없이는 서비스의 질과 효과를 높이기 어렵다. 따라서 파행적인 사회서비스 시장을 교정하여 지속가능하고 안정적인 사회서비스 공급 인프라를 구축해야 하는 과제는 사회서비스에 대한 이용자의 신뢰를 높이는 작업과 밀접한 연관이 있다. 낮은 수가에 시간제 고용방식으로 일하는 사회서비스 인력과 수익추구를 지향하는 상업적 개인사업자가 다수인 공급체계, 소비자로서 이익을 추구해온 이용자 기반에서 사회서비스 공공성을 강화하기 위한 로드맵은 공적 서비스로서 정체성을 세우는 작업이기에 신중하되 과감하게 진행될 필요가 있다.

필자는 이를 위해 다섯 가지 정책과제를 제시한다. 첫째는 사회서비스 공급 일선조직의 책무성을 강화하는 것이다. 영세한 영리 개인사업자에게 공적 재원운영과 사회서비스 노동자의 고용을 맡기는 방식을 개선하여, 사회보장급여를 제공하는 기관으로서의 공적 책무성과 사회서비스 노동자의 고용보호를 수행할 수 있는 규모와 자격을 갖춘 제공기관의 진입을 허용하고 육성하는 것이 필요하다. 두 번째는 첫 번째를 위해 공공이 직접 투자해 공공사회서비스 제공기관을 확대해야 한다. 현재 공보육 이용비율 40%를 목표로 하듯이 아동, 노인, 장애인을 비롯한 모든 부문의 사회서비스 공급에서 일정 비율을 공공이 생산하는 서비스로 채울 수 있어야 한다. 새로운 공공 인프라는 개인공간이 보장되는 거주여건을 기초로 시설 서비스의 질적 개선에도 기여해야 한다. 셋째, 사회서비스 고용의 질을 개선해야 한다. 고령화 속도나 감염병의 위험을 감안하면 필수노동으로서 사회적 돌봄의 역할은 아무리 강조해도 지나치지 않다. 그만큼 사회적 보상과 고용의 안정성을 보장해야 한다. 이는 미래사회의 고용과 지속가능성을 위해 필수불가결하다. 넷째, 기관의 역할을 경시했던 방문형 재가서비스 부문에 거점형 공공재가센터를 설립하여 감염병 위험시기 긴급업무를 전담할 수 있게 하고, 시급제 고용이 아닌 안정된 재가서비스 고용의 모델을 만들어 통합적 재가서비스를 공급함으로써 커뮤니티케어 수행기관이 될 수 있게 해야 한다. 다섯째, 사회서비스 공영화 기제로서 지역별 사회서비스원을 확충해 민간위탁과 민간시장방식으로 확대해온 사회서비스 생산영역에 공영화에 기반을 둔 공공부문을 구축해야 한다. 이는 사회서비스를 책임질 지방자치단체에 실질적 역량을 형성하는 것이며 기장 기본적인 공적 소임을 실현하는 것이다. 이뿐만 아니라 전체 사회서비스 공급에서 공공과 민간의 균형과 긴장을 형성해야 이용자의 선호에 반응하는 사회서비스를 만들 수 있을 것이다.

사회서비스는 복지국가 사회보장의 한 축으로 사회구성원의 건강과 돌봄, 역량증진의 필요를 사회적으로 충족하고 이를 통해 사회가 원활하게 기능하도록 돕는다. 우리나라는 이제 사회서비스를 보편적으로 제도화한 지 고작 10년이 넘었을 따름이다. 1세대, 2세대, 3세대 방식의 사회서비스를 재구조화하면서 포스트코로나 시대에 부합하는 사회서비스 정책으로 고도화하기 위해 다양한 용도로 이용해온 사회서비스 확대의 본래 목적이 모든 사회구성원의 돌봄과 건강보장, 그리고 사회적으로 돌봄 격차와 젠더 불평등 해소에 있음을 분명히 해야 할 것이다.

16

포용국가의 사회보호,
취약계층의 배제와 새로운 사회보장의 기회

김형용(동국대학교 사회복지학과 교수)

1. 누구에게는 닫힌 미래

모두가 알고 있지만 애써 외면해왔던 우리 사회의 불평등은 점차 무력감으로 우리를 짓누르고 있다. 촛불혁명으로 새 정부가 출범한 지도 벌써 3년이 지났다. 그동안 '사람이 먼저', '나라를 나라답게'라는 약속에 대한 기대가 허튼 것이었는지 아니면 정치에 대한 무지였는지, 사회 취약계층의 실망과 좌절 그리고 허탈한 목소리가 곳곳에 들린다. 현 정부에서 포용국가 비전과 전략이 제시되고, 포용국가전략회의가 개최되고, 포용국가 사회정책 추진계획이 수립될 때까지만 해도 전 생애 기본생활보장이라는 사회정책 청사진에 대한 희망이 보였다. 그러나 포용이란 수사에 불과한 것이었는가?

2021년 지금 우리가 목격하는 현실은 계층이동의 사다리를 아예 걷어차는 부동산 자산격차, 교육과 취업기회의 불공정, 그리고 코로나 19에 이은 재난자본주의와 K자 성장이다. 물론 불평등은 사유재산이 등장한 이후 언제나 있어왔다. 그러나 산업사회 이후 생산력의 급격한 확대가 사회구성원들 간 분배 격차를 최대치로 끌어올렸고, 최근에는 그 불평등을 고착화하는 21세기 자산세습 자본주의가 다수를 좌절시켰다. 통계청은 상위 10%의 인구가 실물자산의 43%를 차지하고 있다고 문제의 심각성을 언급했지만(통계청, 2020) 취약계층의 경험과 감정은 이 수치를 훨씬 뛰어넘는다. 부동산 가격상승으로 한순간 백만장자가 된 이들이 절세를 목적으로 그리고 불확실한 미래를 대비하여 자산을 자녀에게 증여하는 동안, 가진 것 없이 불안정한 일자리를 찾아다니는 지옥고의 청년들은 허탈감을 안고 '생존과 독존 그리고 탈존(김홍중, 2015)'의 해법을 고민하고 있다.

더욱이 코로나 원년, 재난이 가져온 기회를 차지하려는 이들의 뒤편에서 취약계층은 재난의 피해를 온몸으로 받아내고 있다. 돌봄이 절실한 저소득층 아동 및 노인은 방임되고, 일용직과 서비스업 불안정노동자는 해고 바이러스에 그대로 노출되어 있다. 그 와중에 저소득 1인 가구는 사회적 거리두기로 인하여 각종 지원으로부터 고립되었다. 2014년 송파 세 모녀 자살 사건은 사회적 이슈라도 되었지만, 끊임없이 되풀이되는 보편화된 비극은 내 삶을 보호하는 국가가 있는 것인지 의심케 한다. 더 이상 취약계층은 보호아동이나 노인 그리고 장애인이 아니다. 언제 소득중단이나 고립상황에 처할지 모르는 불안감과 무기력에 사로잡힌 누군가가 바로 취약계층이다. 그러나 국가는 이들에게 보편적 복지는커녕 선별적 보호라도 하고 있는 것인가? 국가가 진정으로 국민을 포용하기 위해서는 스스로 먼저 사회의 가장 취약한 이들을 보호하고 있다는 상징적 행위라도 보여주어야 한다.

2. 언제는 관심이나 있었던가? 코로나19의 취약계층

문재인정부의 포용국가 사회정책이 제시한 포용대상은 생애주기별 위
험을 경험하는 모든 국민이다. 〈그림 16-1〉과 같이, 영유아와 초등학
생이 있는 가정에 돌봄을 제공하고, 학령기 청소년은 누구도 배제되지
않는 교육기회를, 근로 연령층 성인은 좋은 일자리와 쉴 권리를, 그리
고 노인은 건강한 지역사회 생활을 할 수 있도록 지원한다는 것이다.
그러나 제시한 세부 정책과제들이 사람중심의 포용국가 혁신으로 비
추어지기에는 빈 곳이 너무 많다. 주거, 고용, 돌봄 등의 영역에서 복
지국가 비전에 걸맞은 패러다임 전환은 보이지 않고, 무엇보다 소득

그림 16-1 포용국가 사회정책의 대상

치매 부담비용이
절반으로 줄어듭니다.

노인 **4명 중 1명**은
방문건강관리서비스를
받게 됩니다.

초등학생 **10명 중 8명**은
방과 후 돌봄시설을 이용하게 됩니다.

발달장애인 1만 **7000명**은
주간활동서비스를 받게 됩니다.

고교 무상교육이
도입됩니다.

혁신인재 **12만 7000명**이
양성됩니다.

연간 노동시간이
1890시간으로
줄어듭니다.

근로자 휴가지원
수혜자가 **10만 명**
으로 늘어납니다.

청년 재직자 내일채움공제
수혜자가 **4배** 늘어납니다.

사회서비스 일자리가
34만 개 늘어납니다.

자료: 관계부처 합동(2019.2.19). 문재인정부 〈포용국가 사회정책 추진계획(안)〉.

양극화와 빈곤으로부터 취약계층을 보호하는 과감한 사회투자가 제시되어 있지 않다.

취약계층이란 누구인가? 일반적으로 취약계층은 사회경제적 지위가 낮은 이들, 그리고 위험이 발생했을 때 스스로 그 위기를 극복하기 어려운 이들을 말한다. 취약성은 개인적 속성, 사회적 지위, 생애과정의 단계 그리고 재난이나 사고 등 다양한 사회적 위험으로 규정된다(방하남·강신욱, 2012). 복지국가가 주목해온 사회적 위험은 빈곤, 실업, 장애, 질병 등의 오래된 위험에서부터 출산, 양육, 돌봄, 사회참여 등 새로운 사회적 위험으로 확장되어왔다. 현재 취약계층은 단지 빈곤층이 아니라 각종 사회적 위험에 노출되거나 노출될 위험성이 높고 누군가로부터 보호가 없을 경우 인간다운 삶을 유지하기 어려운 모든 이들을 지칭한다.

코로나19라는 재난 위험은 우리 사회 취약계층이 누구인지를 분명히 보여주었다. 최근 실시한 한 설문조사 결과(김형용 외, 2020), 일반 국민과 복지전문가들은 코로나로 긴급한 지원이 필요한 취약계층으로 '감염병 고위험에 노출된 노인과 장애인', '가정폭력 및 학대 피해아동', '사회적 고립 및 고독사 위험에 놓인 1인 가구', '급식 및 주거지원이 끊긴 노숙인과 쪽방 주민', '생계가 어려워진 저소득층', '원격수업에서 소외되는 아동 청소년'을 우선으로 꼽았다. 이들 코로나 취약계층은 새롭게 등장한 집단이 아니다. 오랫동안 우리 사회의 가장 낮은 곳에 있었다. 이들과 함께 '미취업자와 실업자', '폐업위기의 자영업자', '열악한 처우의 사회서비스 종사자', '질병이나 사고에도 쉴 수 없는 노동자', '사회보장 사각지대 불안정노동자'도 코로나 상황의 우선 취약계층으로 지목됐는데 이 또한 새롭게 등장한 집단은 아니다. 코로나19

로 다시 주목받기 전까지 오랫동안 외면해왔던 이들 집단에 대한 사회적 비가시성이 새삼 놀라울 따름이다.

1) 사회로부터 격리된 복지·의료시설 거주자

문재인정부 들어서 가장 많은 관심을 받은 복지개혁 중 하나는 탈시설을 위한 커뮤니티케어 정책이다. 우리나라는 2020년 현재 노인요양시설에 17만 4000명, 노인 양로시설에 1만 3000명, 장애인 거주시설에 3만 명, 아동복지시설에 1만 4000명이 거주하고 있다. 또한 요양병원에 54만 명, 정신의료기관에 약 7만 명이 입원하고 있으므로 복지시설과 의료시설에 장기 거주하는 인구는 최소 84만 명에 달한다(보건복지부, 2019). 우리나라 인구 100명당 1.7명이 집이 아닌 시설에 거주하는 것이다.

시설거주자가 많다는 것은 그만큼 시설사업자도 많다는 뜻이다. 정부는 오랫동안 돌봄이 필요한 이들을 민간사업자에게 맡기고 재정만 지원해왔고, 사유화된 복지시설의 주된 관심은 정부로부터 나오는 재원일 뿐이었다. 건강보험 재정악화의 주범도 문재인케어의 보장성 강화보다는 동네마다 우후죽순 생겨난 요양병원의 무분별한 영업행위였다는 점에서 개혁정부가 제시한 커뮤니티케어 정책의 중점과제는 불필요한 사회적 입원을 감소시키기 위한 탈시설이었다. 구체적으로 주거지원 인프라, 방문건강 및 방문의료, 재가돌봄 및 장기요양, 지역공동체 전달체계 구축을 통해 자신이 사는 공간에서 나이들어감(Aging in Place)을 지원한다는 것이며, 이를 위해 우선적으로 2022년까지 케어안심주택, 주민건강센터, 종합재가센터 등 커뮤니티케어의 공공인프라 구축을 선언했다.

그러나 기대와 달리 사회적 투자는 전혀 이루어지지 않았다. 커뮤니티케어는 2년간 선도사업에 16개 시군구가 참여한 수준에 그치고 있는데, 지원예산 규모도 시군구당 최대치 7억 원뿐이다(보건복지부, 2019). 선도사업에 선정된 전북 전주시나 대구 남구 등 기초자치단체는 주거환경 개선사업에 4억 원, 자립체험주택 임대에 1억 원, 사례관리에 2000만 원 등의 미미한 세부사업별 예산을 지원받아 노인이나 장애인이 시설에 입소하는 것을 방지해야 한다는 것이었다. 중앙정부의 지원이 없으니 기초자치단체가 가뜩이나 열악한 지방예산으로 커뮤니티케어 인프라를 구축하기는 어려웠다. 따라서 전국적으로 4만호의 케어안심주택, 250개 시군구별 종합재가센터와 주민건강센터 설치 등의 목표만 제시되었을 뿐 추진성과는 전혀 나타나고 있지 않다.

탈시설이 지체되는 가운데 발생한 코로나19는 시설 거주자의 비극을 가중시켰다. 요양병원, 노인요양시설, 장애인거주시설 등 거주시설에서 집단감염이 지속적으로 발생했고, 정부는 K방역이 아니라 격리와 봉쇄조치를 감행했다. 즉, 감염으로부터 보호가 필요하다는 이유로 경기, 경북, 대구 등 많은 지역의 복지·의료시설에서 예방적 코호트 격리가 이루어졌고, 전국적으로 시설 방문 및 외출 중단이 오랫동안 지속되었다. 이러한 코로나 대응은 개혁정부가 취약계층을 어떻게 바라보는지 다시금 확인시켜주었다. 애초부터 커뮤니티케어는 불필요한 사회적 입원을 줄여 건강보험의 비용절감을 목적으로 한 것일 뿐 시설거주자의 인권과 생존권 보호가 목적이 아니었다는 것이다. 코로나19가 확산하는 동안 전방위적 검사와 추적 그리고 치료라는 K방역의 활동과는 무관하게 실시된 격리조치는 시설거주자에게 사실상 서비스 중단을 의미하였고, 어떠한 구호 없이 '가만히 있으라'는 명령이 내려진 것이었다. 또한 함께 격리된 돌봄 종사자들은 추가수당이나 대체인력 지원 없이 장시간의 노동에 내몰렸다. 집단거주시설의 특성상 일정한 거리를 두고 격리하는 '코호트 격리'가 불가능함에도 오히려 "코호트 격리로 지역사회 전파는 차단"이라는 다수 언론기사 제목이 나온 것에서 보듯이 시설거주자로부터 일반 국민을 보호한다는 혐오인식 또한 있었다. 즉 정부는 시설거주자를 시설에서 빼내오는 것이 아니라 밖에서 문을 걸어 잠그는 전체주의적 봉쇄를 시행했다. 재난을 겪어보니 지역사회가 함께 돌본다는 커뮤니티케어는 당초부터 무리한 기대였다.

2) 지역사회 기초생활수급자

우리나라의 빈곤율은 16.7%로 OECD 37개국 중 다섯 번째로 높다. 또한 노인빈곤율은 43.4%로 압도적인 1위이다(OECD, 2021). 그럼에도 빈곤층을 대상으로 하는 기초생활보장제도 수급자는 지난 20년간 줄곧 2~3%에 머물고 있다.[1] 가난한 사람은 많은데 정부로부터 도움을 받지 못하는 이유는 무엇일까? 자동차나 월세보증금도 월소득으로 환산하는 엄격한 소득인정액과 까다로운 신청주의 그리고 근로무능력 조건 등 여러 이유가 있지만, 무엇보다 문제는 부양의무자 기준 때문이다.

2014년 송파 세 모녀뿐 아니라 문재인정부 들어서도 비수급 빈곤층

---

[1] 국민기초생활보장제도가 시행된 2000년 당시 수급자 수는 149만 명이었으며 지속적으로 감소해 2014년에는 132만 명이었다. 박근혜정부는 2015년 급여 종류별 대상자를 구분하여 지급하는 맞춤형 급여 도입으로 수급자 수를 160만 명대로 확대했으나 이는 실질적 급여라 할수 있는 생계급여 수급자 수는 줄이면서 예산규모가 작은 교육급여와 주거급여 수급자를 따로 계산하여 전체 수급자 수를 증가시키는 눈속임에 불과했다.

의 비극은 연일 이어지고 있다. 2019년 한 해에 생활고로 인해 발생한 일가족 자살 뉴스만 해도 성북 네 모녀 등 17가구 66명에 달하는데, 이들 대다수는 부양의무자 기준 때문에 기초생활보장 혜택을 받지 못하는 비수급 빈곤층이었다.

17대 대통령선거 당시 문재인 후보는 복지분야의 적폐청산 1순위로 지목되는 부양의무자 기준 완전 폐지를 공약으로 내세웠다. 그리고 집권 후 임명된 보건복지부 장관이 부양의무자 기준 폐지를 요구하는 시민사회단체들을 찾아 부양의무자 기준 완전 폐지 의사를 전달하고 1842일간의 농성을 마무리 짓게 했다. 그러나 문재인정부는 약속을 지키지 못했다. 1차 기초생활보장 종합계획은 주거급여에서만 부양의무자 기준을 폐지하고, 중증장애인과 노인 부양의무자 가구에 대해서는 일부 완화를 제시했다. 이를 통해 수급자 수만 2016년 말 163만 명에서 2020년 252만 명으로 확대하겠다는 것이었다. 이 정도의 개혁은 이전 정부에서도 반복되었던 내용이다.

2020년 6월 현재 국민기초생활보장 수급자는 시설 수급자 8만 명을 뺀 지역사회 일반 수급자 174만 명, 조건부 수급자 26만 명, 특례 수급자 4만 명 등 약 203만 명에 불과하다(보건복지부, 2020). 이 수치는 문재인정부 들어서 확대된 것이기는 하나 주거급여 수급자가 135만 명에서 184만 명으로 49만 명 증가한 것을 반영한 것일 뿐이다. 일반 수급자 중 생계급여 수급자 수는 여전히 127만 명으로 문재인정부 출범 전 123만 명에서 겨우 4만 명 증가에 불과하고, 의료급여 수급자 수는 139만 명에서 142만 명으로 약 3만 명 증가에 불과하다. 즉 2020년 기초생활보장 예산 14조 원 중 약 10%에 불과한 주거급여 1조 6000억 원만으로 부양의무자 기준 폐지 성과를 포장하려고 한 것이다.

부양의무자 기준을 유지하려는 분위기가 반전된 것은 코로나19로 인하여 빈곤층의 한계상황이 더욱 심각해지면서였다. 코로나19로 인해 임시·일용직, 고용원 없는 자영업자, 노인과 청년 그리고 중장년 여성의 소득은 크게 감소했다. 코로나 여파가 본격화된 2020년 2분기 가계동향조사는 소득 1분위(하위 20%) 가구의 월평균 근로소득이 전년 대비 18.0%, 사업소득은 15.9% 감소한 것으로 보고했다. 3분기 조사에서도 전년 대비 10.7%, 8.1% 감소했다. 2분기에 정부는 재난기본소득이라는 공적 이전소득을 지원하여 총소득 하락을 막고 오히려 8% 수준의 소득증가를 가져왔지만, 3분기에는 공적 이전소득 효과가 없어 총소득이 1.1% 감소했다. 즉 재난에는 취약계층의 공적 이전소득을 한층 더 강화할 필요가 있다는 것이 실증되었다.

코로나19로 빈곤층 대상 공적 이전소득의 필요성이 인정되자 문재인정부는 2020년 7월 한국판 뉴딜 종합계획에서 생계급여에서 부양의무자 기준 폐지 방침을 제시하고, 8월 제2차 기초생활보장 종합계획에서 생계급여 부양의무자 기준 폐지 방향을 확정했다. 그러나 여전히 기초생활보장에서 가장 많은 예산 비중을 차지하는 의료급여는 부양의무자 기준 폐지가 적용되지 않았다. 또한 중위소득의 30%라는 생계급여 대상 기준, 재산의 불합리한 소득환산 기준, 그리고 낮은 보장수준의 개선은 고려되지 않았다. 여전히 기초보장 문제는 얼마나 많은 빈곤층을 어느 수준으로 돕는가가 아니라 전달체계상 꼭 필요한 빈곤층만 찾아내는 행정효율의 문제로 인식하고 있다.

생계급여에 있어 부양의무자 기준 폐지는 환영할 일이지만, 코로나19 상황에서 빈곤층의 위험이 이 정도로 완화될 것은 아니었다. 또 다른 측면에서 수급자들은 기존 공적 서비스 대상에서 제외되고 있다.

기초생활보장 의료급여 수급자의 코로나19 감염률은 일반 국민건강
보험 가입자에 비해 3.6배 높았으나(백종헌 의원실, 2020), 보건소와 공
공병원이 감염병 관리 거점기관으로 개편되자 저소득층 의료접근성은
더욱 줄어들었다. 이들은 반지하·고시원·쪽방 등 주거지가 열악한 환
경에서 있으며 무엇보다 사회적 고립상황에 처해 있다. 저소득 취약계
층은 무료급식이나 가정방문 등의 복지서비스를 절실히 필요로 한다.
그러나 코로나19로 전국의 복지시설에 휴관이 권고되었고, 사회복지
시설의 99%가 2020년 4월까지 그리고 73.5%가 4개월 넘게 휴관을 유
지했다(중앙재난안전대책본부, 2020). 즉 코로나19 상황에서 빈곤층의 일
상은 더욱 심각한 위기에 봉착했다. 경로식당, 장애인 직업재활, 노숙
인 쉼터 등의 서비스 중단은 저소득 빈곤층을 식사, 생계, 주거지원 등
으로부터 배제시켜 더욱 한계상황에 놓이게 했다.

3) 보호와 발달 사각지대 아동

우리나라는 유달리 아동의 삶이 피곤하다. 2018년도 아동종합실태조
사(류정희 외, 2019)에 따르면, 우리나라 아동의 삶에 대한 만족도는
OECD 비교 대상 27개국 중 꼴찌이며 그 격차도 매우 크다. 행복한
아동의 비율도 비교 대상 30개국 중 27위로 최하위권이다. 아동빈곤
율은 낮음에도 건강, 발달, 관계, 양육, 여가, 문화, 안전, 주거 등 다차
원적인 박탈과 격차를 측정하는 아동결핍지수에서는 OECD 29개국
중에서 28위로 또 최하위다. 물질적인 결핍을 경험하는 아동은 많지
않지만 관계와 정서적 상황이 매우 나빠지고 있다. 정부는 일상적 스
트레스를 인지한 아동이 40%에 달하고 우울감을 경험한 아동이
27.1%, 자살을 심각하게 고려해본 아동도 3.6%나 된다고 보고했다(관

계부처 합동, 2019).

취약계층 아동의 상황은 더욱 심각하다. 하루 평균 59명의 아동이 학대를 받는 것으로 판정되고 있으며, 매월 세 명의 아동은 학대로 사망하고 있다. 학대·유기·이혼·빈곤 등으로 가족과 분리되어 시설이나 위탁가정으로 보호조치되는 아동이 한 해 4000명이 넘으며, 베이비박스 등으로 유기되는 아동도 한 해 260명이 넘는다. 이 과정에서 국가와 지방자치단체의 역할은 없으며, 민간의 입양기관에 맡겨지면 입양 부모에게 고액 수수료를 받는 입양절차가 이루어지고, 민간 양육시설에 맡겨지면 정부로부터 양육비용을 지원받는 시설이 보호할 뿐이다. 그리고 보호가 끝난 아동은 곧바로 빈곤층으로 떨어진다. 이른바 보호종료 아동의 기초생활보장 수급 경험률은 40.7%에 달한다(관계부처 합동, 2019).

문재인정부는 2019년 포용국가 아동정책을 발표하면서 비상식적인 현 실태를 인정하고 대응책을 내놓았다. 무엇보다 보호가 필요한 아동은 국가가 책임지겠다는 것, 그리고 아동정책은 보호와 양육을 넘어서 권리를 보장하기 위한 사회적 투자로 전환하겠다는 것이었다. 이에 아동보호를 민간기관에 위탁하지 않고 국가가 직접 관리하는 아동권리보장원 설립, 시군구 아동보호팀 신설, 공공보육 및 국공립 유치원 이용률 40% 조기 달성을 약속했다. 또한 온종일 돌봄체계 구축을 통한 초등돌봄을 53만 명으로 확대하고 건강취약 아동을 집중관리하고 아동 청소년의 활동공간을 확충하는 방안 등을 제시했다.

그러나 아동정책의 근본적 변화를 체감하기에 실행은 매우 미진하다. 이미 2018년에 도입한 아동수당으로 매년 2조 원 이상의 국고가 집행되는 상황에서 정부는 추가적인 예산을 확보하지 못하고 있다. 아동보호의 국가책임이 이루어지게 하려면 추진과제의 나열이 아닌 실행을 위한 예산과 조직이 구성되어야 하며, 기획재정부와 행정안전부 그리고 보건복지부의 세부과제가 명시되어야 한다. 그렇지 않은 상태에서 정책이 진행될 리 만무하다. 현재 시군구 아동보호팀은 중앙정부의 예산지원이 없어 전담인력과 조직을 마련하지 못하고 있거나 변칙적으로 운영하는 곳이 상당수다. 아동권리보장원은 중앙지원조직으로서 중앙입양원, 아동자립지원단, 중앙가정위탁지원센터 등 기존에 파편적으로 존재하던 보건복지부 지원조직들을 통합한 새로운 전달체계일 뿐이지 아동인권과 공공성 강화의 성과목표나 수단이 없다. 무엇보다 입양을 투명하게 관리 및 지원하고 양육시설의 생활환경 개선 및 교육, 보호종료 아동의 자립 향상을 위한 주거지원과 같은 사회적 투자가 없다.

아동돌봄은 괜찮을까? 무상보육과 가정양육수당 등 영유아 대상 돌봄지원과 국공립어린이집 확충은 이미 복지제도 내에 어느 정도 자리를 잡고 있다. 그러나 최근 돌봄수요는 초등학생을 대상으로 증대되고 있다. 영유아보육은 누구나 이용하는 보편적 서비스이며 종일제 돌봄이 가능하지만, 초등학생 돌봄은 교육부의 초등돌봄교실과 방과후학교, 보건복지부의 지역아동센터와 다함께돌봄센터, 여성가족부의 청소년방과후아카데미와 아이돌봄서비스로 나뉘어 있고, 이를 모두 포함해도 이용률은 12.5%에 불과하다. 이에 문재인정부의 온종일돌봄 정책은 지방자치단체가 교육청과의 협업을 통해 지역 특성에 따른 돌봄체계를 마련한다고 했지만, 현실은 지방자치단체와 교육청 그리고 보건복지부가 예산안에 관련 사업비를 편성하지 않는 등 서로 책임 떠넘기기로 나타나고 있다. 이 과정에서 초등돌봄교실 돌봄전담사의 단시간 근로와 처우문제, 지방자치단체 방과후돌봄의 질 문제가 지속적으로 제기되었다. 결국 공적 돌봄을 신뢰할 수 없는 상태에서 사교육시장이 여전히 돌봄 공백을 대체하고 있다.

학교조차 등교할 수 없게 된 코로나19 사태는 돌봄 공백을 더욱 가중시켰다. 돌봄을 외주화하기 어려운 상태에서 가정 내 돌봄이 증가했고, 이는 여성의 경제활동인구를 감소시켰다. 2020년 1월과 4월 사이 70만 명의 여성이 비경제활동인구로 전환되었고 이들 상당수는 가사와 육아 사유의 비경제활동인구로 나타났다(전기택, 2020). 2분기 실업자 41만 명 중 여성이 25만 명으로 남성의 1.5배였다. 돌봄 공백이 여성에게 부여한 패널티는 경제활동에만 있지 않다. 여성의 노동시장 이탈은 소득상실로 인한 경제적 어려움, 경력단절, 성역할 인식, 가정폭력을 비롯하여 장시간 동안 여성의 지위 하락으로 이어진다.

4) 다차원적 불리를 경험하는 청년

청년을 취약계층으로 규정하기에는 무리가 있지만 문재인정부는 출범 때부터 우리 사회의 주요 취약계층으로 청년을 언급했다. 청년의 어려움을 생애주기별 위험요인으로 위치시키며 고용 및 주거정책의 대상, 즉 청년고용의무제, 청년추가고용장려금, 청년구직촉진수당, 청년공공임대주택 그리고 청년우대청약통장 등 고용-주거-금융정책의 대상으로 인식했다.

그러나 청년 취약계층은 단지 생애주기별 단계에 놓인 장애물이 아닌 다차원적인 불리와 이들을 포괄하지 못하는 사회보장의 부실함에 의해 형성되고 있다. 최근 실태조사 자료를 살펴보면(김기헌 외, 2020; 김선기 외, 2019; 정세정 외, 2020), 고용과 관련해서 5인 미만 사업장이나 플랫폼노동에 종사하는 비정규직 청년이 증가하고 있으며 이들은 임금과 근로시간 그리고 사회보험에 있어서 보호받지 못하는 사각지대에 놓여 있다. 청년창업의 증가에도 불구하고 기업대표 청년은 감소하고 있으며, 실업을 해도 청년의 실업급여 수급률은 8%에 불과하다. 대학을 졸업해도 확장실업자와 구직단념자로 이동할 뿐이고 대학이 유명무실해지자 고등학교 졸업 후 진학하지 않는 비율도 30%를 초과하고 있다. 청년의 19.2%는 니트(NEET)이며, 저소득청년은 전체 기초생활보장 수급자 중 8.8%를 차지한다. 청년 1인 가구는 주거비와 식비에 전체 지출의 60% 이상을 사용하여 자산형성이 어려우며, 정신건강의 위험성도 높아 20대 청년 사망의 17.6% 그리고 30대 사망의 27.5%가 자살이다.

다행히도 문재인정부는 2020년 시행한 청년기본법에 따라 관계부처 합동으로 제1차 청년정책 기본계획을 수립했다. 한 해 55만 구직자 지원 및 창업 지원, 2025년까지 청년특화주택 등 27만 3000호 공급, 저소득층 청년 대학등록금 부담 제로화, 청년 10만 명 자산형성 지원, 청년의 정부위원회 참여 폭 확대 등을 목표로 한다. 일자리 중심의 청년정책이 아니라 주거, 교육, 복지, 문화, 참여 등 다차원적 종합계획이라는 점에서, 처음으로 각 부처 사업을 아우르는 청년정책의 청사진이 마련되었다는 점에서, 그리고 정부의 일방적 조치가 아닌 청년이 당사자로 참여하는 청년정책조정위원회에서 정책이 수립되고 모니터링했다는 측면에서 문재인정부의 청년정책은 긍정적이라 할 수 있다.

다만 청년정책 기본계획조차 방향성과 정책수단이 모두 모호한 수준이다. 청년정책이 취업성공과 같은 일자리정책에서 포괄적인 청년 사회보장정책으로 전환되었을 뿐, 구체적인 제도별 사각지대 해소방안이 제시되지 못하고 있다. 여전히 정규직 고용기반 사회보험제도에서 청년은 설 자리가 매우 좁다. 따라서 청년정책은 한 세대의 공동체적 기여와 역할에 대한 보다 많은 토론을 필요로 하며, 또한 심화되는 세대 내 불평등 해소라는 과제를 함께 모색해야 한다. 청년은 이전 세대와 출발선이 다르면서도 각자 다른 출발선에 서 있다. 부모 세대보다 가난한 세대의 등장 그리고 계층이동 가능성이 희박해짐에 따라 야기되는 불안을 모두 가지고 있다. 단지 청년의 일자리가 부족하거나 일자리를 찾는 일이 어려워서가 아니다. 본인 스스로 해결하기 어려운, 다시 말해 스스로 통제하기 어려운 조건으로 말미암아 주어지는 불공정한 보상의 격차이다. 각자도생의 생존주의에 희망이 있는 이들은 경쟁을 선호한다. 그러나 취약계층 청년들이 보여주는 불행은 탈존주의 선택으로 이어지며 그 선택의 직접적인 사회지표가 자살이다.[2] 따라서 청년정책은 공정한 출발선에 대한 정책뿐 아니라 게임의 결과와 상관없이 생활을 보장함으로써 함께 공동선을 추구할 수 있는 보편적 사회보장 정책이어야 한다.

3. 한국판 뉴딜, 관심 밖의 사회보호

취약계층에 관한 비극적 뉴스가 연일 쏟아지던 때에 문재인정부는 한국판 뉴딜을 발표했다. 그러나 여기저기서 비판의 목소리가 끊이지 않

---

[2] 최근 1990년대생 여성 청년 자살이 사회적 이슈로 등장했다. 언론에서는 이들의 자살을 코로나로 인한 정신건강 문제로 해석하였다. '코로나 블루'라는 불안, 우울, 스트레스가 큰 폭으로 증가하고 있다는 것이다. 그러나 20대 여성에게 집중된 자살은 이들의 노동시장 진입실패, 경제적 결핍, 그리고 사회적 고립에도 불구하고, 도움을 받을 가치여부를 따지는 사회보장의 조건부(conditionality)와 무관하지 않다.

고 있다. 비판의 지점은 한국판 뉴딜이 현재 국민들이 체감하는 고통의 본질을 회피하고 있다는 측면과 재난이 가져온 그리고 반복해서 가져올 취약계층의 비극을 전혀 고려하지 못한 채 투자시장의 기회만 살피는 재난 자본주의의 모습을 보인다는 측면, 그리고 뉴딜에 걸맞은 시장에 대한 민주적 통제와 복지국가 비전이 없다는 측면에 있다. 그 어디에도 디지털뉴딜이나 스마트그린을 통한 유망산업 육성이 코로나 취약계층을 구제할 것으로 보이지는 않는다. 위기를 촉발한 이들은 이번에도 피해를 사회의 가장 낮은 위치에 있는 이들에게 넘기고 위기를 명분으로 활로를 찾고 있었다.

한국판 뉴딜의 사회안전망은 일자리와 돌봄 측면에서라도 취약계층을 보호하는 세심한 대책을 내놓았어야 했다. 예컨대 대폭적인 공공일자리, 공공돌봄의 확충, 기초생활보장의 부양의무자 기준 전면폐지, 복지시설 대체인력 확보, 유급병가와 상병수당 등이 그것이다. 왜 이렇게 허술한 한국판 뉴딜이 마련된 것일까? 이해하기 어렵지 않다. 예컨대 어떤 이들은 생태적 지속가능성의 시간이 얼마 남지 않았다는 주장을 사기로 간주한다. 기후변화를 인정하는 순간 근본적인 전환, 즉 그들이 쌓아놓은 토대가 허물어질 위험이 있기 때문이다. 사회보장도 마찬가지다. 재난으로 발생하는 불평등의 해법이 전국민 사회보장이나 공공 인프라와 같은 국가의 귀환에 있다고 인정하는 순간, 기업·시장 중심 성장체계의 근본적 전환이 요구될 것이다. 시장으로 기울어진 운동장이 다시금 국가로 무게균형을 옮길 수 있다는 우려 때문이다.

그래서인지 노동과 일상의 재편을 기획하는 새로운 사회보장을 제시해도 부족한 지금, 한국판 뉴딜은 전혀 중요하지 않은 곳에서 변죽만 울려대고 있다. 특히 한국판 뉴딜에서 제시한 사회안전망 전략사업들이 그렇다. 과기부와 정보화진흥원이 해왔던 농어촌마을 인터넷망 계획, 환경부와 환경산업기술원의 그린엔지니어링 특성화 대학원 모집계획, 고용노동부의 직업훈련 사업 K디지털 계획이 어떻게 코로나19 사회의 사회안전망 계획일 수 있는가? 이러한 내용만으로도 현 정부의 패러다임 전환으로서 뉴딜의 진정성을 의심하기에 충분하다. 한국판 뉴딜은 실무지원단을 맡은 기재부에 각 중앙부처사업이 제출되었을 뿐, 장기적으로 국민의 삶을 어떻게 보호할 것인지에 대한 계획이 없다.

OECD는 코로나 시대의 사회보호의 과제로서 각국이 소득과 부의 분배 악화, 노동과 직업의 양극화, 주거 빈곤층의 새로운 고립, 불안과 스트레스 등 정신건강 문제, 사회적 거리두기하에서 관계적 소외, 일과 삶의 불균형, 가정폭력의 위험과 취약계층 피해 증대에 적극 대응할 것을 주문한 바 있다(OECD, 2020). 한국사회는 이미 코로나 이전부터 이러한 위험이 매우 심각한 수준에 있었다. 한국은 그동안 부유한 경제체제와 생활수준 향상을 달성했지만 사회보호 수준에서는 거의 꼴찌를 면치 못해왔다. 생산의 열매를 잔뜩 따왔지만 이를 적절히 분배하지 못했기 때문이다. 코로나19 이후의 새로운 경제체계는 어떻게 진행될지 안개 속이다. 다만 사회공동체에 누가 기여하고 있는지 무엇을 보호해야 하는지 논의할 수밖에 없는 정치의 시대가 도래하고 있다. 사회보장의 새로운 사회적 합의를 끌어낼 기회이다. 다시금 취약계층을 배제하는 사회정책이라면 앞으로도 안전한 미래는 없다.

4. 재난이 가져온 기회: 전국민 사회보장과 공공 인프라

1) 전국민 사회보장

2020년 세계 주요 산업국의 경제성장률은 -5.8%로 전망되고 있다 (IMF, 2020). 한국이 겪은 경제위기 중 기록적인 역성장은 단 한 번, 즉 외환위기로 인해 발생한 1998년의 -5.5% 성장이었다. 1998년 당시 한국의 국가부도 사태를 전 세계가 동시에 경험했다는 것이다. 그야말로 재난상황이다. 여기서 서구 복지국가 모델이 두 번의 세계대전으로 인한 거시경제 차원의 복구 플랜이었고 이를 주도한 것은 계급 간 타협과 연대의 민주주의 정치였다는 사실에 주목할 필요가 있다. 복지국가는 항상 위기의 배경에서 발달을 경험했다.

오늘날 한국 복지국가의 토대는 외환위기 극복이라는 과제와 함께 출범한 국민의정부(1997~2002)가 도입·기획한 것이다. 즉 경제위기는 동시에 새로운 사회체제로의 전환기회를 가져왔다. 한국은 외환위기 직후에 노동유연화로 실업과 빈곤에 대비하는 사회안전망이 필요하게 되자 전국민에 대한 최소한의 생존권을 국가가 보장하는 최초의 공공부조제도인 국민기초생활보장제도를 탄생시켰다. 또한 유명무실하던 고용보험법을 개정하여 1인 이상 전 사업장에 적용했고, 국민연금도 자영업자를 포괄하고 5인 미만 사업장까지 확대하는 등 전국민 사회보장의 기틀을 마련했다. 게다가 생산적 복지라는 복지국가 모델을 정책 사업화하여 대규모 공공근로사업을 비롯한 일자리 창출 사업도 실시했다. 오늘날 복지제도의 상당 부분은 국난 극복 과정에서 마련된 이러한 보편적 복지를 모델로 하고 있다. 즉 외환위기에 따른 '생산적 복지'가 복지국가 '한국판' 유형의 시발점이었다.

지금 바로 한국판 뉴딜에 요구되는 것도 이와 다르지 않다. 최소한 20년 전과 같이 담대한 사회정책 개혁의 청사진이라도 필요하다. 바라건대 그 방향은 '전국민'을 대상으로 하는 사회보장이어야 하며 소득보장 제도혁신을 통해 공적 이전소득의 규모를 키워야 한다. 즉 한국적 복지국가를 사회보호의 혁신적 모델로 안착시키기 위해 모든 국민에게 안정적인 구매력을 보장해야 한다. 이를 위해서는 무엇보다 소득보장의 보편적 확대가 필요하다. 우선 취약계층 대상 긴급복지와 일자리사업, 국민기초생활보장제도의 대상 확대가 필요하다. 기초생활보장 급여에서 부양의무자 기준을 폐지하는 것이 비수급빈곤층을 줄이는 가장 효과적인 방법이다. 사회보험은 명실상부 전국민을 대상으로 해야 한다. 국민연금, 고용보험, 건강보험과 같은 사회보험은 여전히 자영업자와 비정규직을 포함한 광범위한 사각지대가 있으며, 외주화나 플랫폼 노동과 같은 고용 관계의 다변화를 반영하지 못하고 있다. 따라서 사회보험 적용대상을 고용 관계와 관계없이 과감하게 확대할 수 있는 개선이 필요하다. 그뿐만 아니라 청년 미취업자, 무급 휴직자, 가사복귀 여성 등 비경제활동인구의 생활안정을 위한 진짜 실업부조 또는 대상별 사회수당을 도입하거나 아파도 쉴 수 없는 노동자를 위한 휴업수당 혹은 상병수당제도 또한 서둘러 도입해야 한다. 기본소득과 같은 새로운 보편적 수당제도에 대한 논의도 반드시 필요하다.

　　물론 전국민 사회보장을 위해서는 당연히 재원마련을 위한 조세정책이 동시에 수반되어야 한다. 무엇보다 전국민 사회보장이 제시하는 혜택이 분명해야 신뢰를 기반으로 한 부담이 가능하다. 다행히도 코로나19로 인한 긴급재난지원금은 국민들이 '필요가 있는 곳에 급여를, 소득이 있는 곳에 과세를'과 같은 단순명제를 보다 분명하게 인식하게 해주었다. 따라서 재난 이후 사회의 구조조정으로 발생하는 혜택과 부담을 공평하게 나누는 조세정책이 과감하게 펼쳐져야 한다. 양극화가 진행될수록 노동소득보다 자본소득이 증가할수록, 모든 이윤이 있는 곳에 누진적 조세를 부과해야 할 것이다. 이는 불평등을 줄이기 위해서도, 국민 간 형평성을 높이기 위해서도, 그리고 앞으로 닥쳐오는 미래의 공공투자를 위해서도 당연히 능력에 따른 부담(피케티, 2020)을 요구할 수 있는 원칙이다.

2) 기본서비스 공유부 인프라, 돌봄 뉴딜

향후 복지국가의 모형이 결코 산업사회 초기에 형성된 근대적 복지국가의 모습과 같지는 않을 것이다. 미래학자들은 주로 사물인터넷, 디지털 전환, 빅데이터와 같은 지식정보 기술변화에 주목하고 있다. 그 이유는 이러한 기술이 인간의 상호작용 방식과 사회경제 시스템을 공유 방식으로 바꾸고 있기 때문이다. 예컨대 디지털 신경망과 인공지능망이 인간과 환경을 연결하는 거대한 공유부 인프라 시대가 도래하는 것이다.

그런데 공유부 인프라에는 지능정보기술과 같은 생산 인프라뿐만 아니라 사회의 재생산 인프라, 즉 삶을 살아가는 데 필수적인 서비스 인프라도 포함되어야 한다. 이를 기본서비스로 명명해도 좋다. 기본서비스의 대표적 사례는 학교이다. 학교는 공공과 지역사회가 함께 참여하는 인프라다. 특히 지역 초등학교는 주민공동체 내에서 사회자본과 네트워크 그리고 정체성을 공유하는 공공자산으로 역할을 한다. 그런데 사실 이러한 역할을 할 수 있는 인프라가 학교만이 있는 것이 아니다. 공공요양원, 재가돌봄센터, 공공의료원도 마찬가지다. 또한 기본서비스에는 지역 대중교통, 지역 통신망, 번개장터, 생활협동조합, 문화여가시설 등의 인프라도 포함될 수 있다. 사회보호의 과제로서 기본서비스를 공유부와 공공 인프라로 발전시킨 사례가 북유럽 복지국가이다. 의료, 교육, 돌봄서비스는 개인이 소유한 것이 아니라 사회공동체가 함께 소유한 것으로 누구의 기여나 성과로 귀속시킬 수 없는 성격의 것으로 자리 잡았다. 공유부 인프라는 국민들이 합의한 사회적 투자의 결과이므로 그 인프라를 위해 함께 비용을 부담하는 것이 당연한 시스템이다.

따라서 모두가 안심하고 삶을 영위할 수 있는 기본서비스 인프라를 구축하는 뉴딜이 제시되어야 한다. 특히 돌봄을 타인에게 맡기는 구매방식이 아니라 함께 만들고 함께 혜택을 볼 수 있는 체계로 전환해야 한다. 공동체의 책임으로서 돌봄 인프라를 구축하는 것이다. 사회서비스 공공성 확보는 단지 효율적인 전달체계 개혁이 아니라 국가와 지역공동체가 일정 규모 이상으로 인력과 재정을 부담하고 운영에 참여하는 것이어야 한다. 돌봄 뉴딜을 위해서는 연기금을 사용할 수도 있다. 700조 원이 넘는 연기금을 미래에 남아 있을지 모르는 불확실한 기업에 투자하기보다는 지역사회에 주민들과 함께 남아 있는 실물 인프라에 투자하는 것이 노후의 유예임금 성격이나 사회적 책임투자에도 걸맞다. 기본서비스 인프라는 사유화할 수는 없지만 많은 사람들이 공유하며 이용하기 때문에 적절히 관리해야 하는 재화이기도 하다. 따라서 지역공동체 구성원들의 집단적 협동을 필요로 한다. 기본서비스 인프라 확충은 주민의 생명과 건강을 위한 것이고 팬데믹 위기 속에서 필수적이다. 지역공동체 구성원들이 협력해서 삶을 보호하는 기본서비스 인프라를 잘 관리하면 가속화된 불평등사회에서도 개인이 다시금

연대할 수 있지 않을까? 혐오의 포퓰리즘에서 돌아와 민주주의와 복지국가를 옹호할 수도 있을 것이다.

참고문헌

강남훈, 〈부동산 투기를 막기 위한 토지배당〉, 《기본소득한국네트워크 월례 쟁점토론회 자료집》, 2020.

_____, 《기본소득의 경제학》, 박종철출판사, 2019.

강민성·박문수 외, 《온디맨드경제 확산에 따른 서비스산업의 역할과 과제》, 산업연구원, 2017.

강병구, 〈혁신적 포용국가의 재정개혁〉, 《다시 촛불이 묻는다》, 동녘, 2021.

_____, 〈혁신적 포용국가의 재정〉, 《혁신적 포용국가 실현방안: (총론)역량-고용-소득의 선순환체계를 향하여》, 경제·인문사회연구회, 2020.

_____, 〈공정과세의 원칙과 과제〉, 《소득주도성장의 경로와 과제》, 한국조세재정연구원 2018 재정전문가네트워크, 2018.

_____, 〈사회지출의 자동안정화기능에 대한 연구〉, 《경제발전연구》, 17권 1호, 2011.

강병구·조영철, 《우리나라 재정운용의 평가와 과제》, 소득주도성장특별위원회, 2019.

강은나·이윤경·임정미·주보혜·배혜원, 《2019년도 장기요양실태조사》, 보건복지부·한국보건사회연구원, 2019.

강이수 외, 〈최근 정부 노동정책의 성별효과에 관한 분석〉, 《대통령직속일자리위원회 연구용역보고서》, 2019.

강혜규·박수지·양난주·엄태영·이정은, 《사회서비스 바우처 사업의 정책효과 분석 연구》, 한국보건사회연구원, 2012.

경제인문사회연구회, 〈전환적 뉴딜〉, 2019.

관계부처 합동, 〈전국민고용보험 로드맵〉, 2020.12.23.

_____, 〈감염병 효과적 대응 및 지역 필수의료 지원을 위한 공공의료체계 강화방안〉, 2020.12.13.

_____, 〈2050 탄소중립 추진전략〉, 2020.12.7.

_____, 〈한국판 뉴딜 종합계획〉, 2020.7.14.

_____, 〈포용국가 아동정책〉, 2019.5.23.

_____, 〈문재인정부 '포용국가 사회정책 추진계획(안)'〉, 2019.2.19.

국미애·고현승, 《서울시 사회서비스 종사자 근로조건 개선방안-재가 요양보호사를 중심으로》, 서울시여성가족재단, 2018.

국민건강보험공단, 《2018 노인장기요양보험통계연보》, 2019.

국토교통부, 〈개인 토지의 100분위별 소유세대 현황〉, 2020.

_____, 〈주택업무편람〉, 2020.

국회예산정책처, 〈2020 대한민국 재정〉, 2020.

군나르 미르달, 최광열 옮김, 〈경제이론과 저개발지역〉, 《현대복지국가론》, 서음출판사, 2018.

금민, 〈기본소득의 정의〉, 《기본소득한국네트워크 쟁점토론 1》, 2020.

기본소득당(박유호), 〈기본소득당 기본소득 정책〉, 《4당 4색 – 기본소득 도입방안 토론회 자료집》, 2020.

기획재정부, 〈2021년 정부 예산안〉, 2020.

김교성·백승호·서정희·이승윤, 《기본소득이 온다》, 사회평론아카데미, 2018.

김기헌 외, 〈제1차 청년정책 기본계획 수립연구〉, 한국청소년정책연구원, 2020.

김낙년, 〈한국의 최저임금과 고용, 2013~2019년〉, 《한국경제의분석》, 26권 1호, 한국금융연구원, 2019.

김대일·이정민, 〈2018년 최저임금 인상의 고용효과〉, 《경제학연구》, 67권 4호, 2019.

김도균, 《한국 사회에서 정의란 무엇인가》, 아카넷, 2020.

김도희, 〈탈시설화와 커뮤니티케어〉, 《월간복지동향》, 236호, 2018, pp.52~56.

김병권, 〈재난시대에 남아있는 정책 퍼즐, '고용보장제'〉, 《보라 정의》, 창간준비 1호, 정의정책연구소, 2020.

김선기 외, 〈청년정책 패러다임 전환을 위한 실행연구〉, 대통령직속정책기획위원회, 2019.

김영종, 〈우리나라 사회서비스와 민간위탁 제도 연구〉, 《보건사회연구》, 37권 4호, 2017, pp.406~442.

_____, 〈한국 사회서비스 공급체계의 역사적 경로와 쟁점〉, 《보건사회연구》, 32권 2호, 2012, pp.41~76.

김유배, 〈소득분배구조 개선을 위한 정책방향〉, 《대통령비서실 삶의질향상기획단 주관 '소득분배구조 개선을 위한 정책 토론회 자료집'》, 2000.

김유선, 〈2018~2019년 최저임금 인상이 임금불평등 축소에 미친 영향〉, 《이슈페이퍼〉, 한국노동사회연구소, 2020.

_____, 〈비정규직 규모와 실태: 통계청, 경제활동인구조사 부가조사(2020.8) 결과〉,
《이슈페이퍼》, 한국노동사회연구소, 2020.

_____, 〈최저임금 보도 건수 추이: 2017년 1월부터 2019년 1월까지〉, 《이슈페이퍼》,
한국노동사회연구소, 2019.

_____, 〈최저임금의 고용효과〉, 《이슈페이퍼》, 한국노동사회연구소, 2018.

_____, 《최저임금제 개선방안》, 전국민주노동조합총연맹, 2000.

김유찬, 〈경제위기 대응을 위한 재정지출 확대와 재정 건전성 리스크〉, 《재정포럼》,
287호, 2020.

김윤, 〈코로나19 시대의 공공의료 강화방안〉, 《코로나 시대 공공의료 확충방안 모색
국회토론회 자료집》, 2020.

김윤상, 〈시장친화적 토지공개념과 도입전략〉, 김윤상 외, 《헨리 조지와 지대개혁》,
경북대학교출판부, 2018.

김은지·최인희·선보영·성경·배주현·김수정·양난주, 《지속가능한 돌봄정책 재정립
방안 연구(2): 여성·가족 관점의 돌봄정책 추진전략》, 한국여성정책연구원,
2018.

김정희·이정면·이용갑, 〈공공의료 확충의 필요성과 전략〉, 건강보험연구원, 2020.

김종민, 〈플랫폼 사업자의 독점방지와 플랫폼 이용자의 권리보호를 위한 제안〉, 《경기
도 온라인 플랫폼 시장 독점방지 정책토론회 자료집》, 2020.9.24.

김주경, 《지역자율형 사회서비스투자사업의 현황 및 개선방안》, 국회입법조사처,
2015.

김태동, 〈경제권력도 국민으로부터 나온다: 경제민주화는 선택이 아니라 헌법적 명
령〉, 김유선 외, 《한국경제 특강》, 레디앙, 2017.

김태동·윤원배·이정우·장세진·허성관 외, 《비정상경제회담》, 옥당, 2016.

김현우, 〈코로나19 위기, 재난자본주의로의 퇴행인가 생태사회 전환의 기회인가〉, 황
정아 외, 《코로나 팬데믹과 한국의 길》, 창비, 2021.

_____, 〈정의로운 전환과 녹색일자리〉, 노중기 외, 《노동, 운동, 미래, 전략》, 이매진,
2020.

김형용 외, 〈2021 사회이슈 트렌드: 뉴노멀 시대의 나눔영역 개발〉, 사회복지공동모
금회, 2020.

김홍중, 〈서바이벌, 생존주의 그리고 청년세대〉, 《한국사회학》, 49권 1호, 2015,
pp.179~212.

나오미 클라인, 이순희 옮김, 《이것이 모든 것을 바꾼다》, 열린책들, 2016.

나원준, "한국, 코로나19 재난상황에서 가장 재정을 아껴 쓴 나라", 《프레시안》, 2021.2.17.

나종연, 〈사업자 간 거래 공정화 및 이용 소비자 보호를 위한 온라인 플랫폼 시장독점 방지대책〉, 《경기도 온라인 플랫폼 시장독점방지 정책토론회 자료집》, 2020.9.24.

남궁준, 〈병가제도의 국제비교〉, 《월간노동리뷰》, 2020.9.

남기업·이진수, 〈부동산이 소득불평등에 미치는 영향에 관한 연구〉, 《토지＋자유 리포트》, 18호, 토지＋자유연구소, 2020.

남재욱, 〈소득기반 전국민 고용보험 방안〉, 《이슈페이퍼》, 내가만드는복지국가, 2020.

낸시 프레이저, 《전진하는 페미니즘》, 돌베개, 2017.

녹색당(김지윤), 〈녹색당이 제안하는 기본소득〉, 《4당 4색 - 기본소득 도입방안 토론회 자료집》, 2020.

다른백년 편집부, 《한국 보고서: 경제》, 다른백년, 2018.

대법원, 〈선고 208두16322 판결〉, 2011.6.10.

더불어민주당, 《제19대 대통령선거 정책공약집: 나라를 나라답게》, 2017.

라즈 파텔·제이슨 무어, 백우진·이경숙 옮김, 《저렴한 것들의 세계사》, 북돋움, 2020.

로버트 라이시, 안진환·박슬라 옮김, 《위기는 왜 반복되는가》, 김영사, 2011.

롭 월러스, 《팬데믹의 현재적 기원》, 너머북스, 2020.

류정희 외, 〈2018 아동종합실태조사〉, 한국보건사회연구원, 2019.

마이클 샌델, 함규진 옮김, 《공정하다는 착각》, 와이즈베리, 2020.

매일경제신문사 국제부, 《바이드노믹스》, 매일경제신문사, 2020.

문정주, 《뚜벅뚜벅 이탈리아 공공의료》, 또하나의문화, 2020.

미래당(우인철), 〈코로나 극복을 위한 전국민 30만 원 기본소득 도입〉, 《4당 4색 - 기본소득 도입방안 토론회 자료집》, 2020.

민주노총, 〈코로나19 재난위기 극복을 위한 민주노총 요구안과 해설자료〉, 2020.4.27.

박형수, 〈재정 기능의 정상화를 위한 과제〉, 《한국재정학회 추계학술대회 논문집》, 2018.

방하남·강신욱, 〈취약계층의 객관적 정의 및 고용과 복지를 위한 정책방안〉, 2012.

배지영, 〈한국형 그린뉴딜 제안: 기후위기, 일자리, 경제불평등 해법으로 부활한 美 그린뉴딜의 시사점〉, 《이슈브리핑》, 10호, 민주연구원, 2019.

백승호·이승윤, 〈기본소득 논쟁 제대로 하기〉, 《한국사회정책》, 25권 3호, 2018.

보건복지부, 《2020 사회복지시설관리안내》, 2020.

_____, 〈제2차 기초생활보장 종합계획〉, 2020.

_____, 〈의대정원 확대 및 공공의대 설립 추진방안〉, 2020.7.23.

_____, 《2018 보건복지백서》, 2019.

_____, 〈포용국가 아동정책 추진 방향〉, 2019.2.19.

_____, 〈지역사회 통합돌봄 선도사업 추진계획〉, 2019.1.10.

_____, 〈제4차 국민연금 재정계산을 바탕으로 한 국민연금 종합운영계획〉, 2018.

_____, 〈커뮤니티케어 추진 방향〉, 2018.

브랑코 밀라노비치, 정승욱 옮김, 《홀로 선 자본주의》, 세종서적, 2020.

브뤼노 라투르, 박범순 옮김, 《지구와 충돌하지 않고 착륙하는 방법》, 이름, 2021.

사회경제개혁을위한지식인선언네트워크·한국비정규노동센터, 〈코로나 시대의 한국
　　사회와 한국판 뉴딜〉, 2020.8.3.

산업통상자원부·환경부, 〈탄소중립 사회를 향한 그린뉴딜 첫걸음〉, 2020.

서울사회경제연구소, 〈이명박정부 경제정책의 평가와 과제 – 19차 심포지엄〉, 2012.

서울특별시·경기도·인천광역시, 〈배달앱 거래 관행 실태조사 보고서〉, 2020.8.

석재은, 〈장기요양서비스의 공공성 강화를 위한 규제의 합리화 방안연구〉, 《보건사회
　　연구》, 37권 2호, 2017, pp.423~451.

석재은·임정기·전용호·김욱·최선희·이기주·장은진, 《장기요양보험의 공공성 강화
　　방안》, 보건복지부·한국노인복지학회, 2015.

선우덕, 〈노인요양서비스공급체계의 공공성 강화방안〉, 《한국 사회복지공급체계와
　　공공성 – 한국사회복지정책학회 2012 춘계학술대회 자료집》, 2012, pp.43~61.

성현구·심현정, 〈우리나라의 재정충격지수 시산 및 시사점〉, 《조사통계월보》, 8월호,
　　한국은행, 2018.

소득주도성장특별위원회, 〈소득주도성장, 3년의 성과와 2년의 과제〉, 2020.

소병훈, 〈기본소득법안〉, 2020.

손정목, 《서울 도시계획 이야기 3》, 한울, 2003.

송다영, 〈사회복지부문 돌봄 관련 일자리의 질 저하에 관한 연구〉, 《젠더와문화》,
　　2014, pp.7~42.

신경아, 〈일터민주주의와 성평등: 노동정책에서 성평등 관점의 구현을 위한 프레임
　　전환과 정책과제〉, 《민주주의 실현을 위한 차기정부 성평등정책 토론회 자료집》,
　　2017.

_____, 〈여성 노동시장의 변화에 관한 여덟 가지 질문〉, 《페미니즘연구》, 16권 1호,

2016, 2016, pp.321~359.

_____, 〈여성정책에서 성평등정책으로?: 젠더정책의 오해와 이해〉, 《한국여성학》, 32권 4호. 2016, pp.1~36.

신현웅 외, 〈2020년도 유형별 환산지수 연구〉, 국민건강보험, 2019.

안드레우치 디에고·맥도너우 테렌스, 〈자본주의〉, 자모코 달리사 외, 《탈성장 개념어 사전》, 그물코, 2018.

안종석·오종현, 《소득세 공제체계 개편방안 연구》, 한국조세재정연구원, 2018.

야마다 히데키, 〈COVID-19 진료, 공공의료의 현실과 민의련의 대응〉, 《사의련-인 의협 공동 학술대회 자료집》, 2020.

양기용, 〈사회서비스 공급체계변화와 공공성-지역사회서비스 거버넌스를 중심으 로〉, 《한국공공관리학보》, 27권 1호, 2013, pp.89~114.

양난주, 〈포스트코로나, 공공성 강화를 위한 4세대 사회서비스정책의 과제〉, 《다시 촛 불이 묻는다》, 동녘, 2021.

_____, 〈한국 사회서비스 정책의 전환: 소비자주의를 넘어〉, 《한국사회복지정책학회 춘계학술대회 자료집》, 2018.

_____, 〈사회서비스 바우처 정책평가〉, 《한국사회정책》, 22권 4호, 2015, pp.189~223.

_____, 〈한국의 사회서비스: 민간의존적 공급의 한계와 과제〉, 《동향과전망》, 92권, 2014, pp.93~128.

_____, 〈한국 사회복지서비스의 변화: 행위자 간 관계의 분석〉, 《한국사회복지학》, 62권 4호, 2010, pp.79~102.

양성욱·노연희, 〈사회서비스의 공공성은 무엇을 의미하는가?: 서비스 주체에 따른 공공성의 내용을 중심으로〉, 《사회복지연구》, 43권 1호, 2012, pp.31~57.

양재진, 〈기본소득, 막연한 기대감 뒤에 감춰진 것들〉, 《프레시안》, 2020.6.3.

연원호 외, 〈첨단기술을 둘러싼 미중 간 패권경쟁 분석〉, 《오늘의 세계경제》, 20권 18 호. 대외경제정책연구원, 2020.

오건호, 〈전국민고용보험, 소득기반 혁신복지체제로 가는 첫 관문〉, 《보다정의》, 창간 준비 1호, 정의정책연구소. 2020.

오민준, 〈자산 불평등에서 주택의 역할〉, 《워킹페이퍼》, 국토연구원, 2020.

오상봉 외, 《사회보험 적용·징수체계 개선방안》, 고용노동부·한국노동연구원, 2017.

오양래, 〈코로나에 더욱 취약했던 집단거주시설〉, 사랑의열매 나눔문화연구소, 2020.7.15.

우자와 히로후미, 김준호 옮김, 《지구온난화를 생각한다》, 소화, 1997.

월든 벨로, 〈오바마의 '경제실패'가 트럼프를 소환했다〉, 《프레시안》, 2017.1.6.

유영성·금민·마주영, 〈기본소득 재원으로서 탄소세 도입 검토〉, 《정책브리프》, 경기
　　연구원, 2020.

유종성, 〈왜 보편적 기본소득이 필요한가?〉, 《동향과전망》, 110호, 2020.

윤강재, 〈코로나바이러스 감염증-19 대응을 통해 살펴본 감염병과 공공보건의료〉,
　　한국보건사회연구원, 2020.

윤정숙, 〈n번방 방지법: ① 주요 내용과 의미〉, 《KISO저널》, 40호, 2020.

윤형중, 〈재난 기본소득을 검토해보자〉, 《미디어오늘》, 2020.2.26.

윤홍식, 〈모든 일하는 사람들의 소득보장을 위한 고용안전망 도입방안〉, 《전국민고용
　　보험 쟁점과 도입전략 – 코로나19시민사회대책위 주최 토론회 자료집》,
　　2020.11.4.

이광석, 〈그린뉴딜, 지구 구할 응급처방 될까…… 경기 부양용에 그칠까〉, 《경향신
　　문》, 2019.11.28.

이근·류덕현 외, 《2021 한국경제 대전망》, 21세기북스, 2020.

이미진, 〈노인 장기요양과 공공성 증진을 위한 정책과제〉, 《보편적 복지확대를 위한
　　공공성 강화방안 – 참여연대 토론회 자료집》, 2012, pp.41~79.

이병천, 《한국 자본주의 만들기》, 해남, 2020.

＿＿＿, 〈공정의 역습 그리고 선택적 공정의 허약함〉, 《한겨레》, 2019.11.3.

＿＿＿, 〈시장 대 공공성 논쟁, 김균편〉, 《반성된 미래》, 후마니타스, 2014.

이병천·김태동·조돈문·전강수 공편, 《다시 촛불이 묻는다》, 동녘, 2021.

이병희, 〈보편적 고용보험의 쟁점과 과제〉, 《노동리뷰》, 183호, 한국노동연구원,
　　2020.

이상이, 〈'푼돈 기본소득'은 위험한 '가짜 기본소득'이다〉, 《프레시안》, 2020.6.29.

이선화, 〈조세 기능에 기초한 부동산 관련 세제개편 방향〉, 《중장기 조세정책 방향과
　　2018년 세제개편안 토론회 자료집》, 한국재정학회, 2018.

이승호·양난주, 〈사회서비스원 시범사업의 고용성과 진단: 서울시 종합재가센터 사
　　례를 중심으로〉, 《월간노동리뷰》, 6월호, 2020, pp.99~111.

이시균, 〈전국민고용보험제도 토론〉, 《사각지대 해소를 위한 전국민고용보험 시행 방
　　향 – 지식인선언네트워크 긴급토론회 자료집》, 2020.7.2.

이영한 외, 《포스트코로나 대한민국》, 한울, 2020.

이완배, 〈부(富)뿐 아니라 빈곤도 확대재생산된다〉, 《민중의소리》, 2017.10.5.

이유진, 〈1.5도 탈탄소 경제사회 대전환, 그린뉴딜〉, 《다시 촛불이 묻는다》, 동녘,
　　2021.

＿＿＿, 〈지역기반 그린뉴딜 활성화 방안〉, 《에너지포커스》, 17권 2호(통권 76호), 에

너지경제연구원, 2020.

_____, 〈한국의 2050탄소중립 전략과 과제〉, 《기후변화와녹색성장》, 20호, 온실가스 종합정보센터, 2020.

_____, 〈그린뉴딜 시사점과 한국사회 적용: 기후위기와 불평등, 일자리 대안으로서 의 그린뉴딜〉, 《워킹페이퍼》, 국토연구원, 2019.12.31.

이유진·이후빈, 〈미국의 그린뉴딜 정책과 한국에 주는 시사점〉, 《국토이슈리포트》, 6 호, 국토연구원, 2019.

이진수, 〈주요 국가별 토지가격 장기 추이 비교〉, 김윤상 외, 《헨리 조지와 지대개혁》, 경북대학교출판부, 2018.

이진수·남기업, 〈주요국의 부동산 세제 비교연구 ①: 보유세 실효세율 비교〉, 《토지 +자유 리포트》, 14호, 2017.

이창곤, 〈기본소득, 오해와 신화가 아닌 담대한 복지개혁 논쟁 되어야〉, 《이코노미인 사이트》, 2020.10.11.

이혜수, 《서울노동권익센터 상담사례를 본 4대보험 가입 현황(2015~2019)》, 한국비 정규노동센터 고용보험TF, 2020.8.14.

이희영 외, 〈유럽의 COVID-19 유행 상황과 대응 연구보고서〉, 대통령직속정책기획 위원회, 2020.

일자리위원회, 〈고용안정망 관련 대국민 인식조사 결과〉, 《일문일답》, 2020.5.15., p.6~7.

_____, 〈코로나19사태로 본 고용보험 사각지대의 현황과 시사점〉, 《일문일답》, 2020.5.15, p.1~5.

장지연, 〈전국민고용보험제의 정치와 고용보험사각지대 해소방안〉, 《사각지대 해소 를 위한 전국민고용보험 시행 방향 – 지식인선언네트워크 긴급토론회 자료집》, 2020.7.2.

장지연·홍민기, 〈전국민 고용안전망을 위한 취업자 고용보험〉, 《노동리뷰》, 6월호, 한 국노동연구원, 2020, pp.72~86.

장하성, 《한국 자본주의》, 헤이북스, 2015.

재정개혁특별위원회, 《재정개혁보고서》, 2019.

전강수, 〈시장친화적 토지공개념 구현을 위한 정책전략〉, 《시민과세계》, 37호, 2020.

_____, 〈기본소득 사상의 세 흐름에 대한 비교 검토와 그 함의: 재원 정당성을 중심으 로〉, 《시민과세계》, 35호, 2019a.

_____, 《부동산공화국 경제사》, 여문책, 2019b.

_____, 《토지의 경제학》, 돌베개, 2012.

전강수·강남훈, 〈기본소득과 국토보유세. 등장배경, 도입방안 그리고 예상효과〉, 《역사비평》, 2017.

전강수·남기업·강남훈·이진수, 〈국토보유세, 부동산 불평등 해결의 열쇠〉, 김윤상 외, 《헨리 조지와 지대개혁》, 경북대학교출판부, 2018.

전기택, 〈코로나19의 여성 노동위기 현황과 정책과제〉, 《KWDI Brief》, 58호, 한국여성정책연구원, 2020.

전병유·정준호, 〈개방형 혁신과 한국형 플랫폼의 모색: 자동차 '모빌리티' 생태계 구축을 중심으로〉, 《동향과전망》, 105호, 2019.

전성인, 〈공정경제와 재벌개혁〉, 《다시 촛불이 묻는다》, 동녘, 2021.

_____, 〈CVC 도입과 관련한 공정거래법 개정시 유의사항〉, 2020.8.

전승훈, 〈재량적 재정정책의 적절성〉, 《한국재정정책학회 춘계학술대회 논문집》, 2019.

전용복, 《나라가 빚을 져야 국민이 산다》, 진인진, 2020.

전진한, 〈팬데믹 1년이 드러낸, 신자유주의적 의료 실패와 공공의료 복원의 필요〉, 《다시 촛불이 묻는다》, 동녘, 2021.

정건희, 〈코로나 시대의 시민성 사유하기〉, 《참여사회》, 1~2월호, 2021.

정경희·오영희·강은나·김경래·이윤경 외, 《2017년도 노인실태조사》, 보건복지부·한국보건사회연구원, 2017.

정세정 외, 〈청년층 생활실태 및 복지욕구조사〉, 한국보건사회연구원, 2020.

정원호, 〈세계 기본소득 실험 주요 사례〉, 《기본소득》, 다할미디어, 2020.

정준호, 〈경제 패러다임 전환과 디지털뉴딜〉, 《다시 촛불이 묻는다》, 동녘, 2021.

_____, 〈국세청 과세자료를 통해서 본 지역별 근로소득의 격차: 2007~2017〉, 《대한지리학회 지리학대회 자료집》, 2019.

정준호·이일영, 〈어떤 '회복'을 추구할 것인가 '지역뉴딜'의 제안〉, 《동향과전망》, 109호, 2020.

정준호·전병유, 〈혁신과 연대를 위한 산업: 노동체제의 평가와 과제〉, 《대한민국, 상생과 연대의 길을 찾다 – 재단법인 공공상생연대기금 창립 2주년 기념 토론회 자료집》, 2019.12.6.

제이슨 W 무어, 김효진 옮김, 《생명의 그물 속 자본주의》, 갈무리, 2020.

조너선 닐, 김종환 옮김, 《기후위기와 자본주의》, 책갈피, 2019.

조돈문, 〈간접고용 노동자의 차별시정 및 처우개선을 위한 개선방안〉, 조돈문, 정흥준, 황선웅, 남우근(편저), 《다시 묻는 사용자 책임: 간접고용 비정규직 실태와 정책대안》, 매일노동뉴스, 2021. pp.439~492.

_____, 〈비정규직 중심으로 본 노동정책의 과제와 대안〉, 《다시 촛불이 묻는다》, 동녘, 2021.

_____, 〈고용보험 밖 코로나 난민: 비정규직 노동기본권 사각지대〉, 《직장갑질 119 기자회견 - 코로나19 8개월 직장인 1000명 설문 결과》, 2020.9.21.

_____, 〈전국민고용보험제의 정치와 고용보험 사각지대 해소방안〉, 《사각지대 해소를 위한 전국민고용보험 시행 방향 - 지식인선언네트워크 긴급토론회 자료집》, 2020.7.2.

_____, 《함께 잘사는 나라 스웨덴: 노동과 자본, 상생의 길을 찾다》, 사회평론, 2019.

_____, 《비정규직 주체형성과 전략적 선택》, 매일노동뉴스, 2012.

_____, 〈비정규직 문제의 쟁점과 대안〉, 《개원될 19대 국회, 비정규직 문제해결, 무엇이 문제인가 - 매일노동뉴스 외 공동주최 토론회 자료집》, 2012.2.21.

조성현, 〈병원 간호사 처우의 현황과 과제〉, 《간호사 인력수급 현황과 대책 - 국회토론회 자료집》, 2017.

조정훈, 〈기본소득법안〉, 2020.

조지 매그너스, 홍지수 옮김, 《고령화 시대의 경제학: 늙어가는 세계의 거시경제를 전망하다》, 부키, 2010.

조지프 스티글리츠, 이순희 옮김, 《불평등의 대가》, 열린책들, 2013(2012).

조지프 스티글리츠·아마르티아 센·장 폴 피투시, 박형준 옮김, 《GDP는 틀렸다》, 동녘, 2011.

조태형·최병오·장경철·김은우, 〈우리나라의 토지자산 장기 시계열 추정〉, 《BOK 경제리뷰》, 2015.

조효제, 《탄소사회의 종말: 인권의 순으로 기후위기와 팬데믹을 읽다》, 21세기북스, 2020.

중소기업연구원, 〈EU의 온라인 플랫폼 시장 규율에 관한 최근 입법 동향〉, 2020.5.

중앙재난안전대책본부, 〈사회복지 이용시설 운영 재개 방안 지침〉, 2020.7.10.

참여연대사회복지위원회, 〈한국판 뉴딜 정책의 문제점과 대안〉, 《복지동향》, 263호, 2020.

최종숙, 〈1987년 6월항쟁과 2016년 촛불항쟁에서 정당과 사회운동조직의 역할〉, 《사회와역사》, 117권, 2018, pp.7~43.

최한수, 〈한국사회에 지금 기본소득이 필요한가〉, 《한국형 기본소득제도에 대한 사회과학적 접근 - 한국사회과학회·한국응용경제학회 2020년 하계 공동정책토론회 자료집》, 2020.

코로나19 의료공백 인권실태조사단. 《코로나19와 의료공백 존엄과 평등으로 채우다 ─ 코로나19 의료공백 인권실태조사보고서》, 2020.

코로나19시민사회대책위, 《한국판 뉴딜 문제점과 대안모색 토론회 자료집》, 2020.7.28.

콜린 크라우치, 유강은 옮김, 《왜 신자유주의는 죽지 않는가》, 책읽는수요일, 2012.

토니 피츠패트릭, 남찬섭 옮김, 《사회복지사를 위한 정치사회학》, 나눔의집, 2013.

토마 피케티, 안준범 옮김, 《자본과 이데올로기》, 문학동네, 2020.

_____, 장경덕 옮김, 《21세기 자본》, 글항아리, 2014.

통계청, 〈2019년 주택소유통계 결과〉, 2020.

_____, 〈사회보장통계: 기초생활보장 수급자구분별 수급가구 수, 수급자 수〉, 2020.

_____, 〈고용동향〉, 2020.9.

_____, 〈2020년 6월 및 2분기 온라인쇼핑 동향〉, 2020.8.5.

_____, 〈가계금융복지조사〉, 각 연도.

통계청·한국은행, 〈2019년 국민대차대조표〉, 2020.

팀 잭슨, 전광철 옮김, 《성장 없는 번영》, 착한책가게, 2013.

필리프 판 파레이스, 조현진 옮김, 《모두에게 실질적 자유를》, 후마니타스, 2016.

필리프 판 파레이스·야니크 판데르보흐트, 홍기빈 옮김, 《21세기 기본소득》, 흐름출판, 2018.

한국여성연구학회협의회·여성가족부·한국여성학회, 《미투운동 1년, 한국사회에 찾아온 변화 ─ 한국여성연구학회협의회·여성가족부·한국여성학회 공동 심포지엄 자료집》, 2019.

한국여성학회, 《민주주의 실현을 위한 차기정부 성평등정책 토론회 자료집》, 2017.3.29.

한국유통학회, 〈오픈마켓의 불공정행위 실태조사 및 개선방안 연구〉, 2011.9.11.

한국은행, 〈조사통계월보〉, 2020.9.

한예경, 〈코로나 이후 경제학 교과서, 위기 때 리스크 포함해 다시 써야〉, 《매일경제》, 2020.5.11.

홍민기, 〈2018년 최저임금의 고용효과 추정〉, 《경제발전연구》, 25권 2호, 2019.

홍성훈, 〈미국 바이든 대통령 당선자의 노동정책 공약〉, 《국제노동브리프》, 2020.11.

황선웅, 〈소득주도성장과 산업생태계 혁신〉, 《다시 촛불이 묻는다》, 동녘, 2021.

_____, 〈2018년 최저임금 인상이 고용 감소를 초래했는가?: 비판적 재검토〉, 《경제발전연구》, 25권 2호, 2019.

_____, 〈불평등이 산업발전에 미치는 영향〉, 《소득주도성장특별위원회 보고서》, 2018.

_____, 〈소득주도성장전략〉, 《아시아금융포럼》, 3권 1호, 2017, pp.89~99.

히로이 요시노리, 박제이 옮김, 《포스트 자본주의》, AK(에이케이커뮤니케이션즈), 2017.

EU 이사회, 〈온라인 플랫폼 시장의 공정성 및 투명성 강화를 위한 2019년 EU 이사회 규칙〉

LAB2050, 《국민기본소득제: 2021년부터 재정적으로 실현 가능한 모델 제안》, LAB2050 솔루션 2050-04, 2019.

Abis, S. and Veldkamp, L., "The Changing Economics of Knowledge Production," Available at SSRN 3570130, 2020.

Anderson, E. S., "What is the Point of Equality," *Ethics*, 109(2), 1999.

Anttonen, A. and Sipilǎ, J.(eds.), "European Social Care Services: Is It possible to Identify Models?," *Journal of European Social Policy*, 6(2), 1996, pp.87~100.

Asenjo, Antonia and Pignatti, Clemente, *Unemployment Insurance Schemes around the World*, ILO, 2019.

Barzel, Yoram, *Economic Analysis of Property Rights*, Cambridge University Press, 1997.

Bozeman, Berry, *All Organizations are Public: Comparing Public and Private Organizations*, BeardBooks, 1987.

Brand, U. et al., "Contested Social-Ecological Transformation," in Roland Atzmüller et al., *Capitalism in Transformation*, Edward Elgar Pub, 2019.

Brown et al., "The Effect of the Minimum Wage on Employment and Unemployment," *Journal of Economic Literature*, 20(2), 1982, pp.487~528.

Brys, B., Perret, S. and O'Reilly, P., "Tax Design for Inclusive Economic Growth," *OECD Taxation Working Papers*, No.26, 2016.

Byrne, J.(ed.), *The Occupy Handbook*, Back Bay Books, 2012.

Card and Krueger, *Myth and Measurement: The New Economics of the Minimum Wage*, 1995.

Center of Disease Control and Prevention, "Interim Guidance on Management of Coronavirus Disease 2019(COVID-19) in Correctional and Detention Facilities," 2020.

Chancel, L., *Unsustainable Inequalities: Social Justice and the Environment*, Bellkap Press of Harvard University Press, 2020.

Chancel, L. and Piketty, T., *Carbon and Inequality: From Kyoto to Paris*, Paris School of Economics, 2015.

Chapman, "Employment and the Minimum Wage: Evidence From Recent State Labor Market Trends," *EPI Briefing Paper*, 2004.

Christoff, P., "Ecological Modernisation, Ecological Modernities," *Environmental Politics*, 5(3), 1996.

Christophers, B., *Rentier Capitalism: Who Owns the Economy, and Who Pays for It?*, Verso, 2020.

Cockburn, I. M., Henderson, R. and Stern, S., "The Impact of Artificial Intelligence on Innovation," No.24449, National Bureau of Economic Research, 2018.

Daly, H. E., *Steady-State Economics*, Island Press, 1991.

Daly, Maly, "Care as a Good for Social Policy," *Journal of Social Policy*, 31(2), 2002, pp.251~270.

Deneulin, S., *The Capability Approach and the Praxis of Development*, Palgrave Macmillan, 2006.

Doucouliagos and Stanley, "Publication Selection Bias in Minimum-Wage Research? A Meta-Regression Analysis," *British Journal of Industrial Relations*, 47:2, 2009, pp.406~428.

Doyal, L. and Gough, I., *A Theory of Human Need*, Macmillan, 1991.

Dryzek, J. S., "The Ecological Crisis of the Welfare State," in Gough, I., Meadowcroft, J., Dryzek, J., Gerhards, J., Lengfield, H., Markandya, A. and Ortiz, R.(eds.), JESP Symposium: Climate Change and Social Policy, *Journal of European Social Policy*, 18(4), 2008.

Dryzek, J. S. et al., *Green States and Social Movements,* Oxford University Press, 2003.

Dryzek, J. S. and Pickering, J., *The Politics of Anthropocene*, Oxford University Press, 2019.

Duit, A., "The Four Faces of the Environmental State: Environmental Governance Regimes in 28 Countries," *Environmental Politics*, 25(1), 2016.

Duit, A.(ed.), *State and Environment: The Comparative Study of Environmental Governance*, The MIT Press, 2014.

Epstein, G., *What's Wrong with Modern Money Theory?: A Policy Critique*, Palgrave Macmillan, 2019.

European Commission, "The European Green Deal," 2019.12.11.

Farboodi, Maryam and Veldkamp, Laura, "A Growth Model of the Data Economy," Columbia Business School, 2020.4.13.

Fijneman, R., Kuperus, K. and Pasman, J., *Unlocking the Value of the Platform Economy: Mastering the Good, the Bad and the Urgly*, Dutch Transformation Forums, 2018(www.transformationforums.com).

Giacometti, A. and Teräs, J., *Regional Economic and Social Resilience: An Exploratory In-depth Study in the Nordic Countries*, Nordregio Report, 2019.2.

Gough, I., *Heat, Greed and Human Need. Climate Change, Capitalism and Sustainable Wellbeing*, Edward Elgar, 2017.

Grubb et al., *Planetary Economics*, Routledge, 2014,

Hasenfeld, Y, "Social welfare Administration and Organizational Theory," In Patti, Rino J.(eds), *The Handbook of Social Welfare Management,* Sage, 2000, pp.89~112.

Hu, X. and Hassink, R., "Overcoming the Dualism Between Adaptation and Adaptability in Regional Economic Resilience," No.15~33, *Papers in Evolutionary Economic Geography*, Urban & Regional Research Center, Utrecht Univ, 2015.

IMF, *World Economic Outlook,* 2020.10.

_____, "Assessing Fiscal Space: An Updated and Stocktaking," *IMF Policy Paper*, No.18/260, 2018.

Kato, Junko., *Regressive Taxation and the Welfare State*, Cambridge University Press, 2003.

Kaufman and Hotchkiss, *The Economics of Labor Market*(7th ed.), 2006.

Koch, M., *Capitalism and Climate Change*, Palgrave Macmillan, 2012.

Koch, M. and Buch-Hansen, H., "Human Needs, Steady-state Economics and Sustainable Welfare," in Koch, M. and Mont, O.(eds.), *Sustainability and the Political Economy of Welfare*, Routledge, 2016.

Koch, M. and Fritz, M., "Building the Eco-Social State: Do Welfare. Regimes Matter?," *Journal of Social Policy*, 43(4), 2014.

Kristensen, I., Teräs, J., Wøien, M., *The Potential for Smart Specialisation for Enhancing Innovation and Resilience Nordic Regions*, Preliminary Report, Nordregio, 2018.

Krugman, P., *Currencies and Crises*, MIT Press, 1995.

Krzywdzinski, Martin, "Automation, Digitalization, and Changes in Occupational Structures in the Automobile Industry in Germany, the United States, and Japan: A Brief History from the Early 1990s until 2018," *Paper for the GERPISA 2020 Conference: Going Digital; Transforming the Automotive Industry*, 2020.

Kvist, Jon, "Denmark: A New Unemployment Insurance Scheme for the Future Labour Market," *ESPN Flash Report*, 45, 2017.

LeCun, Y., Bengio, Y. and Hinton, G., "Deep Learning," *Nature*, 521(7553), 2015, pp.436~444.

Martin, R., "Regional Economic Resilience, Hysteresis and Recessionary Shocks," *Journal of Economic Geography*, 12(1), 2012, pp.1~32.

Martin, R. and Sunley, P., "On the Notion of Regional Economic Resilience: Conceptualization and Explanation," *Journal of Economic Geography*, 15, 2015, pp.1~42.

Martinez-Alier, J., *The Environmentalism of the Poor: A Study of Ecological Conflits and Valuation*, Edward, Elgar, 2002.

Mazzycato, M., *Mission Economy: A Moonshot Guide to Changing Capitalism*, Harper Bysiness, 2021.

McMean, B. and Nocera, J., *All the Devils are Here: The Hidden History of the Financial Crisis*, Portfolio/Penguin, 2010.

Medina, L. and Schneider, F., "Shadow Economies around the World: What Did We Learn over the Last 20 Years?," *IMF Working Paper*, 17, 2018.

Mol, A. P. J., Spaargaren, G. and Sonnenfeld, D. A., "Ecological Modernisation Theory: Where Do We Stand?," in Bemmann, M., Metzger, B., von Detten, R.(eds.), *Ökologische Modernisierung*, Campus Verlag, 2014.

Murphy, S. P., "Global Political Processes and the Paris Agreement," Tahseen, Jafry(ed.), *Routledge Handbook of Climate Justice*, Routledge, 2019.

Nordhaus, W. D. and Boyer, J., *Warming the World: Economic Models of Global Warming*, MIT Press, 2000.

Norregaard, John, "Taxing Immovable Property: Revenue Potential and Implementation Challenges," *IMF Working Paper*, 2013.

OECD, *COVID-19: Protecting People and Societies*, 2020(https://read.oecd-ilibrary. org/view/?ref=126_126985-nv145m3l96&title=COVID-19-Protecting-people-and-societies).

_____, 《OECD 고용전망. 2020. 코로나19: 보건위기에서 일자리위기로》, 한국노동
연구원 2020.

_____, *Who Cares? Attracting and Retaining Care Workers for the Elderly*, 2020.

_____, *Government at a Glance 2019*, 2019.

_____, *Guidelines for Resilience Systems Analysis*, OECD Publishing, 2014.

_____, *Help Wanted? Providing and Paying for Long-Term Care*, 2011.

_____, "Making the Most of the Minimum: Statutory Minimum Wages, Employment and Poverty," *OECD Employment Outlook*, ch.2, 1998.

Oh Tak Kyu, Choi Jae-Wook, Song In-Ae, "Socioeconomic Disparity and the Risk of Contracting COVID-19 in South Korea: An NHIS-COVID-19 Database Cohort Study," *BMC Public Health*, 2021.

Paine, T., "Agrarian Justice," *The Complete Writings of Thomas Paine*, Citadel Press, 1969(1796).

Pendall, R., Foster, K. A. and Cowell, M., "Resilience and Regions: Building Understanding of the Metaphor," *Cambridge Journal of Regions, Economy and Society*, 3, 2010, pp.59~70.

Pettifor, A., *The Case for the Green New Deal*, Verso, 2019.

_____, *The Production of Money*, Verso, 2017.

Piketty, T., *Capital in the Twenty-First Century*, Harvard University Press, 2014.

Pisani-Ferry, J., "Building a Post-Pandemic World Will Not Be Easy," *Project Syndicate*, 2020.4.30.

Ransom, D. and Baird, V.(eds.), *People First Economics*, New Internationalist, 2009.

Horton, Richard, "Offline: COVID-19 Is Not a Pandemic," *The Lancet*, 2020.

Rodrik, D. and Sabel, C., "Building a Good Jobs Economy," *Working Paper*, 2019(https://j.mp/2G5tnvX).

Schulten, "Towards a European Minimum Wage Policy? Fair Wages and Social Europe," *European Journal of Industrial Relations*, 14(4), 2008, pp.421~439.

Shiller, R. J., *Finance and the Good Society*, Princeton University Press, 2012.

_____, *The New Financial Order: Risk in the 21st Century*, Princeton University Press, 2003.

Simon, H., "UBI and the Flat Tax," van Parijs(eds.), *What's Wrong with a Free Lunch*, Beacon Press, 2000.

Stern, N., *The Economics of Climate Change: The Stern Review*, 2006.

Stiglitz, J., "Biden Goes Big," *Project Syndicate*, Feb 1, 2021.

Stiglitz, J. E., *The Price of Inequality*, Norton, 2012.

Summers, L. H., "Secular Stagnation and Monetary Policy," *Federal Reserve Bank of St. Louis Review*, 98(2), 2016.

Tcherneva, P. R., *The Case for a Job Guarantee*, Polity Press, 2020.

Urban, Hans-Jürgen, "Polanyi and the Digital Transformation of Labour: On Fictitious Commodities and Real Conflicts," *Capitalism in Transformation: Movements and Countermovements in the 21st Century*, 2020, pp.289~305.

van Parijs, P., *Realfreedom for all*, Clarendon Press, 1995.

van Parijs, P. and Vanderborght, Y., *Basic Income: A Radical Proposal for a Free Society and a Sane Ecomony*, Harvard University Press, 2017.

Varian, H., "Big Data: New Tricks for Econometrics," *Journal of Economic Perspective*, 28, 2014, pp.3~28.

Vogel, G., "It's Been So, So Surreal: Critics of Sweden's Lax Pandemic Policies Face Fierce Backlash," *Science*, 2020.10.6.

Wolf, C., "Intergenerational Justice, Human Needs, and Climate Policy," in A. Gosseries and L. H. Meyer (eds.), *Intergenerational Justice*, Oxford, 2009.

Young, M. and Mulvale, J. P., *Possibilities and Prospects: The Debate Over a Guaranteed Income*, Canadian Centre for Policy Alternatives, 2009.

Zimmermann, K. and Graziano, P., "Mapping Different Worlds of Eco-Welfare States," *Sustainability*, 12, 2020.

Zingales, L., *A Capitalism for the People*, Basic Books, 2012.

기사 및 웹페이지

건강권 실현을 위한 보건의료단체연합 보도자료, "정부의 공공의료 강화방안, 매우 뒤늦고 미흡한 계획이다.", 2020.12.14.

건강권 실현을 위한 보건의료단체연합 보도자료, "공공의료인력 양성 요구를 철저히 외면한 정부의 영리·민간 중심 의사 증원방안 반대한다.", 2020.7.24

경기도 노동정책과 보도자료, "'고용 불안정할수록 더 많은 임금을' 이재명표 '고용불안정 보상수당' 도입", 2020.7.23.

경기도 보도자료, "기본소득 도입 찬성 여론, 토론과 숙의 거쳤더니 1.6배 상승", 2020.

경실련 보도자료, "10년간 증가한 주택의 절반, 250만 호를 다주택자가 사재기",

2019.

경실련 보도자료, "재벌/대기업과 다주택 보유자, 지난 10년간 부동산 투기에 집중했다", 2018.

고용진 의원실 보도자료, "지난해 우리나라 피케티 지수 8.6배로 상승", 2020.

공공의료 강화를 위한 노동시민단체 보도자료, "2021년 보건의료 예산 분석 및 확충 요구안", 2020.10.29.

금융감독원 보도자료, "옵티머스자산운용 펀드에 대한 실사 결과", 2020.11.11.

금융위원회 보도자료, "코로나19 피해기업, 혁신기업 등에 대한 금융권의 자금지원을 활성화하는 동시에 금융시장을 안정적으로 관리해 나가겠습니다", 2020.11.3.

김성환 의원실 보도자료, "산업부, 2050 탄소제로 위한 대전환 준비해야", 2019.10.2.

남인순 의원실 보도자료, "공공의료 확충에 적극 투자해야", 2020.11.4.

《라포르시안》, "1분기 대구 · 경북서 900여명 '초과사망'……코로나보다 필수의료 공백 피해 더 커", 2020.6.4.

《민중의소리》, "환자들 죽어가는데 민간병상 동원 주저해선 안돼", 2020.12.23.

《서울신문》, "기초생활수급자 등 의료 취약계층, 코로나19 감염률 3.6배 높아", 2020.10.7.

《서울&》, "촛불시민 빅데이터, 남녀 52% 대 48%", 2017.9.21.

심상정 의원실 보도자료, "국토교통부 국정감사: 한국주택공사 질의 및 답변 내용", 2020.

심상정 의원실 보도자료, "부동산 투기의 핵심은 대기업……", 2019.

《오마이뉴스》, ""비정규직에게 더 많은 월급을" 약속 지킨 이재명: 경기도, 전국 첫 비정규직 공정수당 올해 1월부터 시행…… 총 1792명 대상", 2021.1.6.

《오마이뉴스》, "오마이뉴스 현안조사: '전국민고용보험제도' 도입의견", 2020.5.12.

인도주의실천의사협의회 보도자료, "[팩트체크] 의사 진료거부 사태에서 제기된 주장에 대하여", 2020.8.26.

《조선일보》, "원장 친인척, 일반 직원보다 월급 71만원 더 받았다", 2018.10.30.

《중앙일보》, "요양보호사 인건비 기준 책정 노인요양법은 합헌", 2017.7.10.

통계청 보도자료, "2019년 가계금융복지조사 결과", 2019.

국민건강보험공단 홈페이지, 노인장기요양보험제도 현황(http://www.longtermcare. or.kr/npbs/e/b/502/npeb502m01.web?menuId=npe0000000380&zoomSize=).

사회보장정보원 홈페이지, 사회서비스 전자바우처사업 현황(https://www.socialservice.

or.kr:444/user/htmlEditor/view2.do?p_sn=6).

H. Res. 109(하원결의안 109), Recognizing the Duty of the Federal Government to Create a Green New Deal(https://www.congress.gov/116/bills/hres109/BILLS-116hres109ih.pdf).

IPCC, The Special Report on Global Warming of 1.5°C(SR15), 2018(https://www.ipcc.ch/sr15/download/).

OECD, Health Statistics.

OECD, "Poverty Rate", 2021(https://data.oecd.org/inequality/poverty-rate.htm).

글쓴이 소개(게재순)

이병천

현재 강원대학교 명예교수, 지식인선언네트워크 공동대표. 서울대 경제학 박사. 저역서로는 《한국자본주의 만들기―압축과 불균형의 이중주》, 《한국자본주의모델》, 《민주정부 10년 무엇을 남겼나》, 《한국의 민주주의와 자본주의》(편저), 《사회경제민주주의의 경제학》(편저) 외 다수.

정준호

현재 강원대학교 부동산학과 교수. 옥스퍼드대 박사. 저역서로는 《진보의 대안》(공역), 《우리는 복지국가로 간다》(공저), 《한국의 민주주의와 자본주의》(공저) 외 다수.

이유진

현재 녹색전환연구소 연구원. 서울대학교 도시계획학 박사. 저역서로는 《태양과 바람을 경작하다》, 《원전 하나 줄이기》, 《전환도시》, 《동네 에너지가 희망이다》(역저), 《생태 발자국》 외 다수.

조돈문

현재 노회찬재단 이사장, 한국비정규노동센터 대표. 위스콘신대 사회학 박사. 저역서로는 《비정규직 주체형성과 전략적 선택》, 《노동시장의 유연성―안정성 균형을 위한 유럽의 실험》, 《함께 잘사는 나라 스웨덴: 노동과 자본, 상생의 길을 찾다》, 《해외 사례를 중심으로 본 지역 일자리·노동시장 정책》(편저), 《위기의 삼성과 한국사회의 선택》(편저) 외 다수.

전진한

현재 의사, 건강권 실현을 위한 보건의료단체연합 정책국장. 대구가톨릭대학교 의과대학 졸업. 저역서로는《의료붕괴》(공저) 외 다수.

전강수

현재 대구가톨릭대학교 경제금융부동산학과 교수. 서울대 경제학 박사. 저역서로는《"반일 종족주의"의 오만과 거짓》,《부동산공화국 경제사》,《토지의 경제학》,《사회문제의 경제학》(역서) 외 다수.

정원호

현재 경기연구원 선임연구위원. 독일 브레멘대 경제학 박사. 저역서로는《유럽의 유연안정성 전략 연구》,《이행노동시장 연구》(공저),《4차 산업혁명 시대 기본소득이 노동시장에 미치는 효과 연구》(공저) 외 다수.

황선웅

현재 부경대학교 경제학부 교수. 연세대 경제학 박사. 저역서로는《소득불평등이 생산성과 산업발전에 미치는 영향》,《최저임금 인상이 고용, 소득분배 및 소비에 미치는 영향》 외 다수.

전성인

현재 홍익대학교 경제학부 교수. MIT대 경제학 박사. 저역서로는《화폐와 신용의 경제학》,《350만의 드라마: 뉴질랜드의 사회경제 개혁》(공저) 외 다수.

강병구

현재 인하대학교 경제학부 교수. 뉴욕주립대 경제학 박사. 저역서로는《소득주도성장과 조세정책》,《공정과세의 원칙과 과제》,《복지국가의 대안적 재정체계》,《양극화 해소를 위한 조세재정정책》 외 다수.

김태동

현재 성균관대학교 명예교수. 예일대 경제학 박사. 저역서로는《비정상경제회담》(공저),《노조간부라면 알아야 할 한국경제 특강》(공저),《문제는 부동산이야, 이 바보들아》(공저) 외 다수.

김남근

현재 법무법인 위민 변호사, 참여연대 정책위원. 서울대학교 법대 졸업, 고려대학교 법학 박사(민법). 저역서로는《집합건물의 분양·관리상 법적 쟁점》,《주택임대차 계약갱신제도에 관한 입법사례 분석》(공저),《양극화 해소를 위한 기업규모 간 임금격차 해소 방안》(공저) 외 다수.

김유선

현재 한국노동사회연구소 이사. 서울대 경제학과 졸업, 고려대 경제학 박사(노동경제학). 저역서로는《노동시장 유연화와 비정규직 고용》,《한국의 노동 2016》,《위기의 노동》(공저),《행복 경제 디자인》(공저),《불평등 한국, 복지국가를 꿈꾸다》(공저),《노조 간부라면 알아야 할 한국경제 특강》(공저),《우리는 복지국가로 간다》(공저) 외 다수.

신경아

현재 한림대학교 사회학과 교수. 서강대 사회학 박사. 저역서로는《젠더와 사회》,《꿈의 사회학》,《질적 연구 방법론》(공저), 논문으로는 〈노동의 불안정성과 젠더〉,〈비정규직 여성노동자의 교차적 차별 경험에 대한 연구〉,〈감정노동의 사회학적 탐색〉,〈20대 여성의 새로운 노동정체성에 관한 탐색적 연구〉 외 다수.

양난주

현대 대구대학교 사회복지학과 교수. 서울대 사회복지학 박사. 저역서로는《지속가능한 돌봄정책 재정립방안 연구》(공저),《사회서비스 바우처 사업의 정책 효과 분석 연구》(공저),《여성주의 시티즌십의 모색》(공저),《분배의 재구성》(공역서) 외 다수.

김형용

현재 동국대학교 사회복지학과 교수. 미국 조지아대 사회복지학 박사 . 저역서로는 *Social Exclusion in Cross National Perspective*(공저),《지역사회복지론》(공저),《문화, 환경, 탈물질주의 사회정책》(공저) 외 다수.